Design in Italia

Stefano Casciani

Tom Sandberg

introduzione di/introduction by
Massimiliano Fuksas

DESIGN IN ITALIA

Dietro le quinte dell'industria

The Making of an Industry

a cura di/edited by
Gunda Dworschak

Design in Italia
Dietro le quinte dell'industria
The Making of an Industry

Traduzioni / Translations
Timothy Stroud

Coordinamento editoriale / Editorial coordination
Laura Maggioni

Redazione / Editing
Paola Favretto
Andrew Ellis

Progetto Grafico / Book Design
Enzo Finger AGI, Kjetil Falkum Løvik, Enzo Finger Design

Fotolito / Colour Separation
Eurofotolit, Cernusco sul Naviglio

www.fivecontinentseditions.com
ISBN: 978-88-7439-441-8

Printed in March 2008
by Conti Tipocolor, Calenzano (Florence)

Sommario

Contents

Premessa
di Gunda Dworschak

Design in Italia è un tributo all'industria del design italiano e agli imprenditori che, da dietro le quinte, hanno contribuito a creare un fenomeno unico nella storia del design – l'"Italian Style" (espressione per nulla amata dagli stessi) – e che sono rimasti nell'ombra rispetto alla notorietà internazionale dei loro prodotti e dei designer/architetti con i quali hanno collaborato.

Da un'idea di Petter Neby, un imprenditore norvegese che vive in Italia e da più di dieci anni lavora con le imprese del settore, nasce l'iniziativa per un libro che, finalmente, racconta la storia del "Made in Italy" partendo dai personaggi – più imprenditori che industriali – che, guidati dall'intuizione, dalla passione e forse anche dal divertimento, hanno scommesso su prodotti senza sapere esattamente che risultati avrebbero avuto. Partendo da dove il "nostro" design è nato, e cioè dalle botteghe artigiane della Brianza degli anni Cinquanta, il libro segue la sua evoluzione, attraversando le alterne fasi dell'industrializzazione, l'apertura prima a un generico "estero" e successivamente a un mondo "globale", fino alle odierne società di fondi di investimento, in cui le scelte di prodotto sono gestite da manager, esperti del mercato, della finanza e della comunicazione.

Il fenomeno "Made in Italy" non poteva che essere raccontato da Stefano Casciani, autore di innumerevoli libri e pubblicazioni sul design, affermato giornalista ed egli stesso designer, il quale con la sua competenza e con coraggio si permette qui di fare una necessaria quanto difficile selezione, parlandoci di coloro che, all'interno di uno scenario quanto mai complesso e articolato, hanno fatto la differenza. Casciani descrive in queste pagine il percorso storico (accompagnato da rare immagini d'archivio), gli intrecci delle aziende e delle famiglie, le grandi collaborazioni e le

Foreword
by Gunda Dworschak

Design in Italia is a tribute to the Italian design industry and to the entrepreneurs who, behind the scenes, have contributed to what is a unique phenomenon in the history of design, "Italian Style", and who have remained in the shadows compared to the international fame of their products and the designers/architects with whom they work.

The idea behind this book came from Petter Neby, a Norwegian businessman who lives in Italy and has worked in the design business for more than ten years. The book tells the story that lies behind the "Made in Italy" label, starting with the individuals (entrepreneurs rather than manufacturers) whose intuition, passion and perhaps also sense of fun have led them to bet on products without knowing exactly what they might lead to. Beginning with what Italian design grew out of—craftsmen's workshops in Brianza in the 1950s—the book follows its evolution through the successive phases of industrialisation: first opening up to a generic foreign market and then to a "global" world, and finally to the situation today in which it is the managers and market, finance and communications experts of investment companies that decide the products to be manufactured.

The story of the "Made in Italy" phenomenon could only be told by Stefano Casciani, the author of several publications on design, an established journalist and himself a designer. His knowledge and courage have enabled him to make a necessary but difficult selection of those manufacturers that have made a difference. Backed up by rare photographs, he describes the relationships between companies and families, the partnerships and friendships between businessmen and designers, financial highs and lows, moments of intuitive genius relating to technology and form, and also the business failures where they have occurred.

amicizie vere tra imprenditori e designer, gli alti e i bassi finanziari, le grandi intuizioni tecnologiche o formali e anche i tristi fallimenti laddove ci sono stati.

Per conoscere meglio questi grandi personaggi che si muovono dietro (e muovono) lo sfavillante palco del design, abbiamo voluto ritrarli. Un fotografo d'eccezione, artista dalla sensibilità straordinaria, Tom Sandberg – aiutato da Fin Sterck-Hanssen – si è prestato a esplorare il mondo del design e con la sua capacità di leggere dietro all'apparenza ha "svestito" i volti per coglierne l'anima. In questo percorso parallelo, la storia di ciascun può essere unicamente percepita attraverso lo sguardo, l'espressione e i segni del tempo.

Parte integrante della storia di quest'industria sono i suoi primi promotori nel mondo. Abbiamo ritenuto importante inserire – oltre a un'editrice d'eccezione come Giovanna Mazzocchi che da anni con la rivista «Domus» rappresenta la "voce" del design e dell'architettura innovativa nel mondo – una piccola quanto fondamentale selezione di rivenditori internazionali, commercianti – ma perlopiù essi stessi designer di formazione – che hanno riconosciuto fra i primi, e in seguito si sono dedicati a promuovere, il genio creativo italiano applicato all'oggetto, creandone il mito.

Pensando - e ringraziando di cuore - tutti coloro che hanno dato il loro apporto a quest'opera, sorprende, ma forse in fondo no, che questo tributo, dovuto e necessario, sia stato voluto e in buona parte realizzato da "non italiani" e sia nato grazie a incontri felici fra persone originarie dei più disparati angoli del mondo, che il design italiano ha saputo raggiungere e sedurre. Oggi, quando l'industria del design è a una svolta e gli italiani si sono attivati per proteggere questa parte del loro patrimonio culturale, abbiamo la sensazione che questo libro sia un'importante testimonianza che ne suggella l'indiscussa grandezza.

To better illustrate the important figures moving behind the dazzling stage of this industry, we have had them portrayed by an exceptionally fine photographer and artist of great sensibility, Tom Sandberg, assisted by Fin Sterck-Sandberg. He has explored the world of design and, using his ability to read what lies behind the appearance, has "undressed" the faces involved to reveal their inner spirits. In this parallel development, the underlying story of each can be read through the gaze, expression and signs of time of each individual.

Next to an outstanding publisher, Giovanna Mazzocchi, who with the magazine *Domus* represents the "voice" of innovative design and architecture around the world, an integral part of the history of Italian design, and included in this book is a small number of international promoters, retailers and dealers who, for the most part, are also designers by training; this group first admired and later threw themselves into promoting the industry, thereby contributing to its fame.

While warmly thanking all those who have made this book possible, it has surprised me—though perhaps thinking it through it is not so surprising after all—that this necessary tribute was prompted and mostly realised by "non-Italians", and has been sparked by the meeting of people originating all over the world who have been touched and attracted to Italian design. Today, when the design industry is at a turning point and the Italians involved are acting to protect this part of their cultural background, we have the feeling that this book is an important testimonial of that heritage and has helped to seal its unquestioned greatness.

Una storia difficile
Massimiliano Fuksas

Fare la storia del design italiano, leggerne chiaramente gli eventi entro le vicende italiane di mezzo secolo, senza incentrarla sui suoi grandi autori, pone una seria difficoltà. Stefano Casciani in questo suo nuovo libro l'affronta senza esitazioni: capovolge la prassi critica convenzionale e, senza complessi verso l'economia e la politica, racconta con precisione e notevole acume l'impresa italiana, i suoi uomini e le sue donne che si sono occupati del design, dagli inizi pionieristici alla riorganizzazione dei nostri giorni. Il fotografo Tom Sandberg ci mostra i volti di alcuni di loro: a volte impietosamente. Per Casciani (come l'immagine per Sandberg) la scrittura è un'arma: la sua scrittura è tagliente come una lama affilata. Melanconia, ma non rassegnazione, già aleggiano nei tanti altri suoi testi, dove ha affrontato il difficile dialogo tra creazione e industria. L'oggetto e il produttore sono oggi legati da un sempre più indissolubile sistema economico: non c'è più tempo per sperimentare, per lasciarsi andare a riflessioni e ad amori improbabili, nessuno vuole essere più "principe".

Design in Italia è allora un libro nuovo perché diverso: con il sottotitolo "Dietro le quinte dell'industria" – ma avrebbe potuto essere "Backstage" – ci riporta alle origini di una storia smentita dall'oggi, a partire dagli inizi eroici, spesso difficili, della Lunga Marcia che imprese appena oltre la soglia dell'artigianato incominciano a percorrere intorno alla Seconda guerra mondiale, fino a creare una delle più solide realtà economiche italiane. Ecco uno dei piatti forti della cultura del design: la *Leggera* di Ponti, con l'aneddoto che Adele, figlia di Cesare Cassina, racconta a un altro pioniere, Giulio Castelli. Si potrebbe ripetere per centinaia di oggetti del periodo arcaico del design la storia dei dubbi di Cesare Cassina, nei riguardi di questa stravagante "idea" di Gio Ponti: immaginare una sedia con la minore quantità di legno

A difficult story
Massimiliano Fuksas

To recount the development of Italian design, and interpret the events clearly within the context of fifty years of Italian history without focusing on its leading designers, poses serious difficulties. In this new book Stefano Casciani has tackled the problem unflinchingly. He turns conventional critical practice on its head and, without fearing to discuss economics and politics, gives a precise and notably shrewd account of the Italian companies, men and women around whom Italian design industry evolved: from its pioneering start to the reorganisation of today. The photographer Tom Sandberg shows us the faces of some of them—at times pitilessly. Words for Casciani, like images for Sandberg, are a weapon. His prose cuts like a sharpened blade. Melancholy, rather than resignation, is present in many of his other writings where he has discussed the difficult dialogue between creation and industry. Objects and their manufacturers are today linked by an increasingly strong economic relationship: there is no time for experimentation, reflection or improbable enthusiasms, no-one wants to dare any more.

Design in Italia is a new book then because it is different: with the subtitle "The Making of an Industry", but which could equally have been "Backstage", it carries us back to the origins of a story that has been often mistaken: starting from the heroic and often difficult beginnings—the start of the Long March by companies still at the stage of craftsmanship around the time of World War II—to the point where they built up one of Italy's most solid industries. You will find one of the dearest highlights of the design culture: Ponti's *Leggera* chair, with the story told by Adele, the daughter of Cesare Cassina, to another pioneer, Giulio Castelli. Cassina's doubts about Gio Ponti's extravagant idea

possibile, che diventerà poi la *Superleggera*. Casciani ci trasporta in questo dopoguerra eroico e avventuroso. Incontriamo Franco Albini, uomo di "laboratorio", sperimentatore straordinario: inventa per casa sua una libreria che si tiene insieme con tiranti d'acciaio e sarà realizzata con Roberto Poggi nel 1948. Sembra impossibile ricordare tutti i produttori che hanno contribuito alla nascita e alla costruzione del mito internazionale del design italiano. Eppure questo è il tentativo. Ed è anche divertente: Casciani ci trascina fino alle origini, ancora gli esordi di Cesare Cassina, il suo rapporto fortissimo con Gio Ponti. L'invenzione pontiana delle *royalties* sarà il vero motore che alimenterà tanti altri progettisti – ai quali all'inizio non veniva corrisposto il becco di un quattrino per le loro idee – con la speranza per gli architetti di un futuro più roseo, in cui il produttore avrebbe concesso qualche briciola dell'incassato. Anni difficili, duri, gli anni del dopoguerra: ma non passava mese o anno in cui non si fondasse un'azienda. Arflex nel 1950, la Tecno nel 1952, Gavina nel 1953, Zanotta nel 1954. Se ripercorriamo i film dell'epoca, da De Sica a Rosi a Castellani e Zampa, vediamo interni in cui si comincia ad andare oltre la sala da pranzo dello storico buffet e controbuffet, che orridamente hanno aggredito i pasti di milioni di italiani prima dell'ultima guerra mondiale. Ora l'artigiano diviene industria. Il bolognese Gavina lavora con l'americana Knoll: e produrrà per anni riedizioni di Marcel Breuer. Casciani lo disegna come autodidatta di genio: ma il suo genio non corrisponderà alle capacità di amministratore e alle difficoltà di distribuzione di prodotti estremamente sofisticati. La politica era sempre dietro l'angolo e Gavina "non vuole affermarsi come capitalista", si dichiara sovversivo. Non so se ha ragione Casciani nel giudicare il suo comportamento sado-masochista: quello che importa per tutti noi è che Gavina ha sempre accolto gli architetti, in gran parte milanesi, per lavorare al suo fianco, con la leggerezza delle decisioni. E poi arrivarono i futuri giganti della luce: Flos, Oluce, Artemide. Non ci si può dimenticare dell'Arteluce di Gino Sarfatti, designer e industriale.

could be related to hundreds of objects from this early period: imagine a seat made from the least quantity of wood possible, which would later become "superlight" (in the *Superleggera*). Casciani transports us into the post-war period of heroes and adventurers, where we meet Franco Albini, a "laboratory" man and extraordinary experimenter: for his own house he invented a bookcase with a "tensile" structure that would be produced by Roberto Poggi in 1948. It seems impossible to remember all the manufacturers that contributed to the creation and development of the international renown of Italian design—however, this is the attempt. And it is amusing at the same time! Casciani describes the progressive steps taken by Cesare Cassina and his close association with Gio Ponti. Ponti's invention of royalties was to become the real motor that drove other designers—who were not paid a brass farthing for their ideas at the start—with the hope that a rosier future would be forthcoming and that they would receive a few crumbs from the manufacturer's table. The post-war period was hard but not a month or a year would pass in which a new company was not started. Arflex in 1950, Tecno in 1952, Gavina in 1953, Zanotta in 1954. In the films of the era, by such directors as De Sica, Rosi, Castellani and Zampa, we see interiors that began to evolve beyond the dining-room with the traditional buffet and counter-buffet, that blighted the meals of millions of Italians before the last world war. At this time artisanal goods began to be transformed into industrial products. The Bolognese Gavina worked with the American Knoll and was later to bring out reissues of the designs of Marcel Breuer. Casciani portrays him as a brilliant autodidact but his genius did not extend to management and coping with the difficulties of distributing extremely sophisticated products. Politics was always just around the corner and Gavina, who did not want to become a "capitalist", called himself a "subversive". I do not know if Casciani is right to judge Gavina's behaviour as sado-masochistic, what is important for us is that, with his capacity to take decisions lightly, Gavina was always pleased to work with architects (mostly Milanese).

Casciani vuole valorizzare il fenomeno degli autodidatti. Proprio Sarfatti fra gli anni Cinquanta e Sessanta è uno dei più grandi ricercatori nell'ambito degli apparecchi illuminanti. Flos invece nasce dall'incontro di Achille e Pier Giacomo Castiglioni con Dino Gavina e Sergio Gandini. I Castiglioni avevano in dono sia una ricchezza visionaria di immagini che la capacità di renderle realizzabili in un processo industriale. Casciani ci fa partecipare alle vicende in diretta, nei momenti più duri ma anche di maggiore creatività che negli anni Sessanta, ormai liberi dalle angosce della ricostruzione, le imprese esprimeranno. Nascono i capolavori, le lampade *Toio* e *Arco*, ma la Flos, carica di debiti, sarà rilevata da Sergio Gandini che ne sarà direttore e *deus* assoluto: ha una grande capacità di cogliere il momento e le fortune del mercato, sa investire con giudizio e sa programmare con attenzione. Nel 1968, mentre il mondo veniva percorso dai cortei degli studenti e dei giovani, aprirà uno showroom in corso Monforte a Milano. Fa bene Casciani a dire dove sarà localizzato, "nel bell'edificio progettato da Luigi Caccia Dominioni" con l'allestimento dei Castiglioni. Da allora questo spazio diventerà un vero punto di riferimento milanese per tutti gli appassionati di design.

In quegli anni comparivano il nuovo movimento operaio e la nuova figura dell'operaio massa, la società si identificava con grandi cambiamenti: ma a Milano, schivando proiettili e molotov, si continuava, non so quanto tranquillamente, a immaginare gli oggetti di uso quotidiano, utili a una società che ricercava i grandi numeri e non più le piccole élite culturali. Ernesto Gismondi, ingegnere balistico, ricorda: nel 1953 "con 427 mila lire messe da Sergio Mazza, 427 messe da me" inizia l'apoteosi degli oggetti per la casa Artemide. Verrà presto il tempo dell'agguerrito sperimentare di Vico Magistretti con la plastica stampata, che aggredirà tutti gli anni Settanta e sarà presente in ogni versione creativa. E oggi tutta questa parte della nostra storia viene riprodotta per gli appassionati, i collezionisti: riportandoci,

And then came the future giants of the lighting industry: Flos, Oluce, and Artemide. Nor can Arteluce be forgotten, the company belonging to the designer and manufacturer Gino Sarfatti. Casciani wants to show his appreciation for the autodidacts. In the Fifties and Sixties Sarfatti was one of the greatest researchers in the field of lighting equipment. Flos instead grew out of the meeting between Achille and Pier Giacomo Castiglioni and Dino Gavina and Sergio Gandini. The Castiglioni brothers were blessed with a visionary wealth of images and the capacity to make them mass-producible. Casciani involves us directly in events, during the most difficult periods but also in those of greatest creativity, in the Sixties when the worries over reconstruction were past. Masterpieces of design were produced, such as the *Toio* and *Arco* lamps, but Flos, laden with debts, was taken over by Sergio Gandini, who was to become its director and absolute *deus*: he had a great talent for seizing the moment and for understanding the market, he knew how to invest shrewdly and to plan with care. In 1968, while all the Western society was experiencing revolutionary student and youth protests, he opened a showroom in Corso Monforte in Milan. Casciani does well to point out that it was in the "lovely building designed by Luigi Caccia Dominioni", with an installation by the Castiglionis. From that moment this space became a point of reference in Milan for all design enthusiasts.

This was the time that the new workers' movement and the new figure of the "mass factory worker" appeared, and that greater changes began to take place in society. In Milan, however, avoiding stones and Molotov cocktails, work continued, though whether peacefully or not I don't know, on dreaming up objects for everyday use by a society that was shifting towards large numbers and no longer small cultural elites. The ballistic engineer Ernesto Gismondi remembers: in 1953 "with 427 thousand lire from Sergio Mazza and 427 thousand lire from me" the apotheosis of Artemide's household objects began. The time followed soon after when Vico Magistretti experimented determinedly

come dice giustamente Casciani, al bel tempo che fu del design italiano. Sono ormai scomparsi i collezionisti dell'attualità, gli scopritori delle idee *in fieri*. Collezionista oggi è sinonimo di passato: anni Trenta, Cinquanta, Sessanta... in una corsa inarrestabile che appiattisce la storia nel presente.

Eppure la storia esiste. Come quando Casciani, con estrema precisione, racconta in alcune cifre il boom economico degli anni Sessanta. L'industria per la prima volta con i suoi addetti supera le persone impiegate nell'agricoltura: i disoccupati si ridurranno, ma perché il Sud povero emigra con ritmi incredibili al Nord. Il ricco Nord all'epoca è progressista. Il Centro-sud povero, dove in molti casi le persone vivono sotto la soglia di sopravvivenza, è profondamente conservatore. È la grande epopea degli Olivetti e del loro connubio con grandi architetti come Cosenza o designer come Ettore Sottsass. Casciani vede Adriano Olivetti come un illuminato industriale che chiama alla sua corte artisti come Magnelli e architetti come Figini e Pollini o Marcello Nizzoli. La *Valentina* di Sottsass per Olivetti sarà un oggetto che andrà oltre la sua innegabile utilità. Diverrà un culto. Come culto saranno le opere realizzate tra gli anni Sessanta e Settanta per Cassina da Gaetano Pesce: la cui non simpatia rimarrà proverbiale. Negli stessi anni Zanuso, Magistretti e Castelli daranno vita a una serie formidabile di invenzioni. Kartell, come dice Casciani, "scombina le carte del gioco", aggiunge alla struttura industriale una straordinaria ricerca di design. Alla fine degli anni Settanta compare Alessi, che rinnova completamente l'impostazione e gli obiettivi dell'azienda di famiglia, chiama Mendini (su suggerimento di Sottsass? O viceversa?): nasceranno creazioni che sono divenute in seguito altri oggetti per altri raffinati collezionisti. E l'Alchimia di Mendini, la Memphis di Sottsass sono "[...] l'incipit di una lunga storia di successi e sconfitte [...] che avrà la sua apoteosi e caduta definitiva negli anni Ottanta".

---

with Artemide moulded plastic, a material that he continued to use throughout the Seventies and was present in all his creative work. Today all this part of our history is reproduced for our fans, the collectors—taking us back, as Casciani rightly says, to the golden period of Italian design. The collectors of contemporary articles and discovers of ideas have however disappeared; today the term "collector" is synonymous with the past: the Thirties, Fifties, Sixties... in an unstoppable rush that blurs history in the present.

Yet history exists. Like when Casciani gives an extremely precise account in figures of the economic boom of the Sixties. For the first time the number of people working in industry was greater than those in agriculture; the unemployment rate was dropping, though only because the poor from the south were moving north at an unbelievable rate. At the time the rich north was progressive. The poor centre and south, where in many cases people lived below the survival threshold, was profoundly conservative. This was the period of the epic story of the Olivettis and their association with great architects like Cosenza and designers like Ettore Sottsass. Casciani considers that Adriano Olivetti was an enlightened businessman who called to his court such first artists as Magnelli, and then architects like Figini, Pollini and Marcello Nizzoli. Sottsass's *Valentina* typewriter for Olivetti was an object that went well beyond its undeniable utility. It became a cult, like the works for Cassina designed in the Sixties and Seventies by Gaetano Pesce—whose un-likeability was proverbial. In those same years Zanuso, Magistretti, and Giulio Castelli invented a remarkable number of objects. Kartell, as Casciani says, "altered the formula" by adding an extraordinary design skill to its industrial organisation. At the end of the Seventies Alberto Alessi appeared, who was to completely renew the organisation and objectives of the family company. He invited Mendini (at Sottsass's suggestion? Or viceversa?) with the result that new objects were created that were destined to become items for many other refined collectors.

E siamo al postmoderno, l'ultimo capitolo del libro: "La fine della storia?". Casciani giustamente cita *La Condition postmoderne: Rapport sur le savoir*, del 1979, e *The Language of Post Modern Architecture*, del 1977, per individuare il culmine del pensiero postmoderno. Il moderno viene sotterrato e offuscato dalla fine della società che aveva conosciuto uno sviluppo produttivo all'apparenza senza fine e quasi illimitato. Le crisi petrolifere decennali iniziate nel 1973 marcheranno il ritorno alla realtà: si scoprirà che il capitalismo non è eterno. Negli anni successivi si passerà a miti sempre più effimeri in cui *fashion*, design e architettura si incroceranno in itinerari non facili da prevedere. La fisica dei quanti e dei frattali vedrà comparire il mondo della globalizzazione. La mondializzazione cambierà completamente le regole e la fragile industria italiana entrerà in crisi. Crisi profonda, molto al di là di segnali pure inquietanti come quelli degli ultimi quindici anni.

Melanconia dunque quella di Casciani, ma anche passione per qualche cosa che poteva prendere vita, esistere, e non è stato: o non è più. La critica delle ragioni che sostengono la creazione può divenire oggetto di emozione? Il rischio è connaturato all'esporsi. Ne vale la pena. Se si vuole vivere come angeli osservando il mondo passivamente, certamente si sfugge al possibile dolore, ma anche al piacere e al sentire. Casciani ci restituisce questo piacere, il piacere e il sentire della scrittura poetica.

And Mendini's Alchimia and Sottsass's Memphis "represented the opening of a long story of successes and failures ... which would experience both its apotheosis and end in the Eighties".

And here we are in the postmodern era, the last chapter of the book. "The end of history?" Casciani rightly cites *La Condition postmoderne: Rapport sur le savoir*, written in 1979, and *The Language of Post Modern Architecture*, of 1977, to identify the culmination of postmodern thought. The modern era was buried and obscured by the end of a society that had known an apparently endless and almost unlimited growth in production. The decades-long energy crisis that began in 1973 marked the return to reality and the discovery that capitalism is not eternal. In the years that followed tastes graduated to increasingly ephemeral myths in which fashion, design and architecture intersected in unpredictable ways. The physics of fractals and quanta brought about the phenomenon of globalisation, which was to completely change the rules of doing business, with the result that Italy's fragile industry was put under severe threat. It went into a crisis, much deeper than the simply worrying signals seen during the last fifteen years.

So Casciani deals in melancholy, but also passion for the utopia of Italian design that might have gained momentum and endured but didn't, or which did, but then ceased to exist. Can criticism of established creative work become emotionally stimulating? There is a natural risk involved. It is worth the trouble. If we wish to live like angels observing the world passively, we avoid pain, it is true, but also pleasure and sensation. Casciani offers this pleasure: the pleasure and sensation of poetic writing.

Design in Italia

Stefano Casciani

L'industria dietro le quinte del design italiano

The industry behind the scenes of italian design

Ritratti di / *Portraits by*
Tom Sandberg

DELL'INDUSTRIA

...nascita e apoteosi...

DESIGN IN ITALIA 1

OF AN INDUSTRY

...the birth and apotheosis...

Gli anni Cinquanta: resurrezione dell'industria, nascita e apoteosi del design in Italia

The Fifties: the resurrection of industry and the birth and apotheosis of design in Italy

6.702.470 vani d'abitazione distrutti o resi inabitabili, 3.460.288 le persone che ci vivevano prima della Seconda guerra mondiale, rimaste senza casa: uno dei tanti regali fatti all'Italia dal Fascismo, che Ernesto Nathan Rogers, teorizzatore del Modernismo italiano dalle file del gruppo BBPR (Banfi – morto a Mauthausen –, Belgiojoso, Peressutti e Rogers) documenta nel numero di febbraio 1946 della rivista «Domus», di cui è diventato direttore al rientro dall'esilio. Solo tre anni dopo, nel 1949, salpa da Genova la nave passeggeri *Conte Grande*, completamente ristrutturata dopo essere stata restituita all'Italia dalla Marina americana, che durante il conflitto l'aveva conquistata e adibita al trasporto delle truppe. I nuovi arredi dei saloni, dei ristoranti e degli spazi pubblici sono in gran parte prodotti da Cassina. È questa la possibile immagine di un'avanguardia dell'industria italiana che, a dispetto della sconfitta storica e politica, torna a esportare in ogni angolo del mondo prodotti come gli arredi con il marchio "Figli di Amedeo Cassina", ragione sociale dell'azienda fondata vent'anni prima a Meda dai fratelli Umberto e Cesare. Non sarà l'unica occasione di riscatto per l'immagine dell'Italia nel mondo, né la prima volta che Cassina realizzerà arredi navali. Anzi, per lungo tempo l'impegno in questo settore sarà costante, grazie anche alla collaborazione di alcuni maestri, primo fra tutti Gio Ponti, infaticabile promotore della cultura artistica, artigianale e tecnica del suo Paese, seppure compromesso con il defunto regime: compromissione che paga con alcuni anni di silenzio, o meglio di nascosta quanto frenetica attività preparatoria per il suo personale boom professionale degli anni Cinquanta.

La storia di Cassina, che per qualche tempo corre parallela al lavoro di Ponti, nei decenni trascorsi da quando viene varata la rinnovata *Conte Grande*, rivela un costante atteggiamento esplorativo: come se la pericolosa traversata del mondo – metaforica e non – non finisse mai e continuasse a offrire, per ogni rotta da seguire e porto da raggiungere, nuove occasioni per esperienze formative di una cultura industriale autentica e soprattutto nuova e "democratica".

6,702,470 rooms destroyed or rendered uninhabitable, and the 3,460,288 people who lived in them before World War II left homeless. This was one of the many legacies made to Italy by Fascism, which Ernesto Nathan Rogers—the theorist behind Italian Modernism, from the ranks of BBPR (Banfi, who died at Mauthausen, Belgiojoso, Peressutti and Rogers)—recorded in the February 1946 issue of *Domus*, whose editor he had become following his return from exile. Just three years later, in 1949, the passenger ship *Conte Grande* weighed anchor in Genoa, completely refurbished, after having been requisitioned by the US Navy during the war and converted for use as a troops transport vessel. The new furniture in the saloons and restaurants had been produced by Cassina. This could be taken as an image of the vanguard of Italian industry that, despite the country's historical and political defeat, came back to export to every corner of the world, with such products as the furniture bearing the trademark "Figli di Amedeo Cassina", the name of the company founded twenty years earlier in Meda by the brothers Umberto and Cesare. This was not to be the only occasion on which Italy's image appeared on the rebound in the world, nor the first time that Cassina was to design ship furniture. On the contrary, their involvement in this field was constant, thanks partly to the contributions of a number of design masters, first and foremost Gio Ponti, the indefatigable champion of the artistic, artisanal and technical culture of his country, however compromised it had become at the hands of the defunct regime: Italy's general position of weakness resulted for Ponti in several years of silence or, rather, of frantic but hidden activity in preparation for his own professional rise in the Fifties.

During the decades since the launch of the new *Conte Grande*, the story of Cassina, which for some time ran parallel to the work of Ponti, was characterised by constant research—as though the dangerous crossing of the world (metaphorical and literal) was never-ending and continued to offer, for every route to be followed and port to be reached, new opportunities for formative experiences to a genuine and, above all, new and "democratic" industrial culture.

0024, lampada/lamp, Gio Ponti, Fontana Arte, 1931

Non nasce certo nel secondo dopoguerra in Italia la questione del progetto per l'industria: già negli anni Trenta l'invenzione e la diffusione di nuovi materiali (vetro strutturale, alluminio, le prime resine sintetiche) e tecnologie di produzione, il formarsi di nuove industrie più sensibili alla forma del prodotto, ma anche una certa conoscenza dell'opera delle avanguardie artistiche (malgrado le censure di regime) sono alcuni dei fattori che modificano la cultura del progetto in Italia, in modo sicuramente originale rispetto ad altre realtà nazionali.

Proprio alla vigilia della più grande distruzione bellica del paese, due mostre presentate nella VII Triennale di Milano del 1940 costituiscono un importante riferimento per il successivo sviluppo della nozione di disegno industriale (traduzione possibile di *industrial design*, o *design* in senso lato: termine inglese più sintetico e appropriato, ma allora non proponibile, anche per le leggi fasciste sulla difesa della lingua italiana). Giuseppe Pagano, anticipatore di operazioni di design – fin dai tempi degli arredamenti e dei mobili in serie realizzati a Torino con Gino Levi-Montalcini, o a Milano per l'Università Bocconi –, direttore della rivista «Casabella», eroe e poi vittima della cultura fascista, è il curatore della sezione internazionale sulla "Produzione di Serie". Obiettivo esplicito dell'esposizione è dimostrare e diffondere il concetto di standard, presentando una serie di risultati esteticamente validi raggiunti nella produzione industriale di diversi paesi.

Ancora più esplicita e innovativa è un'altra mostra, divenuta poi storica, quella sull'apparecchio radio curata da Livio e Pier Giacomo Castiglioni (fratelli maggiori di Achille, ancora studente) con Luigi Caccia Dominioni: oltre a presentare alcuni apparecchi di produzione corrente, i Castiglioni e Caccia Dominioni ideano una serie completa e diversificata di nuove radio in cui è definitivamente eliminato il concetto di "mobile", allora complemento indispensabile di

It was certainly not in the period after World War II that the question of industrial design arose: back in the Thirties the invention and take-up of new production technologies and materials (such as structural glass, aluminium, the first synthetic resins), the formation of new companies more aware of product appearance, and a certain degree of understanding of the work of the artistic avant-garde (in spite of the disapproval of the Fascist regime) were some of the factors that altered the design culture in Italy, and in a manner indubitably more innovative than in other countries.

Just before Italy suffered its greatest wartime destruction, two exhibitions presented at the VII Milan Triennale in 1940 set down important markers for the subsequent development of the field of industrial design. A harbinger of the design industry—from the time of the mass-produced furnishings and furniture he turned out in Turin with Gino Levi-Montalcini, or in Milan for Bocconi University—and editor of *Casabella*, a hero and then victim of the Fascist culture, Giuseppe Pagano was the curator of the international section of the exhibition 'Mass Production'. The explicit aim of the show was to demonstrate and spread the notion of standards by presenting a series of aesthetically successful mass-produced goods from different countries.

Yet more explicit and innovative was another exhibition, which later went down in history, the one on radio equipment curated by Livio and Pier Giacomo Castiglioni (the elder brothers of Achille, who was then still a student) with Luigi Caccia Dominioni. In addition to presenting several contemporary pieces of equipment, the Castiglionis and Caccia Dominioni dreamed up a complete but diversified series of new radios in which the concept of "furniture", which was then an indispensable aspect of every receiver, was completely removed. Of all the radios in the exhibition, the most famous (according to some, and the first real object of Italian design in the sense that we understand today) was the Phonola

ogni apparecchio ricevente. Tra tutte le radio presentate, la più famosa (secondo alcuni, anche il primo vero oggetto di design italiano come possiamo intenderlo oggi) è il radioricevitore Phonola, un oggetto destinato allo spazio abitativo, ma del tutto privo di riferimenti all'"arredo" in senso classico: la scocca in bachelite, una delle prime resine sintetiche, preannuncia un nuovo mondo di oggetti a venire senza altra connotazione di stile se non quella legata al linguaggio delle materie e delle tecniche industriali.

A questo momento di felice sintesi e incontro tra mondo dell'industria e del progetto fa seguito la lunga e terribile crisi bellica: a cui, paradossalmente, succede l'epoca più straordinaria mai vissuta in Italia dall'industria e dal progetto per l'industria. Scomparso Giuseppe Pagano (morto nel 1945 nel campo di concentramento nazista a Mauthausen, dopo essere passato nel 1943 alla resistenza partigiana), il più forte sostenitore dell'idea di design in senso moderno e contemporaneo – idea propagandata infaticabilmente presso industriali di ogni genere, dalle grandi imprese nazionali ai piccoli produttori – è proprio Gio Ponti. Negli stessi anni una figura come quella di Bruno Munari è pure molto importante per la divulgazione del design, soprattutto attraverso i molti libri, gli articoli per i grandi quotidiani, le mostre e una frenetica attività didattica, principalmente con i bambini; tuttavia, per il suo carattere e la ricerca di una propria autonomia artistica – esercitata principalmente attraverso l'attività di designer e grafico – Munari è inevitabilmente più riservato e il suo raggio d'azione rimane circoscritto, a confronto di quello, praticamente senza limiti, di Ponti.

radio receiver, an object designed for use in the home but free of all reference to furnishings in the traditional sense: the body made of bakelite, one of the first synthetic resins, heralded a new world of objects whose only connotation of style was the one linked to the language of industrial technologies and materials.

This happy encounter between the worlds of industry and design was followed by the long, dreadful years of war, but when this ended, the stage was set for the most extraordinary epoch ever experienced by Italian industry and industrial design. Following the death of Giuseppe Pagano (in 1945 in Mauthausen concentration camp, as a result of joining the partisans in 1943), the strongest supporter of the idea of design in the modern and contemporary senses—an idea he championed unstintingly to businessmen of every size of company—was Gio Ponti. During the same period the figure of Bruno Munari was also very important for the diffusion of design, particularly through his many books, newspaper articles, exhibitions, and educational activities, the latter mainly aimed at children. Nonetheless, owing to his character and his inward-looking emphasis on a personal artistic autonomy (which he mainly exercised as a designer and draughtsman), Munari was inevitably more a reserved individual and his range of action more circumscribed compared with the practically limitless scope offered by Ponti.

Superleggera, sedia/chair, Gio Ponti, Collezione Cassina, 1957

Mobilieri d'avanguardia

Ponti per primo, con i suoi progetti, già dagli anni Quaranta amplifica e dilata il confine tra classico e moderno, esaltando gli opposti e sovrapponendoli a più strati, come nei progetti della *Leggera* e poi della *Superleggera*. Egli parla della *Leggera* in un breve scritto su «Domus» (n. 268, marzo 1952), che è tornato a dirigere su invito dell'editore Gianni Mazzocchi, come se si trattasse di un progetto semplicissimo: in realtà già in questa "semplice" sedia c'è molta della complessità della cultura materiale italiana. L'oggetto originale da cui essa deriva fa parte della tradizione artigiana ligure: la Chiavarina (che prende il nome dalla città di Chiavari) è un modello che risale più o meno alla fine del XVIII secolo. Amante del Mediterraneo, conoscitore profondo delle sue culture, Ponti ritrova in questo oggetto molte caratteristiche di ciò che dovrebbe essere una sedia contemporanea, meglio, "moderna", come si sarebbe detto negli anni Cinquanta: solidissima ma elegante, leggera eppure presente come forma nello spazio, fatta di poco ma non di nulla. Ponti è però un designer, anzi un architetto, ed è proprio in senso architettonico moderno che orienta il progetto della sedia. Gli elementi verticali della struttura portante hanno nell'appoggio a terra una sezione triangolare, che poi cambia progressivamente verso l'alto, per tornare triangolare alla conclusione dello schienale: vero virtuosismo formale ma anche tecnico, possibile solo ad artigiani esperti come quelli dell'azienda di Meda.

Esilarante in proposito l'episodio narrato dalla figlia di Cesare Cassina, Adele, a Giulio Castelli nel suo bel libro d'interviste *La fabbrica del design*[1]: "Dopo il successo della *Leggera* [...] Ponti chiese a mio padre di alleggerirla 'affettandola' [...]. Papà girò la richiesta a Fausto Redaelli, responsabile del reparto falegnameria, che si mostrò dubbioso e recalcitrante all'ordine di Cesare di togliere una quantità di legno giudicata eccessiva. Ma di fronte

La Superleggera in viaggio verso la Liguria per l'impagliatura, fine anni Cinquanta
The Superleggera on its way to Liguria for addition of the woven rush seating, late 1950s

Avant-garde furniture companies

More than anyone, Ponti increased the divergence between classic and modern in his projects from as early as the Forties. He emphasised their disparities by interpreting one through the eye of the other, as, for example, in his modern designs for the traditional *Leggera* and then *Superleggera* chairs. He talked about the *Leggera*, his masterpiece, as though it were a very simple project in a short piece he wrote for *Domus* (no. 268, March 1952), which he later returned to edit at the invitation of the publisher Gianni Mazzocchi. In fact in this "simple" seat there was already much of the complexity of the Italian material culture. The original object from which it was derived is part of the Ligurian craft tradition: the Chiavarina (named after the city of Chiavari) is a model that dates back more or less to the end of the eighteenth century. A lover of the Mediterranean and a connoisseur of its cultures, Ponti found in this object many characteristics of what a contemporary—or better, "modern" as would be said in the Fifties—seat should be: very solid but elegant, light yet present as a spatial form, in other words, one made of little but not of nothing. Ponti was however a designer, actually an architect, and it was on the modern sense of architecture that he based that he based the design of the chair. The vertical elements in the load-bearing structure are triangular where they are in contact with the ground but progressively alter as they rise before returning to the triangular at the top of the seat back. This formal, but also technical, virtuosity was only made possible by expert craftsmen like those at the company in Meda.

An amusing episode related to this product was described by Adele Cassina, the daughter of Cesare, to Giulio Castelli in his beautiful book of interviews, *La fabbrica del design*[1]: "After the success of the *Leggera* ... Ponti asked my father if he could make it lighter by 'slicing it'. ... Papà forwarded the request to Fausto Redaelli, the chief foreman of the woodwork

1. La fabbrica del design, *a cura di Giulio Castelli, Paola Antonelli, Francesca Picchi, Skira, Milano, 2007.*
1. La fabbrica del design, *edited by Giulio Castelli, Paola Antonelli, Francesca Picchi, Milan: Skira, 2007.*

Cesare, Adele, Umberto, Franco Cassina, 1968

Gianni Mazzocchi, Lisa Licitra Ponti, Gio Ponti

al 'Se te se bun no, lasa stà che el fo mi' (Se non sei capace, lascia stare che lo faccio io; in dialetto brianzolo, *n.d.r.*), Fausto approntò in pochi giorni un prototipo perfetto ed esilissimo. Mio padre provò subito a sedersi e rovinò a terra insieme ai suoi pezzi. [...]". Il risultato voluto da tutti – produttore, designer, tecnici – sarebbe poi stato raggiunto grazie all'impiego del legno di frassino e all'invenzione di uno speciale incastro a secco, segno dell'inventiva del produttore e dell'impossibilità di produrre innovazione formale senza innovazione tecnica. Altro segno inconfondibile, dato invece dal progettista, che contribuisce a fare della *Superleggera* l'oggetto più caratteristico della sterminata produzione di Gio Ponti, è l'improvvisa inclinazione indietro data alla struttura all'inizio dello schienale, con qualche pretesto ergonomico: il particolare dinamizza l'intero oggetto, lo rende diverso da tutte le altre sedie, a cominciare dall'originale Chiavarina, dove infatti l'idea del *comfort* è data solo dalla leggera curva dello schienale orizzontale. Una volta sicuro di aver raggiunto l'equilibrio formale e funzionale della sedia, Ponti si sbizzarrisce in una serie di variazioni cromatiche e decorative (con l'amico Fornasetti). La versione che comunque entra nella storia – e in moltissime case nel mondo – è ancora la più archetipica, con struttura in legno di frassino laccato nero e sedile in canna d'India. Tra le possibili ragioni di questo successo che dura ancora, dopo più di cinquant'anni, vi è sicuramente il fatto che la *Superleggera* è un'icona dello stile italiano contemporaneo: né più né meno della Vespa o di altri oggetti, che però difficilmente possono vantare una durata simile.

Non si fermano però con la *Superleggera* le innovazioni proposte da Cassina. Nel 1954 la seduta *683* disegnata da Carlo De Carli è premiata con il Compasso d'Oro: è la prima edizione del premio che legittima la nascita di una disciplina del disegno industriale, tra i progettisti ma anche tra le aziende. Nato anch'esso da un'idea di Gio Ponti, il premio è istituito da La Rinascente "per incoraggiare gli industriali e gli artigiani a elevare la loro produzione non solo

department, who was doubtful and unwilling to obey Cesare's request to remove what the latter considered an excessive quantity of wood. But when confronted with Cassina's riposte in dialect, 'If you can't do it, I'll do it myself', Fausto prepared a perfect and very slender prototype in a few days. My father immediately tried it and ended up on the floor among a pile of broken pieces." The end product that everyone—manufacturer, designer and technical experts—wanted was achieved by the use of ashwood and the invention of a special glueless joint, an indication of both the creativity of the designer and the impossibility of formal innovation without technical innovation. Another unmistakable characteristic that helped to make the *Superleggera* the most characteristic product in Gio Ponti's endless output is the sudden backward inclination at the bottom of the backrest, which was included with some ergonomic arguments in its favour. This small detail energises the entire object and differentiates it from all other seats, beginning with the original Chiavarina, in which the only concession to comfort is given by the slight curve of the horizontal backrest. Once sure that he had achieved the formal and functional balance that he wanted in the seat, Ponti then embarked on a series of chromatic and decorative experiments with his friend Fornasetti. However, the version that was to go down in history, in many cases around the world, was the most archetypal, with a black lacquer ash frame and rattan seat. One of the possible reasons for the continuing success of this chair after more than fifty years is the fact that the *Superleggera* is an icon of contemporary Italian style on a par with the Vespa and a few other objects, though the others cannot boast such a long life.

But Cassina's innovations did not end with the *Superleggera*. In 1954 the *683* seat designed by Carlo De Carli won the Compasso d'Oro award: this was the first year of the prize that legitimated the new discipline of industrial design—not just among the designers themselves, but also among manufacturing companies. Originating from one of Gio Ponti's ideas, the prize was established by La Rinascente the department store chain "to encourage businessmen and

tecnicamente, ma anche formalmente". Primo "grande magazzino" italiano, di proprietà Borletti, riaperta al pubblico solo nel 1950, La Rinascente ha tra i suoi collaboratori Max Huber (che ne crea il logo usato ancora oggi), Albe Steiner (che disegna il Compasso d'Oro), Alberto Rosselli e Bruno Munari. La Rinascente è la prima promotrice della commercializzazione di prodotti di design, prodotti che rimangono tuttavia circoscritti a pochi modelli e tipologie.

Il settore della distribuzione sarà in effetti per molti anni, anzi decenni, il vero punto debole della pur eccellente produzione del design italiano, che farà sempre fatica ad arrivare a un pubblico più ampio, almeno nei settori dell'arredo in generale, del mobile e dell'illuminazione in particolare: tanto da far pensare a una certa sua vena elitaria, quasi come se il contatto con la vera distribuzione di massa implicasse un cedimento sul piano della qualità generale del progetto. La questione – che dagli anni Novanta in poi progressivamente arriverà a mettere in crisi l'identità stessa di alcune aziende pionieristiche – rimane tuttavia in secondo piano nel periodo eroico degli anni Cinquanta, offuscata dall'enorme successo di immagine ottenuto dai designer più brillanti e dalle aziende che con essi collaborano.

Un caso particolare è quello di Poggi, che per la sua dimensione contenuta e la vocazione elitaria non ha avuto rilievo sul piano della produzione di serie, né tanto meno su quello della creazione di un vero mercato del mobile moderno: ma che avrebbe molto da raccontare e da insegnare (molto più di quello che si possa scrivere in queste pagine) come esperienza di "laboratorio" dedicato, per quasi trent'anni, allo sviluppo delle idee progettuali di un solo grande Maestro: Franco Albini. Questi inizia ad affermarsi prima della guerra nell'ambito del movimento razionalista italiano: con alcuni interni esposti alla IV Triennale di Milano del 1936 rivela già il suo talento nell'ottenere con pochi mezzi e materiali un notevole risultato espressivo. La sua logica progettuale, rigorosa al limite dell'algido, gli permette di creare

craftsmen to raise the standard of their output not just technically, but also in terms of form". The first Italian department store, which was owned by Borletti and only reopened to the public in 1950, La Rinascente in Milan had among its collaborators Max Huber (who created the logo it still uses today), Albe Steiner (who designed the Compasso d'Oro), Alberto Rosselli and Bruno Munari. La Rinascente was the first store to champion the commercialisation of designer products, though they remained limited to few models and types.

For many years, distribution was the weak point in the field of Italian design, however excellent the designs themselves, which always found it difficult to reach a wide public, at least in the furnishings sector, lighting and furniture in particular. And the limitation of their supply seemed to suggest that design was an elitist concept, almost as though contact with large-scale distribution implied a fall-off in product quality. However, this issue—that from the Nineties on was to progressively threaten the identity of some pioneering companies—remained in the background during the heroic period of the Fifties, as it was overshadowed by the enormous success of the most brilliant designers and the companies they worked with.

The Poggi company was a case in point, which, due to its small size and its top-of-the-market products, had no involvement in mass production, nor influence in the creation of a market for modern furniture. However, it had much to tell and teach (too much to write about here) on the subject of being a "laboratory" dedicated for almost thirty years to the development of the design ideas of a single great master: Franco Albini. Albini began to make an impact before the war in the field of Italian Rationalism. His talent was revealed by the creation of several highly expressive interiors for the IV Milan Triennale in 1936 with few materials and resources at his disposal. His design logic, as objective and

sorprendentemente mobili e soluzioni d'arredo di grande forza, innanzitutto per la loro stretta relazione con lo spirito della vera e propria composizione architettonica. Il più straordinario di questi oggetti è sicuramente la libreria a tiranti d'acciaio (vera e propria tensostruttura) che disegna per la propria abitazione nel 1938 e che sarà poi ripresa e realizzata, solo allo stadio di prototipo, con la ditta Poggi, nel 1948.

È questo l'anno in cui Albini inizia a costruire l'albergo-rifugio per ragazzi Pirovano a Cervinia. Giuseppe Pirovano, la sua guida alpina di fiducia, gli chiede inizialmente una casa con annessa scuola di sci, che diventerà poi un vero e proprio albergo-rifugio. L'opera, destinata a entrare nella storia dell'architettura come uno dei primi esempi di "regionalismo" modernista – per la sua sintesi tra innovazione costruttiva e rispetto di materiali e tradizioni locali –, richiede la realizzazione di interni per negozi, sale da pranzo, soggiorno, cucina e dormitori. Pirovano stesso fa conoscere i fratelli Ezio e Roberto Poggi (figli di Carlo, che scompare nel 1949) ad Albini, che affida loro la commessa per gli interni, ammirato dalla loro maestria nel realizzare costruzioni in legno limpide e innovative, pur nel rispetto della tradizione dell'ebanisteria, ovvero la parte più "nobile" della falegnameria: tradizione che nell'azienda viene tramandata fin dalla fondazione, avvenuta alla fine dell'Ottocento.

Sta forse proprio in queste origini artigiane di altissimo livello il curioso destino di Poggi. Nella costruzione di un mobile di qualità, spesso molta parte dell'ingegneria costruttiva che vi sta dietro (come gli incastri, con la loro complessa nomenclatura) viene volutamente tenuta nascosta, non importa quanti studi e fatica abbia richiesto la sua invenzione e realizzazione: così anche Poggi, in particolare nella persona di Roberto (che alla morte prematura del fratello Ezio continuerà da solo a dirigere l'azienda), si distinguerà sempre per il ripudio della facile notorietà, cercando

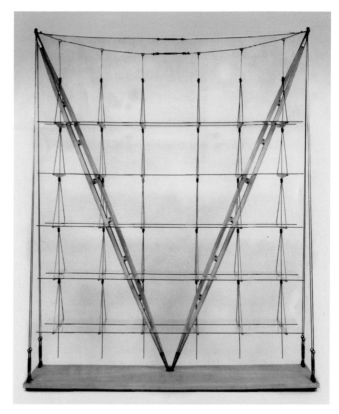

Veliero, libreria/shelf, Franco Albini, Poggi, 1938

dispassionate as could be, allowed him to create surprising pieces of furniture and interior design solutions of great power, above all due to their proximity to the spirit of architectural composition. The most outstanding of these objects was unquestionably the bookcase with steel drawers (a true tensile structure) that he designed for his own home in 1939, but which was only taken up as a prototype by Poggi in 1948.

This was the year in which Albini began to build the Pirovano hotel-cum-refuge for boys and girls in Cervinia. Giuseppe Pirovano, who was Albini's trusted mountain guide, originally asked Albini to design a house with an attached ski school but the project developed into a building that was a cross between a hotel and a mountain hut. The building, which entered architectural history as one of the first examples of Modernist "regionalism" through its synthesis of constructional innovation and respect for local materials and traditions, necessitated the construction of interiors for shops, dining rooms, a living room, a kitchen and dormitories. Pirovano introduced Ezio and Roberto Poggi (the sons of Carlo, who died in 1949) to Albini, who commissioned them to build the interiors. He was impressed with their skill in producing simple yet innovative constructions in wood fully in keeping with the traditions of the cabinet maker, i.e., the "noblest" field of the carpenter's art.

This artistry had been a tradition in the company since its foundation at the end of the nineteenth century, and it was this high-level artisanal background that dictated the curious destiny of the Poggi company. In the construction of a high-quality piece of furniture, much of the engineering aspect of its construction (such as the joints, with their complicated nomenclature) deliberately remains hidden, regardless of how much effort and research has gone into its design and production. Thus Poggi, in particular in the person of Roberto (who ran the company single-handedly

Luisa, sedia/chair, Franco Albini, Poggi, 1950

invece di concentrare il massimo delle energie nel processo di creazione di un prodotto perfetto, scelto non tanto per le sue possibilità commerciali quanto per le effettive qualità formali e funzionali.

In questo, sicuramente è determinante l'influenza di Albini che a lungo (ovvero per circa 27 anni) manterrà un patto di esclusiva con Poggi: "Voi lavorate solo per me e io lavoro solo con voi". Personalità tanto geniale quanto complessa, Albini rappresenta nella storia del design italiano una personalissima scuola di intransigenza creativa, da cui derivano architetture, allestimenti e oggetti tanto fantasiosi quanto rigorosi nel cercare di eliminare tutto ciò che è eccessivo e, ovviamente, inutile: ne sono esempio la poltroncina *Luisa* (Compasso d'Oro, 1955), il tavolino *Cicognino*, la libreria *LB7*, tutti prodotti da Poggi e tutti altrettanti capolavori di intreccio tra disegno e manifattura "per forza di levare". All'interrompersi del sodalizio esclusivo con Albini, Poggi troverà ancora collaborazioni con altri progettisti (Magistretti, Zanuso), alcune anche di un certo interesse: ma i risultati non saranno più all'altezza della geniale sintesi operata insieme dal designer-architetto e dal produttore-ebanista.

Anni più tardi, Roberto Poggi riuscirà ad analizzare lucidamente le caratteristiche di una vicenda tanto singolare in una lunga intervista pubblicata su «Domus», nel 1991[2]. Nei primi anni Novanta è già evidente l'entrata in crisi del modello "immagine industriale-produzione artigianale"; Poggi segnala con preoccupazione, quasi sgomento, le numerose chiusure di aziende artigiane del mobile nella regione di Pavia, dove è nata e si trova l'azienda. Eppure, è fermo nel difendere la decisa volontà – affermata nei suoi cinquant'anni di direzione – di non entrare mai nella vera dimensione industriale, scelta motivata proprio da necessità di ordine "poetico". "Noi produciamo in piccole serie, a lotti dai trenta ai cento pezzi [...]. La progettazione determinata soltanto da necessità commerciali non ha in sé alcuna

---

following the premature death of Ezio), made its name by choosing not to follow the easy route, preferring to focus on the process that leads to the creation of a perfect product, one chosen not so much for its commercial possibilities as for its functionality and beauty.

Albini's influence on this approach was crucial during the approximately 27 years he worked exclusively with Poggi: "You work only for me and I will work only with you". As brilliant as he was complex, in the history of Italian design Albini represented a very personal school of creative intransigence that gave rise to buildings, interior designs, and objects as imaginative as they were rigorous in their desire to eliminate everything unessential. Examples are the *Luisa* armchair (Compasso d'Oro, 1955), the small *Cicognino* table, and the *LB7* bookcase, all produced by Poggi and all equally masterpieces of the combination of design and manufacturing skills based on the concept of the elimination of everything redundant. When this exclusive partnership with Albini was dissolved, Poggi worked with other designers (Magistretti and Zanuso), producing objects certainly of interest, but without achieving the same brilliance as the collaboration between the designer-architect and the manufacturer-cabinetmaker.

In 1991 Roberto Poggi made a lucid analysis of the unusual history of his company in a long interview published in *Domus*.[2] By the early Nineties the danger signs were already evident for the "industrial image—artisanal production" approach. Roberto Poggi worriedly pointed out, almost with fright, the many companies producing handmade furniture that were closing down around Pavia, the region in which he was born and the company operated. However, he was firm in his defence of the decision—solidly established during his 50 years of management—of never ramping up the company's production to industrial levels, a decision made for reasons of "poetical" necessity. "Our production is in limited

2. Vittorio Prina, *intervista con Roberto Poggi*, in «Domus» 729, 1991.
2. Vittorio Prina, *interview with Roberto Poggi*, in Domus 729, 1991.

carica: se da una parte c'è il progettista e dall'altra soltanto il realizzatore, l'unica mediazione è quella della matita o del tavolo da disegno. Io credo invece ci debba essere il desiderio da parte di entrambi di creare qualcosa assieme. Desiderio e non necessità, altrimenti il fatto progettuale diventa meno poetico".

Sembra proprio di veder descrivere il rapporto con Albini, che spesso ha incaricato Poggi di realizzare insieme pezzi e arredi speciali, quanto di più simile all'attività di un laboratorio di ricerca. E inevitabilmente il produttore finirà per citare, a illustrare il suo pensiero, proprio i pezzi del suo designer "d'affezione". "Ogni nostro prodotto è stato pensato e realizzato dal progettista qui con noi. Mai abbiamo messo a catalogo pezzi sviluppati secondo altre strade [...]. Questo processo di chiarificazione e risoluzione fa sì che analizzando i novanta pezzi prodotti dalla nostra azienda sino a oggi posso affermare che tutti sono stati mantenuti esattamente come erano nati, non hanno mai avuto bisogno di modifiche. Pensi alla libreria 'LB7' di Albini del 1957: ha ancora gli stessi componenti, le stesse viti, il pezzo di ricambio è identico al primo che è stato prodotto". Interrogato infine sul rapporto personale con Albini, Poggi darà una risposta telegrafica, ma struggente: "È stato mio maestro di lavoro e di vita".

Poggi è attivo a Pavia, eccezione anche questa singolare nel panorama "geopolitico" del design italiano. È ovviamente Milano ad affermarsi invece rapidamente come il centro riconosciuto dell'attività promozionale sul disegno industriale in Italia. E la regione della Brianza – dove si trova Meda, piccola capitale del mobile lombardo fin dal Settecento e luogo di fondazione e insediamento produttivo di Cassina e altre importanti aziende d'arredamento – è il territorio produttivo su cui s'innesta la ricerca dei progettisti: intelligentemente considerati dai pionieri dell'industria come "compagni di strada" nel cammino verso un'apertura di nuovi mercati in Italia e all'estero.

---

series, in batches of between 30 and 100 pieces. ... Planning based on purely commercial requirements plays no part in the process: if there is a lack of agreement between the designer on the one hand and the manufacturer on the other, the only mediation is rendered either by a pencil or a design table. I, however, believe that there should be the desire on both sides to create something together. Desire but not need, otherwise the design process becomes less poetic."

He seems here almost to be describing the partnership with Albini, who often asked Poggi to produce special pieces, rather like a research laboratory. In such a case, in order to illustrate his ideas, the manufacturer will inevitably end up by citing pieces by his "favourite" designer. "All of our products have been conceived and realized by the designer who works with us. But we have also produced pieces developed following other paths. ... This process of clarification and resolution ensures that, analysing the 90 pieces so far produced by the company, I know that all of them have been made exactly as they were conceived, and that they have never required modifications. Think of Albini's *LB7* from 1957: it still has the same components, the same screws, the spare part is identical to the first one made." Asked about his personal relationship with Albini, Poggi gave a concise but moving reply: "He was my master in both work and life."

The Poggi company was active in Pavia and, as such, an exception in the "geopolitical" panorama of Italian design. Clearly it was Milan that quickly established itself as the recognised centre for the promotion of industrial design in Italy, while the region of Brianza, and Meda in particular—where Cassina and other important furniture companies are based—has been the capital of Lombard furniture industry since the eighteenth century. It is here that the research work of designers—intelligently considered by the pioneers of the Italian furniture business as "travelling companions" on the road to new markets in Italy and abroad—becomes grafted onto the industry. They are

A loro sono richiesti prodotti nuovi, moderni non solo nel senso della loro "modernità" ma anche per l'essere, almeno al loro apparire, "alla moda". Di questa necessità di un rapporto paritario (per non dire egualitario) con il progettista, Cesare Cassina è tra i primi a rendersi conto, e soprattutto a ricavarne un modello.

Non è solo una curiosità storica che proprio nel rapporto tra Gio Ponti e Cassina nasca il meccanismo di una retribuzione del progettista attraverso delle *royalties*: una piccola (apparentemente) percentuale del fatturato ricavato dalla vendita di un oggetto che viene riconosciuta al progettista, oltre a un rimborso spese iniziale (spesso esiguo, a volte neanche quello). Ancora oggi impiegato da molte aziende, il sistema da un lato rende il designer ovviamente più responsabilizzato rispetto al miglior esito di qualità e di vendita del progetto; dall'altro coinvolge il produttore nel rischio, nel puntare – letteralmente, come si fa al gioco – sul valore del progettista, delle sue idee, della sua capacità di cogliere in una forma l'essenza di un oggetto utile, che interagisca con successo con l'utente: che è comunque, soprattutto per un'industria produttrice, un acquirente.

Le stesse esigenze economiche (specialmente quando un nuovo prodotto richiede sensibili investimenti in ricerca, prototipazione, stampi, macchinari) raffinano la cultura delle aziende del design italiano, obbligandole a passare dalla fase di produzione di pochi esemplari con tecniche artigianali all'innesto nelle fasi produttive dei metodi e delle tecnologie proprie dell'industria: il tutto – e anche qui sta il miracoloso equilibrio mantenuto dal design italiano per molti anni – senza rinunciare all'immediatezza, all'innovazione un po' geniale e (apparentemente) improvvisata permessa dal modello artigianale.

requested to produce new, modern designs, not just in the sense of "modernity" but also, in terms of appearance, of being "à la mode". Cesare Cassina was one of the first to recognise and act on the need for an equal (not to mention egalitarian) relationship with the designer.

It was not simply a curious historical fact that it was as part of the relationship between Gio Ponti and Cassina that the payment of royalties to the designer came into being. Royalties represent a (seemingly) small percentage of the income derived from the sales of an object that is paid to its designer, in addition to a reimbursement of initial expenses (often scanty, and on occasion less generous than that). Still used by many companies today, this system of payment gives the designer greater responsibility for the quality and market success of the product, but it also involves the producer in the risk, who is required to gamble on the quality of the designer and his ideas, and on his capacity to capture the essence of a useful object in a single form so that the user (who is often, particularly in the manufacturing industry, a purchaser) is able to interact with it successfully.

Those same economic requirements—especially when a new product requires large investments in research, prototyping, moulds and machinery—have refined the culture of Italian design companies, obliging them to make the jump from small-scale manual production to the phases of methods and technologies typical of industry: all of this without—and herein lies the miraculous balance maintained by Italian design for many years—renouncing the immediacy and rather brilliant and seemingly improvised innovation permitted by handcrafting.

Design in Italia 1

È il caso di Cassina, ma anche di molte altre aziende oggi storiche, passate da produzioni artigiane ad altre più seriali, senza perdere la capacità di controllo del processo integrale di creazione e produzione: Arflex (fondata nel 1950), Tecno (1952), Gavina (1953), Zanotta (1954).

Non tutte queste aziende riusciranno però ad arrivare, come Cassina, alla fase "matura" del rapporto tra idea, autore, progetto e prodotto, indispensabile per un'impresa che voglia affrontare onori e oneri dell'autentica dimensione industriale. Si può anzi affermare che buona parte dell'*âge d'or* della ricostruzione e del primo boom del design italiano è caratterizzata da un sostanziale equivoco tra vero linguaggio industriale degli oggetti – che da questo punto di vista diventeranno vere e proprie icone della storia dell'arte applicata – e "finta" produzione industriale. Caso tipico di questa ambiguità, con qualche analogia con Poggi, è la Gavina (poi Simon International) che non riuscirà mai ad arrivare a una vera produzione di grande serie – se non nella fase calante della sua storia, già in partnership con Knoll per la produzione delle riedizioni di Marcel Breuer – ma che per la eccezionale intelligenza creativa del suo fondatore rappresenta invece una fonte d'ispirazione importante per diversi designer, imprenditori e aziende non solo italiane che ne seguiranno, non sempre con gratitudine, le molte intuizioni progettuali.
Già nelle sue modeste origini imprenditoriali (nell'immediato dopoguerra tappezziere, poi "allestitore" di interni di auto e carrozze ferroviarie), Dino Gavina incarna la figura di un autodidatta di genio. È addirittura il grande Lucio Fontana a introdurlo nel mondo dell'architettura "dalla porta principale", presentandolo a Tommaso Ferraris, segretario generale della Triennale di Milano, che a sua volta lo presenta a Carlo De Carli e Pier Giacomo Castiglioni, quest'ultimo subito precettato come progettista, non appena Gavina decide d'iniziare una sua produzione di mobili nel 1953. Potrebbe diventare un autentico industriale, ma proprio per la sua irrequietezza nell'affrontare le noiose

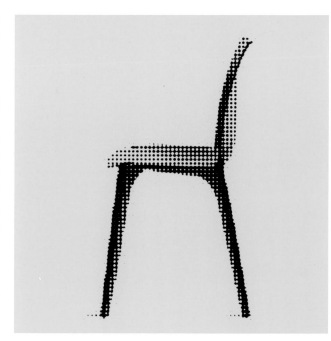

Lambda, sedia/chair, Marco Zanuso con/with Richard Sapper, Gavina, 1959

This was the case with Cassina, but also of many other companies that managed to move from manual output to mass-production without losing control of the process integral to creation and production; some, for example, are Arflex (founded in 1950), Tecno (1952), Gavina (1953), and Zanotta (1954).

Not all the companies who made the attempt succeeded, like Cassina, in reaching the "mature" phase of the relationship between idea, author, design, and product indispensable for a company that wishes to achieve genuine industrialised production. It can also be stated that much of the "golden age" of the post-war reconstruction period and early boom of Italian design was typified by a notable misunderstanding over the real industrial language of objects—which from this standpoint were to become icons of the history of applied art—and "fake" industrial output. A typical example of this ambiguity, with a certain analogy to Poggi, is Gavina (Simon International). This company never really succeeded in achieving mass-production—unless during the downward phase of its history when it was already in partnership with Knoll to manufacture new editions of designs by Marcel Breuer—but, owing to the outstanding intelligence of its founder, it became an important source of inspiration to various designers, businessmen and companies (Italian and foreign) that were to follow, though not always with gratitude, his intuitions. Even during his modest beginnings (immediately after the war he was an upholsterer, then he "fitted out" the interiors of cars and railway carriages), Dino Gavina was the archetype of the brilliant autodidact.

It was in fact the great Lucio Fontana who introduced him to the world of architecture through the "front door" by presenting him to Tommaso Ferraris, secretary-general of the Milan Triennale, who in turn introduced him to Carlo De Carli and Pier Giacomo Castiglioni. And it was the latter whom Gavina summoned to be his designer when he decided

◀◀
in alto/top: Achille Castiglioni, Dino Gavina, Pier Giacomo Castiglioni
in basso/bottom: Showroom Gavina, Milano

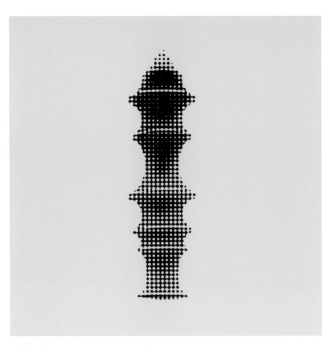

Falkland, lampada/lamp, Bruno Munari, Danese, 1964

incombenze del mercato, le inevitabili incomprensioni di una distribuzione e di un pubblico di massa ancora in maggioranza fermo all'idea del salotto in stile e forse anche per un suo personale disinteresse ad affermarsi come "capitalista" (sul suo biglietto da visita fa stampare il testo *Dino Gavina – Sovversivo*) resterà rinchiuso con le sue produzioni nella cerchia di un'élite di compratori ristretta e raffinata, perfino un po' masochista, vista la determinazione e la sicurezza, quasi violenta, con cui ha saputo imporre a lungo la sua chiarissima visione dello stile industriale nell'arredamento.

Sono molti i prodotti in cui risulta pervasiva questa sua visione, che gli architetti (perché solo con questi Gavina lavora, con l'eccezione di Enzo Mari) principalmente milanesi sono felici di raccogliere. Resta però la loro contrapposizione tra apparire ed essere industriali. Un esempio è quello della poltrona *Digamma* che Gavina compone addirittura insieme con il più raffinato e sofisticato tra gli architetti di quello che si potrebbe definire il "postrazionalismo" italiano, Ignazio Gardella: il quale da vero aristocratico prende alla lettera le predicazioni del suo committente, componendo una "macchina per abitare" di grande eleganza – fatta solo di un profilato metallico rettangolare curvato e due cuscini per seduta e schienale – ma che proprio per la sua sinteticità non ha praticamente storia commerciale. E ancora, la sedia *Lambda* di Marco Zanuso: progetto sperimentale inizialmente concepito dallo stesso architetto per mutuare nella produzione di mobili la tecnica delle carrozzerie automobilistiche. Per stessa ammissione di Gavina, un progetto "sbagliato", perché dopo essere riuscito a realizzarne la seduta in una sola stampata, per l'attacco delle gambe fu costretto a ricorrere alla saldatura a mano: nuovamente quindi un processo del tutto artigianale, a smentire la vocazione industriale del progetto. Così di Gavina resta soprattutto la testimonianza di un'impresa leggendaria: costringere tutti i grandi maestri dell'architettura e del design – da Carlo, Afra e Tobia Scarpa a Gardella e Zanuso, da Achille e Pier

to set up his own furniture production company in 1953. He could have become a manufacturer of importance but, due to the uneasiness he felt when faced by the boring requirements of the market, the inevitable difficulties created by a distribution system and general public still closed to the idea of style in the living room, and perhaps also to his personal lack of interest in becoming a "capitalist" (his visiting card was printed *"Dino Gavina – Subversive"*), he remained closed in a restricted and elite circle of refined buyers, who were perhaps also a little masochistic given the determination and almost violent certainty with which he imposed his vision of industrial style in furnishings.

Many products were affected by his pervasive vision, which architects (with the exception of Enzo Mari, he only worked with architects), mainly from Milan, were happy to benefit from. However, the conflict remained between the industrial appearance and industrial reality of his products: an example is the *Digamma* armchair that Gavina realised with the most refined and sophisticated architect of what can be called Italian "post-Rationalism", Ignazio Gardella, who, as a true aristocrat, acted upon his client's sermons to the letter and designed a "machine for living" of great elegance. It was made simply of a curved, rectangular, metal section-bar and two cushions (one for the seat and the other for the backrest) but due to its very simplicity it hardly sold at all. Then there was the *Lambda* seat by Marco Zanuso. This was an experimental design initially devised by Zanuso to incorporate the techniques of car body production into furniture manufacturing. Even Gavina later recognised that this had been a "mistake", because the intended industrialisation of the process was ruined by the requirement to weld the legs by hand onto the seat section, even though the latter had been produced from a single mould. Thus the story of Gavina was above all that of an undertaking of legendary proportions: that of getting all the great masters of architecture and design—from De Carli, Afra and Tobia Scarpa to Gardella and Zanuso, and from Achille and Pier Giacomo Castiglioni to Marcel Breuer (he brought back into

Giacomo Castiglioni fino a Marcel Breuer, di cui "riconsegna" a nuova vita produttiva i pezzi "eroici" degli anni Venti, come la poltrona *Wassily*, creata proprio per la casa di Vasilij Kandinskij al Bauhaus di Dessau – a venire a patti con la sua vena retorica vagamente farneticante (se rapportata al fatto che si tratta comunque di arredare le case borghesi e non di portare il popolo alla rivoluzione culturale) per realizzare, in piccola e costosissima serie, il sogno di un arredamento rivoluzionario in un paese ancora arretrato come l'Italia degli anni Cinquanta e Sessanta.

L'aristo-democrazia del design

Un produttore che invece non ha mai fatto mistero della sua vocazione "aristo-democratica" – almeno per un lungo periodo di attività – è Bruno Danese, che insieme con la moglie Jacqueline Vodoz ha dato vita a un'affascinante e singolare vicenda produttiva, iniziata nel 1953 con la sigla DEM e proseguita dal 1955 semplicemente come Danese. Già in questa trasformazione sta una parte significativa della storia dell'azienda. DEM è infatti la sigla che Bruno Danese e l'amico Franco Meneguzzo, artista e ceramista, scelgono per il loro primo laboratorio per la produzione di ceramiche disegnate e formate da Meneguzzo stesso: salvo poi decidere di proseguire autonomamente per strade diverse, rispettivamente quella d'imprenditore e quella di artista "puro". Tale è in effetti Meneguzzo, autore anche del primo logo Danese: anche se continuerà la sua collaborazione con l'azienda dell'amico, Meneguzzo rappresenta il versante più tradizionale dell'arte applicata, per quanto riferita al contemporaneo, che vede nel pezzo unico e in ogni caso nell'originalità della singola ceramica prodotta, seppure su disegno, una qualità indispensabile per "l'oggetto d'arte". L'aspirazione imprenditoriale ma progressiva di Bruno Danese verso una produzione seriale sembra invece meglio raccolta da Bruno Munari, che inizia a lavorare per l'azienda in una fase molto particolare della sua attività creativa, assolutamente poliedrica: dopo molte esperienze di ricerca artistica sui materiali della visione, nei primi anni Cinquanta

Lavorazione del modello W/Model W in the making
Enzo Mari per/for Danese

production the latter's "heroic" pieces from the Twenties, like the *Wassily* armchair created for the house of Wassily Kandinsky at the Bauhaus in Dessau)—to come to terms with his vaguely delirious rhetoric (if we consider the fact that the overall aim was to furnish middle-class homes and not to instigate a cultural revolution) in order to produce, in small and very costly limited series, the dream of revolutionary furnishing in a country as backward as Italy was in the Fifties and Sixties.

The aristo-democracy of design

One manufacturer who never made a secret of his "aristo-democratic" vocation—at least for a long period of his business activities—was Bruno Danese who, with his wife Jacqueline Vodoz, gave life to an interesting and unusual company. Founded in 1953 as DEM, the name was changed to the simpler Danese in 1955, a transformation that represents a significant part of the company's history. DEM was name that Bruno Danese and his friend Franco Meneguzzo (an artist and ceramicist) gave to a workshop they created to produce the ceramics designed and made by Meneguzzo himself, however, the pair decided to go their separate ways, one as a businessman and the other as a "pure" artist. The artist was Meneguzzo, who designed the first Danese logo and continued to work for his friend's company, even though he himself represented a more traditional facet of the applied arts, one that considered the uniqueness of one-off pieces, or at least the originality of an individual piece of pottery, even one produced from a design, to be an essential quality for an object to be considered art. Bruno Danese's growing ambition to enter mass production seems to have been better achieved by Bruno Munari, who began working for the company in a very particular phase of his extraordinarily multi-faceted creative career. After working as an artist and graphics artist, in the early Fifties he began to design objects for mass production, but not yet objects for the

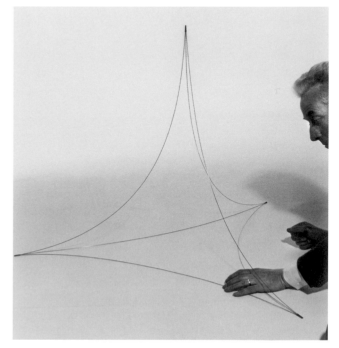

Flexy, Bruno Munari, 1968

Cubo, posacenere/ashtray, Bruno Munari, Danese, 1957

Jacqueline Vodoz, Bruno Danese, 1983

aveva cominciato a realizzare oggetti per la serie, ma non ancora nel settore della casa. Danese gli offre questa possibilità, coinvolgendolo in una collaborazione non episodica ma decisamente organica, rispetto a una produzione che è ancora tutta da programmare.

Munari inizia l'attività di designer per Danese con vere e proprie invenzioni, dove può mettere in pratica la sua poetica di una sintesi giocosa tra forma e funzione. Le sue "Macchine Inutili" cominciano così a diventare "Macchine Utili": ovvero, lo stesso metodo che lo ha condotto a creare oggetti di solo uso estetico lo porta a creare prodotti di utilità pratica, in cui finalizza la conoscenza di tecniche e materiali sperimentali acquisita con una ricerca non finalizzata. Analogo atteggiamento quello di Enzo Mari, che lo stesso Munari fa conoscere a Bruno Danese, ma che svilupperà poi con più forza e decisione l'idea di oggetto industriale derivato dalla produzione di serie. Con la collaborazione di questi due maestri, che saranno a lungo gli unici due designer a lavorare per l'azienda, Bruno Danese trasforma la sua attività imprenditoriale in una specie di laboratorio sperimentale per l'ideazione e la produzione seriale di oggetti d'uso.

Il campo dei materiali e delle tecniche di realizzazione si allarga dalla ceramica al legno e al vetro, ai metalli e alle plastiche, così che l'immagine Danese si allontana velocemente da quella della "bottega" per avvicinarsi a quella nuova dell'"editore": inteso, un po' alla francese, come chi si impegna a far produrre oggetti e manufatti di vario tipo, anche se non ne possiede direttamente i mezzi di produzione, e non nel senso più comune di chi pubblica libri. Singolarmente però, da subito, nel catalogo Danese sono contemporaneamente presenti oggetti d'uso (il primo posacenere *Cubo* in alluminio e melammina di Munari è del 1957), giochi didattici (il puzzle *16 Animali* di Enzo Mari, dello stesso anno) ed edizioni d'arte (a partire dal 1959, con i cubi in plexiglas trasparente e inserti colorati *3018*, sempre di Mari). La struttura aziendale che permette questa varietà di produzione – e che Danese manterrà sempre fino alla cessione del marchio – necessita di un'organizzazione produttiva particolare. Smessa la produzione diretta di ceramica, la

house. Danese offered him this possibility and involved him in a partnership that, if not episodic, was certainly not linear, to create a series of products that was as yet undefined.

Munari began designing for Danese, turning out inventive products that married form and function in a playful synthesis. His "Useless Machines" gradually became "Useful Machines" as he shifted away from creating objects for purely aesthetic reasons towards products with a practical use, in a process in which his knowledge of experimental materials and techniques was perfected through open-ended research. Enzo Mari, whom Munari introduced to Bruno Danese, had a similar shift in emphasis but later developed the idea of mass-produced industrial objects more decisively and with greater force. Based on the collaboration between Mari and Munari, who were for a long time the only two designers to work for the company, Danese transformed his business into a sort of experimental workshop for the conception and mass production of consumer objects.

The field of production materials and techniques the company employed widened from ceramics to take in wood, glass, metals and plastics, to the extent that the image of the company quickly moved from that of a "small workshop" to that of a "publisher", not in the common sense of a company that produces books, but rather of one that commissions the production of objects and articles, not having the means of production itself. Unusually, however, the Danese catalogue immediately included consumer items (Munari's first *Cubo* ashtray made of aluminium and melamine was produced in 1957), educational toys (Enzo Mari's *16 Animals* jigsaw puzzle from the same year) and artistic knick-knacks (from 1959, the *3018* with transparent Plexiglas cubes and coloured inserts, also by Mari). To permit such variety in its production—which Danese was to continue until the brand-name ceased to exist— required a special corporate structure and organisation of its production department. Once the company ceased its own production of ceramics, it contracted out the manufacture of various objects from third-party companies working

Bruno Danese

realizzazione dei diversi oggetti è affidata a produttori esterni, che lavorano però su precisi standard di qualità, definiti da Danese. Anche le diverse componenti dell'oggetto, fino ai giunti più complessi, vengono realizzate *ex novo*, su disegno del progettista, senza quindi ricorrere a componenti preesistenti: anche questo per garantire l'originalità e la qualità finale del prodotto. Una struttura produttiva così flessibile ha anche una concreta ragione pratica: alla fine degli anni Cinquanta, Bruno Danese e sua moglie Jacqueline Vodoz – che ne è l'*alter ego* in tutte le attività della società – sono ai loro inizi come imprenditori e non dispongono di mezzi finanziari adeguati per attrezzarsi in vero senso industriale. Nell'azienda svolgono praticamente tutti i ruoli, si occupano insieme del lavoro con i progettisti, della produzione, della vendita, della promozione e dell'intera gestione economica. Il coinvolgimento esistenziale è totale. Il rapporto con i designer è del tutto paritario e lo scambio che si instaura tra loro assume connotati principalmente culturali: più che un imprenditore che mira allo sfruttamento economico della creatività di Mari e Munari, Danese sembra uno sponsor (si direbbe oggi) che si assume la responsabilità economica di realizzare le ricerche dei due artisti.

Questo tipo di impostazione non troverà corrispettivi in nessuna delle aziende storiche del design italiano, anzi – con l'eccezione di pochi entusiasti sostenitori della sua esperienza (la rivista «Domus», fin dall'inizio) – Bruno Danese verrà sempre considerato un raffinato eccentrico dai più accorti industriali. Salvo poi, nel momento in cui dagli anni Ottanta entrerà in crisi il modello "pseudoindustriale" del "Made in Italy", essere riscoperto come un anticipatore della formula, oggi pressoché universale, che con un eufemismo anglosassone viene definita *outsourcing*: oggi ormai riferita non più solo alla produzione materiale, ma perfino alla ricerca e in qualche caso allo stesso design, portato all'esterno dell'azienda per ragioni prima di tutto di costo, ma anche di razionalizzazione – in alcuni casi – del processo produttivo. La differenza fondamentale rimane negli intenti di un processo analogo sviluppato con motivazioni

---

to precise quality standards laid down by Bruno Danese. All the different components, even complex joints, were made from scratch based on the designer's drawings, in other words, without making use of existing components, with the purpose of ensuring the originality and quality of the final product. Such flexibility also had a practical purpose: at the end of the Fifties Bruno Danese and his wife Jacqueline Vodoz—who was his alter ego in all the company's activities—were just setting out in business and did not have the means to invest on an industrial scale. They performed nearly all the roles in the company, working with the designers, on the production side, in promotion and sales, and managing the finances. Their involvement was total. Their relationship with the designers was based on equality, and the exchange between the two sides was principally cultural: rather than a businessman exploiting Mari's and Munari's creativity, Danese seemed like a sponsor (to use the modern term) who took on the financial responsibility for producing the results of the two artists' research.

This balanced relationship did not exist anywhere else in the design companies of the period in Italy, and—with the exception of a few supporters (for instance, the magazine *Domus* right from the start)—Bruno Danese was always considered little more than a sophisticated eccentric by shrewder businessmen. However, when the Italian design industry suffered enormous economic problems in the Eighties, this "pseudo-industrial" model, which heralded what is known today almost universally as outsourcing, was widely taken up. Today, however, outsourcing is no longer restricted to production, it also involves on research, and in some cases even design. These are commissioned from external sources for reasons of cost, but also, in some cases, of rationalisation of the production process. The fundamental difference between Danese's approach and modern outsourcing lies in the aims of the process: companies today want to maximise profits and minimise costs, therefore they commission market products to be made (and

e finalità diverse: il puro e semplice arricchimento a costi sempre più bassi, nel caso delle tante aziende che si limitano esclusivamente a commercializzare prodotti realizzati (e talvolta anche concepiti) nelle regioni meno fortunate del mondo; il desiderio di mantenere la massima libertà nella ricerca e nella sperimentazione di nuove tecniche per la produzione di oggetti altamente innovativi, nell'esperienza produttiva di Bruno Danese e Jacqueline Vodoz.

Illuminati produttori di luci

A distanza di molti anni, volgendo uno sguardo lucido (per quanto nostalgico) all'*âge d'or* del design italiano, emerge una singolare coincidenza: fra le aziende per l'arredamento nate tra la fine degli anni Cinquanta e i primi anni Sessanta, molte delle più longeve, ovvero giunte a superare in buona salute almeno il traguardo del 2000, sono quelle di un settore "anomalo", o quanto meno eccentrico rispetto all'immagine più retorica del design italiano. Si tratta di Flos, Oluce e Artemide, ovvero le leader storiche italiane nella produzione di apparecchi per illuminazione: gli oggetti che forse più hanno avuto – e continuano ad avere – significato sotto il profilo di una vera e propria innovazione tecnica, indipendentemente dall'alternarsi delle mode e degli "stili". A queste aziende leader si potrebbe aggiungere anche Fontana Arte, che per molti aspetti ne anticipa già dagli anni Trenta – con la collaborazione di Gio Ponti e di Pietro Chiesa – la vocazione sperimentale, la curiosità per la scoperta e l'uso di nuove tecniche e materiali: tuttavia gli anni Cinquanta e Sessanta non sono i migliori per Fontana Arte, che continua sì a produrre lampade di grande qualità tecnica, ma sostanzialmente legate a un'idea decorativa dell'illuminazione. Occorrerà che arrivino gli anni Ottanta e la nuova direzione di Carlo Guglielmi, perché l'azienda possa rinnovare, almeno in parte, i fasti dell'età Chiesa-Ponti. Un caso a sé rappresenta Arteluce di Gino Sarfatti, forse il più geniale industriale-progettista che la storia del design italiano abbia mai conosciuto. Pressoché autodidatta, autore tra gli anni Cinquanta e Sessanta di una serie incredibile, per quantità e qualità

Gino Sarfatti

sometimes also designed) in the less-fortunate regions of the world; in the procedure followed by Bruno Danese and Jacqueline Vodoz the goal was to maintain maximum freedom in the company's research into new techniques for the realisation of highly innovative products.

Illuminated light manufacturers

With the benefit of hindsight (however nostalgic), a look back at the golden age of Italian design reveals a singular fact: of the companies formed to furnish the home in the late Fifties and early Sixties, many of those that reached the staging post of the year 2000 in good health operated in an "anomalous" business sector, one less eccentric than the rather rethorical image of Italian design in general would suggest. These companies are Flos, Oluce, and Artemide, the traditional leaders in the manufacture of lighting equipment in Italy. Lamps are perhaps the objects that have experienced, and continue to experience, the greatest degree of technical innovation, irrespective of the fluctuations of fashions and "styles". To these three leaders might also be added the name Fontana Arte, which, in the partnership of Gio Ponti and Pietro Chiesa back in the Thirties, in many ways heralded the experimental nature and the desire for discovery and use of new technologies and materials. However, Fontana Arte suffered during the Fifties and Sixties: it continued to produce lamps of great technical quality but they were mostly bound up with the notion of illumination for purposes of decoration. It was not until the arrival of the Eighties and new management under Carlo Guglielmi that the company was able to relive, at least in part, the glories of the Chiesa-Ponti era. Gino Sarfatti's Arteluce is a case unto itself. Sarfatti may well have been the most brilliant businessman-designer in the history of Italian design. Pretty much self-taught, during the Fifties and Sixties he designed a string of quite extraordinary (in terms of quantity and quality) lamps, perhaps better described as "light machines", which were much more than the "decorated bulbs" that

Toio, lampada/lamp, Achille e Pier Giacomo Castiglioni, Flos, 1962

di ricerca, di apparecchi illuminanti che sono vere e proprie macchine di luce – e non semplicemente "lampadine decorate" come molta parte della produzione di lampade, anche moderne, è stata e continua a essere – Gino Sarfatti è anche il padre di Riccardo: altro eccellente designer-imprenditore che alla fine degli anni Settanta fonderà una sua azienda, la Luceplan, destinata a figurare con uguale dignità nella storia del design italiano. Il marchio Arteluce passerà, al ritiro di Sarfatti padre, proprio alla Flos, ma le straordinarie macchine di luce ideate dal suo fondatore non saranno più prodotte (con rarissime eccezioni), per entrare dagli anni Novanta nel mercato del collezionismo: il cosiddetto "modernariato", pratica discussa e discutibile almeno quanto il neologismo che la definisce.

Mai uscite di produzione sono invece la maggior parte delle lampade prodotte da Flos, molte delle quali datate ai primissimi anni Sessanta, scaturite dal genio ineguagliato di due dei "padri fondatori" del design italiano: Achille e Pier Giacomo Castiglioni. La vicenda Flos, per certi aspetti tortuosa, nasce proprio dall'incontro tra i due progettisti e altri due personaggi: uno è il singolare imprenditore-fantasista Dino Gavina, di cui si è già parlato in queste note; l'altro è Sergio Gandini, figura di industriale anomalo almeno quanto quasi tutti i fondatori delle aziende storiche del design italiano. I fratelli Castiglioni sono forse gli unici a essere riusciti a mediare già dagli anni Cinquanta tra il loro fantasioso immaginario e le esigenze puramente commerciali del marketing industriale. Vista retrospettivamente, tutta la loro produzione si caratterizza per una sorta di "arte concettuale" applicata, che permette loro di creare forme (di oggetti ma anche di ambienti) che potranno essere geometriche oppure organiche, irridenti o rigorosamente funzionali, ma sempre ottenute con una geniale tecnica di "spiazzamento". L'osservatore e l'utente troveranno infatti in esse sempre uno o più elementi, che costringeranno ad analizzare più attentamente l'oggetto, a riscoprire la natura magica del prodotto industriale, ottenuto per trasformazioni, talvolta imprevedibili, delle materie

Arco, lampada/lamp, Achille e Pier Giacomo Castiglioni, Flos, 1962

represented a large proportion of the lamp market, then as now. He was also the father of Riccardo Sarfatti, another excellent designer-businessman who, at the end of the Seventies, founded his own company—Luceplan—that was destined to occupy an equally dignified rank in the history of Italian design. On the retirement of Sarfatti Sr, the Arteluce company passed into the hands of Flos but the remarkable light machines designed by its founder were no longer produced (with very rare exceptions). They instead were snapped up in the Nineties to enter collections of "modern antiques", a practice as controversial as the term itself.

Lamps produced by Flos, on the other hand, have never gone out of production, many of which were devised during the very early Sixties by the unmatched brilliance of two of the "founding fathers" of Italian design: Achille and Pier Giacomo Castiglioni. The fortunes of Flos, which in some ways have been convoluted, began with the encounter between the two designers and two other figures: the highly unusual businessman-cum-improviser Dino Gavina, discussed above, and Sergio Gandini, another businessman as atypical as almost all the founders of the established Italian design companies. The Castiglioni brothers were perhaps the only ones to have succeeded as early as the Fifties in reconciling their personal inventiveness with the purely commercial nature of marketing at industrial level. Seen retrospectively, all their output was a sort of applied "conceptual art" that resulted in forms (of objects but also of interiors) that might be geometric or organic, irreverent or strictly functional, but which were always characterised by an element of surprise. The result is that both the user and observer of their products would find in them one or more elements that compel them to study the object more closely to discover the magical nature of this industrial object, obtained through the (sometimes unexpected) transformation of raw materials or semi-manufactured goods. In 1951 the Castiglioni brothers Achille, Pier Giacomo and Livio (the last was to leave the firm to set up on his own) designed

Design in Italia 1

prime o dei semilavorati. Così già nel 1951, per un allestimento alla Triennale di Milano i fratelli Achille, Livio (che poi lascerà lo studio per agire in proprio) e Pier Giacomo creano la loro prima lampada *Tubino* per Arredoluce (riprodotta poi da Flos, nel 1971) con un piccolo tubo metallico verniciato, piegato a formare base, supporto e sostegno dell'elemento luminoso: un tubo al neon, primo esempio di applicazione "da tavolo" della luce fredda.

Con questa tecnica di collage, applicata a molti dei loro lavori, i Castiglioni sapranno operare quella "sintesi delle arti" tanto auspicata in quegli anni, usando ciò che già esiste per composizioni e tipologie di oggetti del tutto nuovi. Basta pensare alla lampada *Toio* del 1962, uno dei primi prodotti Flos e l'apparecchio illuminante forse più insolito tra tutti quelli del design italiano (ma anche uno di quelli rimasti come vera icona della sua originale ispirazione fantastica): fatto di un trasformatore a vista come base, di un profilato d'acciaio con un filo elettrico a esso fissato con anelli da pesca e nastro adesivo e come lampada un faro d'automobile, è davvero la sintesi estrema dell'indiavolata ispirazione iconoclasta di Gavina e dei Castiglioni insieme.

Flos nasce da un incrocio d'interessi davvero singolare: Dino Gavina, che ha già trascinato Pier Giacomo e Achille Castiglioni nell'avventura della sua produzione di mobili (ostentando un'ammirazione sconfinata per il primo, mentre per il secondo avrà spesso parole dure, perfino ostili), decide di acquistare la piccolissima ditta artigianale Eisenkeil, con cui i Castiglioni hanno già avviato un interessante esperimento di lampade in resina spruzzata su un telaio metallico. Sulla base di questa microstruttura e della straordinaria vena creativa dei due fratelli, imposta una nuova azienda, appunto d'illuminazione, dal nome Flos (suggerito da Pier Giacomo), nella cui proprietà attira il sempre disponibile e generoso Cesare Cassina. Ben presto Gavina si accorge di non riuscire a gestire commercialmente la produzione: così è Cesare Cassina a chiedere a Sergio Gandini – che nel frattempo è stato pure coinvolto da Gavina nella società (di cui

Pier Giacomo Castiglioni, Carlo Scarpa, Achille Castiglioni, Dino Gavina

the first *Tubino* lamp for Arredoluce (brought out again by Flos in 1971) for the fittings in the Milan Triennale. It was made from a narrow, painted metal tube that was bent to create the continuous form of the base, arm and support for the bulb. With its small fluorescent tube, the *Tubino* was the first "table" application of cold light. Using this technique of collage on many of their creations, the Castiglioni brothers were successful in creating the "synthesis of the arts" that was so sought after in that period; to achieve that aim they used existing materials to create completely new compositions and types of object. A perfect example is the *Toio* lamp from 1962, one of the first Flos products and perhaps the most unusual lamp to be designed in Italy (but also one that has remained a true icon of the innovative imagination that inspired it). Comprising a visible transformer as a base, a slim steel rod with the electric cable fixed to it by means of fishing-rod rings and adhesive tape, and with a bulb made from the headlamp of a car, the *Toio* represents the extreme synthesis of the high-spirited, iconoclastic inspiration of Gavina and the Castiglionis together.

Flos grew out of the interaction of some truly remarkable interests: Dino Gavina, who had dragged Pier Giacomo and Achille Castiglioni into the adventure of his furniture production (confessing unbounded admiration for the former but often harsh, even hostile, words for the latter), decided to buy up the small artisanal company Eisenkeil, for which the Castiglionis had already designed lamps in which a metal frame was sprayed with a resin coating. Taking this tiny company as a base and injecting it with the extraordinary creativity of the two brothers, he developed a new lighting company called Flos (the name was suggested by Pier Giacomo), and to which he managed to attract the investment of the always generous and willing Cesare Cassina. Soon Gavina realised he was not able to manage the business commercially, so Cassina asked Sergio Gandini—who in the meantime had already been involved in the company by Gavina and was already selling its products like *Toio* and *Arco*—to buy Flos out completely, which by then was heavily in debt. By 1964 Gandini

già vende prodotti come *Toio* e *Arco*) – di rilevare completamente la Flos, carica di debiti. Si giunge così al 1964, quando Gandini, assunta la direzione della società, ne reimposta la politica di distribuzione e ne razionalizza la produzione, passata dalla sede originale di Merano a quella di Brescia per la presenza di un forte indotto metalmeccanico, necessario a produrre le lampade in *outsourcing* come si direbbe oggi, cioè senza il peso di impianti di produzione propri.

Progressivamente i progettisti (in origine proprietari *in toto* dei diversi disegni) stabiliscono accordi commerciali con l'azienda, tra cui l'esclusiva reciproca tra Flos e i due Castiglioni (prima, poi – alla prematura scomparsa di Pier Giacomo nel 1968 – il solo Achille) e Tobia (figlio di Carlo) Scarpa, con la moglie Afra. Con la direzione commercialmente ben più capace di Gandini, la "potenza di fuoco" d(e)i Castiglioni e una programmazione della produzione molto attenta, Flos inizia una stagione di successo di vendite: già nel 1968 è in grado di aprire uno showroom a Milano in corso Monforte – in un bell'edificio progettato da Luigi Caccia Dominioni – con l'allestimento dei Castiglioni, che da allora diventerà un vero punto di riferimento milanese per tutti gli appassionati di design, "addetti ai lavori" e non. Gli anni Settanta vedranno poi un autentico trionfo di Flos come l'azienda leader assoluta nell'illuminazione, per qualità di disegno, comunicazione e produzione: del periodo pionieristico tra gli anni Cinquanta e Sessanta resta a essa l'imprinting di una vera impresa di sperimentazione illuminotecnica per la serie, capace di inventare "nuovi modi d'illuminazione" con prodotti realmente industriali e industrializzati.
Più antica l'origine, più modesti gli esordi di Oluce, ma non meno interessanti gli sviluppi: il fondatore Giuseppe Ostuni (dall'iniziale del suo cognome viene la O del marchio) già nel 1945 inizia la produzione di lampade. Nel 1951 si segnala alla mostra dell'illuminazione curata dai Castiglioni, con un *luminator*, lampada da terra a luce indiretta, cioè proiettata sul soffitto e da questo riflessa a illuminare un intero ambiente, disegnata da Franco Buzzi. Del 1955

had taken over the running of the company, revised distribution and rationalised production, and moved from the original location in Merano to Brescia, where there was a strong metalworking industry. This was necessary for the company's lamps to be outsourced, in other words, without the requirement for investment in its own production machinery.

Progressively the designers (who were originally the outright owners of their different designs) drew up commercial agreements with the company, including the reciprocal exclusive rights between Flos and the two Castiglioni brothers (later only Achille, after Pier Giacomo's death in 1968,) and Tobia (son of Carlo) Scarpa and his wife Afra. With Gandini's much more capable management, the "fire-power" of the Castiglionis, and a much more carefully planned production schedule, Flos began to sell much more successfully. By 1968 it was in a position to open a showroom fitted out by the Castiglionis in Corso Monforte in Milan (in a lovely building designed by Luigi Caccia Dominioni), which was soon to become a landmark in the city for all lovers of good design, whether working in the profession or not. The Seventies was a decade in which Flos ascended to outright leadership in the lighting field due to the quality of its designs, communications and production. Its pioneering experiences during the Fifties and Sixties had developed it into a company whose experimentation in the technicalities of illumination enabled it to invent "new ways of lighting" with products that were both industrial and industrialised.

Founded earlier and in more modest fashion, Oluce had a no less interesting development than Flos. The founder, Giuseppe Ostuni (the O of his surname was used in the company name), began manufacturing lights in 1945. In 1951 he made his mark at the lighting exhibition curated by the Castiglionis with a *luminator*, a floorstanding uplighter (a lamp that gives a diffused light reflected off the ceiling) designed by Franco Buzzi. In 1955

sono invece due lampade, segnalate al Premio Compasso d'Oro, ideate da Tito Agnoli, designer espertissimo, ma per certi versi confinato in una certa specializzazione: fin qui si tratta di oggetti relativamente semplici, adatti a una piccola produzione semiartigianale con materiali sostanzialmente metallici e corpi illuminanti del tipo a incandescenza. L'anno della vera rivoluzione (il termine non è esagerato) nella produzione di Oluce, e in generale nello scenario dell'Industria dell'illuminazione, è il 1961, quando Ostuni inizia la collaborazione con Joe Colombo. Questi porta nell'azienda il suo ritmo frenetico di sperimentatore assoluto, affascinato dalle potenzialità di nuovi materiali (in particolare le resine sintetiche) e fonti luminose. Dopo alcuni "esercizi di riscaldamento" su modelli di tipo più convenzionale, già nel 1961 (insieme al fratello Gianni, artista, che gli sopravvive ma dedicandosi completamente all'attività espressiva pura) Joe Colombo crea con Ostuni uno dei capolavori suoi e del design italiano, la cosiddetta "Lampada Acrilica". L'oggetto assomiglia effettivamente più a una scultura che a un vero prodotto: una spessa lastra di resina acrilica, appunto, che per la sua natura materiale trasmette la luce da un estremo all'altro del solido, viene piegata a forma di C aperta, così da gettare luce su un piano, sufficiente a illuminarlo. La realizzazione è effettivamente artigianale, gli scarti sono molto alti, perchè ogni lastra dopo la piegatura va rifinita completamente a mano per darle la lucidatura che consente la trasmissione della luce e la trasparenza pura del materiale: ma l'immagine dell'oggetto, la natura (inizialmente) misteriosa del suo funzionamento sono così affascinanti da farne uno dei pezzi più cari ai consumatori evoluti del design d'avanguardia.

Anche la data del progetto e d'inizio della produzione dell'*Acrilica* dicono molto sulla vocazione coraggiosa di Ostuni e sull'ingegno di Joe Colombo: già al principio degli anni Sessanta essa anticipa quello che sarà un immaginario semifantascientifico distintivo non solo del lavoro di Colombo, ma di tutto il design Pop degli anni Sessanta e Settanta. Certo, è proprio la dimensione ancora artigianale di Oluce (e in generale di molte aziende per cui Colombo lavora) a

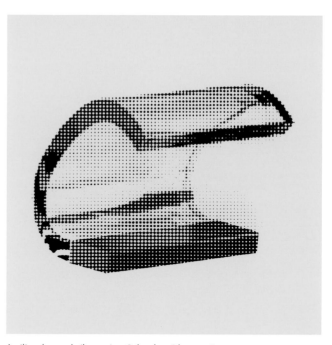

Acrilica, lampada/lamp, Joe Colombo, Oluce, 1962

two new lamps appeared that were mentioned at the first Compasso d'Oro. They were the brainchildren of the expert designer Tito Agnoli, but in some ways confined to a certain specialisation. Thus far the company's output was of relatively simple objects suited to small, semi-manual production, with bodies made predominantly from metal, and using incandescent bulbs. The year of Oluce's revolution (the term is not an exaggeration), and more generally of the lighting industry as a whole, was 1961, when Ostuni began working with Joe Colombo. Fascinated by the potential of new materials (in particular synthetic resins) and light sources, this designer introduced his frantic rhythm of experimentation into the company. After a few "warm-up exercises" on fairly conventional models, in 1961 (with his brother Gianni, an artist, who was to survive him but as a pure artist), Joe and Ostuni created one of the masterpieces of Italian design, what is known as the "Acrylic Lamp". In fact the object looks more like a sculpture than a lamp: a thick slab of acrylic resin is curved over into the shape of a C so that the light can be transmitted from one end of the solid to the other, and then cast onto a plane in sufficient quantity to illuminate it. Production of the lamp was by hand and there was a great deal of waste involved as each slab of resin had to be finished manually to give the material the pure transparency required and the shine necessary for the light to be transmitted. However, the object's image and the (initially) mysterious nature of its functionality were so fascinating that it became one of the pieces most dear to the hearts of the refined consumers of avant-garde design.

The dates of the design and start of production of the *Acrylic Lamp* say much about Ostuni's courage and Joe Colombo's genius: coming at the start of the Sixties, it gave notice of a distinctive semi-futuristic streak not only in the work of Colombo, but in all of the Pop design of the Sixties and Seventies. Undoubtedly it was the artisanal element still present in Oluce (and, in general, in many of the companies for which Colombo worked) that permitted

Ernesto Gismondi

permettere una sperimentazione quasi libera, non vincolando l'azienda a un solo materiale o tecnica di produzione: è la possibilità di ordinare a fornitori esterni specializzati, di volta in volta diversi, le varie componenti del prodotto che consente di inventare modelli sempre nuovi e originali. Eppure, nel caso di questa collaborazione, l'inventiva del designer è strettamente collegata all'apertura mentale del produttore. Nasceranno così le lampade *Fresnel* (1964-66), che impiegano come diffusore appunto il vetro stampato detto "Lente Fresnel"; il gruppo *Spider* (1965), derivato da un nuovo tipo di lampadina a spot orizzontale, declinato in molte varianti, compresa una famosa versione da giardino; e nel 1972 – un anno dopo la morte del suo autore che l'aveva però progettata già nel 1970 – la serie *Alogena*, che impiega in varie soluzioni i primi modelli di lampade alogene, ovvero ad alogenuri metallici. Negli stessi anni Ostuni inizia la collaborazione con un altro grande maestro, Vico Magistretti, che porterà ancora clamorosi successi commerciali a Oluce: ma questa è già storia degli anni Settanta, ovvero della fase "manierista" del design e della produzione italiana. Il periodo della collaborazione con Joe Colombo resta per Oluce quello della sperimentazione più coraggiosa.

Parlando di successo commerciale, non si può non pensare ad Artemide. Fondata nel 1959 dall'ingegnere balistico Ernesto Gismondi e dal designer Sergio Mazza – "con 427 mila lire messe da Sergio Mazza e 427 mila lire messe da me" ricorda Gismondi –, nasce con una lunga serie di oggetti per la casa disegnati appunto solo da Mazza, spesso con la partner Giuliana Gramigna: inizialmente la gamma è più estesa, comprende anche maniglie e appendiabiti, e per un lungo periodo, ancora per tutti gli anni Sessanta, veri e propri mobili. Interessantissime sono le sperimentazioni condotte con Vico Magistretti per quanto riguarda le plastiche stampate: i modelli di sedia *Selene* (1969) e, soprattutto, *Gaudí* (1970) sono quanto di più avanzato e complesso viene proposto in Italia nei mobili in plastica. Il tentativo di Magistretti e Gismondi sembra addirittura quello di creare un ponte tra la tradizione colta dell'arredamento

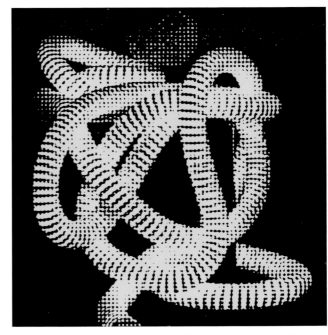

Boalum, lampada/lamp, Livio Castiglioni, Gianfranco Frattini, Artemide, 1970

his almost unhampered experimentation, one that did not restrict the company to any one material or production technique: the stream of new and original models was made possible by the simple fact that the various product components could be ordered from external specialised suppliers. However, in this partnership the creativity of the designer was closely linked with the open-mindedness of the manufacturer. Their combination gave rise to the *Fresnel* lamps (1964–66), which used a moulded glass cover (known as the "Fresnel lens") as a diffusor; the *Spider* table lamps (1965), which were inspired by a new type of horizontal spotlight and produced in a number of different models, including a famous version for the garden; and in 1972—a year after Colombo's death and two years after its design—the *Alogena* series that used the first halogen (metal halide) bulbs in various ways. During this period Ostuni began working with another great master, Vico Magistretti, who also brought important commercial successes to Oluce, but that was in the Seventies, the "Mannerist" phase of Italian design. The partnership with Joe Colombo was for Oluce the period of its most daring experimentation.

Mention of commercial success immediately brings the name Artemide to mind. Founded in 1959 by the ballistics engineer Ernesto Gismondi and designer Sergio Mazza—"with 427 thousand lire from Sergio Mazza and 427 thousand lire from me" Gismondi recalled—a long series of domestic objects was designed both by Mazza alone, but often in collaboration with his partner Giuliana Gramigna. At first the range was very wide, including door-handles, coat-hangers and, throughout the Sixties, different items of furniture. Their experiments with moulded plastics in collaboration with Vico Magistretti were very interesting: the *Selene* (1969) and *Gaudí* (1970) seats were particularly advanced and offered to the Italian market as plastic furniture. It seemed that Magistretti and Gismondi were attempting to create a bridge between traditional middle-class,

Gaudí, sedia/chair, Vico Magistretti, Artemide, 1970

Eclisse, lampada/lamp, Vico Magistretti, Artemide, 1965

borghese-modernista e la nuova cultura del design Pop: vedi il nome Gaudí, dato in tempi insospettabili a una poltroncina interamente in plastica. Eppure è proprio con le lampade, in particolare quelle disegnate dallo stesso Vico Magistretti, che Artemide inizia ad acquistare la sua fisionomia d'industria dell'illuminazione e a ottenere incredibili successi commerciali, con autentici *bestseller* come la lampada *Eclisse* (1965), destinati ad anticipare altri *evergreen* degli anni Settanta, come la *Tizio* di Richard Sapper.

Quasi incredibile è la prolificità di Magistretti e Gismondi insieme, evidente l'intesa tra i due, iniziata nel 1961 con il primo modello prodotto, la *Omicron*: ma già nel solo 1963 escono otto modelli di lampade disegnate dal primo per il secondo. Si chiamano *Omega, Clinio, Triclinio, Pentaclinio, Eptaclinio, Erse, Clitumno* e *Mania*, secondo la nomenclatura di derivazione classico mitologica antica che Gismondi non lascerà più. Il primo vero prodotto di geniale sintesi e straordinario successo commerciale – a livello internazionale – è però l'*Eclisse* del 1965, anche per il suo prezzo contenuto che sarà un elemento chiave nella politica di mercato di Gismondi. Si tratta di tre semplicissime semi sfere in metallo stampato: una fa da base, mentre un'altra ruota al centro di quella più grande, esterna, così da poter variare la diffusione di luce all'esterno. Se si esclude la leggera sensazione di scottatura alle dita, volendo regolare la quantità di luce a lampada già accesa, il gioco formale è intuitivo e immediato: a suo modo una piccola lezione di quella cultura modernista di derivazione Bauhaus, cui Magistretti ha sempre dichiarato di volersi rifare, anche se in modi ogni volta di eccezionale inventiva e fantasia. Riuscire a ottenere veri successi di vendita con una formula simile è la quadratura del cerchio che è riuscita, quasi sempre, a Gismondi. Imprenditore di talento e di eccezionali capacità organizzative nel saper gestire una produzione che quasi subito annovera prima decine, poi centinaia e oggi migliaia di pezzi, l'ingegnere balistico dimostra di essere riuscito già dagli anni Sessanta a centrare un bersaglio che molti altri

Tizio, lampada/lamp, Richard Sapper, Artemide, 1972

modernist furniture and the new culture of Popdesign: for example, with the name Gaudí, which was given for no apparent reason to a plastic armchair. However it was with lamps, in particular those designed by Magistretti, that Artemide began to profile itself as a lighting company and win for itself extraordinary commercial success, for example, with the bestseller *Eclisse* (1965), which was a forerunner of other winners in the 1970s such as Richard Sapper's *Tizio*.

The prolific output of the partnership of Magistretti and Gismondi since their first model, the *Omicron* in 1961 was astounding: in 1963 alone Gismondi brought out eight models designed by Magistretti. They were the *Omega, Clinio, Triclinio, Pentaclinio, Eptaclinio, Erse, Clitumno,* and *Mania*, the names of which were derived from classical mythology, an inspiration Gismondi was never to abandon. The company's first product to achieve enormous success, also internationally, was the 1965 *Eclisse*, partly as a result of Gismondi's insistence on a restricted price, which was a key element in his marketing policy. The lamp comprises three very simple hemispheres in pressed metal: one forms the base, and the second rotates within the third, and largest, to vary the quantity and direction of the light emitted. Although there may be a slight burning sensation to the fingers, the action to alter the quantity of light with the lamp switched on is immediately intuitive. In its own way the design represents a small example of the modernist culture derived from the Bauhaus, something that Magistretti always said he wished to carry forward, even if in ways, at times, of exceptional inventiveness.
Achieving sales success with a formula of this type – something that Gismondi nearly always succeeded in – was like squaring the circle. A businessman of talent and outstanding organisational ability in production management, the ballistic engineer showed right from the Sixties that he could hit the bull's eye that many others sensationally,

Naoto Fukasawa, Ernesto Gismondi

Osvaldo, Fulgenzio Borsani

Osvaldo, Fulgenzio Borsani

hanno clamorosamente, per quanto eroicamente, mancato: una vera produzione industriale di grande serie per oggetti – almeno nel disegno e nella concezione – non esattamente popolari.

La speranza della tecnica

Sono ancora almeno due le aziende del mobile ad aver tentato, con molti successi e qualche necessaria trasformazione, la strada dell'unione effettiva tra "arte e tecnica" anche se con provenienze e origini diverse: anzi, in qualche modo rappresentative dei due opposti capi del dilemma tra artigianato e industria. Una è la Tecno, l'altra è l'Arflex. Tecno non ha sempre avuto questo nome: esisteva un tempo l'Atelier Varedo – dal nome della città brianzola – di Gaetano Borsani, che già nel 1927 vince una medaglia d'argento alla prima Triennale di Monza con alcuni mobili disegnati dall'architetto Maggioni. La tradizione artigianale paterna si trasmette ai fratelli gemelli Osvaldo e Fulgenzio, che si divideranno sempre il lavoro tra progettazione e produzione, affidate al primo, e gestione commerciale, curata dal secondo. Osvaldo è egli stesso laureato in architettura e aggiunge alle sue conoscenze tecniche una grande passione per l'arte; già studente all'Accademia di Belle Arti di Brera è amico personale di Lucio Fontana, Gio e Arnaldo Pomodoro, Aligi Sassu, Roberto Crippa, Agenore Fabbri e Fausto Melotti, con cui discute sia di argomenti intellettuali che di questioni pratiche. Già prima della guerra non sono infatti rare le collaborazioni con gli artisti, in particolare con Lucio Fontana, che interviene con le sue opere in più di un arredamento curato da Borsani: in diversi casi gli interventi artistici fanno parte integrante degli arredi, come in alcuni preziosi mobili bar dove le maniglie sono delle forme libere in bronzo realizzate da Fontana. A lungo infatti, sicuramente fino all'inizio degli anni Cinquanta, l'attività principale dell'azienda – che intanto ha preso nome Arredamenti Borsani di Varedo – si concentrerà nella realizzazione di pezzi e interni su misura, sempre però distinti da una certa ingegnosità costruttiva. Sono proprio questo interesse per

though heroically, missed: that of mass production at industrial level of large series of objects that did not meet, at least in design and conception, the public's expectations.

The hope offered by technology

At least two furniture production companies of different backgrounds and origins attempted—with many successes and some necessary transformations—to combine "art and technology": in some way they were representative of the opposing approaches to the dilemma that pitted craftsmanship against industrial production. One is Tecno, the other Arflex. Tecno has not always been known by this name: it was once known as Atelier Varedo, after the town Varedo in Brianza. It was founded by Gaetano Borsani who, back in 1927, won a silver medal at the first Monza Triennale with several pieces of furniture designed by the architect Maggioni. The father's skills and craftsmanship were passed to his twin sons Osvaldo and Fulgenzio Borsani, who divided the work of the company between them: design and production were the responsibilities of the first, and commercial administration of the second. Osvaldo studied architecture and added his great passion for art to his technical knowledge. He was also a student at the Brera Academy in Milan and was a personal friend of Lucio Fontana, Gio and Arnaldo Pomodoro, Aligi Sassu, Roberto Crippa, Agenore Fabbri and Fausto Melotti, with whom he discussed both intellectual and practical topics. Even before the war it was not rare for Osvaldo to collaborate with artists, in particular with Lucio Fontana, who contributed with his art to more than one of Borsani's furniture designs, for example, several costly pieces of bar furniture for which Fontana executed free-form bronze handles. Until the start of the Fifties, the company's central activity—which had in the meantime changed its name to Arredamenti Borsani di Varedo—focused on the manufacture of made-to-measure interiors and pieces of furniture, though they were always distinguished by a certain ingenuity in their construction.

P40, chaise longue, Osvaldo Borsani, Tecno, 1955

l'innovazione tecnica e il desiderio di estendere l'attività a una produzione di serie a spingere nel 1954 i Borsani a dare ancora un nuovo nome all'azienda, che da allora si chiamerà Tecno e adotterà il famoso marchio della T rossa, disegnato da Osvaldo Borsani con l'architetto Alberto Mango.

L'occasione è data dall'edizione di quell'anno, la decima, della Triennale di Milano. Finita l'epoca delle celebrazioni nazionaliste anteguerra, questa è ormai diventata la più importante occasione di promozione del mobile italiano: un'autentica vetrina internazionale che dà modo ai partecipanti di sperimentare al meglio – e soprattutto far conoscere al mondo – le proprie capacità d'invenzione. Borsani/Tecno espone quindi una serie di mobili – poltroncine e poltrone, uno scrittoio e una poltrona in noce disegnata da Alberto Mango –, ma anche il famosissimo divano *D70* a inclinazione regolabile, il prodotto che da allora rimarrà il simbolo più perfetto della vocazione "ingegnosa" di Tecno. Anche Mango (figura eccentrica rispetto alla tradizione milanese e lombarda del design, perché napoletano e proveniente già da esperienze negli Stati Uniti dopo la guerra) disegna prodotti, come la poltroncina "a cono" in legno compensato curvato e metallo, che parlano un nuovo linguaggio decisamente astratto per cui sono più indicate le tecniche di fabbricazione seriale, come lo stampaggio della seduta in un unico pezzo di legno compensato. Eppure sono i progetti di Osvaldo Borsani, che almeno fino alla fine degli anni Sessanta continuerà a disegnare la maggior parte della produzione, a continuare nella direzione "meccanica" l'ingegnosità dei primi pezzi unici. Così, se certi mobili di Borsani prima della guerra sono ancora visivamente massicci ma alleggeriti dalla presenza di intagli, materiali a contrasto, metallo, specchio, negli anni Cinquanta anche pezzi tecnici come il divano *D70* e poi l'ancor più elegante (se possibile) poltrona *P40* utilizzano forme e componenti industriali come altrettanti elementi di una composizione semplice quanto sofisticata, che unisce magicamente le prestazioni funzionali alla sensibilità del dettaglio. La

It was this interest in technical innovation and the desire to achieve volume production that prompted the Borsani brothers to rename the company once more in 1954. This time it was called Tecno, and adopted as a trademark the famous red T designed by Osvaldo Borsani with architect Alberto Mango.

Tecno's chance was given by the tenth Milan Triennale that same year. When the pre-war era of nationalist celebrations ended, the Triennale became the most important showcase for Italian furniture, an international shop-window that gave its participants the opportunity to experiment and, above all, show their creative prowess to the world. In 1954 Borsani/Tecno exhibited a series of small and large armchairs, and a walnut writing-desk and armchair designed by Alberto Mango, and also the famous adjustable *D70* sofa, the product that would remain the most perfect symbol of Tecno's ingeniousness. Mango—who was an eccentric figure compared to the Milanese and Lombard design tradition as he came from Naples and had worked in the United States after the war—also designed products like the small "cone-shaped" armchair made from curved plywood and metal, whose new abstract language was more suited to mass-production techniques, for example, the moulding of the seat from a single piece of plywood. However it was the projects of Osvaldo Borsani, who would continue to design most of the company's output until at least the end of the Sixties, that continued to employ the same "mechanical" resourcefulness seen in the early individual pieces. Whereas certain pre-war Borsani pieces were still visibly solid but lightened by the presence of intaglios, contrasting materials, metal and glass, in the Fifties technical pieces like the *D70* sofa and the even more elegant (if possible) *P40* sofa used industrial components and forms as so many pieces in a simple yet sophisticated composition that magically combined functionality with delicacy in the details. The "aeronautical" section constituted by the cushions and backrests of the sofa harmonises with the visibility of the

sezione "aeronautica" di cuscini e schienali del divano si accompagna all'evidenza degli snodi messi in vista, così come nella poltrona i braccioli assumono posizioni diverse ma sempre seguendo le linee curve della seduta e dello schienale. Si tratta in fondo di mobili legati a nuove esigenze dell'abitare e di case sempre più ridotte, dove l'assenza di una stanza degli ospiti può essere compensata dalla bellezza di un divano letto – fino ad allora un pasticcio, generalmente indegno, tra mobile in stile e grossolani meccanismi – che diventa una vera e propria *machine à s'asseoir* e che in qualche modo risente anche dell'influsso di certa arte astratta prodotta dagli amici di Borsani. La piegabilità (e smontabilità) di sedie, poltrone e divani sono un vero e proprio "marchio di fabbrica" per Tecno: Borsani si esibirà quindi in una serie lunghissima di prodotti con queste caratteristiche, accompagnate sempre a uno studio rigoroso dell'economicità delle componenti. Il successo della nuova impostazione industriale è notevole anche a livello di pubblico e insieme all'altro grande mercato coperto dall'azienda, quello delle forniture – come per l'Olivetti di Ivrea o l'Eni di San Donato Milanese –, porterà Tecno negli anni a una posizione sempre più importante tra i produttori leader del mobile italiano. Sarà tuttavia proprio questa vocazione verso il mobile per l'ufficio, in particolare i sistemi componibili, a spostare progressivamente gli interessi commerciali e produttivi dell'azienda verso il settore del *contract*, fino ad identificarla con esso. Rimarranno sempre in produzione i pezzi più iconici ideati inizialmente per la casa, come i modelli *D70* e *P40*, ma il prodotto destinato letteralmente a invadere il mercato internazionale è *Graphis*: un sistema di scrivanie e mobili per l'ufficio, disegnato nel 1968 ancora da Osvaldo Borsani insieme all'architetto Eugenio Gerli. Concettualmente semplicissimo, molto versatile, continua a rimanere in produzione e ancora nel 2005, in un mercato ormai sovraffollato dall'offerta dei prodotti più diversi, viene nuovamente riproposto da Tecno in un restyling di Piero Lissoni, curato in collaborazione con la nuova direzione dell'azienda, di cui è presidente Paolo Borsani, figlio di Fulgenzio. Con una vocazione (e una proprietà effettiva) diversa da quella iniziale, Tecno rimane dunque uno dei pochi

articulated joints, in the same way that in the chair the armrests can be adjusted to different positions though always following the curved lines of the seat and backrest. In summary, the inspiration for these pieces of furniture was spurred by new living requirements and ever smaller houses, where the absence of a guest room could be compensated by a sofa-bed, which until this time had generally been little more than a pastiche combination of a standard sofa and an unsophisticated mechanical structure, but had now become a real *machine à s'asseoir* and which in some way also reflected the influence of the abstract art produced by Borsani's friends. A feature of Tecno's seats, armchairs, and sofas, one that became almost a trademark of the company, was their capacity to be folded (and dismantled). Borsani produced a long series of such items, which were always studied carefully beforehand to ensure the lowest priced components to suit the job. This new industrial approach met with notable success among the public as well as with the other large market the company covered, that of supplies to industry—for example to Olivetti in Ivrea, and ENI in San Donato Milanese—and over the years took Tecno to an increasingly important position among the leading Italian furniture manufacturers. It was this vocation for office furniture, in particular modular systems, that progressively shifted the company's interests towards the contract sector, to the point of identifying with it. The most iconic pieces, originally designed for household use, such as the *D70* and *P40*, remained in production but the model that was taken up with gusto by the international market was *Graphis*, a set of office desks and furniture designed in 1968 by Osvaldo Borsani with the architect Eugenio Gerli. Simple in concept and very versatile, it remained in production, and despite the overcrowded and very varied office market, in 2005 it was re-presented, this time restyled by Piero Lissoni and revised in collaboration with the company's new management (the chairman is now Paolo Borsani, Fulgenzio's son). Now with a different focus (and ownership) from how it started out, Tecno remains one of the few companies founded in the Fifties destined to endure, in spite of enormously

casi di aziende nate negli anni Cinquanta destinate a durare, nonostante condizioni tecnologiche, produttive e di mercato radicalmente stravolte rispetto al modello innovativo, generoso ma un po' volontaristico, delle loro origini.

Una simile trasformazione non riesce fino in fondo ad Arflex, che nasce invece come azienda proprio da uno spunto industriale. All'inizio degli anni Cinquanta, un gruppo di manager della Pirelli, privi di qualsiasi esperienza nel campo dell'arredo ma entusiasti delle possibilità di applicazione della *gommapiuma* – un materiale nuovo per l'epoca, costituito semplicemente da una schiuma di lattice – e del *nastrocord* (un nastro elastico così resistente da poter sostituire molle e reti) ne promuovono l'impiego nei cosiddetti "imbottiti" (divani, poltrone e poltroncine) presso progettisti e produttori. Il primo ad adottarlo in una serie di prototipi per la Triennale è Marco Zanuso. L'architetto, che diventerà poi un superprofessionista, infallibile e quasi cinico nel riuscire a produrre sempre e soltanto *bestsellers*, è all'epoca ancora un indiavolato sperimentatore, pieno di energia e curiosità nello sviluppare idee di mobili che stiano effettivamente al passo con la nuova domanda di arredi più economici, ma sempre di alta qualità, proveniente dalla piccola e media borghesia emergente. Già nel 1947 quindi espone alla VII Triennale alcuni prototipi di estrema sinteticità, che utilizzano gommapiuma e nastrocord per imbottiti a struttura portante metallica. Visti gli ottimi risultati formali e funzionali, tre manager della Pirelli (Aldo Bai, Pio Reggiani e Aldo Barassi) costituiscono nel 1950 la società Arflex: a essi si aggiungeranno in seguito Aimone Costi e Alberto Burzio. La produzione ha inizio addirittura in pieno centro di Milano, in un piccolo stabilimento di corso di Porta Vittoria. Già nel 1951 nascono sedili per auto "personalizzati" come quelli per la Fiat Topolino, ma l'obiettivo principale è produrre e commercializzare nuovi modelli di imbottiti per la casa, sempre con l'impiego dei materiali nati alla Pirelli: veri e propri prodotti industriali però, non prototipi da utilizzare semplicemente come test per poi poter dare avvio alla produzione (vizio che ancora fino a oggi affliggerà e affligge molte aziende del mobile italiano, alcune anche insospettabili).

Fiorenza, poltrona/armchair, Franco Albini, Arflex, 1952

changed technological, production, and market circumstances compared to the innovative and generous but somewhat voluntaristic model when they started out.

A similar transformation did not succeed to such a degree at Arflex, a company founded in its own right at the behest of industry. At the start of the Fifties, a group of managers at Pirelli without any experience in the furniture field but enthusiastic at the possibilities offered by foam rubber—a new material for the time made from latex foam—and nastrocord (an elastic band so strong it could take the place of springs and nets) promoted the use of these materials in "padded" furniture (sofas, armchairs, and seats) amongst designers and manufacturers. The first to make use of it in a series of prototypes for the Milan Triennale was Marco Zanuso. The architect who would later become a star designer, infallible and almost cynical in his ability to produce only best-sellers, was at the time no more than a dynamic experimenter, full of energy and curiosity about the development of products to meet the new demand for cheaper, though still high-quality, furniture for the growing lower-middle and middle classes. At the VII Milan Triennale in 1947 he exhibited several elemental prototypes that used foam rubber and nastrocord to pad metal frames. Seeing the excellent results in terms of function and appearance, three Pirelli managers (Aldo Bai, Pio Reggiani, and Aldo Barassi) founded Arflex in 1950 (they would later be joined by Aimone Costi and Alberto Burzio). Production was started right in the centre of Milan, in a factory in Corso di Porta Vittoria. In 1951 "customised" car seats were being produced, like those for the Fiat Topolino 500A, but the main objective was to produce and market new models of household furniture using the materials developed by Pirelli: real industrial products, however, not prototypes to be used as tests to encourage production (a failing that still afflicts many furniture companies in Italy, even the most unlikely). The inventiveness of the designers was considered indispensable: in those days companies did not seek out

L'ingegno dei progettisti è considerato indispensabile: allora non si tratta di ricerca della "firma", visto che la maggior parte dei designer coinvolti – per lo più architetti – sono ancora agli inizi della loro carriera professionale.

La questione è invece mettere a frutto le capacità di giovani intelligenze, motivate anche da un senso etico all'ideazione di nuovi prodotti di qualità per la serie. Marco Zanuso ha 35 anni quando va in produzione la sua poltrona *Lady*, sempre del 1951. Presentata alla ix Triennale, riceve il premio Medaglia d'Oro e diventa la capostipite di tutta una serie di modelli a essa ispirati: una famosa foto la mostra sezionata su seduta e schienale, per far capire l'importanza della struttura interna in gommapiuma, sagomata e svuotata per rendere massimo il comfort. In un certo senso si può dire che il concetto stesso di comfort, mutuato dalla lingua inglese, ha la sua prima trasposizione in poltrone e divani proprio con Arflex. Tanto infatti modelli della stessa tipologia proposti da Gavina, ad esempio, sembrano subordinare la comodità al rispetto dell'idea "architettonica" del mobile, tanto le forme dei prodotti Arflex risultano flessibili, pronte a piegarsi alle esigenze e all'anatomia del corpo, come pure a quelle del mercato legato ai grandi numeri. Un piccolo capolavoro in questo genere è la poltrona *Delfino* di Erberto Carboni (1954).

Carboni è una figura molto singolare di artista visuale, grafico, autore di moltissimi e geniali allestimenti che con Arflex ha un rapporto duraturo e molto fecondo (come pure in seguito altri maestri della comunicazione e della fotografia: Pintori, Provinciali, Steiner, Grignani, Munari, Vitale, Iliprandi, Tovaglia, Ballo, Toscani). Nel suo più noto sconfinamento nel disegno di oggetti tridimensionali, come appunto la *Delfino*, Carboni concepisce un insieme perfettamente fluido – da qui il nome del prodotto – creato dalle diverse componenti (seduta, schienale e i due braccioli, a cui si aggiunge un poggiapiedi) prodotte singolarmente e poi montate su una struttura in tubo metallico curvato: un sottile e ulteriore omaggio, molto frequentato dai "maestri" degli anni Cinquanta, al tubo d'acciaio delle sedie realizzate al Bauhaus da Breuer, ma anche di quelle di Stamm o Mies van der Rohe. Da questo punto di vista, i

"star names" as in most cases the designers—who were mostly architects—were still at the start of their professional careers. The question was one of exploiting the resourcefulness of these young minds, minds also motivated by the ethical sense of developing new, high-quality products for mass production.

Marco Zanuso was 35 when his *Lady* armchair went into production in 1951. Presented at the ninth Milan Triennale, it was awarded the Gold Medal and became the first of a series of derived models. A famous photograph shows the seat and backrest cut through to show how the foam rubber structure had been moulded to provide maximum comfort. In a certain sense the concept of comfort in Italian furniture was first incorporated in the seats and sofas made by Arflex. Models of the same type made by Gavina, on the other hand, seemed to subordinate comfort to the "architectural" idea of the piece of furniture, whereas the Arflex products were flexible and shaped themselves to the body as well as to the requirements of the market for mass-produced articles.

A small masterpiece of this nature was the *Delfino* armchair designed by Erberto Carboni in 1954. Carboni was a very unusual figure in that he was a visual artist, graphic artist, and the author of very many brilliant designs. He had a long-lasting and very productive relationship with Arflex, as other masters of communication and photography were to later: Pintori, Provinciali, Steiner, Grignani, Munari, Vitale, Iliprandi, Tovaglia, Ballo, and Toscani. In his best-known example of three-dimensional design, the *Delfino*, Carboni conceived a perfectly fluid whole—whence the name—created by its individual components (the seat, backrest and two arms, to which a footrest was added) produced separately and then mounted on a frame made of curved metal tubes. It was yet another subtle tribute by the "masters" of the Fifties to the steel tube used in the seats designed at the Bauhaus by Breuer, and also by Stamm and Mies van der Rohe. From this viewpoint, the Arflex products of the Fifties—like those made by Cassina and Tecno—marked the acme of the evolution of the visual and design culture in Italy, and

prodotti Arflex degli anni Cinquanta – come quelli di Cassina e Tecno – rappresentano il punto più alto nell'evoluzione della cultura visiva e progettuale italiana, sintetizzando le influenze ancora benefiche delle origini del design moderno e le nuove esigenze del mercato e del sistema produttivo. Naturalmente tenere fede a questa integrità culturale diventa sempre più difficile con il passare degli anni. Così già negli anni Settanta il prodotto Arflex degenera in un eccessivo formalismo: si pensi al divano *Serpentone* di Cini Boeri del 1971, una sorta di *boutade* sulla possibilità infinita di estensione di una seduta fatta di tante "fette" di poliuretano espanso (il materiale che progressivamente sostituisce la gommapiuma negli imbottiti, non solo in Arflex).

Del resto sono le condizioni stesse di un mercato che inizia a essere saturo di "nuove" idee di mobili a favorire certe esagerazioni. Paradossalmente però è la stessa Cini Boeri a dare continuità alla vita di Arflex, con una serie curiosa e fortunatissima di divani (la famiglia degli *Strips*) iniziata nel 1968. Basata sul concetto di sfoderabilità del rivestimento, una novità per l'epoca, la serie si sviluppa in poltrone, divani e soprattutto divani letto che con la loro "non forma" morbida si accattivano le simpatie di moltissimi consumatori. È il segnale di una svolta decisamente commerciale di Arflex, che da allora non sarà più in grado di proporre autentiche novità nell'arredamento, ripiegando su una correttissima ma inevitabilmente statica produzione di progetti strettamente mirati alla vendita. Non è un caso che negli anni più recenti, dopo una lunga serie di passaggi di proprietà del marchio, Arflex riproponga in catalogo quasi tutti i prodotti della sua fase "pionieristica", dalla *Lady* di Zanuso alla *Fiorenza* di Franco Albini (1952): oggetti bellissimi ma strettamente legati a una memoria storica del "bel tempo che fu" anche nel design italiano.

combined the still beneficent influences of the origins of modern design with the new requirements of the market and production process.

Naturally it became increasingly difficult to maintain this cultural integrity with the passing of time, thus in the Seventies Arflex products degenerated into excessive formalism: for example, the *Serpentone* sofa by Cini Boeri of 1971, which was a humorous take on the infinite possibilities to create a "sofa" made of "slices" of polyurethane foam (the material that progressively replaced foam rubber in furniture padding, and not just at Arflex). Exaggerated ideas of this type are fostered by a market beginning to be saturated with "new" ideas. Paradoxically, though, it was also Cini Boeri who provided Arflex with continuity through a set of curious and very successful sofas (the *Strips* series), which she began in 1968. Based on the concept that the lining of a piece of furniture could be removed (a novelty at the time), the series comprised armchairs, sofas and, above all, sofa-beds; these, with their soft "non-form", won the approval of many consumers. This was the signal for a highly commercial turning-point for Arflex, which from that time no longer offered authentic innovation in furniture, but instead fell back on a very correct but inevitably static stream of designs aimed primarily at winning sales. It is no surprise that in recent years, following a long series of buyouts of the brand, Arflex is now offering nearly all its products from its "pioneering" phase, from Zanuso's *Lady* to Franco Albini's *Fiorenza* (1952): they are beautiful objects but very closely linked to a memory of the "golden age" of Italian design.

E DELL'INDUSTRIA

...boom e flop...

DESIGN IN ITALIA**2**

...boom and flop...

OF AN INDUSTRY

Gli anni Sessanta e Settanta: "boom" e "flop", l'età del pop

The Sixties and Seventies: boom and flop, the pop era

All'inizio degli anni Sessanta il "boom" italiano comincia a manifestarsi in modo più evidente, con il passaggio del Paese da un'antiquata struttura economica, ancora essenzialmente agricola, a una più evoluta, basata su un'eccezionale espansione dell'industria che per la prima volta vede i suoi addetti (8.500.000) superare quelli dell'agricoltura (5.500.000). Anche il calo dei disoccupati è impressionante, da 1.800.000 nel 1956 a 623.000 nel 1962.

Negli stessi anni l'ammontare degli investimenti raddoppia e aumentano del 50% le spese per i consumi privati. Si inizia a produrre per un vero mercato interno e i prodotti industriali italiani cominciano a diventare competitivi con quelli stranieri, soprattutto per qualità creativa e formale. Naturalmente questi progressi si basano anche su drammatici squilibri sociali: si approfondisce ancora di più il solco tra il Nord d'Italia ricco e il Sud povero, che fornisce grandissima parte degli immigrati, come i 60.000 che nel 1966 si trasferiscono ancora nella sola Torino, la maggior parte per lavorare in durissime condizioni alla Fiat. Paradossalmente, è proprio nel Nord industriale agiato, consumista ed "europeo" – in contrapposizione al Centro e al Sud poveri, bisognosi e "mediterranei" – che è più forte la cultura (non solo progettuale) progressista. Tra Roma e la Sicilia, la cultura si identifica soprattutto con la politica, quella dell'opposizione socialista e comunista, ma anche quella neofascista e democristiana, che vuole solo il mantenimento dello *status quo*, quando non sogna un impossibile ritorno al passato anteguerra.

Al Nord, in particolare in Lombardia e principalmente a Milano, il design è sicuramente l'espressione più matura dell'utopia progettuale, legata anche alla lunga tradizione socialista e democratica della così detta "capitale morale" italiana. In essa confluiscono elementi di segno opposto: il "professionismo" commerciale e opportunistico (che a lungo termine avrà la meglio), ma anche la "protesta" – tanto generosa quanto generica – che avrà espressione soprattutto negli oggetti più dichiaratamente Pop e, più avanti, nelle manifestazioni di segno "radicale".

At the start of the Sixties the Italian economic boom became more evident as the country moved from its antiquated economic structure—which was still essentially agricultural—to a more evolved model based on huge industrial expansion. For the first time the number of factory workers (8,500,000) exceeded the number of those working in agriculture (5,500,000). Even the drop in the number of the unemployed was impressive—from 1,800,000 in 1956 to 623,000 in 1962. During these same years total investments doubled and the sum spent on private consumption increased by 50%. Companies began to manufacture for a real home market and Italian industrial goods began to become competitive with their foreign rivals, above all in terms of their creativeness and design. Naturally this progress was based on serious social imbalances, and the gap between the rich north and poor south became even wider. The number of internal migrants came mainly from the south of the country, with 60,000 moving to Turin in 1966 alone, most of whom wished to work in the harsh conditions of the Fiat factories. Paradoxically, it was in the well-to-do, consumer and "European" north (as opposed to the poor, needy and "Mediterranean" centre and south) that the progressive culture (not just related to design) resided. In the regions between Rome and Sicily the culture was above all identified with politics, that of the opposition provided predominantly by the Socialist and Communist parties but also the Neo-fascists and Christian Democrats, who wanted to maintain the status quo if not actually make an impossible return to pre-war society.

In the north, especially in Lombardy and principally in Milan, design was the most mature expression of a utopian future, linked partly to the long socialist and democratic tradition of the "moral capital" of Italy. Conflicting elements contributed to this ideal: commercial and opportunistic "professionalism" (which would in the long run win out) but also the "protest" —as generous as it was generic—represented by objects that were unashamedly Pop and, later, termed "radical".

Le vere industrie del design in questa fase sono ancora poche e pochissime fanno parte del mondo dell'arredamento. Non casualmente, la più evoluta, quella che fa da esempio a tutte le altre per coerenza di ricerca, progetto, immagine e comunicazione, è l'Olivetti, che produce – con una posizione di leader – macchine per ufficio già dall'inizio del secolo. Tanto gloriosa quanto destinata poi a sparire proprio negli anni della recente rivoluzione informatica – anche grazie a un vortice di speculazioni finanziarie –, è l'unica industria che riesca a far lavorare già dal 1958 un designer per molti versi eccentrico, almeno rispetto alle convenzioni del disegno industriale tradizionale, come Ettore Sottsass. Grazie a complessi meccanismi di vicinanza psicologica (specialmente con la persona di Roberto Olivetti), di necessità di distinguersi sul mercato, ma fondamentalmente per profonde motivazioni culturali, l'industria di Ivrea garantisce all'eretico architetto, artigiano e designer trentino-piemontese, una relativa libertà di espressione, oltre alla sopravvivenza economica.

Commovente è l'episodio più vivo che lo stesso Sottsass ricorda delle pochissime volte in cui ebbe occasione di incontrare il "patriarca" Adriano, padre di Roberto e guida dell'azienda già negli anni difficili della guerra mondiale e del dopoguerra: incaricato di disegnare il primo grande calcolatore elettronico *Elea*, il giorno in cui ne mostra il modello finale a padre, figlio e management aziendale, Sottsass non ottiene nessun commento da Adriano Olivetti che lo guarda invece a lungo, pensieroso, senza esprimersi. Solo dopo qualche giorno, Adriano, precocemente invecchiato e già malato (morirà nel 1960) chiede a Sottsass: "Senta, non potrebbe mettere qui sul computer, vicino alla tastiera, un piccolo sole?". Fu l'ultimo desiderio di luce da parte di un utopista generoso, ancora fiducioso nel potere salvifico del progresso industriale e dei suoi oggetti. Eppure la sua posizione pare ancora, appunto, quella di un industriale di antico stampo, che ha lavorato a lungo per i suoi edifici e le sue macchine con architetti come Figini e Pollini, artisti come Magnelli, Schavinsky, perfino lo stesso Marcello Nizzoli, a suo modo un artista (futurista, in origine) convertito al design e poi all'architettura. Gli anni Sessanta, che Adriano Olivetti non farà in tempo a vedere, saranno

The real design companies operating at this time were still few and far between and related to the world of furnishings. In fact the most advanced, the one that had provided the model in terms of the consistency of its research, planning, image and communications, was Olivetti, which had been a leading producer of office machinery since the start of the century. This company, which was as glorious as it was destined to disappear during the years of the recent digital revolution, due partly to a vortex of financial speculation, was the only one that succeeded in making architect and designer Ettore Sottsass, in many ways eccentric compared to the conventions of traditional industrial design, work from as early as 1958. By means of complex mechanisms of psychological similarity (especially with Roberto Olivetti), the need to distinguish itself on the market, and with deep cultural motivation, the company from Ivrea offered this heretic architect, craftsman and designer from Trentino/Piedmont a relative freedom of expression, in addition to economic survival.

The most vivid episode Sottsass remembers of the few times he had the chance to meet the "patriarch" Adriano Olivetti, the father of Roberto and helmsman of the company back in the war and post-war periods, was a moving one: charged with the design of the first large electronic computer, Elea, the day on which he showed the final model to the father, son, and company management, Sottsass won no comment from Adriano Olivetti, who looked at it long, thoughtfully and in silence. It was only several days later that Adriano—who was already ill and had prematurely aged (he was to die in 1960)—asked Sottsass: "Tell me, could you put here, close to the keyboard, a small sun?"

This was the last wish for light by a generous utopian, still a believer in the redeeming power of industrial progress and its objects. Yet today he seems a businessman of the old school, one who worked long and hard on his buildings and machines with architects like Figini and Pollini, artists like Magnelli, Schavinsky, and even Marcello Nizzoli, himself an artist (a Futurist to begin with) who converted to industrial design and then architecture. The Sixties, which

invece quelli del trionfo dell'oggetto di fabbrica sull'ideologia "artistica" dei manufatti semiartigianali, veri eroici protagonisti dell'arredamento italiano nel decennio precedente. La produzione italiana inizia dunque a esprimere un proprio linguaggio autonomo, decisamente più industriale e molto più legato a nuovi tipi di processo di fabbricazione seriale. Per quanto riguarda la produzione italiana, la stessa idea di oggetto Pop (che pervade l'epoca) non va tanto intesa nella sua accezione proveniente dalla critica e dalla storia dell'arte – riferita cioè alla Pop Art inglese e americana – quanto invece nel suo significato originale: "pop" da "popular", cioè popolare. In più, il design italiano non è solo popolare, ma anche populista: vorrebbe soddisfare, ma anche sconcertare, il gusto dei borghesi (a lungo i suoi principali consumatori) e allo stesso tempo produrre reddito, per gli industriali come per gli stessi designer, alcuni dei quali diventeranno infatti ricchi quanto i loro committenti, se non di più.

Ancora una volta, di nuovo soprattutto nell'arredamento, il linguaggio dei materiali industriali viene piegato a un genere di espressività (non più critica del modo di fabbricazione, ma che anzi l'accoglie come proprio motivo ispiratore) per una produzione non necessariamente industriale. Certo non manca di ambizioni sociali: il mobile a basso costo (come i gonfiabili di De Pas, D'Urbino e Lomazzi), la macchina da scrivere per tutti (la *Valentine* Olivetti di Sottsass), la radiolina – per ascoltare la cronaca della partita di calcio – e il "mangiadischi" portatile per ballare sui prati della periferia o sulle spiagge libere dei primi week-end di massa. In generale i designer italiani – più o meno ingenuamente – finiranno per lavorare creativamente, perfino inventando alcuni prodotti, per un genere particolare d'impresa, che non cerca altro che aumentare le vendite e ampliare il mercato, più che consolidarsi in una vera e propria struttura industriale: ovvero, nel migliore dei casi, ha per obiettivo quello di divenire un'industria, ma non potendo considerarsi tale a tutti gli effetti, dell'industria assume l'impegno alla ricerca e alla sperimentazione di nuove tecnologie.

Adriano Olivetti was never to see, were the years of triumph for factory objects produced in accordance with the "artistic" ideology of the artisans, the true heroes of Italian furnishings during the previous decade. Italian industrial products began to have their own language, one distinctly more industrial and linked to new mass-production processes. In Italy, the idea of Pop (which pervaded the period) was not so much understood in its art historical sense, deriving from British and American Pop Art, as from its original meaning: "pop" from "popular". Moreover, Italian design was not only popular but also populist. It wanted to satisfy but also to jar the taste of the middle-classes (who were long its principal consumers), whilst also making profits for both manufacturers and designers; incidentally, some of the latter were to become as rich as, if not richer than, their clients.

Once again, and particularly in the field of furnishings, the language of industrial goods became subservient to a type of expressiveness (no longer critical of the production method but which took it as its starting point) for products that were no longer necessarily mass-produced. They certainly did not lack ambition: low cost furniture (like the blow-up designs by De Pas, D'Urbino, and Lomazzi), the typewriter for everyone (the Olivetti Valentine designed by Sottsass), portable radios (to be able to listen to the football commentary while on the go), and the portable record-player (to be able to dance in the countryside on weekend trips to the countryside or to the beach). In general, and more or less ingenuously, Italian designers ended up working creatively, even inventing some products, for a particular type of company that wanted more to increase its sales and broaden the market than to consolidate itself as a solid industrial organisation: in the best of cases, its aim would be to become industrialised but, if it were not in a position to consider itself as such, it took on a commitment to the research and testing of new technologies. In this sense, Cassina was once again a leader in the furnishings field. This is how Gaetano Pesce—a bizarre but successful artist-designer

domus
MONTHLY REVIEW OF ARCHITECTURE INTERIORS DESIGN ART

Piero Ambrogio Busnelli, 1983

In questo senso, ancora una volta, nel campo dell'arredamento Cassina è in una posizione di rilievo. Così, per esempio, Gaetano Pesce, bizzarro artista-designer e outsider di successo, ricorda il periodo di sperimentazione verso la fine degli anni Sessanta e l'amichevole rapporto con Cesare Cassina[1]: "Un amico comune, Aldo Businaro, lo portò nel mio studio per comperare dei disegni. Poi siamo diventati amici. Era un uomo curioso, che mi aiutò economicamente per anni, senza chiedermi contropartite. Allora avevo problemi economici [...] e con il suo aiuto ho potuto lavorare con meno difficoltà. Un giorno poi ho avuto un'idea per un oggetto di design che dava forma alle mie convinzioni senza troppi compromessi, e l'ho quindi data a Cassina. [...] Era una collezione di poltrone che si chiamava Serie UP. Ho utilizzato per la prima volta il poliuretano senza struttura [interna, ndr]. La novità tecnologica consisteva nel fatto che gli oggetti prodotti erano imballati sotto vuoto, in modo da diminuire il volume per lo stoccaggio e il trasporto. Ciò per l'acquirente costituiva un fatto magico, perché quando apriva l'imballo, l'oggetto, assorbendo l'aria, riprendeva lievitando la sua forma prestabilita. Per me fu un'esperienza fondamentale perché con quella serie è nato, credo, l'oggetto funzionale con valore significativo [...]. In particolare, ricordo l'UP 5, un sedile confortevole che esprimeva, con la sua forma, la mancanza di libertà di cui si soffre sempre".

Già in questa fase a Cassina si è affiancata una nuova realtà, con l'allora giovane Piero Busnelli, che – pieno di ammirazione per l'indiscusso prestigio di Cesare Cassina e contemporaneamente ansioso di misurarsi personalmente con la sperimentazione nel campo del mobile – convince Cesare nel 1966 a creare la società C&B (Cassina-Busnelli). È proprio con questo marchio che viene commercializzata nel 1969 la serie *UP* di Pesce. Quando poi nel 1973 Busnelli assume il controllo intero della società, inizia un'altra singolare vicenda industriale, quella della B&B, destinata a creare prodotti di grandissimo successo, ma pur sempre di inconfondibile marchio borghese: tanto quanto la produzione Cassina manterrà

and outsider—remembers the experimental period towards the end of the Sixties, and his friendly relationship with Cesare Cassina[1]: "A common friend, Aldo Businaro, brought him to my studio to purchase some drawings. We became friends. He was a curious man who helped me economically for years without asking for anything in return. At that time I had money problems ... and with his help I was able to work more easily. One day I had an idea for a design object that expressed by convictions without too many compromises, and I gave it to Cassina. ... It was a collection of seats called *Serie UP*. For the first time I used polyurethane without an internal structure. The technological novelty resided in the fact that the objects produced were vacuum-packed to reduce their volume for storage and transport. For the customer this was something magical, because when the packaging was opened, the object absorbed air and took on its proper shape. For me this was a fundamental experience because it was with this series, I believe, that the functional object with a significant value came into being. ... In particular, I remember the *UP5*, a comfortable seat, whose form expressed the lack of freedom we always suffer from."

At this time Cassina allied itself with the young Piero Busnelli who, an admirer of the unquestioned prestige of Cesare Cassina and anxious to enter the field of furniture design, in 1966 convinced Cesare to set up the company C&B (Cassina and Busnelli). This was the brand-name that was used in 1969 on the *UP* series designed by Pesce. When Busnelli took control of the entire company in 1973, he began another unusual venture, the company B&B, whose aim was to sell products of great success but under an unmistakable middle-class brand: however, Cassina long maintained a vein of innovation and playful provocation, particularly in the long period when Francesco Binfaré was the art director. It was therefore in the late Sixties and early Seventies that Italian manufacturers of design products brought out the most sensational and extensive mass of pop objects which, after reaping enormous profits and finding a place

1. Giacinto Di Pietrantonio, intervista con Gaetano Pesce in «Flash Art», no. 125, 1988, pp. 125-126
1. Giacinto Di Pietrantonio, interview with Gaetano Pesce in Flash Art, no. 125, 1988, p. 125-126

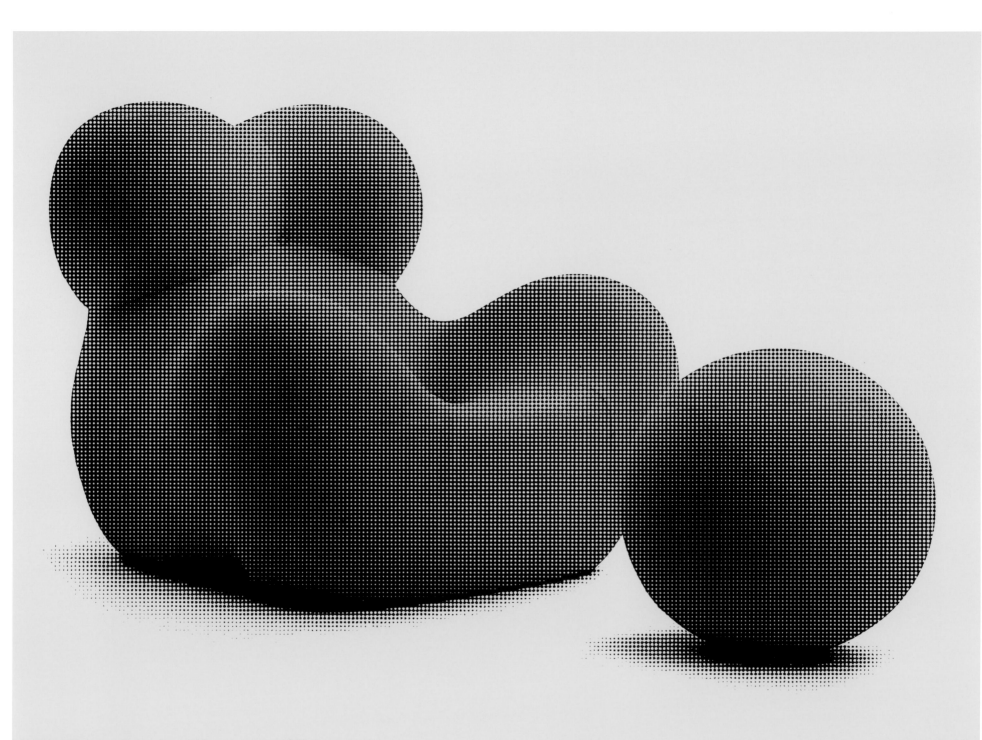

Serie Up, poltrona/seat, Gaetano Pesce, C&B, 1969, riedizione B&B Italia, 2000

a lungo una vena d'innovazione e divertita tendenza provocatoria, specialmente nel lungo periodo in cui l'art direction sarà affidata a Francesco Binfaré. È dunque negli anni a cavallo tra i Sessanta e i primi anni Settanta che le industrie del design italiano si affermano producendo la più sensazionale e copiosa massa di oggetti pop che, dopo aver mietuto successi di fatturati milionari e aver popolato case di tutto il mondo, diventeranno il tormentone di ogni museo di design che si rispetti. Tra il 1961 e il 1972 nascono tra l'altro: le sedie *Lambda* (Zanuso con Gavina, 1963), *Selene* (Magistretti con Artemide, 1961), *Plia* (Piretti con Castelli, 1969); le "poltrone" o "divani" *Sacco* (Gatti, Paolini, Teodoro con Zanotta, 1968), *Additional System* (Joe Colombo con Sormani, 1968), *Fiocco* (G14 con Busnelli, 1970), *Mies* (Archizoom con Poltronova, 1970), *AEO* (Paolo Deganello con Cassina, 1972), gli apparecchi radio a doppio cubo (Zanuso e Sapper con Brionvega, 1965), a tamburo (Bonetto con Autovox, 1969), i televisori *Doney*, *Algol* e *Black* (Zanuso e Sapper con Brionvega, 1962, 1964, 1969), gli orologi da tavolo *Static* (Sapper con Lorenz, 1960), *Sferyclock* (Bonetto con Borletti, 1963), *Cronotime* (Manzù con Ritz Italora, 1966), *Cifra 3* (Valle con Solari, 1966), l'apparecchio stereo hi-fi "antropomorfo" (A. e P.G. Castiglioni con Brionvega, 1966), la macchina per scrivere *Valentine* (Sottsass con Olivetti, 1969). Per la varietà delle tipologie, la complessità dei processi di progettazione e fabbricazione, ma soprattutto per la sostanziale innovazione, con questi oggetti la produzione italiana inizia a esprimere una vera e propria immagine molto riconoscibile internazionalmente.

In questa fase di ulteriore espansione del mercato, l'idea che l'oggetto di serie possa diventare anche un'autentica "icona" culturale – ovvero esprimere attraverso una forma innovativa l'intero spirito di un'epoca – non è legata tanto al formalismo del disegno (come nella fase decadente del design italiano e internazionale dei primi anni di questo secolo), quanto piuttosto alle qualità espressive caratteristiche dei materiali e della tecnologia di produzione. Il caso già descritto della serie *UP* di Gaetano Pesce per C&B (poi B&B) è esemplare: ma sono molti i prodotti che analogamente

---

in homes around the world, became inevitable, omnipresent objects in all self-respecting design museums: just to quote some produced in the years between 1961 and 1972—seats: the *Lambda* (Zanuso with Gavina, 1963), *Selene* (Magistretti with Artemide, 1961) and *Plia* (Piretti with Castelli, 1969); "armchairs" or "sofas": the *Sacco* (Gatti, Paolini, Teodoro with Zanotta, 1968), *Additional System* (Joe Colombo with Sormani, 1968), *Fiocco* (G14 with Busnelli, 1970), *Mies* (Archizoom with Poltronova, 1970), and *AEO* (Paolo Deganello with Cassina, 1972); radios: in the form of a double-cube (Zanuso and Sapper with Brionvega, 1965) or drum-shaped (Bonetto with Autovox, 1969); televisions: the *Doney*, *Algol* and *Black* models (Zanuso and Sapper with Brionvega, 1962, 1964, 1969); table clocks: the *Static* (Sapper with Lorenz, 1960), *Sferyclock* (Bonetto with Borletti, 1963), *Cronotime* (Manzù with Ritz Italora, 1966) and *Cifra 3* (Valle with Solari, 1966); and the "anthropomorphic" stereo hi-fi (A. and P. G. Castiglioni with Brionvega, 1966), and the *Valentine* typewriter (Sottsass with Olivetti, 1969). As a result of the variety of the products, the complexity of the planning and manufacturing processes, and above all the enormous innovation, with these objects Italian industry began to take on a very recognisable image.

During this latter phase of market expansion, the idea that a mass-produced object could become a genuine cultural "icon"—that is to say, an object able to express the spirit of an era through its appearance—was not so much linked to the formalism of the design (as in the declining phase of Italian and international design at the end of the Nineties) as to the expressive qualities of the materials and production technology. The aforementioned case of the *UP* series by Gaetano Pesce for C&B (later B&B) is exemplary, but there were many products that could also be considered as case-studies of how a design company in the Sixties could emerge from the indistinct panorama of an industry dedicated purely to the profit motive thanks to a single, highly innovative product, whether in technology or form.

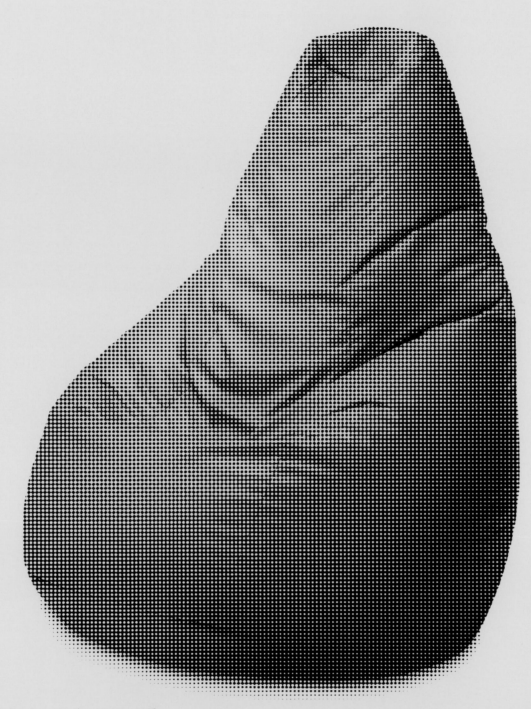

Sacco, seduta/seat, Piero Gatti, Cesare Paolini, Franco Teodoro, Zanotta, 1968

possono essere considerati veri e propri *case studies* di come un'azienda di design negli anni Sessanta potesse emergere nel panorama indistinto dell'industria dedicata esclusivamente al profitto, grazie a un solo prodotto altamente innovativo, per tecnica e forma.

L'esempio della poltrona *Sacco*, prodotta da Zanotta, rappresenta bene uno di questi *case studies* che vedono una felice accoppiata tra designer e industria. Aurelio Zanotta inizia la sua attività nel dopoguerra come commerciante di tessuti per arredamento. Negli anni Cinquanta si dedica alla produzione di poltrone e divani – iniziata nel filone del *contract* e poi rapidamente estesa alla casa – e viene presto in contatto con gli architetti-designer della prima generazione: Mario Scheichenbaur, Gae Aulenti e i fratelli Achille e Pier Giacomo Castiglioni, che per Zanotta creano già nel 1966 un modello di divano (la serie *Navona*) in qualche modo memore della famosa poltrona *San Luca* per Gavina. Alla prematura scomparsa di Pier Giacomo, Achille proseguirà da solo la collaborazione con Zanotta, fino agli incredibili successi degli anni Ottanta. Sono, però, prima i non giovanissimi De Pas, D'Urbino, Lomazzi con la poltrona gonfiabile *Blow* (che riprende analoghi modelli creati in precedenza dai francesi Aubert, Jungmann e Stinco) e poi i giovani Gatti, Paolini, Teodoro – appunto con la poltrona *Sacco* – a lanciare Zanotta internazionalmente come l'industriale più "radicale" dell'arredamento in Italia.

Per chi come me ne ha potuto approfondire la conoscenza in anni di collaborazione (nel mio caso, a partire dal 1980), Aurelio Zanotta ha rappresentato una figura insostituibile, e non più sostituita, nel panorama dei produttori italiani. Non ho incontrato molti industriali che come lui sapessero riunire in una sola persona/azienda tutte le qualità (e i tic) dei *self made men* che hanno fatto la storia del design in Italia: caparbia decisione e insieme geniale creatività nell'affrontare un mondo di prodotti complesso come quello della casa; intuizione e fiuto (categorie non previste dalle cento

Blow, poltrona/armchair, De Pas, D'Urbino, Lomazzi, Zanotta, 1967

Aurelio Zanotta, 1981

The *Sacco* seat produced by Zanotta, for example, is a perfect case study of a successful partnership between a designer and a manufacturer. Aurelio Zanotta began working as a fabrics salesman after the war. In the Fifties he moved into the production of armchairs and sofas (starting on a contract basis but rapidly expanding into the domestic market) and soon came into contact with the first generation of architects/designers: Mario Scheichenbaur, Gae Aulenti, and the brothers Achille and Pier Giacomo Castiglioni, who created the *Navona* series of sofa for Zanotta in 1966 that in some way resembled the famous *San Luca* armchair for Gavina. After the early death of Pier Giacomo, Achille Castiglioni continued to work with Zanotta, eventually achieving a series of extraordinary successes in the Eighties. However, Zanotta was launched internationally as the most "radical" industrial furniture manufacturer in Italy first through the not-so-young designers De Pas, D'Urbino, and Lomazzi with the inflatable armchair *Blow* (which harked back to similar models created by the French designers Aubert, Jungmann, and Stinco).

For those who, like me, have been able to get to know him properly through years of working together (in my case, since 1980), Aurelio Zanotta is irreplaceable, and unreplaced, in the Italian manufacturing world. I have met few businessmen able, like him, to bring together in a single person/company all the qualities (and negative traits) of those self-made men who have characterised the history of Italian design: obstinacy in decision-making, and brilliant creativity when it comes to the complex world of household objects; intuition and instinct (categories not dealt with in the myriad marketing schools and manuals) when it comes to finding the right talents, projects and products; unlimited faith in the trends and experimentation of different designers, not just at a local level but globally; the ability to make decisions at short notice when faced by the many financial and commercial problems thrown up by a fragile and "immature" market such as the furnishings market (domestic and not) was up until the Nineties; and his ability to

scuole e dai mille manuali di marketing) per i giusti talenti, progetti, prodotti; apertura di credito illimitata verso le tendenze e le sperimentazioni di autori diversi, su uno scenario non locale ma internazionale ("globale", si direbbe oggi); capacità di navigare a vista nelle molte insidie finanziarie e commerciali di un mercato fragile e "non maturo" come è stato fino agli anni Novanta l'arredamento, domestico e non; atteggiamento zen nel non rimanere legato a schemi e persone, o meglio ancora, capacità di far crescere in modi nuovi il talento e il fatturato dei "suoi" designer.

In buona sostanza, un modello unico di strategia imprenditoriale e (perchè no?) culturale, non riproducibile in assenza di un talento e di un genio quale il suo e quello di pochi altri industriali del design italiano: indispensabile a condurre al successo prodotti inconsueti come, appunto, il *Sacco*. I suoi autori – Gatti, Paolini, Teodoro – sono in contatto già nel 1968 con il gruppo francese Utopie e dai loro progetti sperimentali di strutture pneumatiche traggono ispirazione di leggerezza e trasparenza, a cominciare dal primo involucro di questa "poltrona anatomica" (così poi definita con autoironia nel catalogo Zanotta). I tre architetti torinesi affrontano i temi allora molto in voga del comfort e dell'ergonomia – l'adattamento formale degli oggetti a fisiologia ed esigenze del corpo umano – in modo alternativo: invece che a complicati meccanismi per regolare la seduta e adeguarla alle membra, pensano a una forma che si modelli sul corpo per semplice inerzia. Quindi iniziano a pensare a un involucro, trasparente, da riempire prima con acqua, poi con palline di plastica ("da ping pong", nel racconto di Aurelio Zanotta) per arrivare infine al polistirolo espanso in granuli. Con quest'abbozzo di oggetto si presentano alla Montedison – allora grande industria italiana leader della chimica e in particolare delle resine sintetiche – che sdegnosamente rifiuta richieste d'informazioni sul materiale e, ovviamente, di sviluppo industriale dell'idea. Si rivolgono quindi a Zanotta, già conosciuto per il suo coraggio imprenditoriale grazie alla gonfiabile *Blow*, che immediatamente intuisce la genialità (oltre alle possibilità di sfruttamento commerciale) del progetto e, nel giro di pochi mesi, sottopone il prototipo a revisione tecnica per poterlo produrre industrialmente. Nel

remain unflustered by not remaining linked to individuals or plans, or rather the ability to cultivate talent in new ways as well as the turnover of "his" designers. In short, Zanotta was unique in his entrepreneurial and (why not?) cultural strategy, one that cannot be reproduced without such supporting brilliance and talent: it has been seen in few other manufacturers in the Italian design world, and is indispensable to be able to make a success of unusual products like the *Sacco* seat. The designers of the *Sacco*—Gatti, Paolini, and Teodoro—were in contact with the French group Utopie in 1968 and their experiments with pneumatic structures led them to consider lightness and transparency as fundamental characteristics. The first result of their research was this "anatomic easy-chair", as the Zanotta catalogue ironically refers to it. The three architects from Turin tackled the then very fashionable themes of comfort and ergonomics (the formal adaptation of furniture to suit the physiological requirements of the human body) in an alternative manner: instead of using complicated mechanisms to adjust the seat to the body, they thought of producing a form that would model itself to the body through inertia. They considered a transparent covering filled first with water, then with plastic balls (ping-pong balls in the story told by Aurelio Zanotta), before arriving at expanded polystyrene granules. They presented this early idea to the Montedison company (at the time the Italian leader in the chemicals industry and, in particular, in synthetic resins) which indignantly refused to provide information about the material or, of course, the industrial development of the idea. They then went to Zanotta, whose entrepreneurial daring was already recognised thanks to the inflatable *Blow* seat, who immediately recognised the brilliance of the idea and its potential commercial prospects. In just a few months he had the prototype given a technical overhaul so that it could be produced at an industrial level, and in January 1969 it was presented at the Salon du Meuble in Paris, at the time the most important international furniture fair. The enthusiastic reception accorded to such a simple and brilliant idea ("They all went wild, Sottsass hugged Zanotta", remembered Piero Gatti) resulted in a commercial and popular success that has been pretty much unique in

gennaio 1969 lo presenta al Salone del Mobile di Parigi, all'epoca l'appuntamento internazionale più importante per il mercato dell'arredo. Dallo scandalo e dall'entusiasmo per un'idea così semplice e geniale ("Erano tutti impazziti, Sottsass abbracciava Zanotta", ricordava Piero Gatti), si passa a un successo commerciale e di costume pressoché unico nella storia del mobile contemporaneo. Il *Sacco* diventa un *bestseller* a livello internazionale soprattutto per gli utenti "giovani", nell'età o nello spirito, che trovano esaudita nella sua diversità – e nel prezzo relativamente contenuto – la voglia di uno stile di vita alternativo anche nella casa e nell'abitare. Il fatto poi che questo prodotto sia ancora presente nel catalogo Zanotta dopo quarant'anni dalla sua invenzione, non è che una conferma della qualità e della giustezza dell'intuizione dei suoi progettisti e del loro committente di allora. Non si tratta però di un caso isolato, anche se non riproducibile (ancora oggi) in quanto legato a una personalità unica come quella di Aurelio Zanotta, né paragonabile ad altri in termini di successo e popolarità.

Prove analoghe vengono da Kartell, sicuramente l'industria (molto lontana nello spirito da Zanotta, ma in qualche modo vicina a essa per la visione pionieristica, oltre che per la stima reciproca tra i due fondatori) che più di altre negli anni Sessanta riesce a entrare nel vero mercato di massa. Viene fondata già nel 1949 da Giulio Castelli, appena laureato ingegnere chimico e allievo dello scienziato Giulio Natta. Questi riceverà il premio Nobel nel 1963 per la scoperta del polipropilene isotattico, all'epoca commercializzato con il nome di Moplen, ben impresso nell'immaginario del periodo come prima "plastica infrangibile" utilizzata per prodotti di larghissima diffusione, ma anche come uno dei primi marchi industriali ampiamente promossi attraverso la pubblicità televisiva. Ispirato anche dall'insegnamento di Natta, Castelli inizia la sua prima produzione industriale utilizzando materiali plastici diversi, tra cui il nastrocord (un brevetto Pirelli) e il polietilene. Dopo una primissima, curiosa produzione di accessori per auto, presto si orienta verso i casalinghi, gli articoli da

◀◀

in alto/top: Sacco
in basso/bottom: Franco Teodoro, Cesare Paolini, Piero Gatti

the history of contemporary furniture. The *Sacco* became a best-seller internationally, in particular due to those people who were "young"— whether in age or spirit—who found that its characteristics of diversity and relatively contained price offered them an alternative way of living and decorating. The fact that this seat is still in the Zanotta catalogue forty years on is a confirmation of its quality and the correctness of the intuition of its designers and manufacturer. This was not an isolated case, even if it could not be repeated today, having been so much linked to the unique personality of Aurelio Zanotta, nor could it be compared to other products in terms of success and popularity. Similar examples are given by Kartell, the company that more than any other attempted in the Sixties to enter the real mass-market. Though very different in spirit to Zanotta, it was in some way analogous in its pioneering vision, and the founders of the two companies had a mutual respect. Kartell was founded back in 1949 by Giulio Castelli, who had just graduated in chemical engineering and was a pupil of the scientist Giulio Natta. Natta won the Nobel Prize in 1963 for the discovery of isotactic polypropylene, which at the time was sold under the name Moplen. It was widely recognised then as the first "unbreakable plastic" to be used in products of everyday use, but was also one of the first industrial brands to be promoted through TV advertising.

Inspired by Natta's teaching, Castelli began his own industrial production using various plastics, such as Nastrocord (a Pirelli patent) and polyethylene. After a first curious set of car accessories, he turned towards household objects, lamps and laboratory equipment. The idea was to create an alternative to glass for both domestic articles and laboratory equipment. Castelli's volcanic personality (he was an untiring organiser for the promotion of design, in particular through the ADI and Compasso d'Oro prizes right from their institution) was well suited to that of his architect wife Anna Ferrieri. A member of the studio of the sophisticate Ignazio Gardella, for Kartell she was to make important

laboratorio e le lampade. L'idea è creare un'alternativa al vetro sia negli oggetti di uso domestico, sia nelle attrezzature da laboratorio. La personalità vulcanica di Castelli (che sarà anche sempre un infaticabile organizzatore della promozione del design soprattutto con l'ADI e il Premio Compasso d'Oro, fin dalla loro fondazione) ben si lega con quella della moglie architetto Anna Ferrieri: collaboratrice nello studio del sofisticato Ignazio Gardella, rappresenterà per la Kartell un importante contributo alla ricerca e di sensibilità nei rapporti con il mondo dell'architettura e dello studio dei problemi dell'abitazione. Il primo progettista che inizia a collaborare stabilmente con Kartell è proprio un altro architetto, Gino Colombini (stretto collaboratore di Franco Albini, dal 1943 al 1953), che diventa presto responsabile dell'ufficio tecnico dell'azienda e nel 1951 della sezione casalinghi. Nel 1954 vengono ideati da Colombini oggetti popolarissimi, ma di grande gusto e semplicità formale, come un secchio tondo con coperchio e uno scolapiatti a cestino, che saranno usati in moltissime famiglie, di ogni classe sociale e diverso tenore di vita. Nell'arco di dieci anni Kartell vincerà molti Compassi d'Oro e medaglie alla Triennale di Milano, iniziando poi ad avvalersi della collaborazione di altri noti progettisti.

Importante, anche se di durata relativamente breve, è l'attività nel settore dell'illuminazione: del 1959 è la prima lampada stampata a iniezione. Contemporaneamente iniziano a lavorare con Giulio Castelli prima i fratelli Castiglioni, poi Marco Zanuso, Adalberto Dal Lago, Gae Aulenti e Nanda Vigo. La vita più intensa dell'azienda di Giulio Castelli nel mondo dell'arredamento inizia però nel 1963, con la creazione della nuova divisione Habitat, che si affianca a quelle già esistenti (casalinghi, strumenti da laboratorio, lampade) con oggetti sempre più complessi ed evoluti, veri e propri pezzi d'arredamento. Sono due in particolare quelli che si distaccano per originalità e novità da tutta la produzione dell'epoca: la seggiolina per bambini di Marco Zanuso e Richard Sapper del 1964 e la cosiddetta *Universale* di Joe Colombo, del 1968. La prima (oltre a vantarsi, nella letteratura Kartell, di essere la primogenita della stirpe infinita delle sedie

---

contributions in research, and to improve the company's relationship with the world of architecture thanks to her sensibility to the problems linked to household design. The first designer to begin working with Kartell on a constant basis was another architect, Gino Colombini (a close collaborator with Franco Albini between 1943 and 1953), who soon became responsible for the company's technical department and, in 1951, for the section dealing with household articles. In 1954 Colombini designed some very popular objects of taste and formal simplicity, such as a round bucket with a lid and a basket-shaped draining rack that were used in the kitchens of families of all classes and standards of living. Over a period of ten years Kartell won many Compassi d'Oro and medals at the Milan Triennale, and then began to work with other important designers.

Though of short duration, the company's foray into lighting was of importance: the first injection mould lamps were produced in 1959, the same period in which Giulio Castelli began to work with the Castiglioni brothers, then Marco Zanuso, Adalberto Dal Lago, Gae Aulenti, and Nanda Vigo. However, the company's most intense period in the world of furnishings began in 1963 with the creation of the new Habitat division. This introduced more complicated and evolved objects—real items of furniture—into the company alongside the already existing departments (household objects, laboratory equipment, lighting). Two new pieces stand out for their originality and novelty from all the company's production of the time: the children's chair of 1964, designed by Marco Zanuso and Richard Sapper, and the *Universale* seat of 1968 by Joe Colombo. In addition to being flaunted in the Kartell literature as the forefather of the unending line of modern, plastic seats, the first was part of a courageous project to modernise the then very old-fashioned equipment produced for infants. The children's chair was begun by Castelli with the pair of designers in 1960 but was to take four years before it rolled off the production line. This coincided with the fall in price of the raw

moderne in materia plastica) fa parte di un coraggioso progetto di modernizzazione dell'antiquatissimo arredo per l'infanzia, iniziato da Castelli con i due designer già nel 1960, ma che impiegherà quattro anni per vedere la luce come prodotto: una coincidenza di mercato (il ribasso del prezzo della materia prima, il polietilene, a seguito della scadenza dei relativi brevetti) dà la possibilità di studiare la produzione di un oggetto economico, che rispetti e rispecchi in modo originale le esigenze spessissimo ignorate dei più piccoli. Quasi fallito il tentativo di diffonderla nelle scuole pubbliche italiane – retrograde per definizione, tanto più nei primi anni Sessanta –, Kartell si rivolge alla grande distribuzione di articoli casalinghi, il canale dei cosiddetti grossisti: icasticamente definiti, nel bel libro *Plastiche e Design* di Anna Castelli Ferrieri e Augusto Morello[2], "categoria (almeno in quegli anni) tra le più incolte e retrive e del tutto refrattaria ad assumersi il rischio del 'nuovo'". Anche in questo caso, un progetto perfettamente definito nei suoi dettagli, che ancora oggi potrebbe trovare applicazione, ha vita breve e morte precoce (nel 1980 esce di produzione), proprio per l'impreparazione di componenti cruciali del ciclo progetto-produzione-consumo, in questo caso la distribuzione.

Molto più fortunato, in proporzione, il caso della sedia *Universale* di Joe Colombo, del 1968. Anche questa nasce, oltre che dall'intraprendenza di Giulio Castelli, da una tappa importante nella storia della tecnologia, l'invenzione e l'introduzione di un nuovo materiale da parte della Bayer, l'ABS. Questo – per buona parte degli anni Sessanta e Settanta – ha rappresentato una specie di "pietra filosofale" del design, in grado di trasformare il più ingenuo o astruso dei progetti in un vero prodotto di serie, grazie a una vera, grande versatilità di stampaggio e uso, con caratteristiche strutturali molto interessanti. La passione di Joe Colombo per la minuziosa definizione del disegno, in funzione dei processi tecnici e dei materiali, anche in questo caso riesce a risolvere una contraddizione brillantemente rilevata ancora nel libro *Plastiche e Design*: "[...] affrontando il problema tecnologico [...] i progettisti cominciano a rendersi conto che prima di arrivare al materiale

Anna Castelli Ferrieri, Giulio Castelli, anni Ottanta/in the Eighties

material, polyethylene, following the expiry of its patents, which in turn allowed a study to be made of innovative, lower-cost articles that respected the often ignored needs of small children. The attempt to distribute it to Italy's state schools —backward-looking by definition, even more so in the early Sixties – almost failed, so Kartell turned to the large-scale distributors of household objects, the wholesalers' chain: graphically defined in the important book *Plastiche e Design* by Anna Castelli Ferrieri and Augusto Morello[2], this distribution chain was "one of the most unsophisticated and conservative categories (at least in those years) and completely unwilling to take any risk that signified 'change'." So in this case too, a perfectly and completely finished project in all its details, which might even today have a valid use, was short-lived (it went out of production in 1980) due to a weak link in the design/production/consumption cycle: in this case, distribution.

Much more successful, in proportion, was Joe Colombo's *Universale* of 1968. In addition to Giulio Castelli's entrepreneurialism, the birth of this product too was prompted by an important step in the history of technology: the invention and introduction of ABS—a new material by Bayer. For much of the Sixties and Seventies this material was a sort of "philosopher's stone" for designers, one that could transform the most ingenuous or abstruse project into a mass-produced product thank to its very interesting structural characteristics and enormous versatility in its moulding and use. Joe Colombo's passion for defining design details as a function of the materials and technical processes in this case too succeeded in resolving a contradiction brilliantly described once again in *Plastiche e Design*: "To tackle the technical problem ... the designers began to realise that before being able to achieve the moulded material it was necessary to make the steel moulds, which were produced through mechanical processing of very hard material ... and that in conclusion the supposed fluidity only came into being at the end of the process." Thus many products are

2. A. C. Ferrieri, A. Morello, Plastiche e Design, *Arcadia Edizioni, Milano 1984*
2. A. C. Ferrieri, A. Morello, Plastiche e Design, *Milan: Arcadia Edizioni, 1984*

Olaf von Bohr, Gino Colombini, Alberto Rosselli, Ignazio Gardella,
Joe Colombo, Anna Castelli Ferrieri, Giotto Stoppino.
Stand Kartell, IX Salone del Mobile

stampato occorre fabbricare stampi in acciaio, che vengono prodotti con lavorazione meccanica di un materiale duris-simo [...]: e che in conclusione la supposta fluidità entra in gioco soltanto alla fine del processo". Di plastico, quindi, molti prodotti hanno solo la denominazione del materiale, quando in realtà la forma deve ubbidire a leggi non lontane da quelle che per secoli hanno imposto determinate tipologie, senza grandi possibilità di variazione.

Così anche la sedia di Joe Colombo (diversamente da quella "a sbalzo", sempre in plastica, che più genialmente saprà inventare nello stesso anno Verner Panton) è ancora una buona, vecchia sedia con quattro gambe, un sedile e uno schienale, anche se in un materiale molto resistente, molto economico, molto piacevole al tatto e colorato alla vista. Comunque, si tratta di un primo importante successo commerciale per Castelli, che però, di fronte ai problemi di invecchiamento dell'ABS, realizza prima una nuova versione della sedia in nylon. Poi, quando anche questo materiale si rivela problematico, mette a punto con un altro designer, il grande professionista Carlo Bartoli, un modello nuovo in polipropilene: la 4875, che esce nel 1974. Questa mette a frutto l'esperienza (positiva e negativa) di Joe Colombo, si presenta con una linea effettivamente più fluida e diventa il vero, grande *bestseller* Kartell: un autentico prodotto industriale di enorme diffusione, che contribuisce a fare dell'industria fondata da Giulio Castelli un caso unico tra i produttori di mobili in materia plastica, perché capace di coniugare una buona (talvolta ottima) qualità di disegno con le esigenze difficilissime del gusto, della produzione e del mercato veramente di massa.

Il caso Kartell in un certo senso scombina le carte del gioco (forma industriale/produzione artigianale) fino allora pra-ticato da una colta élite di produttori e architetti: se un'azienda, per quanto di medie dimensioni, riesce a trasformarsi in industria continuando a fare del design di alto livello, perché questa trasformazione non si estende anche ad altri pro-duttori? Una risposta completa meriterebbe un'analisi dettagliata della storia economica dei singoli casi aziendali di cui

4999, seggiolina per bambini/chair for children, Marco Zanuso,
Richard Sapper, Kartell, 1964

only referred to as plastic when in reality the form has to obey laws not so very removed from those that for centuries have determined certain typologies, without much possibility of variation.
Hence Joe Colombo's seat (unlike the plastic "cantilever" seat brilliantly invented by Verner Panton the same year) was still a good, traditional chair with four legs, a seat and backrest, even though it was made in a very resistant, very low-cost material that is also very pleasing to the touch and brightly coloured. Nonetheless, it was an early important commercial success for Castelli though ageing problems of ABS meant that a new version was produced with the seat made of polyamide fibres (nylon). Then, when this material too proved problematic, a third version, the 4875 chair, was designed by the great professional Carlo Bartoli in polypropylene, a material that came onto the market in 1974. This put Joe Colombo's experience (both the successes and failures) to good use, and a more fluid line was presented that was to become Kartell's huge best-seller. It was a genuine industrial product that sold in enormous numbers and contributed to making Giulio Castelli's company a unique case among manufacturers of plastic furniture, one able to combine a good (sometimes excellent) quality of design with the difficult require-ments imposed by taste, production and the mass-market.

In a certain sense, Kartell altered the formula (industrial form/manual production) that had till then been practised by a refined elite of manufacturers and architects: if a medium-sized company was able to transform itself into industrial proportions but continue to produce goods of superb design, why did this transformation not extend to other manufacturers? A full answer would require a detailed analysis of the economic history of the individual com-panies under discussion, in other words, a book several hundred pages long. It is true that in the history of Italian design—at least until today—(with the exceptions of perhaps B&B, Artemide and Guzzini) no other important

Design in Italia 2

racconta questo libro, ovvero un volume di molte centinaia di pagine. Certo è che (con l'eccezione forse di B&B, Artemide, Guzzini e Kartell) nessun'altra azienda importante nell'intera storia del design italiano, almeno fino a oggi, è riuscita a diventare una vera e propria industria, come per esempio Olivetti o Alessi: che però lo sono sempre state. Eppure negli anni Sessanta, e per buona parte degli anni Settanta, nessun critico, progettista o industriale saprà gettare uno sguardo lucido su questa realtà. Anche la generosa esperienza di «Stile Industria», la rivista fondata e diretta da Alberto Rosselli e pubblicata da Editoriale Domus, produrrà interessantissime analisi sui fenomeni e le prospettive del design italiano, ma mai proporrà una constatazione sincera sulla dimensione irrimediabilmente ridotta delle imprese che ne hanno fatto la fortuna nel mondo. Bisognerà aspettare gli anni Ottanta e la lucida, impietosa analisi di Enzo Mari nel suo trattatello *Dov'è l'artigiano*, in cui dimostrerà la sostanziale sopravvivenza di tecniche e metodi artigianali (o di loro elementi) in molta parte della produzione di serie, specialmente italiana e nelle fasce alte del mercato.

L'euforia consumistica e creativa negli anni Sessanta contribuisce a distogliere gli osservatori, anche più acuti, dal percepire questa evidente contraddizione del "caso italiano". Si potrebbe addirittura parlare di confusione ideologica per certa parte della cultura progettuale più d'avanguardia in Italia, soprattutto quella che va sotto il nome di "radical design". Ignorando (o fingendo d'ignorare) che la produzione di arredamento contemporaneo di qualità è tutto meno che industriale e proprio partendo da quella produzione, molti designer radical si impegneranno in un'opera di critica all'intero sistema del consumo di massa, ma dando paradossalmente, a distanza di qualche tempo, sostegno alla sopravvivenza del sistema stesso del design. Questo, senza il contributo stilistico delle avanguardie "radical", si sarebbe probabilmente spento già negli anni Settanta, dopo la grande celebrazione del Museum of Modern Art di New York, geniale operazione di "marketing culturale" attuata da... un argentino, Emilio Ambasz: con il suo alto grado

company than Kartell has succeeded in growing to industrial size like Olivetti or Alessi, and those two companies began at that level. Yet in the Sixties, and for much of the Seventies too, no critic, designer or industrialist could explain this fact. Even *Stile Industria*—the magazine founded and edited by Alberto Rosselli and published by Editoriale Domus, which, with its extensive experience, was to produce very interesting analyses of the phenomenon and different faces of Italian design—never offered a frank observation on the apparently irremediably limited size of the design companies that had found success in the world. It was necessary to wait until the Eighties and the lucid, pitiless analysis made by Enzo Mari in his essay *Dov'è l'artigiano?* (*Where is the craftsman?*), in which he demonstrated the significant continuation of artisanal techniques and methods (or elements of them) in much of mass-production, particularly in Italy and at the higher levels of the market.

The creative and consumer euphoria present in the Sixties contributed to diverting the gaze of even the most perceptive observers from this evident contradiction in Italian design. The concept of ideological confusion might even be cited for much of the most advanced design culture in Italy, in particular what is referred to as "radical design". Ignoring (or pretending to ignore) that the production of quality contemporary furniture is all less than industrial, many radical designers launched themselves into criticism of the entire mass-consumption system but paradoxically, some time later, would make their own contribution to the survival of this system of design. Without the stylistic contribution of the "radical" avant-garde, this system would probably have faded away in the Seventies after the great celebration of Italian design ('Italy: the New Domestic Landscape') at the Museum of Modern Art in New York, the brilliant "cultural marketing" operation performed by Emilio Ambasz (an Argentine!), the MoMA's very young curator. The names of the Florentine groups Archizoom and Superstudio soon emerged among the

Cactus, appendiabiti/coat-hanger, Guido Drocco, Franco Mello, Gufram, 1972

Sassi, design Piero Gilardi, Gufram, 1968

di giovanissimo curatore del MoMA e sotto il titolo «Italy: the New Domestic Landscape». Tra i gruppi leader della tendenza radical (che saranno anche invitati alla mostra dal MoMA) emergono subito i nomi dei fiorentini Archizoom e Superstudio. A sofisticate analisi di tipo micro/macro-urbanistico i due gruppi abbinano una divertente produzione di mobili, specialmente imbottiti, quasi tutti prodotti da Poltronova: azienda storicamente importante, ma precocemente estinta (almeno nella sua dimensione innovativa) già prima della scomparsa del fondatore e animatore Sergio Cammilli. A Torino, altro polo importante del design radical, operano vari altri gruppi, quasi tutti attivi come designer con la Gufram dei fratelli Gugliermetto: azienda davvero singolare, con una produzione (sempre semiartigianale) basata praticamente su un unico materiale, il poliuretano espanso, utilizzato però come vero e proprio materiale da scultura, stampato in forme molto semplici (*Cactus* di Drocco e Mello, *Sassi* di Piero Gilardi) e poi rifinito con processi di verniciatura a mano, iperrealista nel caso di Gilardi, "industriale" nel caso di Drocco e Mello.

A Milano, cuore del sistema pseudoindustriale del design, per i radical le occasioni sono molto più rare. Istintivamente, le aziende preferiscono andare a colpo sicuro affidando i loro progetti a espertissimi maestri come Zanuso o Magistretti, che dopo una lunga gavetta hanno ormai imparato come centrare il cuore dell'élite consumista borghese. Oltre all'anarchico Zanotta (che produrrà la serie di tavoli *Quaderna* di Superstudio), solo Cassina, per l'ennesima volta, conferma il suo coraggio imprenditoriale, con un progetto oggi ancora in produzione: la poltrona *AEO*, disegnata da Paolo Deganello, il componente davvero più radicale di Archizoom. Si tratta di quello che oggi verrebbe definito un progetto di "decostruzione". Deganello scompone gli elementi classici della poltrona (sostegno, seduta, schienale, braccioli) e li ridisegna quasi isolatamente, assegnando loro materiali specifici per le singole funzioni; poi li ricompone in un assemblaggio davvero insolito, che decisamente non assomiglia a nessun'altra poltrona vista prima.

leading Radical groups (who were also invited to the show). Both groups combined sophisticated micro/macro-urbanistic analysis with amusing pieces of furniture, particularly padded furniture, almost all of which was produced by Poltronova, a historically important company but one that gave up prematurely (at least in its innovative dimension) even before the death of its founder and moving spirit, Sergio Cammilli. In Turin, which was another centre of radical design, various other groups were active, almost all of which designed for Gufram, the company belonging to the Gugliermetto brothers. Gufram was very unusual: its products (all of which were semi-artisanally made) were based almost entirely on a single material, polyurethane foam, which was used as a sculptural material, produced in simple moulded shapes (*Cactus* by Drocco and Mello, *Sassi* by Piero Gilardi) and then painted by hand: hyper-realistically in the case of Gilardi, "industrially" in the case of Drocco and Mello.

In Milan, the heart of the pseudo-industrial design system, there were few opportunities for the radicals. Acting on instinct, the manufacturers preferred to entrust their projects to experts like Zanuso and Magistretti who, after a long period of development, had learned how to win the hearts of middle-class buyers. Besides the anarchic Zanotta (who was to produce the *Quaderna* series of tables designed by Superstudio), only Cassina displayed business courage (for the umpteenth time) with a project that is still in production, the *AEO* armchair designed by Paolo Deganello, the most radical member of Archizoom. It was the type of project that would become referred to as "deconstruction". Deganello took the individual parts of a standard armchair (frame, seat, backrest, arms) and redesigned them almost entirely in isolation, assigning them specific materials to suit their individual functions. Then he recomposed them to form a very unusual assemblage that bore no resemblance to any armchair seen previously. The result is surprisingly comfortable and has an appearance that has made it a cult object among lovers

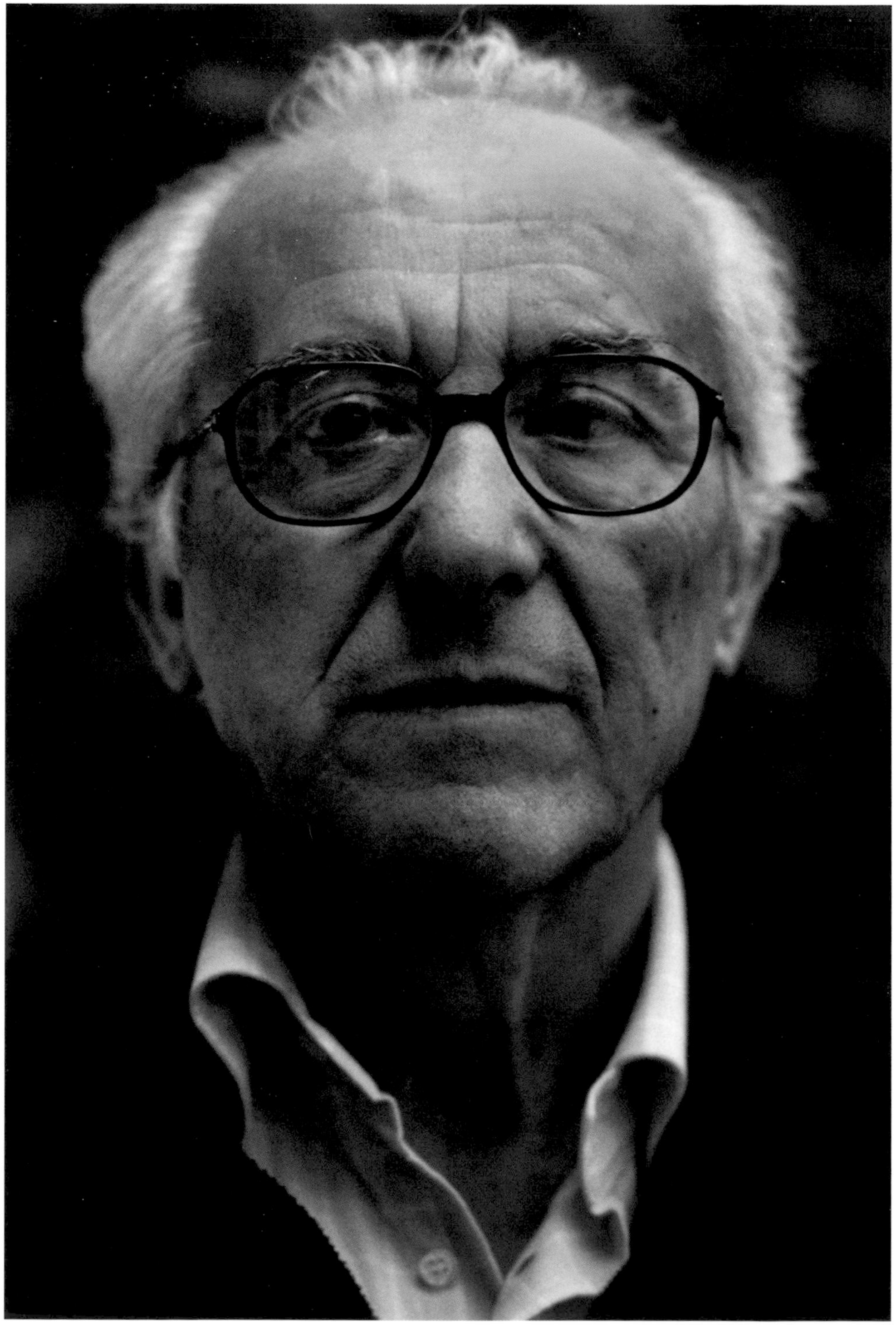

Giuseppe Gugliermetto

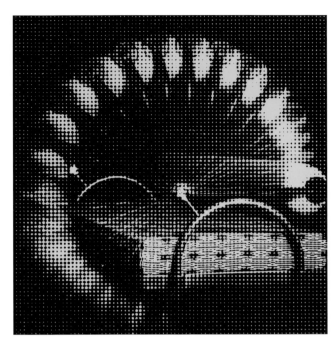

Day-Night, divano-letto/sofa-bed, Enzo Mari, Driade, 1971

Il risultato ha un comfort sorprendente e un look che ne fa un oggetto di culto per gli appassionati del design estremo. Certamente non sono i progetti "radical" a mettere in crisi il mercato dell'arredamento contemporaneo: lontani dall'attirare grandi masse di compratori meno abbienti (che dovranno aspettare Ikea per vedere soddisfatte le loro esigenze), anche per il loro costo esorbitante, rappresentano piuttosto fonte di riflessione e, in qualche caso, di lontana ispirazione per nuove aziende che si affacciano sulla scena.

È il caso di Driade, una delle aziende più singolari nella storia del design italiano non solo per le colte personalità dei suoi fondatori, proprietari e "teste pensanti" (gli architetti fratelli Antonia ed Enrico Astori e l'art director Adelaide Acerbi, moglie di Enrico), ma anche per la straordinaria quantità e qualità di oggetti da essa prodotti in ogni area dell'arredamento: "Dal cucchiaio alla cucina", per parafrasare scherzosamente il celebre slogan di Ernesto Rogers "Dal cucchiaio alla città". Il nucleo creativo della Driade, formato dai giovani Astori, inizia a operare nel 1968, non indifferente alle suggestioni politiche dell'epoca, con l'intento di avviare una produzione non di grande serie, ma vicina alle esigenze di una nuova fascia di consumatori, giovani ed evoluti quanto a cultura e costume. Così *Driade 1*, il primo sistema di arredo componibile disegnato da Antonia Astori, impiega diversi materiali (dal perspex dei contenitori al poliuretano per le imbottiture dei divani) in forme basate sulla geometria di base del quadrato, del cerchio e del rettangolo, componibili per semplice accostamento. La *Duecavalli* del 1969 di De Pas, D'Urbino, Lomazzi è una variazione ironica del sedile della famosa 2CV Citroën (l'utilitaria considerata più chic in quegli anni dall'élite "borghese e rivoluzionaria") che viene rivista con struttura d'appoggio a terra in tubolare d'acciaio cromato e con sedile solo leggermente più imbottito dell'originale Citroën. Devono però arrivare i primi anni Settanta perché Antonia Astori con il fratello Enrico (che da allora si occuperà unicamente della scelta e della produzione dei progetti) si misurino con quello che è al tempo stesso il

of extreme design. But radical designs certainly did not send the contemporary furniture market into crisis: far from attracting large numbers of the less well-off (who would have to wait for the arrival of IKEA to see their needs met), and partly due to their exorbitant prices, they represented more a stimulus for reflection and, in some cases, distant inspiration for new companies arriving on the scene.

Driade was one such company, one of the most unusual in the history of Italian design; not just for the sophisticated personalities of its founders, owners and "thinking heads" (the architect siblings Antonia and Enrico Astori and art director Adelaide Acerbi, the wife of Enrico), but also for the extraordinary quantity and quality of objects they produced in every area of the furnishings field: "From spoon to kitchen" to jokingly paraphrase the famous slogan coined by Ernesto Rogers, "From spoon to city". The creative nucleus of Driade was formed by the two Astoris, who began to work in 1968, not indifferent to the political atmosphere of the era, with the intention of launching series of products not mass-produced but specifically to answer the needs of a new caste of consumers, younger but sophisticated in terms of culture and customs. Thus *Driade 1*, the first modular furniture system, was designed by Antonia Astori. It used different materials (from perspex in the containers to polyurethane in the sofa padding) in geometrical forms based on the square, circle and rectangle that could simply be fitted together. The *Duecavalli* from 1969 by De Pas, D'Urbino, and Lomazzi was an ironic variation on the seat of the famous Citroën 2CV (the chicest little runabout of the period in the opinion of the "middle-class and revolutionary" elite); it was given a chrome tube frame that rested on the ground, and a seat that was slightly more padded than that of the original Citroën. In the early Seventies Astonia and Enrico Astori (from this point on Enrico was responsible only for the choice and production of the designs) had not only their most difficult

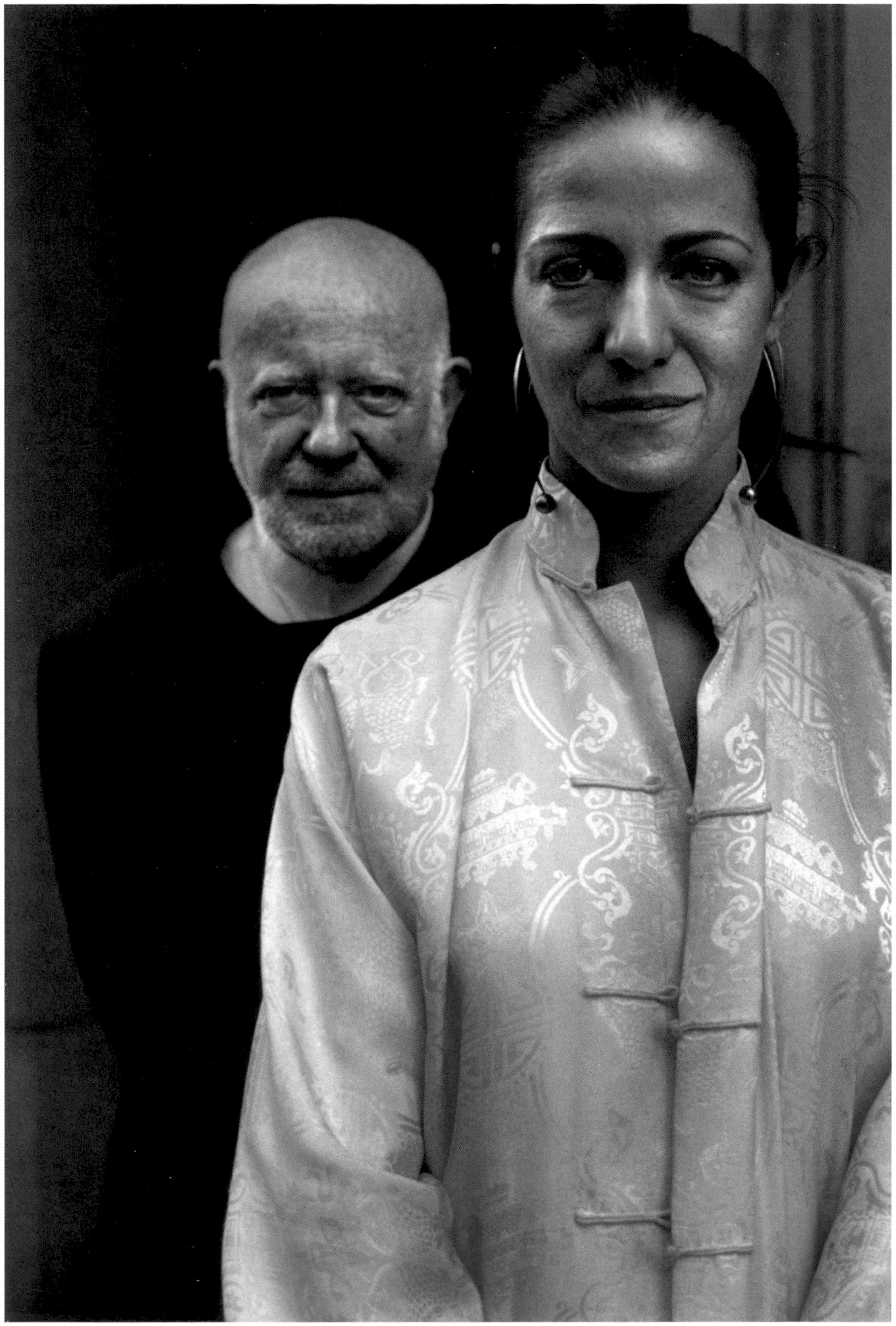

Enrico Astori, Elisa Astori

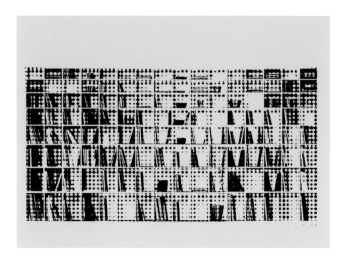

Oikos, sistema modulare/modular system, Antonia Astori, Driade, 1972

prodotto più difficile e più di successo della Driade per moltissimi anni: *Oikos*. Generato da uno studio molto approfondito sulla modularità e la produzione di serie (nel nuovo stabilimento costruito nel 1969 a Fossadello di Caorso, vicino Piacenza), il sistema si basa su un abaco ricchissimo di pannelli, che per materiale base hanno sempre il legno ricomposto trattato con diverse finiture di qualità.

Rispetto alla moda/mania dei sistemi componibili imperante negli anni Settanta, *Oikos* si distingue per l'eccezionalità di un trattamento formale ed estetico perfetto, unito a una vera semplicità e versatilità d'impiego, in tutti gli ambienti dell'abitare. Il soggiorno, la zona letto, lo studio (poi anche la cucina) arredati con le sue componenti assumono nella quotidianità dell'uso domestico la funzione di un ordine quasi purista, vicino alla sensibilità modernista del suo progettista: Antonia Astori infatti, anche provando e riuscendo nel corso degli anni a produrre aggiornamenti di *Oikos* oltre ad altri sistemi più fantasiosi, non farà mai mistero delle sue simpatie funzionaliste, seppure dentro un'azienda come Driade che, paradossalmente, negli anni Ottanta diventerà una delle principali sostenitrici della tendenza post-modern. Eppure negli anni Settanta la linearità, la coerenza, l'alta qualità delle prestazioni di *Oikos* ne fanno il sistema di contenitori preferito dalla fascia alta dei consumatori di arredo contemporaneo: anche per l'intervento di Enzo Mari, che verso la fine degli anni Settanta collaborerà a un importante lavoro sulla comunicazione visiva del prodotto, per trasmettere meglio le possibilità d'uso di un sistema il cui unico difetto è (o è stato) di essere perfino troppo ricco di variazioni combinatorie. Saranno gli anni Ottanta a dare a Driade il vero imprinting di azienda/editrice – libera quindi, tranne che per i contenitori, dal peso degli impianti industriali – ma rimane importante il tentativo, attuato con *Oikos*, di diventare una vera e propria industria. Nel panorama delle aziende del design nate – o rinate – tra gli anni Sessanta e Settanta, non se ne segnalano altre che abbiano fatto un tentativo simile a quello di Driade.

product on their hands, but also their most successful: *Oikos*. The fruit of a highly detailed study on modularity and volume production (in the new factory built in 1969 in Fossadello di Caorso, near Piacenza), the system was based on rows of panelled containers whose base material was hard-density fibreboard fitted with different high-quality finishes.

Compared to the fashion/mania for modular systems in the Seventies, *Oikos* stood out for the exceptional nature of its formal and aesthetic treatment, which was combined with true simplicity and versatility of use in all areas of the home. In daily domestic use, those living-rooms, bedrooms and offices (and later also kitchens) fitted out with *Oikos* became almost purist in their functionality, similar to the modernist sensibility of the system's designer: in her updates of *Oikos* over the years and design of other, more fanciful systems, Antonia Astori was never to conceal her functionalist sympathies, even in a company like Driade. Paradoxically, in the Eighties the company was to become one of the leading upholders of the post-modern trend, yet in the Seventies the linearity, rationality and extreme functionality of *Oikos* made it the favourite line of the top-level band of contemporary furniture consumers. A contribution to this popularity was made by Enzo Mari who, in the late Seventies, worked on the visual communication of the system's possibilities to the public as its only defect is (or was) its immense range of possible combinations. In the Eighties Driade developed its real character of *éditeur*—thus freeing itself from the burden of industrial plants, apart from those required to make their container furniture—but their attempt, begun with *Oikos*, to become an industrial concern remains important. Among the design companies born—or reborn—in the Sixties and Seventies, no others tried to follow the same path beaten by Driade. Alessi—which at the end of the Seventies began to open up to working with many different designers (starting with Richard Sapper's redesign

Alessi, che proprio alla fine degli anni Settanta inizia ad assumere una nuova fisionomia d'impresa aperta a molte collaborazioni progettuali (partendo da Richard Sapper, con il suo ri-disegno della caffettiera espresso del 1979), attua semplicemente il più brillante passaggio generazionale nella storia dell'industria italiana, con l'emergere della geniale personalità di Alberto Alessi: l'allora giovane imprenditore, non appena inizia a collaborare più intensamente con l'azienda di famiglia, prefigura subito lo scenario di apporti culturali (a cominciare dalla consulenza/guida di Alessandro Mendini) che determineranno la straordinaria fortuna commerciale di Alessi negli anni Ottanta, fino a farne la fabbrica simbolo di tutto il design italiano nel mondo. Certamente vi è qualche apparizione di nuovi talenti imprenditoriali: Flexform dei fratelli Galimberti, per esempio. Dall'incontro con il "solito" Joe Colombo ottengono un prodotto di grande interesse, la poltrona *Tube-Chair* che è un po' la sintesi della vena industrial-pop di Colombo, portata quasi all'eccesso: da un grande tubo di plastica semirigida, rivestito di poliuretano espanso e tessuto colorato, escono altri tre tubi simili, di diametri progressivamente inferiori. Con giunti in gomma, i tubi si uniscono tra loro fino a formare poltrone alte, basse, lunghe o divani. Quindi un oggetto che è già sistema in se stesso, ma che proprio per l'esasperata insistenza sul concetto (invece che sulle prestazioni) risulta più simile a una scultura funzionale che a un vero e proprio prodotto industriale: tanto che negli anni Ottanta Flexform ripiegherà su una più rassicurante immagine modernista, con l'apporto fondamentale di Antonio Citterio e la sua capacità di rivisitare infallibilmente i classici del design – da Le Corbusier a Eames –, rimanendo però allo stato di piccola impresa semiartigianale, come tante altre nella Brianza, seppure contraddistinta da un alto livello di qualità di disegno.

Nella stessa regione, la Boffi dei fratelli Dino, Pier Ugo e Paolo rappresenta un altro caso a sé: nata come impresa artigianale, vive per tutti gli anni Sessanta e Settanta una vivace stagione di sperimentazione e di produzione al confine tra industria e artigianato. Fondata come laboratorio di ebanisteria dal padre dei fratelli Boffi, Piero, già nel 1947 si

---

of the espresso coffee-maker in 1979)—was the setting for the most brilliant generational transition in the history of Italian industry, with the emergence of the inspired Alberto Alessi. He was then a young businessman who, as soon as he began to work more closely with the family company, immediately prefigured the cultural contribution (beginning with the consultancy and guidance offered by Alessandro Mendini) which was to prompt the extraordinary commercial success of the company during the Eighties that resulted in its becoming the symbol of Italian design throughout the world. Certainly, new entrepreneurial talents emerged, for example, Flexform run by the Galimberti brothers. Their collaboration with, once again, Joe Colombo resulted in a product of great interest, the *Tube-Chair*, which was a little like the synthesis of Colombo's industrial-pop vein taken to the point of excess. In this design, a large tube of semi-rigid plastic lined with polyurethane foam and coloured fabric is attached to three more tubes that become progressively smaller. Fastened by rubber joints, together the tubes form tall, low or long armchairs, or sofas. Therefore it is an object that is already a system in itself but one whose extreme insistence on concept (rather than on function) makes it more of a functional sculpture than a real industrial product. In the Eighties Flexform fell back on a more reassuring modernist image when it commissioned Antonio Citterio to contribute his infallible skills at revisiting design classics—from Le Corbusier to Eames—but without altering its status as a small, semi-artisanal company (like many others in the area of Brianza), though one distinguished by a very high level of design quality.

In the same region, the company Boffi, which belonged to the brothers Dino, Pier Ugo, and Paolo Boffi, is a case unto itself: created as an artisanal company, it experienced the Sixties and Seventies as a period of experimentation and production on the boundary between manual and industrial production. Founded as a cabinet-making firm by Piero Boffi, the father of the three brothers, it developed into a small industrial company when the first factory shed

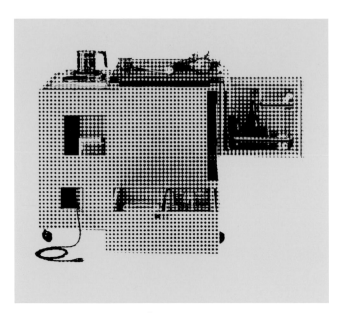

Mini Kitchen, Joe Colombo, Boffi, 1963-64

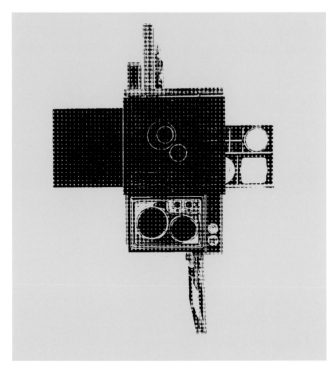

Mini Kitchen, Joe Colombo, Boffi, 1963-64

trasforma in piccola industria con la costruzione di un primo capannone. Dino Boffi, che studia architettura al Politecnico di Milano, convince la famiglia a iniziare la collaborazione con architetti per il disegno di mobili per cucina, la specializzazione su cui si è avviata la produzione. Già nel 1960 Gian Casè progetta un sistema componibile per un'esposizione alla Triennale di Milano, da cui nascerà il modello per la serie *T12*. Contemporaneamente inizia a lavorare con l'azienda Luigi Massoni, che ne sarà per molti anni il principale progettista. Fortemente appoggiato da Dino Boffi, Massoni è animato da un vero e proprio "credo" industriale: pensa e progetta una produzione di serie per economizzare i costi e creare modelli standardizzati. Studia la possibilità di coordinare dimensionalmente elettrodomestici e attrezzature con i moduli dei mobili contenitori, fino a richiedere e ottenere dalle industrie delle macchine per cucina appositamente modificate. Mercato e distribuzione non sono però ancora pronti neanche per questo tipo di mobili per cucina a vocazione industriale, così che il prodotto Boffi finisce per posizionarsi sempre nella fascia di mercato più alta. Neppure Joe Colombo, con il suo intelligente modulo mobile per cucina *Mini-kitchen*, riesce a scalfire la dura corazza anti-standard del sistema commerciale. Alla morte di Dino, nel 1972, le ragioni più forti di questa fede nella vocazione industriale della produzione vengono progressivamente meno. Occorrerà aspettare la seconda metà degli anni Ottanta, con l'arrivo alla direzione di Roberto Gavazzi (e all'art direction di Piero Lissoni) perché la Boffi veda un riordinamento strategico della sua produzione in termini industriali.

Non solo Brianza: esperienze eccentriche
Lo spazio economico per attività imprenditoriali basate su una struttura produttiva artigianale o semiartigianale sembra dunque progressivamente restringersi negli anni Sessanta e Settanta, o almeno così appare alla superficie delle aspirazioni "industrialiste" del design italiano. In regioni lontane dal "triangolo industriale", come per molti anni

was built. Dino, who was studying architecture at Milan Politecnico, convinced the family to begin working with architects to design kitchen furniture, and this was the specialist area in which the company's production began. In 1960 Gian Casè designed a modular system for a display at the Milan Triennale from which the model for the *T12* series was developed. During the same period the company began to work with Luigi Massoni, who was to remain their principal designer for many years. Strongly supported by Dino Boffi, Massoni was moved by a real industrial "credo": he thought and designed a series for volume production to minimise costs and create standardised models. He studied the possibility of matching the dimensions of electrical household objects and other equipment to furniture modules, and even succeeded in getting kitchen equipment manufacturers to modify the sizes of their products. However, neither the market nor the distribution channels were yet ready to deal with this type of massproduced kitchen furniture, with the result that Boffi products always ended up in the highest sector of the market. Not even Joe Colombo, with his intelligent kitchen furniture module, *Mini-kitchen*, was able to graze the anti-standard armour of the commercial system. On Dino Boffi's death in 1972, the strongest arguments in favour of industrial production progressively diminished and it was necessary to wait for the second half of the Eighties, with the arrival of Roberto Gavazzi as managing director (and Piero Lissoni as art director) before Boffi experienced a change in strategy of its industrial output.

Not just Brianza: eccentric experiences
The economic scope for business based on manual or semi-manual production seemed to shrink progressively during the Sixties and Seventies, or at least that it is how it appeared on the surface of Italian design's aspirations to industrialise itself. However, in regions far from the "industrial triangle", as the area lying between Turin, Milan

Paolo Boffi

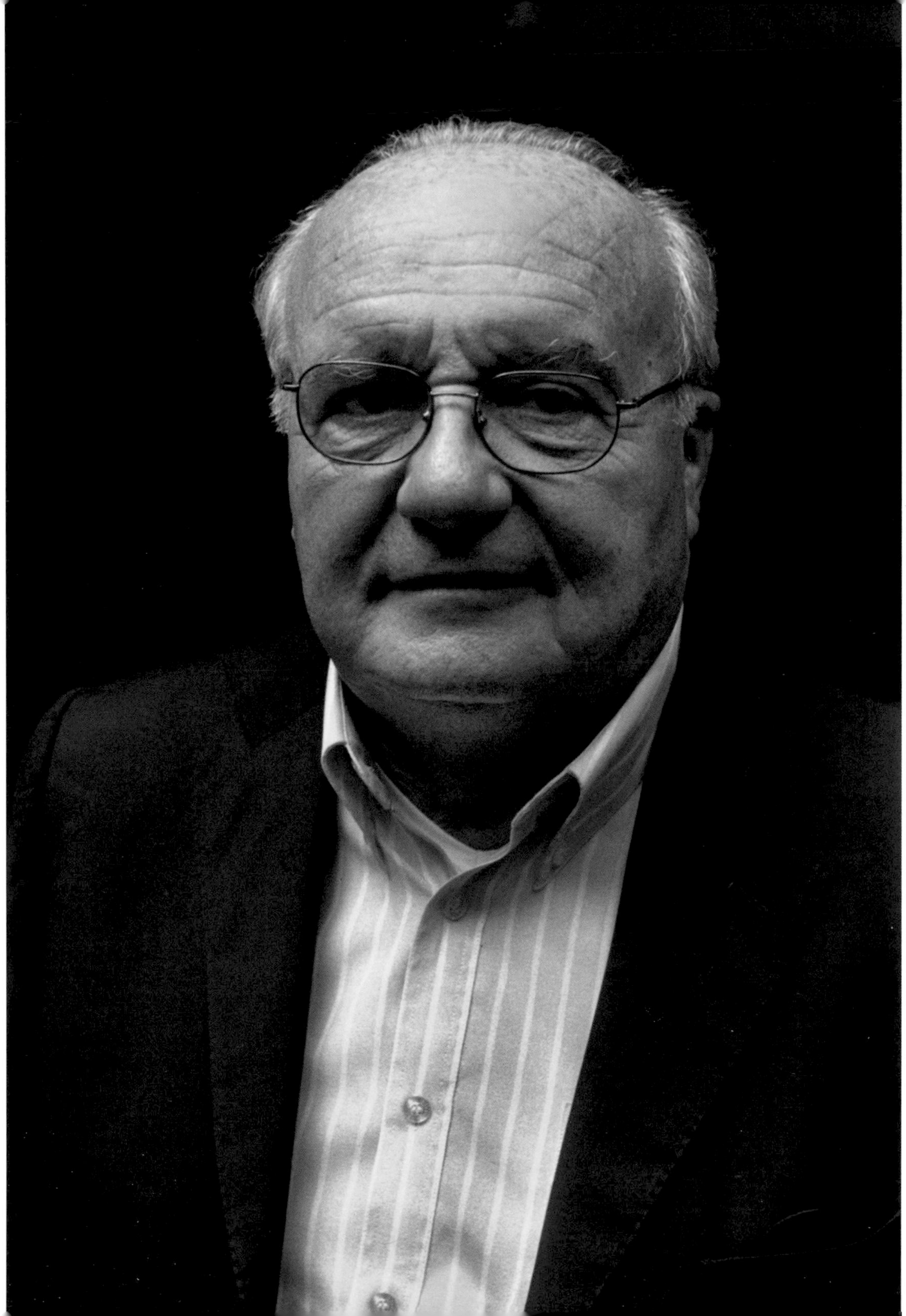

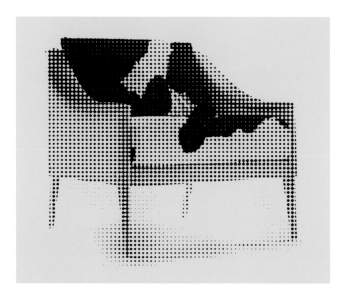

Dezza, poltrona/armchair, Gio Ponti, Poltrona Frau, 1966

Antropovarius, seduta/seat, Ferdinand Alexander Porsche, Poltrona Frau, 1984

Antropovarius, seduta (dettaglio)/seat (detail), Ferdinand Alexander Porsche, Poltrona Frau, 1984

è stata definita l'area Torino-Milano-Genova (oggi megalopolitana), rimane tuttavia ancora vivo negli stessi anni un microtessuto produttivo di natura artigianale, certamente legato a lavorazioni e materiali particolari, ma che nel decadere progressivo della manualità nella produzione italiana rappresentano una risorsa per alcuni piccoli imprenditori molto determinati. Due degli esempi più interessanti di questa ostinata fede nell'artigianato sono la Poltrona Frau di Franco Moschini e la Fiam di Vittorio Livi.

Entrambe sviluppatesi nelle Marche – seppure in tempi e con risultati diversi –, rappresentano la realtà e la cultura di una regione a base economica agricola, ma con una solida vocazione imprenditoriale e una forte attrazione per la cultura della modernità. Paradossalmente, l'impresa di Franco Moschini nasce da un marchio storico della produzione di alta qualità sviluppatosi proprio nel triangolo industriale: la Frau di Sergio Frau, attiva a Torino già dagli inizi del Novecento e che aveva prodotto perfette icone dell'arredamento Art Déco (come i modelli *Fumoir* del 1929 o *Vanity Fair* del 1930). Quando nel 1962 la storica azienda di lavorazione della pelle Nazareno Gabrielli acquisisce Frau, ne affida la gestione a Moschini: giovane e ambizioso imprenditore, questi ricerca subito un rilancio dell'azienda, prima trasferendo – nel 1963 – la produzione a Tolentino (in provincia di Macerata), poi attraverso il disegno di nuovi prodotti, da aggiungere agli immutabili *evergreen* legati alle lavorazioni preziose ma classiche dell'imbottito, che pure nella regione di Tolentino trovano una possibile continuità con la tradizione artigianale del marchio Frau. Moschini pensa quindi di rivolgersi a Gio Ponti e per raggiungerlo si mette in contatto con l'editore di «Domus» Gianni Mazzocchi, suo conterraneo, che gli fa incontrare l'amico/avversario Ponti. Inizia così nel 1965 una collaborazione tra il già anziano maestro, che naturalmente si entusiasma all'idea di lavorare con un'azienda nuovissima e insieme storica, e l'imprenditore che negli anni successivi dimostrerà coraggio e talento notevoli, portando l'azienda a una forte espansione in settori nuovi,

and Genoa was for many years known (today a "megalopolis"), a microfabric of manual production remained intact: it revolved around special processes and materials, and represented a real resource for small, very determined manufacturers faced by the progressive decline of craftsmanship in Italian production. Two of the most interesting examples of this obstinate faith in manual skills were Franco Moschini's Poltrona Frau and Vittorio Livi's FIAM.

Both were founded in the Marches—though they developed at different rates and with different results—and were typical of a region whose economy was based on agriculture, but which had a proven track-record in business and was strongly attracted by the culture of the Modern era. Paradoxically, Poltrona Frau developed out of a historic, high-quality brand originating in the industrial triangle: Frau, founded by Sergio Frau, operated in Turin in the early 1900s and produced perfect examples of Art Deco furniture, such as the *Fumoir* (1929) and *Vanity Fair* (1930) sofas. When Frau was bought out by the leather treatment company Nazareno Gabrielli in 1962, its management was entrusted to Franco Moschini. A young and ambitious businessman, Moschini immediately sought to relaunch the company, first by transferring production to Tolentino (Macerata) in 1963, then by planning new products to add to the list of unchanging and ever-popular models based on the traditional, high-level processes in the production of padded furniture, which, even in the region of Tolentino, found continuity with the handcrafted traditions of the Frau brand. Moschini then decided to ask Gio Ponti for his contribution, so contacted the publisher of *Domus* magazine, Gianni Mazzocchi (also from the Marche region), to ask for an introduction to his friend/rival Ponti. Thus it was that a collaboration sprung up in 1965 between the aging master, who was naturally pleased to work with a new yet established company, and the businessman Moschini: who in the years to come was to show outstanding courage and talent,

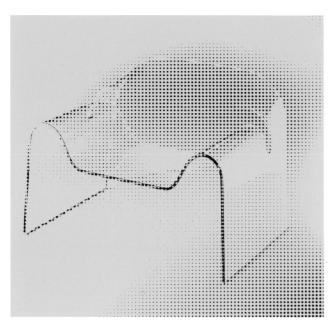

Ghost, poltrona/armchair, Cini Boeri, Tomu Katayanagi, Fiam, 1987

come quello delle forniture per uffici e spazi pubblici, ma anche la selleria per automobili di lusso, fino a fare di Poltrona Frau il *non plus ultra* nella produzione dell'arredamento in pelle, cuoio e materiali a essi affini.

Un analogo destino è quello di Fiam, che – come Frau per la pelle – si afferma per la capacità di ricerca e sperimentazione nell'utilizzo del vetro per arredamento. Dopo un periodo di studi d'arte, Vittorio Livi inizia negli anni Sessanta a lavorare in una vetreria: è particolarmente attratto dalle qualità funzionali ed espressive del vetro, materiale versatile ma difficile, che necessita di molte prove e test per applicazioni che si discostano da quelle convenzionali. Nel 1973 Livi fonda Fiam e si dedica allo studio di una produzione innovativa, ma che rispetti e continui la tradizione sulla linea di una lavorazione di qualità, che richiede ancora l'esperienza di maestri artigiani per seguire le diverse operazioni. Argentatura, decorazione, fusione, incisione, molatura e scoltura sono impossibili da delegare completamente alla macchina per ragioni che si possono capire anche intuitivamente; la stessa piegatura del vetro, che potrebbe apparire più semplice e che è alla base di molti prodotti Fiam, richiede ancora l'intervento di un maestro che collabori con l'operatore del forno per il riscaldamento e la curvatura delle lastre. Un altro importante fattore decisivo per l'affermazione, anche commerciale, dell'originale passione di Livi sarà l'investimento nella ricerca e sviluppo: se è facile rivolgersi a designer di sicuro talento come Cini Boeri, Massimo Morozzi, Philippe Starck, non altrettanto facile è adeguare la produzione a esigenze tecniche particolari richieste per la messa a punto dei progetti dei designer stessi. Così Fiam dovrà progressivamente migliorare e differenziare il tipo di forni (da quelli iniziali a metano a quelli ad alimentazione elettrica) e mettere a punto nuove macchine, come la cosiddetta Paser, per proiettare una miscela di acqua e polvere abrasiva ad alta velocità (1000 metri/secondo) in grado di tagliare con molta precisione forme e profili complessi. Pur rimanendo nella dimensione media, l'azienda creata da Livi rappresenta quindi un'esperienza "eccentrica" in

and expand the company into new sectors, such as office furniture, public spaces, and even seats for upmarket automobiles. The result was that Poltrona Frau became the leading company in the production of furniture made from leather and similar materials.

FIAM experienced a similar development: in the same way that Frau excelled in leather furniture, FIAM established itself with the use of glass. After studying art, Vittorio Livi began working in a glassworks in the Sixties. He was particularly attracted by the functional and expressive qualities of glass; he found it a versatile but difficult material that required many trials and tests for applications that differed from the norm. In 1973 he founded FIAM with the goal of producing innovative furniture that still respected and continued the tradition of quality production, and which still required the experience of master craftsmen to oversee the various operations. Silver-plating, decoration, fusion, engraving, grinding, and carving are impossible to delegate fully to a machine for reasons that can be understood intuitively: and even the bending of glass, which might seem simple and which underlies many of FIAM's products, still requires a craftsman to work with the furnace operator to heat and curve the sheets. Another important factor in the success of Livi's company is his investment in research and development: whereas it is easy to commission brilliant designers like Cini Boeri, Massimo Morozzi, and Philippe Starck to come up with the goods, it is not so straightforward to gear up the production line to cope with their specific technical requests. Thus FIAM was obliged to constantly improve and differentiate its types of furnaces (they started with gas ovens but converted to electric versions) and to perfect new machines, like the "Paser", which squirts a mixture of water and abrasive powder at high speed (1000 metres per second) to cut complex forms and profiles with great precision. Although it has remained medium-sized, FIAM is an "eccentric" company in all senses: it lies geographically far from the Lombard design centre, it is dedicated to a single material, is run with perhaps more than commercial

Vittorio Livi

Maddalena De Padova

tutti i sensi: geograficamente lontana dalla centralità lombarda del sistema del design, dedicata a un unico materiale, guidata forse anche più che da intenti commerciali da una personale passione dell'imprenditore per le sfide tra tecnica ed estetica, dimostrata anche dalle molte collaborazioni con artisti non convenzionali, come Emilio Isgrò o Danny Lane.

Dalla vendita alla produzione e ritorno

La capacità di adattare alla produzione le lezioni che vengono dall'esperienza di vendita (e viceversa) è la singolare caratteristica che distingue un fenomeno del tutto particolare nel mondo dell'arredamento borghese: quello che si può definire "il caso De Padova". Iniziata già negli anni Cinquanta con l'importazione di mobili "scandinavi", venduti poi direttamente in un negozio di via Montenapoleone, l'attività di Maddalena Corti e del marito Fernando De Padova ha fin dall'inizio tutte le caratteristiche e i vezzi dell'azienda commerciale che si rivolge al pubblico più ricco.

In una città ancora provinciale come Milano, ansiosa di dimostrare la propria modernità anche con l'accesso a produzioni internazionali innovative, il negozio, collocato proprio nel cosiddetto "quadrilatero" dello shopping milanese, è destinato presto a diventare un punto di riferimento per il pubblico dell'élite locale, che in qualche modo s'identifica con il particolare intuito dei proprietari, lanciati alla scoperta di uno stile nuovo, alternativo al populismo del design italiano. Folgorati dalle apparizioni in Triennale dei mobili di Finn Juhl, Borge Mogensen, Hans Wegner, che iniziano a importare, i De Padova già nel 1958 concludono un accordo commerciale con l'americana Hermann Miller, per la produzione su licenza dei geniali pezzi disegnati da Charles e Ray Eames, Alexander Girard, George Nelson. La fabbrica si chiamerà ICF De Padova e rimarrà proprietà dei fondatori fino all'inizio degli anni Ottanta, quando Maddalena De Padova – rimasta vedova nel 1967 – maturerà l'importante intuizione che per essere presenti e vincenti nella distribuzione d'arredamento di qualità una struttura produttiva vera e propria non è indispensabile: può bastare un ottimo

Maddalena, Fernando De Padova

aims by Livi's personal passion for technology and aesthetics, and works with many unconventional artists, such as Emilio Isgrò and Danny Lane.

From sales to production and back

The capacity to adapt the lessons learnt in sales to production (and vice-versa) is the unusual characteristic of a phenomenon in the field of household furniture production: what might be termed the "De Padova case". Started in the Fifties to import "Scandinavian" furniture, which it sold directly in a shop in Via Montenapoleone in Milan, right from the start the company founded by Maddalena Corti and her husband Fernando De Padova had all the traits of a sales company that aimed its products at the very top end of the market. Located in one of the four streets that form the heart of Milan's luxury shopping area, and at a time when the city was still provincial and anxious to demonstrate its modernity by showing off innovative international goods, the shop soon became a point of reference for the city's wealthier citizens. In some way they were in tune with the owners' intuitive desire to discover a new style, an alternative to the populism of Italian design. Dazzled by the furniture designed by Finn Juhl, Borge Mogensen, and Hans Wegner presented at the Triennale, the De Padova couple signed an agreement with the American company Hermann Miller in 1958 to produce under licence brilliant designs by Charles and Ray Eames, Alexander Girard, and George Nelson. The company called itself ICF De Padova and remained the property of the owners until the start of the Eighties, when Maddalena De Padova (who was widowed in 1967) became convinced that, to remain ahead in the quality furniture distribution business, a real production department is not indispensable: quite sufficient would be a single excellent showroom (the company had moved to the very central Corso Venezia in the Seventies), a selection of refined and, if possible, exclusive articles, a service that

Silver, poltroncina/chair, Vico Magistretti, De Padova, 1989

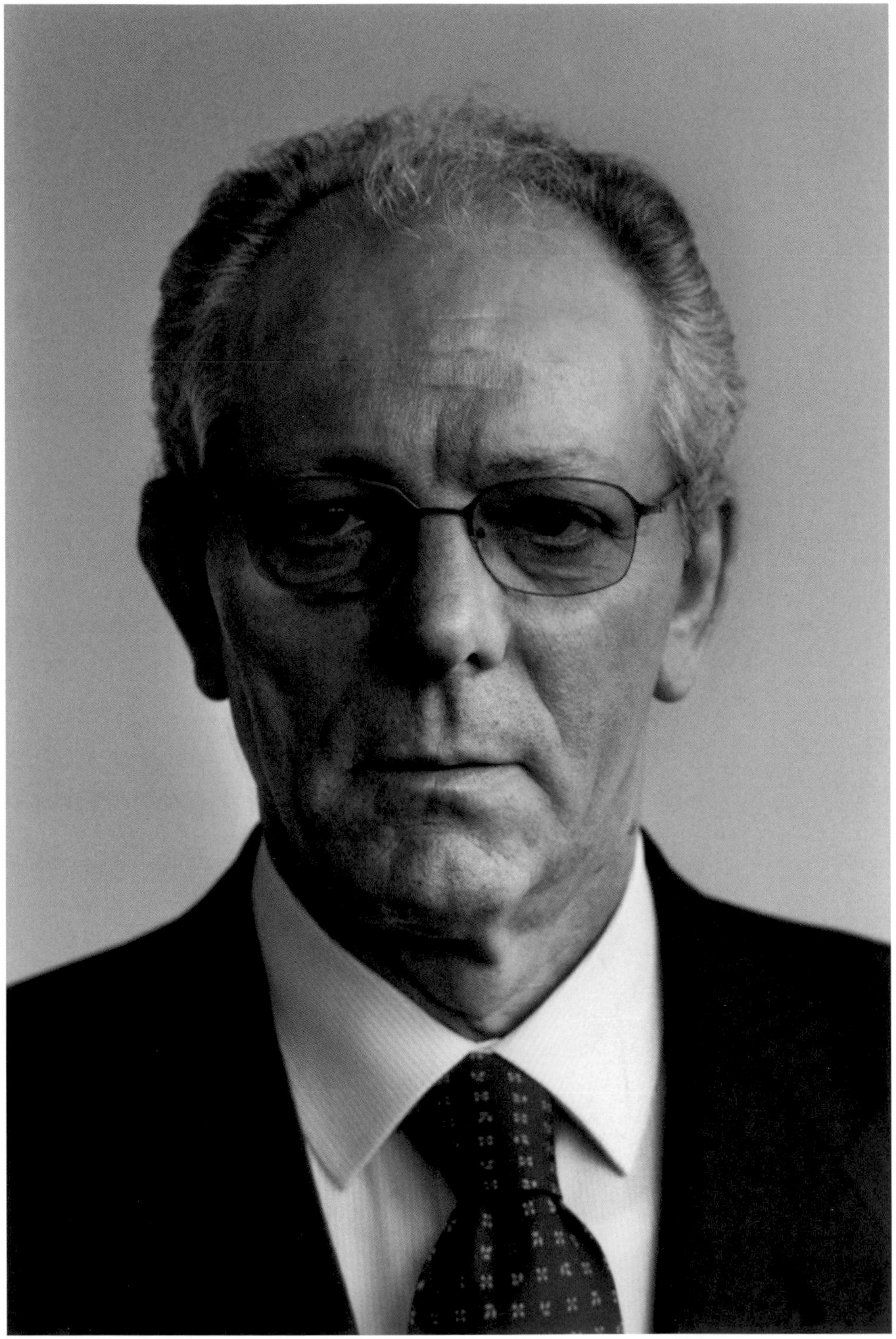

Rosario Messina

showroom (che negli anni Settanta si trasferisce nella centralissima sede di corso Venezia), una selezione di prodotti raffinati e possibilmente esclusivi, l'offerta di un servizio che non è solo vendita ma anche assistenza alla progettazione, non senza una certa dose di snobismo; a ciò si aggiunge la capacità d'incutere rispetto, perfino timore, nell'acquirente che entra in uno spazio di vendita dove il prezzo del mobile meno costoso equivale allo stipendio di un operaio.

Difficile immaginare oggi – di fronte al dilagare delle produzioni d'arredamento di buon design a buon mercato e alla vendita di mobili sui siti web – il ruolo di *opinion leader* svolto da quello che in fondo per molti anni è stato soprattutto un negozio: eppure, in un sistema di distribuzione dominato dall'ignoranza e al massimo da un certo fiuto per i prodotti "must", la tenace resistenza della coppia De Padova, prima, e poi della sola Maddalena nel presentare solo prodotti di altissima qualità – per quanto a prezzi esorbitanti – ha fatto del loro nome una garanzia per tutti gli incerti (talvolta anche gli stessi produttori) nel decidere quali pezzi d'arredamento fossero veri *status symbol*. Si può facilmente capire quindi come, superata la fase pionieristica, l'esperimento della produzione con ICF e l'affermazione come il negozio d'arredamento più importante d'Italia, De Padova sia poi tornata dal 1983 a produrre: con l'intelligente formula della sub fornitura (che non impegna eccessive risorse finanziarie, in quanto la produzione si realizza in pratica solo sul venduto) e soprattutto grazie a una perfetta intesa intellettuale, quasi affettiva con alcuni maestri come Achille Castiglioni e Vico Magistretti, Maddalena De Padova si prenderà una rivincita sul sistema del design pseudo industriale, proponendo mobili, lampade, complementi sempre perfetti, esclusivi e carissimi, ma inevitabilmente "oggetti del desiderio" per una classe di compratori tanto facoltosa quanto bisognosa di rassicurazione sulla modernità dei loro acquisti.

Un'azienda non commerciale, ma nata da una forte esperienza commerciale del fondatore destinata a svilupparsi come vera e propria industria, è Flou, che è riuscita a crearsi una posizione di leader nel mercato dell'arredamento contemporaneo lavorando sull'innovazione di un'unica e difficile tipologia, il letto. L'imprenditore che la crea nel 1978,

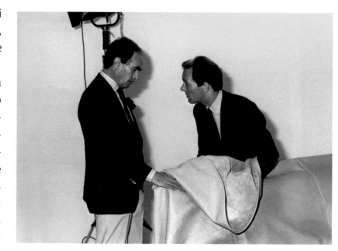

Vico Magistretti, Rosario Messina

was not simply related to sales but provided assistance for interior design, a certain degree of snobbery, and the ability to instil respect, even fear, in the purchaser who enters a showroom where the cheapest item costs a working-man's monthly wage.

Faced today by the avalanche of furniture of good design and at low cost available on the web, it is difficult to imagine the role of opinion leader that De Padova, which was essentially just a shop, played for many years. Yet, in a distribution system dominated by ignorance and, at the most, by a certain instinct for "must have" products, the resoluteness of the De Padova couple—at first, then of just Maddalena—in the selling of products purely of the highest quality, despite being at exorbitant prices, made their name a guarantee for the uncertain (sometimes also for the manufacturers themselves) in deciding which pieces of furniture were true status symbols. It is easy to understand, therefore —once the pioneering stage, the production experiment with ICF and the confirmation of De Padova as the most important furniture shop in Italy were accomplished, and once the company had turned to production in 1983 using the intelligent formula of sub-supply (which does not require excessive financial resources as the "production" only takes place at the time of sale), and thanks above all to a perfect intellectual, almost affective, understanding with Achille Castiglioni and Vico Magistretti, who were to design most of their products—how Maddalena De Padova took her revenge on the pseudo-industrial design system: presenting pieces of furniture, lamps, and always perfect, exclusive and highly expensive accessories that were always "desirable" for a class of buyer as rich as they were in need of reassurance that what they were buying was modern and trendy.

An industrial company, but one that arose from the strong commercial background of the founder and was to develop into a true mass-producer, was Flou. It succeeded in achieving leadership in the contemporary furniture

Nathalie, letto/bed, Vico Magistretti, Flou, 1978

Rosario Messina, viene dal mondo delle vendite. Verso la fine degli anni Sessanta lavora con la C&B di Cassina e Busnelli, quindi con la B&B del solo Busnelli. Proprio nel rapporto con C&B, nella fase in cui questa è una sorta di "laboratorio" di progetto e sperimentazione, Messina approfondisce la conoscenza del mondo dei designer, da Gaetano Pesce a Vico Magistretti. Sarà proprio quest'ultimo a far scaturire dalla grinta imprenditoriale di Messina il primo modello di letto che riuscirà a cambiare una tipologia per anni immutata: o meglio, in cui il design si è concentrato esclusivamente sulle parti strutturali, destinate poi a supportare un semplice materasso, nel miglior dei casi rivestito con un buon copriletto. Magistretti invece convince Messina a lavorare sull'idea nuova di "letto tessile", in cui proprio gli elementi strutturali sono invisibili, perchè completamente rivestiti da tessuto, imbottito o meno. Il primo modello *Nathalie*, appunto del 1978, si presenta addirittura con la testiera – componente su cui molti altri designer si sono accaniti con le variazioni formali più astruse – resa più funzionale dall'uso di un secondo piumone (oltre a quello copriletto) ripiegato su di essa: risulta così molto confortevole nella posizione seduta, per i molti amanti del leggere, o del guardare la televisione, proprio a letto. Appena apparso sul mercato il modello conosce un immediato successo, dettato dalla scelta quasi istintiva dei consumatori per il comfort, piuttosto che per la forma: un paradossale trionfo del non-design che viene proprio da uno dei più grandi designer della storia italiana.

Anche Magistretti ha sempre sostenuto la sostanziale continuità tra il suo lavoro e quello dei suoi predecessori modernisti: eppure il successo commerciale dei suoi prodotti – specialmente il letto *Nathalie* o lo strepitoso *bestseller Maralunga* (una poltrona con schienale ripiegabile) per Cassina – non è spiegabile nei termini dei tradizionali valori del design industriale. C'è qualcosa di più: certamente la capacità di creare un'intesa strettissima con il produttore, con i modellisti, i realizzatori di stampi e di ogni altra componente, anche minima, del prodotto,

Studio Alchimia sulla scala elicoidale della Triennale di Milano/on the spiral staircase at the Milan Triennale: Bruno Gregori, Piercarlo Bontempi, Carla Ceccariglia, Adriana e/and Alessandro Guerriero, Arturo Reboldi, Giorgio Gregori, Alessandro Mendini

market by concentrating its innovation on a difficult theme, that of the bed. The businessman who founded the company in 1978, Rosario Messina, came from a background in sales. Towards the end of the Sixties he worked with Cassina and Busnelli's company C&B, then with Busnelli's B&B. It was during his collaboration with C&B —when the company was a sort of design and experimental laboratory—that Messina got to know designers, from Gaetano Pesce to Vico Magistretti. It was Magistretti who caused Messina to produce the *Nathalie*, the first model that was to alter the public conception of a bed, one that had for years remained unchanged: or rather, in which the design had remained focused exclusively on a bed's structural section, the purpose of which was purely to support a mattress, in the best of cases covered by a good bedspread. However, Magistretti convinced Messina to work on the new idea of a "fabric bed" in which the structure was completely hidden by fabric, perhaps padded. The first *Nathalie* model produced in 1978 also had a headrest (a component that designers had visited the most abstruse variations upon) made more functional by the use of a second quilt (the first was the bedcover) folded over on itself. This gave a much more comfortable position when sitting for those who like to read or watch television in bed.

As soon as it appeared on the market *Nathalie* became an immediate success due to the public's almost instinctive desire to choose comfort over form: the result was a paradoxical triumph of non-design for one of Italy's greatest designers. Magistretti always asserted the continuity between his work and that of his modernist predecessors, yet the commercial success of his products—especially those like *Nathalie* and the runaway best-seller *Maralunga* (a seat with a folding backrest) for Cassina—cannot be explained in terms of traditional values of industrial design. There is something more to it than that: unquestionably the ability to create

ma anche una grande capacità intuitiva del gusto di un'epoca. Molti prodotti di Magistretti che al loro apparire possono sembrare perfino banali – come la lampada *Atollo* per Oluce del 1977, un anno prima del letto *Nathalie* – si rivelano poi di grandissima tenuta nel tempo, come forma e come funzione. È un genere di professionismo altissimo, riservato però a pochissimi progettisti.

Dal professionismo alla sperimentazione

Fondamentalmente, la produzione di arredamento nella seconda metà degli anni Settanta è dominata proprio da questo genere di professionismo: destinato a produrre brillanti successi e vendite di lunga durata in casi come quello di Magistretti con Flou o Cassina, ma condannato a un'inutile ripetizione, fino alla maniera e alla rapida obsolescenza di idee e forme, nella stragrande maggioranza delle centinaia di "novità" presentate al Salone del Mobile di Milano. È reale in questi anni il pericolo di una crisi profonda del sistema del design, indipendentemente dal fatto che questo sistema si basi su una struttura produttiva industriale o pseudoindustriale. L'eccesso di forme simili ha saturato il mercato, inizia a proporsi una valida concorrenza da parte dei *competitors* stranieri, rimane stagnante la discussione culturale, la Triennale di Milano e premi come il Compasso d'Oro da tempo non svolgono più la loro funzione di stimolo.

Sono proprio i designer post radical – come Sottsass, Mendini, Branzi, Deganello – a proporre direzioni alternative al mondo stesso dell'industria dell'arredamento, con la loro attività di ricerca in piccoli gruppi: indicazioni prima schernite dall'*establishment*, poi via via lentamente recepite, anche grazie alla funzione di supporto che dall'inizio degli anni Ottanta daranno loro riviste del prestigio di «Domus». Il caso più singolare tra i gruppi di autoproduzione è certamente quello dello Studio Alchymia (poi Studio Alchimia e infine semplicemente Alchimia).

Sinerpica, lampada/lamp, Michele De Lucchi, Studio Alchimia, 1979

a close understanding with the manufacturer, model-makers, and even the makers of the moulds and all the other components, however small, that go into the product, but also an enormous intuitive capacity to understand the taste of the moment. Many of Magistretti's products even seemed banal when they appeared, like the *Atollo* lamp of 1977 for Oluce (a year before the *Nathalie* bed), but their validity in terms of form and function turned out to be very long-lasting.

From professionalism to creativity

Fundamentally, furniture production in the second half of the Seventies was dominated by this type of professionalism: one that was to bring brilliant successes and enduring sales for Magistretti with Flou and Cassina, but also condemned to useless repetition, even to the point of mannerism and the rapid obsolescence of ideas and forms in the huge preponderance of the hundreds of "novelties" presented at the Salone del Mobile in Milan. The danger of crisis in the design system in these years was real—regardless of the fact that this system was based on an industrial, or pseudo-industrial production model. The market was saturated by similar forms and began to be threatened by foreign competitors, while the cultural debate remained stagnant and the Milan Triennale and design prizes like the Compasso d'Oro no longer acted as the stimulants they once had. It was the post-radical designers—like Sottsass, Mendini, Branzi, and Deganello—who offered alternative directions to the furniture industry through the research they carried out in small groups. These were at first mocked by the establishment, then gradually accepted, due partly to the support that prestigious magazines like *Domus* offered from the start of the Eighties. The most unusual of the outsourcing groups was certainly Studio Alchymia (later Studio Alchimia and then just Alchimia). Founded in 1976 by Alessandro Guerriero with the slogan "Image design for the 20th century",

Fondato nel 1976 da Alessandro Guerriero, con lo slogan "Progettazione di immagini per il XX secolo", lo studio inizia l'attività producendo mobili di varia ispirazione (inclusa quella "radical"), ma comunque fuori dai criteri dell'arredamento "design". Conosciuto Alessandro Mendini, Guerriero entra progressivamente in contatto con altri esponenti della sua stessa tendenza. È una vera e propria illuminazione, che lo spinge – sotto la guida di Mendini – a presentare nel 1979 la collezione *Bau-Haus*, con oggetti disegnati da Michele De Lucchi, Ettore Sottsass, Mendini stesso, Paola Navone e il gruppo UFO.

Gli oggetti, prodotti per lo studio da artigiani, sorprendono anche i più navigati addetti ai lavori: non sono omogenei, non danno indicazione di uno stile preciso, mescolano elementi kitsch, moderni, popolari, disneyani, materiali industriali e artigianali. Sono, sostanzialmente tutti, altrettante variazioni ironiche e quasi caricaturali sul tema del mobile contemporaneo, con una manifesta intenzione provocatoria: a cominciare dalla constatazione che non c'è bisogno di un'industria per produrre oggetti di design, per quanto bizzarri.

Tanto è circospetta la reazione delle aziende e delle istituzioni "ufficiali" del design (ricordo personalmente un'intervista con l'allora presidente di Federlegno-Assarredo, l'industriale Leonida Castelli, in cui mi disse – chiedendo però di non scriverlo – che simili atteggiamenti andavano duramente criticati), quanto entusiastica è l'accoglienza da parte del mondo dell'immagine e dell'informazione non specialistica, che trova l'occasione troppo felice per non raccoglierla al volo e riproporla ai lettori in centinaia di articoli, che a lungo affolleranno le pagine delle riviste d'arredamento e non.

---

the studio began producing furniture of different inspiration (including "radical"), though none of their products fell within the criteria of "designer" furniture. After meeting Alessandro Mendini, however, Guerriero increasingly came into contact with other proponents of the same tendency.

It was an idea of genius to present, under Mendini's guidance, the *Bau-Haus* collection in 1979, with objects designed by Michele De Lucchi, Ettore Sottsass, Mendini himself, Paola Navone, and the UFO group. Produced for the studio by craftsmen, the objects surprised even the most experienced of people in the design trade: they were not uniform, nor did they give any indication of a specific style; they mixed kitsch, modern, popular and Disney-like elements in both industrial and artisanal materials. Most of them were ironical, almost caricatural variations on the theme of contemporary furniture and were clearly intended to provoke —beginning with the claim that there was no need for an industry to produce design objects, however bizarre they might seem.

The reaction of companies and the "official" design institutions was as circumspect (I remember an interview I was given by Leonida Castelli, the then president of Federlegno-Arredo, in which he told me—though asking me not to print it—that such behaviour was severely frowned upon) as the welcome was enthusiastic given to the products by image-makers and non-specialist publications (which took the opportunity not to treat them quickly in one-off articles but to return to them on hundreds of occasions) that they were long seen in the pages of magazines in the furnishing and other industries.

Per certi aspetti è l'inizio di quella nuova attenzione verso l'arredamento (o il post arredamento) da parte dei media, annoiati dal ripetersi sempre uguale del "buon design", la cui onda lunga arriva fino agli inizi del xxi secolo. È anche però il punto di partenza per la progressiva assimilazione del design del mobile alla moda: assimilazione decisamente voluta e auspicata dallo stesso Studio Alchymia, seppure con intenzioni dissacratorie, ma destinata poi a diventare una vera e propria condanna per ogni tentativo di rinnovamento nel design, sempre a rischio di essere catalogato sotto la voce "tendenza del mese" o "flavour of the month" come si direbbe in inglese. Alchymia, con il suo "doppio" Memphis, rappresentano comunque l'*incipit* di una lunga storia di successi e sconfitte, quella del design postmoderno in Italia, che avrà la sua apoteosi e caduta definitiva proprio negli anni Ottanta.

In some ways this episode marked the beginning of the new attention given to furniture (or post-furniture) by the media, which was bored by the same old things being churned out by "good design", the long train of which continued until the start of the 21st century. It also denoted the starting point for the progressive assimilation of furniture design into the fashion world. This integration was decidedly wished for by Studio Alchymia, even if their intentions were disrespectful, but it was destined to develop into a "new mannerism" in design, which would run the risk of being written off simply as the flavour of the month. However, Alchymia, with its Memphis "double", represented the opening of a long story of successes and failures, that of the post-modern in Italy, which would experience both its apotheosis and end in the Eighties.

Poltrona di Proust, poltrona/armchair, Alessandro Mendini, Studio Alchimia, 1978, produzione/production Cappellini, 1993

DIETRO LE QUINT

THE MAKING

DELL'INDUSTRIA

...la fine della storia?

DESIGN IN ITALIA**3**

...the end of the story?

OF AN INDUSTRY

La fine della storia? Dagli anni Ottanta al Terzo Millennio: mutazioni genetiche del design italiano

The end of the story? From the Eighties to the Third Millennium: genetic mutations in Italian design

Non ricordo bene quando ho incontrato Giulio Castelli per la prima volta, ma dev'essere stato proprio alla Kartell, nei corridoi del Centro Kappa, moltissimi anni fa – forse trenta –, quando non avevo ancora ben capito cosa fosse esattamente il design. Ricordo bene però che quell'anno i colori, quelli dei mobili di plastica che fabbricava la sua Kartell, ma anche i colori in generale, per me diventarono finalmente materia (come potrebbe aver detto Ettore Sottsass), soprattutto certi stranissimi viola o melanzana e verdi che sembravano veramente venire da un mondo inventato, in cui tutto era giusto, razionale e anche bello: un mondo dove designer e industriali illuminati andavano a braccetto (o quasi) e con giustizia, razionalità e senso estetico rimettevano a posto la confusione pazzesca generata dal capitalismo in anni di incomprensioni, conflitti, avidità, miserie, arricchimenti illeciti, povertà disumane e invenzioni geniali. In mezzo a tutto questo luminoso scenario di battaglie post socialiste per il Sol dell'Avvenire, naturalmente sempre vinte dalla parte giusta, stavano gli Eroi del contro-design, come Sottsass, Mendini, Branzi, La Pietra, Dalisi, Pesce, che conoscevo a malapena (mai visti di persona), solo per le loro imprese gloriose di critica, anche un po' sgangherata, ai meccanismi più beceri della produzione, specialmente quella dell'arredamento: che proprio per essere stata per tanti anni il luogo più diretto e immediato di esperienze da pionieri, come quelle di Ponti, Albini, Mango, Zanuso e tanti altri, più rapidamente faceva sentire il suo respiro corto nel confrontarsi con un sistema di merci che, una volta annusato l'affare del design, ne avrebbe rapidamente spolpato la forza propositiva e utopistica per farne gadget da vendere al supermercato. In quegli anni per le strade e dentro le case radical-borghesi di Milano c'era ancora sempre profumo di primavera, anche se un po' ammuffita, o meglio odorosa di vecchie cantine con dentro disegni e prototipi che non interessavano a nessun industriale, ma che rimessi insieme da pazzi benedetti dal Signore come i fratelli Alessandro e Adriana Guerriero e dal loro Studio Alchimia avrebbero, per un tempo sufficientemente lungo, dato ancora fiato all'arredamento dal respiro corto. Doveva forse venire anche da questo l'odore e la luce di primavera che mi sembra di ricordare di quegli anni: o forse è solo perchè l'aria di Milano era molto meno inquinata, o forse solo perchè avevo trent'anni

---

I do not remember when I met Giulio Castelli for the first time, but it must have been at Kartell, in the corridors of the Centro Kappa perhaps thirty years ago, when I still had not properly understood exactly what design was. But I remember that the colours—those of the plastic furniture that Kartell was making that year—but also the colours in general, for me finally became material (as Ettore Sottsass might have said), in particular certain very strange violets or aubergines and greens that really seemed to come from a different world, one in which everything was correct, rational and beautiful: a world in which enlightened businessmen and designers went around arm in arm (or nearly), and with justice, rationality and a sense of aesthetics put right the mad confusion caused by capitalism in years of misunderstanding, conflict, greed, destitution, illicit earnings, inhuman poverty and brilliant inventions. In the midst of this luminous scenario of post-socialist battles for the Light-filled Future, which were of course won by the Forces of Good, were the Heroes of counter-design, like Sottsass, Mendini, Branzi, La Pietra, Dalisi and Pesce, whom I only knew (having never seen them in person) through their glorious but also rather noisy feats of criticism aimed at the most unimaginative and vulgar products, particularly those related to furniture making. Since this had been the area in which pioneers, like Ponti, Albini, Mango, Zanuso and many others had been involved most directly and immediately for years, it made its challenge felt more strongly to a commercial system that, once it had sniffed out the money to be made from design, would have quickly squeezed out its every drop of idealism and opportunity to manufacture gadgets to be sold in supermarkets. During that period, in the streets and radical middle-class homes of Milan there was still the scent of spring, even if it was a little musty or reminiscent of old cellars containing drawings and prototypes of no interest to any industrialist, but which, if brought together by such crazy, heaven-sent people as Alessandro and Adriana Guerriero and their Studio Alchimia, would, for a sufficiently long period, have given air to the oxygen-starved furnishings sector. The scent and light of spring that I seem to remember from those years must also have come from this: or perhaps it was only because the air of Milan was much less polluted in those days, or perhaps just because I was thirty years

Avvertenza per il lettore

Alcune delle vicende raccontate in quest'ultimo capitolo fanno parte della diretta esperienza dell'Autore: i lettori vorranno quindi giustificare alcune variazioni della modalità di scrittura nel discorrere di fatti e persone conosciuti personalmente, non senza un certo coinvolgimento emotivo. Come ausilio ai lettori stessi, i passaggi più evidenti di stile sono stampati in corsivo.

Note to readers

Several of the events recounted in this last chapter are taken from the Author's personal experience. Readers are therefore asked to excuse some variations in the manner in which events and people known personally have been described, and which include a certain emotional involvement. As an indication, the more evident of these passages have been printed in italics.

meno di adesso. Fu comunque così che una sera, da poco arrivato da Roma e ancora ospite a casa di Alessandro Mendini (una casa bellissima costruita per la sua famiglia da Piero Portaluppi in via Giorgio Jan, che si sarebbe poi andata progressivamente riempiendo degli oggetti suoi e di altri designer per Studio Alchimia, per poi svuotarsi quando decise di cambiare la sua vita), Mendini mi disse che era ora di presentarmi certi amici, che forse potevano darmi delle risposte interessanti a una certa intervista sulle scuole di design che lui stesso mi aveva chiesto di scrivere e pubblicare su «Modo», la rivista nata da una sua idea che Castelli con qualche altro produttore si era fatto convincere a sostenere. Mi ritrovai così insieme alla mia amica Carla in un ristorante di cui non ricordo il nome – ma doveva essere a Brera – a chiacchierare (io che allora come ora ero molto timido e molto preoccupato di poter dire o fare la cosa sbagliata, seppure di fronte a persone così carine e gentili, o almeno così mi sembrarono) con alcuni di quelli che avrei poi intervistato: come Sottsass, per esempio, che all'epoca mi sembrò un po' troppo cinico e snob, con il suo studio sardanapalesco in via Manzoni ancora pagato da Olivetti (lì vicino, poco tempo dopo – durante una riunione con Sottsass che faceva il progetto grafico per la nuova «Domus» di Mendini, appena succeduto a Gio Ponti – fu anche l'unica volta che a Milano mi rubarono qualcosa dalla Renault R4). Da quello studio veramente bello, qualche piano sotto l'appartamento di Tomas Maldonado e Inge Feltrinelli, nei momenti liberi dal serio lavoro per un'industria seria come Olivetti, Sottsass emetteva romantici proclami contro il sistema capitalistico della produzione. Poi, dopo molti, forse troppi anni, avrei capito che in fondo aveva ragione lui, e anche gli altri, con tutte le loro contraddizioni del genere "Fate quello che dico, non fate quello che faccio", che oggi sono anche le mie.

Però, mentre mi era chiarissima ormai l'intenzione provocatoria e quindi utile dei designer post radicali e post socialisti, mi sfuggiva esattamente il ruolo di un eroe come Castelli: un po' perché come tutti gli industriali, allora che avevo ventidue anni, mi sembrava irraggiungibile, un po' perchè in giro per i bellissimi corridoi della Kartell si vedeva molto di più suo figlio Valerio, leader allora di quel gruppo di curiosi sperimentatori che in pochissimo tempo, sempre con Branzi, Mendini

younger than now. It was, however, on one such evening that I, who had only recently arrived from Rome and who was still a guest at Alessandro Mendini's home (a very beautiful house built for his family by Piero Portaluppi in Via Giorgio Jan, which would progressively fill with objects designed by himself and other members of Studio Alchimia, only to be emptied when he decided to change his life), was told by Mendini that the time had come to present me to some of his friends, friends who might also offer me interesting points of view to questions I would pose them on design schools, a subject Mendini himself had asked me to write on for publication in Modo, the magazine he had conceived and which Castelli and some other manufacturer had been convinced to underwrite. Thus I and my friend Carla found myself in a restaurant whose name I have forgotten—but it must have been at Brera—to chat (then I was very shy and worried about doing or saying something stupid, even in front of people who seemed to me to be so very friendly and kind) with some of the people I had been asked to interview. For example, Sottsass, who at the time seemed to me rather cynical and snobbish, with his Sardanapalian studio in Via Manzoni still paid for by Olivetti (nearby and shortly after, during a meeting with Sottsass who was doing the graphical design for the new Domus under Mendini—he had just taken over from Gio Ponti—was the only time that something was stolen in Milan from my old Renault R4). It was in that really lovely studio, several floors beneath the apartment of Tomas Maldonado and Inge Feltrinelli, that Sottsass, in his moments free from the serious work he did for the serious company Olivetti, issued romantic proclamations against capitalist production. After many, perhaps too many years, I understood that Sottsass and the others were at bottom right, with all their contradictions of the type "Do what I say, not what I do", which today are also typical of me.

However, whereas I understood clearly the provocative and therefore useful intention of the post-radical and post-socialist designers, I missed the role of a hero like Castelli. This was partly because, like all industrialists, he seemed to me unreachable (I was only twenty-two), partly because, as I wandered the lovely corridors at Kartell, his son Valerio was much more

e altri, erano riusciti a metter insieme proprio la rivista «Modo» e quella spettacolare mostra (e libro) sugli anni Cinquanta «Il design italiano degli anni Cinquanta». Anche per quella mostra credo che Castelli sr. avesse tirato fuori di tasca sua o della Kartell un bel po' d'argent, tanto era sicuro (a ragione) che, facendo in pratica già molto bene il suo mestiere di industriale, dovesse in qualche modo contribuire anche a un minimo di teoria, o storia, sul perchè le cose per il design italiano erano andate così bene. Poi c'è stato un buco spazio temporale, non sono più andato al Centro Kappa – chiuso nel frattempo –, ma incontravo spesso Castelli; uno dei pochi, un po' come Aurelio Zanotta, che riuscisse ad aver a che fare con ogni genere di designer, ortodosso o eterodosso, ma sempre con la bravura di saper capire se dentro l'uomo (o la donna) che aveva di fronte c'era un quaquaraqua o un vero talento indipendentemente dal fatto che fosse d'accordo con lui: un Castelli voltairiano, insomma. Purtroppo in tutte queste peripezie, e con tutti i suoi innumerevoli ruoli da presidente dell'ADI o Assarredo e simili, mi è capitato ancora tante volte d'incontrarlo, ma senza mai veramente riuscire a comunicargli i miei dubbi, ma anche la mia ammirazione, per come riusciva ostinatamente a difendere a spada tratta una certa nozione un po' antiquata del disegno industriale. Forse per questo in una delle tante occasioni mondane cui partecipava, credo anche per insistere gentilmente con quelli che meno volevano essere convinti dell'importanza di difendere certe frontiere del design italiano dalle invasioni barbariche, dopo esserci salutati con la solita inutile cortesia milanese, Castelli se ne uscì all'improvviso con una frase che mi lasciò senza parole: "Tu non mi hai mai amato molto... vero?". Ma questo è successo molto, molto dopo i piccoli e grandi fatti da raccontare in questo ultimo capitolo di una storia che si avvicina alla fine, non solo in questo libro, ma proprio nel senso storico, nel senso che si sta chiudendo una fase storica, quella del design italiano, che è durata fin troppo tempo, quasi miracolosamente: un po' come Wile Coyote, nei meravigliosi cartoon dadafuturisti di Chuck Jones, che per sfuggire ai suoi stessi missili continua a correre disperatamente sopra il vuoto del precipizio e comincia a cadere solo quando si accorge con orrore che sotto i suoi piedi non c'è più nulla.

---

apparent. At that time Valerio was the leader of the group of curious experimenters that in a very short time had succeeded, with Branzi, Mendini and others, in getting the magazine Modo on its feet and the spectacular exhibition and book 'Italian Design in the Fifties'. I think that Castelli Senior had also paid out a good sum for the exhibition, from either his own or Kartell's pockets, because he was certain (and rightly so) that by doing his job as an industrial producer well, he must in some way have been contributing even minimally to the theory, or history, of why things had gone so well for Italian design. Then there was a period during which I no longer visited the Centro Kappa (it had closed in the meantime) but instead I met Castelli often. He was a little like Aurelio Zanotta, one of the few who succeeded in knowing whether the designer he was dealing with, whether orthodox or heterodox, was just a windbag or actually had real talent: in short, he was insightful like Voltaire. With all his comings and goings, and roles like President of the ADI or Assarredo, etc., I bumped into him on many occasions, but unfortunately without ever really managing to let him know of my doubts, but also my admiration, on the subject of how he obstinately defended what was a rather outdated notion of industrial design. Perhaps this was why, on one of the many social occasions at which he was present, I think also to insist politely to those who were not so convinced of the need to defend certain frontiers of Italian design against the attacks of the barbarians, that, after greeting one another with the usual pointless Milanese courtesy, Castelli suddenly came out with a question that left me speechless: "You have never really liked me much, isn't that so?" But this took place long after the many important and trivial things to be told in this last chapter: the last chapter of a story that is coming to a close, not just in this book, but in a historical sense, in the sense that the historical period of Italian design is reaching its end. A period that has lasted too long, almost miraculously: like Wile Coyote in the marvellous Dadaist-Futurist cartoons by Chuck Jones, in which, to escape his own missiles, Wile continues to run desperately in mid-air and only begins to fall once he has realised, to his horror, that there is no longer anything beneath his feet.

Dalla seconda metà degli anni Settanta iniziano a essere pubblicati in Europa alcuni saggi dove una stessa parola chiave dà senso e titolo all'intera trattazione. Il filosofo francese Jean François Lyotard fa uscire nel 1979 *La Condition postmoderne: rapport sur le savoir,* ma già due anni prima il critico Charles Jencks aveva gettato un sasso nello stagno dell'addormentata critica d'architettura con il suo *The Language of Post-Modern Architecture.* Jencks bara genialmente, usando per il tranquillo mondo del design ormai asservito al modo di produzione capitalistica (industria delle costruzioni o industria degli oggetti in questo senso non differiscono molto) una categoria derivata dalla discussione filosofica allora in atto: il critico inglese riesce però così a ottenere un successo planetario, fino a segnare con la sua definizione un passaggio storico nella cultura del progetto.

La tesi di fondo enunciata da Jencks è banale in modo sconcertante: postmoderno è tutto quello che viene dopo il Modernismo, o meglio dopo il suo fallimento. Le città non sono diventate migliori grazie alle utopie moderniste, né sono migliori le condizioni di vita grazie alle nuove forme degli oggetti che dal Modernismo sono state ispirate o prodotte: preso atto di questa realtà, tanto vale dedicarsi alla libera variazione stilistica, al formalismo più scoperto, alla citazione dell'antico o – perché no? – dello stesso moderno, purché scaricato da ogni tensione ideologica.

Resta incerta però la data ufficiale della morte del Movimento Moderno. Scompare già prima della guerra con l'avvento del Nazismo in Germania, una delle sue patrie, con la chiusura del Bauhaus e la diaspora dei suoi Maestri? Oppure dopo la guerra, a metà degli anni Cinquanta, con la chiesa di Notre-Dame-du-Haut a Ronchamp, dove Le Corbusier passa dall'astrazione geometrica all'espressionismo organico? E non sono già presenti nei primi anni Cinquanta, proprio nel lavoro di alcuni architetti e designer italiani – come Ignazio Gardella, Ettore Sottsass, lo stesso Gio Ponti, perfino lo studio BBPR –, elementi di critica al Razionalismo ortodosso? La discussione sui termini temporali e sulla natura del postmoderno sarà lunga, spesso oziosa, ma durerà per buona parte dei primi

During the second half of the Seventies a sequence of essays began to be published in Europe in which a single keyword provided the gist and title of the entire series. In 1979 the French philosopher Jean François Lyotard published *La Condition postmoderne: Rapport sur le savoir,* but just two years before the critic Charles Jencks had already thrown a stone into the pond of the dormant architectural debate with his *The Language of Post-Modern Architecture.* Jencks cheated brilliantly, using a category derived from the contemporary discussion of philosophy for the tranquil world of design, which had by that time become enslaved by capitalist production (in this sense the industries for the production of buildings and objects do not differ much): the English critic's book was rewarded with planetary success, to the extent that his term "post-modern" came to define a historical passage in the design culture.

Jencks's underlying thesis was disconcertingly banal: Post-modernism is all that comes after Modernism, or, better, after the failure of Modernism. Cities did not improve as a result of modernist utopias, nor did living conditions as a consequence of new forms of objects inspired or produced by Modernism. Once this was understood, there was no reason not to indulge in stylistic freedom, in a more open formalism, in citation of the past or—why not?—of Modernism itself, as long as it was free of all ideological intent.

The actual date of the death of the Modern Movement remains uncertain, however. Had it already disappeared before World War II with the advent of Nazism in Germany (one of its homelands), the closure of the Bauhaus and the diaspora of its masters? Or after the war, in the mid-Fifties, with the Church of Notre-Dame-du-Haut at Ronchamp, where Le Corbusier moved on from geometric abstraction to organic expressionism? And was there not a degree of criticism of orthodox Rationalism present in the work of certain Italian architects and designers, such as Ignazio Gardella, Ettore Sottsass, Gio Ponti, and the Studio BBPR, in the early Fifties? The debate on the lifetime and nature of Post-modernism was to be long and often pointless but was to continue throughout much of the early Eighties and beyond.

anni Ottanta e oltre: anche per la furbizia di autori come Paolo Portoghesi, che ne faranno il cavallo di battaglia (o di Troia) per dichiarare ufficialmente – con la sua Biennale di Architettura di Venezia del 1980 intitolata «La presenza del passato» – "la fine del proibizionismo" ovvero, fuori dalla metafora da gangster, il segnale del "liberi tutti", la possibilità di muoversi senza vincoli tra stili, ispirazioni, significati del progetto che non siano più semplicemente quelli della funzionalità, delle buone intenzioni sociali e politiche, della "bella forma", ovvero, per il mondo anglosassone il *good design* e per i tedeschi la *Gute Form*, tanto cara a Max Bill e ad altri intransigenti teorici della continuità del Modernismo.

Un autentico, meritato schiaffo in faccia a tanta intransigenza – ma anche un contributo originale alla definizione di un design postmoderno che non sia banale citazione del passato – poteva venire solo da un maestro come Ettore Sottsass. Reduce (letteralmente) dal disastro della guerra fascista, cresciuto criticamente nelle difficoltà del dopoguerra, aiutato da un eccezionale talento naturale e dall'introduzione nella cerchia intellettuale e letteraria della prima moglie Fernanda Pivano, Sottsass rappresenta già dagli anni Sessanta una figura di riferimento per tutte le istanze e le personalità critiche delle rigidità del Modernismo. Curioso delle diverse realtà geografiche e culturali del mondo, intraprende numerosi viaggi, che lo portano con la moglie in India, Giappone e soprattutto Stati Uniti. Qui incontrano poeti e scrittori americani della nuova generazione "beat" – Ginsberg, Kerouac, Corso – che Pivano tradurrà e promuoverà insistentemente presso gli editori italiani, mentre per Sottsass saranno fonte d'ispirazione, sia per i suoi scritti su «Domus», sia per rivoluzionare l'idea di *industrial design* con suggestioni culturali e sensoriali fino allora inconcepibili. Colori e forme del prodotto vengono esaltati e trasformati da Sottsass in un nuovo tipo di funzionalità, che supera i vincoli della logica industriale e rende i suoi oggetti (come la *Valentine* Olivetti) vere e proprie icone di una nuova cultura popolare del progetto.

This was partly due to the shrewdness of authors like Paolo Portoghesi, who made it their war- (or Trojan) horse to declare officially—with his *The Presence of the Past* Venice Architectural Biennial in 1980—"the end of prohibitionism", that is to say, using the metaphor of the gangster era in America, that everything was now possible, and that there were no longer any restrictions on style, inspiration or values beyond those of functionality, good social and political intentions, and "*bella forma*", i.e., "good design" to English speakers and *Gute Form* to Germans, a concept very dear to Max Bill and other intransigent theoreticians of the continuity of Modernism.

An authentic but well-deserved slap in the face to such intransigence—but also an original contribution to the definition of a post-modern design that was not simply an empty citation of the past—could only come from a master like Ettore Sottsass. A (literal) survivor of the disastrous Fascist war, who had grown professionally during the post-war restrictions, aided by exceptional natural talent and his introduction into the intellectual and literary circle of his first wife, Fernanda Pivano, from as early as the Sixties Sottsass was already a point of reference for all instances and individuals critical of the rigidity of Modernism. Curious about the geographic and cultural differences in the world, he travelled extensively, visiting India, Japan and, above all, the United States with his wife. Here he met Beat poets and authors such as Ginsberg, Kerouac, and Corso, whose works Pivano translated and pushed insistently on Italian publishers, while for Sottsass they were a source of inspiration, both for his articles in *Domus* and to revolutionise the idea of industrial design by introducing cultural and sensorial elements that till then had been inconceivable. Product forms and colours were heightened and transformed by Sottsass into a new type of functionality, one that went beyond the restrictions imposed by industrial logic and made his objects (for example, the Olivetti *Valentine* typewriter) true icons of a new popular design culture.

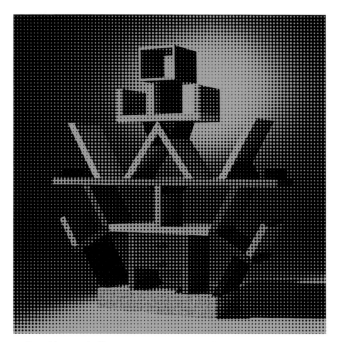

Carlton, libreria/shelf, Ettore Sottsass jr, Memphis, 1981

Dopo aver partecipato negli anni Settanta alle esperienze dei gruppi radicali – come Global Tools – e aver aiutato il giovane Guerriero a muovere i primi passi collaborando con molti pezzi alle "collezioni" dello Studio Alchimia, Sottsass realizza all'inizio degli anni Ottanta che sono arrivati il momento e l'occasione di aggregare intorno a sé un gruppo solidale di progettisti amici ed eccentrici: quaranta in tutto, da Michele De Lucchi ad Andrea Branzi, dal giapponese Masanori Umeda alla giovanissima e sconosciuta francese Martine Bedin (fidanzata di De Lucchi), e poi Hollein, Graves, Kuramata, Isozaki, lo stesso Mendini... tutti lasciati senza vincoli commerciali, quasi senza costrizioni tecniche, liberi di esprimersi sul tema dell'oggetto domestico, con un accento anche ingenuamente positivo sulle possibilità espressive ancora permesse da materiali, colori, forme artigianali e industriali.

Per realizzare questo sogno Sottsass si allea con il maestro artigiano Renzo Brugola e i coniugi Bruno e Mariella Godani (proprietari allora del negozio di arredamento Arc 74 in corso Europa a Milano): quasi segretamente, prepara una ricchissima collezione di mobili, per una mostra che si apre nel settembre 1981 nel negozio dei Godani. Il successo – almeno per la comunicazione, grazie anche al supporto del critico d'arte Barbara Radice, divenuta compagna e poi seconda moglie di Sottsass – è immediato, senza precedenti nella storia del design del mobile italiano, ormai inestricabilmente legato a ragioni commerciali e di mercato che sembrano averne spento la vena più innovativa.

In poco più di un anno mostre e oggetti Memphis hanno un centinaio di recensioni sui quotidiani internazionali. Solo due anni dopo la prima presentazione, i mobili Memphis vengono acquistati dai musei (Victoria & Albert Museum di Londra, Israel Museum di Gerusalemme, Philadelphia Museum of Art). Lo stilista Karl Lagerfeld arreda completamente con pezzi Memphis la sua casa di Montecarlo, dove posa per un famoso servizio fotografico. Molti designer,

Gruppo Memphis, ottobre/october 1982

After being involved in the Seventies with radical groups like Global Tools, and helping the young Guerriero to take his first steps by collaborating on many pieces in the "collections" of Studio Alchymia, at the start of the Eighties Sottsass recognised that the opportunity had arrived to gather a group of designer friends and eccentrics around him. These numbered forty in all: they included Michele De Lucchi, Andrea Branzi, the Japanese Masanori Umeda, and very young and unknown Frenchwoman Martine Bedin (De Lucchi's fiancée), and then Hollein, Graves, Kuramata, Isozaki, even Mendini himself. ... All were free of any commercial impositions, almost any technical constrictions, and were free to express themselves on the theme of the domestic object, with an ingenuously positive accent placed on the yet more unrestricted expressive possibilities offered by materials, colours, and artisanal and industrial forms.

To make this dream come true Sottsass teamed up with the master craftsman Renzo Brugola and the married couple Bruno and Mariella Godani (owners of the Arc 74 furniture shop in Corso Europa in Milan). Almost in secret he prepared a remarkable exhibition to be held in the Godanis' shop in September 1981. Its success, at least in terms of communication, thanks partly to the support of the art critic Barbara Radice, who was to become Sottsass's second wife, was immediate, indeed it was unprecedented in the history of Italian designer furniture, which had by then become inextricably bound up with commercial and marketing considerations and thus exhausted its most innovative vein.

In little more than a year, Memphis exhibitions and objects notched up about a hundred reviews in the international press. Just two years after its presentation, Memphis furniture was purchased by museums (the Victoria & Albert in London, the Israel Museum in Jerusalem, and the Philadelphia Museum of Art). The clothes designer Karl Lagerfeld

Ettore Sottsass

giovani e non, iniziano a progettare nel linguaggio Memphis, facilissimo da imitare e da rivendere a committenti meno esperti. Gli acquirenti dei veri pezzi di Sottsass e dei suoi amici sono però soprattutto mercanti e collezionisti di modernariato (brutto neologismo nato proprio negli anni Ottanta, per indicare il cosiddetto "antiquariato moderno"), che li valutano soprattutto come beni da investimento, prevedendo la loro breve esistenza. L'esperienza Memphis si conclude infatti nel 1988, per decisione dello stesso Sottsass.

Visti a distanza di molti anni, quei pezzi sembrano contenere già il presagio della loro durata effimera: la voluta confusione dei linguaggi, la proliferazione quasi incontrollata di forme e modelli, il costo iperbolico e soprattutto l'impossibilità per lo "stile Memphis" di uscire dalla logica dell'arredamento di lusso sono tra le ragioni della sua fine. Divenuti un simbolo internazionalmente riconosciuto di una breve, nuova stagione del design italiano, è possibile riconoscere tra i pezzi Memphis – soprattutto quelli di Sottsass – alcuni oggetti di grande qualità espressiva: ma come ogni moda, anch'essi sono passati di moda.

A molti gli anni Ottanta sembrano in effetti "liberatori" non solo nel ristretto campo del design e dell'architettura: in Italia, per esempio, segnano l'inizio di quella degenerazione nel costume sociale e politico i cui effetti gravissimi oggi appaiono in tutto il loro peso tragi-comico. La cosiddetta "Milano da bere", sarcastica ripresa di un famoso slogan pubblicitario all'epoca riferito a una nota bevanda, non è altro che una sintetica definizione di una città che perde progressivamente il suo ruolo di "capitale morale", contrapposta a una presunta capitale politica – Roma – che non avrebbe mai brillato per coerenza e rigore etico. L'intreccio di affari sporchi e politica, esploso proprio negli anni Ottanta con il caso di "Tangentopoli" (altra definizione corrosiva riferita alla corruzione dei pubblici uffici a Milano), s'instaura proprio

used Memphis pieces throughout his home in Monaco, where a famous photo-shoot was held. Many designers— young and not so young—took up the Memphis design language, which was very easy to imitate and resell to less expert clients. The purchasers of pieces really by Sottsass and his friends were above all dealers in and collectors of "modern antiques" (a horrible neologism created in the Eighties), who considered Memphis had a short life ahead of it and therefore the objects were investments. In fact Sottsass decided to close Memphis down in 1988.

Considered with a great deal of hindsight, the Memphis designs now seem to have presaged their short existence in their confusion of languages, the almost uncontrolled proliferation of forms and models, their hyperbolic costs and, above all, the impossibility of the "Memphis style" to escape the logic of luxury furnishing.
Having become an internationally recognised symbol of a brief season of Italian design, today one can recognise among the pieces Memphis produced—especially those by Sottsass—a number of objects of great expressiveness, but, like every fashion, they too passed out of vogue.

To many the Eighties seemed liberating, not just in the closed field of design and architecture. For example, in Italy these years marked the beginning of the decline in social and political morality, the serious effects of which are evident today in all their tragic-comic character.
The self-styled "*Milano da bere*", a sarcastic take-off of a famous advertising slogan of the era for a well-known drink, was the epitome of a city that was progressively losing its role as "moral capital", in contrast to the presumed political capital, Rome, which never shone for its ethical behaviour and consistency. The interweaving of politics and underhand business, which exploded in the Nineties with "Tangentopoli" (another scathingly sarcastic

su un tessuto economico dove il normale ciclo progettazione-produzione-consumo è letteralmente drogato da un'allegra gestione economica della finanza, privata e pubblica, e dell'intero sistema produttivo. "Milano da bere", intesa come luogo appetibile per il suo cocktail di creatività e consumi evoluti, è anche quella delle cento mostre di design, di un Salone del Mobile mediatico che sempre più sostituisce il ruolo critico e propositivo delle mostre e della discussione sulle riviste, di sfilate di moda che vedono un giro vorticoso di visitatori e consumatori sempre più incantati, come farfalle notturne, dal fuoco che illumina uno scenario urbano e un territorio in realtà pieno di ombre.

Certamente è singolare la coincidenza tra il progresso del design – e di certa architettura – in senso postmoderno e la ripresa economica dell'industria alla fine degli anni Settanta. Dopo che le conseguenze della crisi energetica (esplosa nel 1973 e conseguenza in parte della guerra arabo-israeliana) si sono fatte sentire pesantemente sulla struttura non solo economica, ma anche sociale e politica, dopo i cosiddetti "anni di piombo" che vedono decine di vittime cadere nella guerriglia tra Stato e Brigate Rosse culminata con l'uccisione del presidente della Democrazia Cristiana Aldo Moro nel 1978, si ristabilisce dall'inizio degli anni Ottanta un clima di artificiale "pace sociale". La Fiat è in testa nel condurre una sorta di rivoluzione neo-industriale, sintetizzabile nello slogan "Più mercato, meno Stato". Tra il 1980 e il 1983 l'azienda di Torino mette in casa integrazione 23.000 (ventitremila) dipendenti. La produttività in compenso cresce da 14 automobili al giorno prodotte per ogni operaio nel 1981, alle 30 al giorno per operaio del 1986.

Si tratta della prima vera e propria ristrutturazione postmoderna della grande industria: in essa ha un ruolo decisivo l'introduzione massiccia dell'automazione robotica che trasforma in realtà la visione futuristica della fabbrica

---

nickname, one that referred to the corruption extant in Milan's public administration), was based on an economic system in which the standard design/production/consumption cycle is literally drugged by economic management of private and public sector finances and the entire production system. The slogan "*Milano da bere*", which was meant to indicate a city attractive for its cocktail of advanced creativity and consumerism, also refers to the city of a hundred design exhibitions, of a furniture fair run more as a media-machine than as a forum for critical debate and which has increasingly replaced discussion in magazines, and of fashion shows that have experienced a dizzying rise in visitors and consumers increasingly enthralled—like moths—by the flames that illuminate a city and hinterland in reality filled with shadows.

The coeval progress of post-modern design—and certain architecture—and the economic upturn of industry at the end of the Seventies was certainly unusual. After the consequences of the oil crisis (which exploded in 1973 and was in part a result of the Yom Kippur War) had made themselves felt on the economic, social and political structures in Italy, after the "Years of Lead" during which dozens of people were killed in the war between the Italian State and the Red Brigades, culminating with the murder of Prime Minister Aldo Moro in 1978, a climate of artificial "social peace" was re-established at the start of the Eighties.

The Fiat company was the leader in a sort of neo-industrial revolution summarised by the slogan "More market, less State". Between 1980 and 1983, the company in Turin made 23,000 workers redundant. In recompense, productivity grew from 14 cars per day per worker in 1981 to 30 per day in 1986. This was the first real post-modern restructuring in a large-scale industrial company. A decisive role was played by the introduction of robots on the production line, thus turning the futuristic

senza operai. Ancora la Fiat (che nel 1989 aprirà a Cassino il primo stabilimento completamente automatizzato per la produzione di automobili) è all'avanguardia nei settori della ricerca, produzione e impiego di questo genere di macchinari.

È lo stesso modello che viene adottato da moltissime altre aziende che aggiornano i loro sistemi produttivi, investono nelle nuove tecnologie, acquisiscono posizioni importanti nel mercato delle esportazioni, ma fanno anche un uso smodato della cosiddetta economia sommersa: decine di migliaia di piccolissime imprese, spesso a base familiare, che producono a costi estremamente competitivi, grazie ai risparmi generali, alle paghe bassissime e all'evasione di ogni genere di imposta.

Settori come l'arredamento e l'abbigliamento hanno fatto di queste imprese di natura artigianale fondamento e fortuna della loro produzione, in un quadro economico paradossale, dove convivono altissima tecnologia, intere fabbriche completamente automatizzate e una galassia di microscopici altri produttori, magari in zone depresse del mondo, che realizzano le componenti da assemblare con tecniche artigianali o proto-industriali.
Ciò che questa curiosa "quarta dimensione" dell'industria italiana non può certo prevedere è però che proprio i settori – moda, arredamento, gioielli e merci di fascia medio-alta in genere – su cui essa crede di guadagnare (ed effettivamente guadagna) saranno destinati a entrare in crisi nel momento in cui le stesse nuove economie dei paesi emergenti – come la Cina – diventeranno le sue più temibili concorrenti, praticando una strategia di sanguinaria riduzione dei prezzi, grazie a una forza lavoro numericamente e qualitativamente impossibile da comparare con quella italiana.

---

vision of a workerless factory into reality. And Fiat was again ahead of the competition (in 1989 it opened the first fully automated car-manufacturing factory in Cassino) in the fields of research, production and the use of this type of machinery. This model was adopted by many companies in a move to update their production lines, invest in new technologies and raise their export market-share, but they also made excessive use of the black economy: in other words, the tens of thousands of tiny companies, often family-run, who manage to produce at very competitive costs due to general savings, very low pay packets, and evasion of all kinds of tax.

Business sectors, like furniture and clothing, made these artisanal companies the foundation of their own production in a paradoxical set-up: on the one hand very high technology and entire factories fully automated, and on the other, a galaxy of microscopic companies, perhaps in economically depressed zones of the world, that make the components using manual or low-tech techniques.

What this curious "fourth dimension" of Italian industry could not foresee is that the sectors—fashion, furniture, jewellery, and goods made for the medium-high bands of the market—on which it believed it would make profits (and indeed did) would run into serious trouble at the time these new economies—such as China—would become their most fearsome competitors, based on a strategy of cutthroat price reductions made possible by a work force that cannot be compared to Italy's in terms of either number or quality.

However, throughout the Eighties the medium- and long-term prospects were not taken even minimally into consideration by a production system made up substantially of medium-sized, small, and very small companies, of which

Eppure per tutti gli anni Ottanta le prospettive di medio e lungo termine non sono minimamente prese in considerazione da un tessuto produttivo fatto sostanzialmente di medie, piccole e piccolissime industrie, di cui quelle del design italiano sono la punta di diamante – sicuramente per qualità di progetto e produzione –, ma che da sole non possono bastare a sostenere la fragile economia italiana. Le loro esperienze nell'ultimo quarto di secolo vanno quindi intese come straordinaria anomalia, non certo e non più come modello riproponibile per una nuova *âge d'or* dell'industria.

In questo senso assumono un valore simbolico estremo le esperienze di piccola o piccolissima produzione ad altissimo contenuto di sperimentazione, come Alchimia, Memphis o Zeus: ma anche, almeno nella fase iniziale, quelli che saranno i marchi delle "neoindustrie" del design italiano – Cappellini, Luceplan, Baleri Italia, Magis –, eredi diretti, anche se non sempre ortodossi, della sua tradizione storica.

those involved in Italian design represented the cutting edge, especially in terms of quality of design and production, but which alone were not enough to sustain the fragile Italian economy. Their experiences during the last quarter of the twentieth century should therefore be recognised as an extraordinary anomaly, unquestionably no longer a model for a new golden age of industry.

From this standpoint, the experiences of the small and very small production companies that led the field in terms of experimentation, such as Alchimia, Memphis, and Zeus, were extremely symbolic: but also, at least at the start, those that were to become the "neo-industrial" brands in Italian design, like Cappellini, Luceplan, Baleri Italia, and Magis. These were the direct, though not always orthodox heirs of the industry's tradition.

Quel giorno del 1980 sulle scale dell'albergo di Linz eravamo in tanti a scendere, a cominciare da Aurelio Zanotta che, stranamente in ritardo, pensò bene di rimproverare me che non ero in ritardo, almeno per una volta. Era quel genere di rimprovero che fanno i genitori ai figli, perché non sono mai abbastanza bravi come loro pensano dovrebbero essere o perché magari sanno già che un giorno li perderanno lungo le strade dell'esistenza, davvero troppo corta per dirsi tutto quello che ci si dovrebbe dire tra genitori e figli... ma non è tanto di Zanotta che volevo scrivere qui.

Nel piccolo assembramento lungo le strette scale di legno di quell'albergo un po' tanto austriaco vicino al bel Danubio blu c'era l'ex austriaco Sottsass, che avevo visto solo forse una volta a cena con Mendini e poi in studio per il nuovo progetto di «Domus». Alzò lo sguardo verso me e Zanotta e mi disse, chissà perché in inglese, "Don't be so serious" e io che avevo solo 26 anni non sapevo proprio cosa rispondere al Maestro più grande di tutti, che allora di anni ne aveva sessantatre, e a quella strana battuta, detta con uno strano sorriso. Poi la cena andò avanti in un qualche strano ristorante austriaco, dove non mi pare si mangiasse troppo male, ma quello che ricordo meglio è sempre Sottsass, in piedi a brindare, magari dopo aver già bevuto un po', magari spinto da qualcuno dei suoi giovani amici, in uno dei brindisi più improbabili e allegri che ho mai sentito, parlando ironicamente di sconfitta del Terrorismo (e infatti non mi sembrò storicamente corretto) e soprattutto di felicità di aver inaugurato quella complicata, storica e poco conosciuta mostra che si chiamò «Forum Design» a Linz: una specie di grande festival del postmoderno mai abbastanza considerato sebbene, almeno nel librone-catalogo che lo accompagnava, gli autori quasi tutti tedeschi avessero tratteggiato già molto bene le idiosincrasie pazzesche della post modernità. Comunque allora ce ne fregavamo abbastanza del postmoderno e la cena degenerò nell'allegria ancora più generale, con una ragazza – forse amica di Zanotta, forse una curatrice di non so cosa – che si mise, per scherzo, a spalmare della senape sul palmo della mano di Mendini, una delle persone più serie e riservate ma anche ironiche che abbia mai avuto tra i miei pochi buoni maestri, che la lasciò fare tranquillamente, con un grande incredulo sorriso. E alla fine Zanotta, che era

That day in 1980 there were a large number of us on the steps of the hotel in Linz, beginning with Aurelio Zanotta, who, atypically late, thought to tell me off, who for once was not late. It was the type of telling-off that parents give to their children, because the latter are not as good as the former think they should be, or perhaps because the parents know already that they will lose their children somewhere down the road of life, which anyway is much too brief to say all that needs to be said between parents and children... but it was not about Zanotta that I wanted to write here.

The small crowd on the narrow flight of steps of the hotel close to the blue Danube included Sottsass, the former Austrian, whom I had seen only once at dinner with Mendini and then once in the studio working on the new design for Domus. He looked up at me and Zanotta and told me in English, who knows why, "Don't be so serious." And I, who was only 26, did not know what to reply to the greatest Master of all, who was already 63, to his odd comment and odd smile. The dinner that evening was held in some odd Austrian restaurant where I thought we ate pretty well, but what I remember best was Sottsass: on his feet, perhaps having already had slightly too much to drink, perhaps egged on by some of his young friends, he made one of the most unlikely and jolliest toasts I have ever heard, in which he spoke ironically about the defeat of Terrorism (which did not seem to me to be correct historically) and, above all, about his happiness at having opened this complicated, historic and little known exhibition called Forum Design in Linz. This was a sort of large festival of the post-modern that was never given its just due although, at least in the catalogue/book that accompanied it, the authors, who were almost all German, sketched out very well the crazy idiosyncrasies of post-modernism.

However, at that time post-modernism meant very little to us and the dinner degenerated further into general good cheer when a girl—maybe a friend of Zanotta, perhaps a curator of something or other—jokingly spread mustard over the hand of Mendini, one of the most reserved but also ironic masters I have ever known, who let her get on with it quite tranquilly, while wearing a large, incredulous smile. At the end Zanotta, who was the only manufacturer present, found himself presented

l'unico industriale presente, si ritrovò sempre per scherzo a pagare il conto per tutti ovvero almeno una ventina di allegri designer e non, sorridendo un po' incerto e svuotando letteralmente il portafoglio suo e del suo incredibile amico e marketing manager Duilio Gregorini, l'uomo dall'abbigliamento più eccentrico che forse mai il design italiano e non abbia visto circolare tra le sue fila (a questo proposito mi viene in mente di quell'altra volta quando, al ritorno da qualche mostra di design a Zurigo, i gendarmi ticinesi ci avrebbero fermato in mezzo alla neve e portato tutti e tre alla loro stazione di montagna per identificarci, avendo scambiato la Citroen CX di Zanotta per quella di qualche rapinatore di banche o chissà cos'altro, rilasciandoci poi senza neanche tante scuse).

Chissà comunque cosa credevano tutti nel ristorante sul bel Danubio blu, o se credevano alla possibilità di aver reinventato brevemente, anche se un po' suggestionati dal grado alcolico dei vini austriaci, una piccola istantanea ed effimera colonia mobile di artisti, architetti, designer tipo Darmstadt Künstler Kolonie ma senza Mathildenhöhe, anzi senza nessun edificio, solo pensieri vaganti e qualche curioso oggetto artigianalmente assemblato. Nonostante la disperazione di non riuscire a vedere chiaro quale sarebbe stato il futuro mio e del design (ero molto più vecchio, allora) poteva sembrare che una qualche speranza di cambiamento utile a ringiovanire il design italiano un po' ammuffito sarebbe potuta venire fuori da lì: anche se era molto disturbante per la mia indole sovversiva di allora tutto il coté snob e intellettuale dell'evento, come dicono oggi i giornalisti senza fantasia. Però tutto questo succedeva abbastanza a notte inoltrata e quindi poi non ricordo nient'altro se non il buio e la calma e l'ultima ronda alticcia fino all'albergo: forse c'era perfino la luna a rischiarare il tutto, o me lo sto inventando, ma comunque ci lasciammo sulla porta dell'albergo ognuno a tornare nel proprio letto e ai propri pensieri, soli, o con la propria compagna, come Sottsass con Barbara Radice.

Non potevo certo immaginare che di lì a qualche mese proprio Sottsass stesso, con Barbara Radice come portavoce e tutti i suoi amici famosi e soci di studio avrebbero dato il via alla fantasmagorica serie di mobili, lampade e oggetti Memphis, tanto

---

(also as a joke) with the bill for at least the twenty or so happy and not-so-happy designers; he was smiling a little uncertainly as he literally emptied the wallets of himself and his incredible friend and marketing manager, Duilio Gregorini, the man who wore the most eccentric clothes that have ever circulated through the ranks of Italian design (on this subject there is not enough space to tell the story of when, on returning from some design exhibition in Zurich, the police in Ticino stopped us in the snow and took all three of us to their station to identify us, having mistaken Zanotta's Citroën CX for the one used by a bank-robber. They let us go but without offering too many apologies).

But who knows what they must all have been thinking in the restaurant on the blue Danube, or if they believed us on the possibility of having briefly reinvented, even if a little under the influence of the high alcohol content of Austrian wines, a small, instantaneous and short-lived mobile colony of artists, architects and designers like the Darmstadt Künstler Kolonie but without Mathildenhöhe, indeed without any building, just wandering thoughts and some curious handmade object. Despite the desperation at not having succeeded in clearly seeing what would become of my personal future and the future of design (I was much older then), it may have seemed that a hope for change that could reinvigorate the somewhat out-of-date Italian design might have popped up there: even if the snobbish and intellectual aspect of the "event", as unimaginative journalists say nowadays, was very disturbing to my then subversive nature. But all this occurred late at night and therefore I do not remember anything else except the darkness and calm and the last tipsy moments on the way back to the hotel: perhaps the Moon was there to light everything up, or maybe I am imagining it, but anyway we said goodnight at the hotel door before heading off alone to our separate rooms and thoughts, or, like Sottsass, who had Barbara Radice, with a girlfriend in tow.

I could certainly not have imagined that within a few months Sottsass, with Barbara Radice as his spokesman, and all his famous friends and studio associates would have launched the phantasmagorical series of Memphis furniture, lamps and objects, as surprising as they were finally disappointing: disappointing because in just a few months they would use up all

sorprendenti quanto deludenti, alla fine: perché avrebbero consumato in pochi mesi tutto il desiderio di cambiamento che c'era sicuramente nel design italiano, ma pazienza, così vanno le cose nel Sistema Capitalistico Occidentale Evoluto lastricato di buone intenzioni. Da allora sono poi passati non so più quanti anni, forse una ventina prima di rivedere Sottsass con un po' di calma e cominciare a capire che il suo "don't be so serious" era forse davvero un incitamento, un'esortazione a non prender/mi/ci troppo sul serio perché davvero importanti nella vita – a parte il design scritto o disegnato, a parte il lavoro in generale – sono altre cose: più o meno quelle, come dice John Lennon, "che ti succedono mentre sei occupato in altri progetti".

Passato infatti lo Studio Alchimia e poi Memphis e poi Design Gallery e SAD e ancora Postdesign e tante altre etichette senza successo con cui etichettare la semplice voglia di alcuni designer di produrre liberamente, autonomamente e in piccola serie i propri privati pensieri della casa, saremmo rimasti faccia a faccia con Sottsass più di una volta, io magari a intervistarlo, per la televisione in studio da lui, o lui nello studio televisivo, e poi a intervistarlo ancora, quando si è ammalato, nella sua casa luminosa – con una bella finestra su un cortile alberato e Barbara Radice a curarlo e a sorridere sempre, anche se c'era poco da sorridere – o a chiedergli di fare un bel progetto di ambiente per Bisazza o semplicemente a trascrivere i suoi ricordi come sentenze inappellabili dell'intelligenza sensibile degli artisti.

Perché devo aver cominciato a volergli bene quel giorno che si commosse a raccontarmi per la TV la storia di Adriano Olivetti e del sole che avrebbe voluto mettere sul computer Elea e a capire quanto mi stava infinitamente simpatico, non solo perchè era un Maestro di tutti, non solo perché aveva disegnato cose che ogni designer degno di questo nome vorrebbe aver disegnato, non solo perché la sua cultura (che poi era un modo di stare al mondo) copriva una grande, estesa quantità di altre culture, in genere pacifiche, lontane, diverse dal modo idiota di autodistruggerci che sappiamo usare così bene qui dalle parti del sole che scende, ma anche per tutte queste cose e per come era ancora capace di raccontarsi e di raccontare, quindi di insegnare, che non importa poi tantissimo diventare ricchi, vivere in un palazzo di marmo e oro o d'acciaio e cristallo,

---

the desire for change that existed in Italian design, but never mind, that's how things go in the Advanced Western Capitalist System paved with good intentions.

Since then I don't know how many years passed, perhaps twenty, before I saw Sottsass again in more relaxed circumstances, and I began to realise that his "Don't be so serious" may have been an incitement, an exhortation not to take myself/ourselves too seriously because other things—those outside written or drawn design, and work in general—are really important, more or less those, as John Lennon said, that happen "while you're busy making other plans".

After Studio Alchimia, Memphis, Design Gallery, S.A.D. and Postdesign had arisen and passed, and many other unsuccessful labels with which to categorise the simple desire of designers to interpret their private thoughts about the domestic environment freely, independently and in small series, we found ourselves face-to-face with Sottsass more than once, perhaps me to interview him, either me and the television crew in his studio or him in the television studio. And then to interview him again in his large, luminous house when he was ill, with a lovely window looking onto a tree-lined courtyard and Barbara Radice to look after him and smile, even though there was little to smile about, or to ask him to produce a design for Bisazza or simply to write down his memories as non-appealable memories of the sensitive intelligence of artists.

I must have begun to really like him that day I was interviewing him for television and he became emotional when telling me the story of Adriano Olivetti and the sun he wanted placed on the Elea computer. I understood what a truly nice guy he was—not just because he was a Master of everything, or because he had designed things that every designer worthy of this title would have wanted to design, nor just because his culture, which was a way of being in the world, ranged across a large number of other cultures that were in general peaceful, remote, different from the idiot manner in which we self-destruct— but for all these things, and because he was still able to talk about himself and tell the world, therefore to teach, that it is not so very important to become rich, live in a palace made of marble and gold or steel and crystal, to pilot a helicopter and

guidare l'elicottero e seicento dipendenti, vincere il Pritzker Prize, pubblicare una monografia ogni sei mesi e possedere case, palazzi, appartamenti, quadri, sculture, disegni, diamanti, se poi si fanno edifici scadenti, oggetti fessi, mobili scomodi e soprattutto infinite cose infinitamente utili che non hanno nessuna storia da raccontare.

L'ultima volta che l'ho visto, quando Tom Sandberg gli ha fatto il ritratto per questo libro, Sottsass mi ha guardato con gli occhi lucidi come se fossi davvero un collega, sicuramente un amico da salutare, e mi ha raccontato dei rischi di dire la verità sul progetto e sull'industria "come tu sai bene" e di quella volta nei primi anni Cinquanta che da Cantù i mobilieri insistettero tanto per invitarlo a fare una conferenza sul "design" e pensò bene di rimproverarli un po' e di esortarli a fare davvero del "design" perché quel che facevano era forse moderno nello stile, ma non nella vera essenza: così che alla fine della conferenza invece di invitarlo a cena lo salutarono e lo fecero accompagnare a Milano in macchina, e fine. Poi Tom Sandberg ha finito di fargli le foto, ci siamo abbracciati e me ne sono andato anch'io con gli occhi lucidi a Zurigo a casa di mia figlia perché sapevo che forse non l'avrei visto più. E infatti non lo vedrò mai più, ma spero di ricordarmelo sempre per quello che ha saputo insegnare a tutti noi e per quella sua foto a 37 anni all'Hotel Gritti di Venezia in cui Ettore è giovane e bello e sta appoggiato al bracciolo di una poltrona su cui sta seduto Ernest "Pa" Hemingway e si guardano sorridendo, proprio come un figlio guarda un padre e viceversa.

have six hundred employees, to win the Pritzker Prize, to publish a monograph every six months and own houses, palaces, apartments, paintings, sculptures, drawings and diamonds—if one continues to make poor buildings, stupid objects, uncomfortable furniture and, above all, an infinite number of infinitely useful things that have no story to tell.

The last time I saw him, when Tom Sandberg had made his portrait for this book, Sottsass looked at me with wet eyes as though I was really a colleague, undoubtedly a friend to be greeted, and he told me of the risks of telling the truth about design and industry "as you well know": and of the time in the early Fifties when the furniture-makers called him from Cantù inviting him to organise a conference on "design". At the conference he decided to upbraid them a little and to encourage them to produce real "designer" products, because what they were manufacturing was modern in style but not in essence: thus, at the end of the conference, instead of inviting him to dinner they said goodbye to him and had him driven to Milan, and that was it. Then Tom Sandberg finished taking his photos, we hugged one another and I went off to Zurich to my daughter's home, but I had tears in my eyes as I knew I might not see him again. And of course I didn't, but I hope I shall always remember him for what he taught us all and for the photo of him aged 37 at the Hotel Gritti in Venice, in which Ettore is young and good-looking as he leans on the arm of a seat in which Ernest "Pa" Hemingway is seated, and they look at one another like a father and son and viceversa.

Densissimi di avvenimenti tra loro estremamente contraddittori, come caratteristico di una post modernità, gli anni Ottanta vedono dunque generi di imprese profondamente diverse, ma che sostanzialmente si contraddistinguono e si assomigliano per alcuni fattori principali:
– una fortissima incidenza della qualità formale sulla configurazione del prodotto, quindi sulle sue tecnologie e materiali per la fabbricazione;
– la mancanza di una vera e propria "fabbrica" (nei casi migliori la struttura produttiva si limita ad assemblare componenti prodotte da più fornitori);
– l'assenza di veri e propri investimenti produttivi, se non nella struttura commerciale e nella comunicazione;
– l'attenzione spasmodica a quella che una volta si sarebbe chiamata "immagine di marca" e che più semplicemente diventa il nome dell'azienda, sotto cui far passare ogni genere di proposta, dalla più intelligente alla più vacua;
– la spregiudicata ricerca di una varietà "stilistica" sostanzialmente legata a nomi di designer, perlopiù stranieri, molto diversi tra loro.

Cappellini è sicuramente l'azienda che riunisce tutte queste caratteristiche e meglio le personifica, letteralmente, nella persona del suo leader Giulio Cappellini. Fondata nel 1946, come moltissime imprese della Brianza inizia una produzione di mobili in stile antico, per passare negli anni Sessanta a quelli in stile "moderno". È solo però alla fine degli anni Settanta, quando la gestione passa proprio a Giulio Cappellini (laureatosi architetto nel 1979), che l'azienda si dà ambizioni e dimensioni più ampie, anche nel nome, diventato Cappellini International Interiors. Caratterizzata nei primi anni Ottanta da una campagna pubblicitaria aggressiva e ai limiti del kitsch, è in realtà una solida impresa, che ha per collaboratore principale un designer come Rodolfo Dordoni, giovane ma già ottimo professionista, che

Packed with events of an extremely contradictory nature, a characteristic of the post-modern years, the Eighties saw the creation of profoundly different types of companies, but ones that both stood out from one another and resembled one another in certain ways:
– the configuration of the product (its production technology and materials) was strongly influenced by its formal quality;
– a lack of real production facilities (at best the production process was limited to the assembly of supplied components);
– an absence of investments in production, except in the sales and communications networks;
– extreme attention was paid to what was once called "brand image", up to become the company name, under which all products were pushed onto the market, from the more intelligent to the vacuous;
– an unscrupulous attempt was made to create a "stylistic" variety mostly linked to the names of designers, who were mostly foreign and differed greatly among themselves.

More than any other, Cappellini represented these characteristics, and literally embodied them in the person of its leader, Giulio Cappellini. Founded in 1946, like many companies in Brianza it began producing old style furniture but shifted to "modern" styles in the Sixties. It was only at the end of the Seventies, though, when management of the company passed into the hands of Giulio Cappellini (who passed his architecture exams in 1979), that the company grew and raised the level of its ambitions: this started with its name, which was changed to Cappellini International Interiors. Portrayed in the early Eighties by an aggressive series of advertisements bordering on kitsch, the company was in fact solid. Its principal designer was Rodolfo Dordoni, who was young but an excellent professional; he

Giulio Cappellini

Thinking man's chair, poltrona/armchair, Jasper Morrison, Cappellini, 1988

disegna mobili contenitori molto semplici, caratterizzati però da una lavorazione sofisticata come la laccatura, per definizione costosa e quindi simbolo di lusso. Presto questa produzione non è però più sufficiente a Giulio Cappellini, che decide di allargare il ventaglio delle collaborazioni, alla ricerca di nuovi talenti che possano distinguerlo nella massa ormai indistinta di produttori che si avvalgono sempre tutti degli stessi designer.

Cappellini sarà effettivamente uno dei primi "mobilieri di lusso" italiani ad affidarsi esclusivamente ad autori nuovi o poco conosciuti, come Jasper Morrison, diventato oggi una superstar della scena internazionale, ma che all'inizio della sua collaborazione propone oggetti, mobili, idee di raffinato concettualismo, come la *Thinking man's chair*, del 1988: opera insuperata da Morrison stesso, che negli anni del successo si avviterà in una serie interminabile di rifacimenti di forme iconiche di mobili e oggetti del buon design, trasformati sapientemente dai suoi clienti in altrettanti *bestsellers*. Tuttavia Morrison rappresenta inizialmente – almeno per il mercato – una novità importante, che attira su Cappellini l'attenzione internazionale dei media, incantati dal susseguirsi di una serie di autori anglosassoni – Tom Dixon, Michael Young, James Irvine, Ross Lovegrove, Marc Newson – che esprimono al meglio l'idea di un nuovo stile internazionale, deprivato della provocatorietà radicale, ma sufficientemente eccentrico da mantenere sveglio un pubblico altrimenti annoiato dal proseguire dell'attività dei "maestri" italiani fino a tardissima età. Le alterne vicende economiche dell'azienda, culminate con l'acquisizione del marchio da parte del fondo Charme, che la riporterà dal 2004 sul binario di una sperimentazione controllata, nulla tolgono al valore della ricerca estetica iniziata da Giulio Cappellini, che ha fatto sostanzialmente da "apripista" per tutta la congerie di designer internazionali che dagli anni Novanta ravviveranno l'immagine dell'arredamento italiano di qualità: con un marginale svantaggio, fare terra bruciata per i giovani designer italiani che non riusciranno più a recuperare le posizioni perse a favore dei loro più fortunati, o semplicemente più *glamour*, colleghi stranieri.

S-chair, sedia/chair, Tom Dixon, Cappellini, 1991

designed very simple "container" furniture (wardrobes, chests of drawers, book-cases, etc.) that he gave sophisticated finishes like lacquer, which is by definition costly and therefore made the furniture a luxury item. Before long this type of product no longer satisfied Giulio Cappellini, who decided to expand the range of designers he worked with, so he went in search of new talents who would distinguish his company from the indistinct mass of manufacturers that all used the same names.

Cappellini became one of the first "luxury furniture companies" in Italy that made exclusive use of new and little known designers. An example is Jasper Morrison, who today is a superstar on the international scene but who, at the beginning of his relationship with Cappellini, offered objects, pieces of furniture and ideas typified by refined conceptualism, such as the *Thinking Man's Chair* (1988). This work has not even been surpassed by Morrison himself who, during the next years of its success, pitched himself into an endless series of updates of iconic designer furniture and objects that his clients masterfully turned into bestsellers. At the start, at least as far as the market was concerned, Morrison was an important novelty who brought the attention of the international media to Cappellini. They were enthralled by the string of Anglo-Saxon designers—Tom Dixon, Michael Young, James Irvine, Ross Lovegrove, and Marc Newson—who best expressed the idea of a new international style free of radical provocation, but sufficiently eccentric to stimulate a public otherwise bored by the continued output of Italian "masters" into their old age. The varying fortunes of Cappellini, which was saved by the purchase of the brand by the investment management group Charme in 2004, which has returned the company to the path of controlled experimentation, take nothing away from the importance of the aesthetic research carried out by Giulio Cappellini. It was he who blazed the trail for the pack of international designers who have revived the image of Italian quality furniture since the Nineties, though marginally

Per molti aspetti, si sarebbe tentati di parlare per le produzioni del design in Italia, almeno dagli anni Novanta in poi, di de-italianizzazione, piuttosto che di globalizzazione: ovvero una decisa tendenza a favorire un linguaggio (e autori) di genere *International style*, capaci cioè di convincere venditori e acquirenti di ogni area geografica del mercato globale, senza suscitare eccessive preoccupazioni o perplessità legate a tradizioni e culture locali. Sarebbe insensato proporre a un ristorante tradizionale giapponese l'acquisto di costose poltroncine per i suoi ospiti, che sono invece molto felici di sedere sul pavimento, al massimo appoggiati a un cuscino; come è evidentemente dispersivo affannarsi a inventare la forma più ergonomica e funzionale per una affettatrice di prosciutto, quando è noto che per molta parte dell'umanità la carne di maiale è un alimento sconveniente, se non addirittura sacrilego. Eppure l'omogeneizzazione culturale prodotta da un sistema economico mondiale che non può permettersi il lusso di troppe varianti "locali" ai progetti inizia a generare tra gli anni Ottanta e Novanta un tipo di merce e di consumo totalmente indistinto, differenziato esclusivamente dai *brand*: che a loro volta non trovano però più corrispondenza con quella diversa identità che per molti anni (sicuramente nel caso italiano) ne avevano reso inconfondibili e accattivanti i prodotti, proprio per la diversità degli approcci culturali di origine.

La produzione di arredamento in questo senso ormai non fa eccezione, tranne rari casi: come quello di Luceplan, fondata da un nucleo originario di architetti italiani, sulla linea di una grande tradizione familiare italiana e che si è sempre mossa nel contesto culturale del design italiano, con poche incursioni in collaborazioni con progettisti stranieri. Non si tratta evidentemente qui di difendere per ragioni di campanilismo una specificità o un'identità nazionale: ma la confidenza riposta dai fondatori Sarfatti, Severi e Rizzatto nella possibilità di una "via italiana" alla competizione globale risulta singolarmente interessante.

---

at the expense of young Italian designers, who have been unable to make up the ground lost to their more successful, or perhaps simply more glamorous, foreign colleagues. With regard to Italian designer goods, in many ways, from the Nineties onwards, reference should be made to "de-Italianisation" rather than globalisation, that is to say that there was a strong tendency in favour of an International Style in terms of both language and authors. The intent of this shift was to captivate sellers, and of course buyers, everywhere in the global market by not raising the subject of local cultures or traditions. It would be foolish to ask a traditional Japanese restaurant to purchase costly armchairs for its diners, who are instead content to sit on the floor with at most a cushion for comfort. Similarly it would be unnecessary to invent the most ergonomic and functional design for a ham-slicer, when it is known that a large proportion of the human race will not eat pig meat, whether for religious or other reasons. Yet in the Eighties and Nineties the cultural uniformity gradually produced by a global economic system that will not allow itself the luxury of too many "local" variants in product design began to generate ranges of goods that differ only in brand name. The loss of this diversity has meant that products have lost the cultural identity that for many years (particularly in the case of Italy) made their goods unmistakable and attractive.

The production of furniture was not excluded from this tendency, except in very rare cases, for example, that of Luceplan, which was founded by a small group of Italian architects along the lines of the Italian family tradition that has always been a part of the cultural context of Italian design, and with few instances of collaboration with foreign designers. This approach is of course not simply a desire to defend national identity or a specific character, but the confidence placed by the founders (Sarfatti, Severi, and Rizzatto) in the possibility of an "Italian way" to rival the global competition.

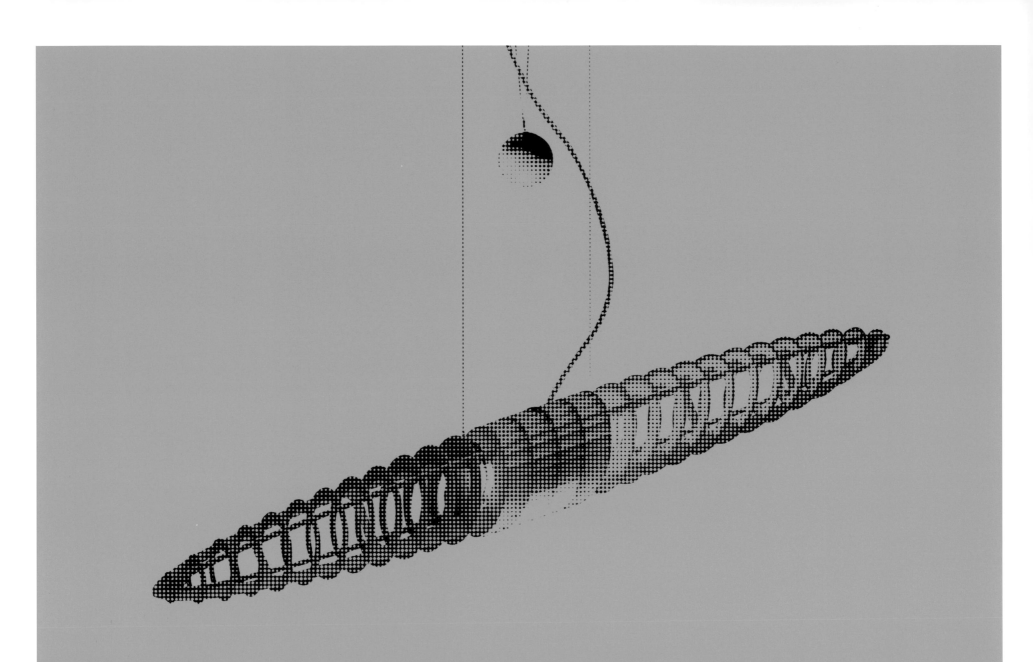

Titania, lampada/lamp, Paolo Rizzatto, Alberto Meda, Luceplan, 1989

Riccardo Sarfatti è figlio del grande Gino Sarfatti: quando questi (per ragioni personali, ma anche forse per il convincimento che sia finita una certa età d'oro del design italiano) decide di vendere la sua storica Arteluce a Flos, Riccardo cerca di opporre resistenza a quello che può sembrare un cedimento alle leggi di mercato. Dopo un periodo in cui continua comunque la collaborazione con Arteluce-Flos, Sarfatti jr. si dedica sempre più intensamente alla progettazione di spazi pubblici e privati – in cui la componente illuminotecnica ha una funzione primaria –, con la moglie Sandra Severi e Paolo Rizzatto, entrambi architetti e compagni di università. Nel 1978 fondano quindi la nuova azienda Luceplan. Nel 1984 si unisce ai soci fondatori l'ingegnere-designer Alberto Meda, con una lunga esperienza di responsabile tecnico per diverse industrie – tra cui Kartell –, da cui deriva una speciale "intelligenza materica" che gli permette di misurarsi brillantemente con le possibilità e le sfide dei nuovi materiali, in particolare quelli plastici.

Si viene così a formare un sodalizio progettuale e imprenditoriale destinato a durare molto a lungo, basato su differenti motivazioni e interessi, riunificati però nella sostanza di prodotti che sostanzialmente proseguono sulla linea di una certa concezione etica del prodotto di design, in termini di costo, qualità e prestazioni. La stessa novità formale, nel caso della maggior parte degli apparecchi illuminanti Luceplan, è certamente una delle spinte forti all'acquisto e all'utilizzo: ma non prescinde mai dallo studio innovativo di funzioni e materiali e dalla sperimentazione di diverse sorgenti luminose.

Nei progetti commercialmente più fortunati, come la lampada *Costanza* disegnata da Paolo Rizzatto, a questo approccio da "avanguardia moderata" si unisce la capacità di reinterpretare tipologie popolari e consolidate, come quella dell'*abat-jour*: che però diventa in questo caso una vera e importante fonte d'illuminazione, non solo "d'accento", trasformandosi in un nuovo esempio di quegli oggetti iconici che già storicamente sono stati alla base delle fortune critiche e commerciali del design italiano.

Alberto Meda, Paolo Rizzatto, Riccardo Sarfatti

Riccardo Sarfatti is the son of the great Gino Sarfatti. When the latter (for personal reasons but perhaps also because he was convinced that the golden age of Italian design had passed) sold his company Arteluce to Flos, he tried to oppose resistance to what might seem yielding to the laws of the market. After a period in which Arteluce and Flos continued to work together, Riccardo Sarfatti began to spend more time (with his wife Sandra Severi and Paolo Rizzatto, both of whom are architects and were at university with him) on designing public and private spaces in which the lighting component was of primary importance. In 1978 they founded Luceplan, and six years later they were joined by the engineer/designer Alberto Meda, who had worked as technical manager for various companies, including Kartell. This experience had given him a knowledge of materials that enabled him to estimate brilliantly the possibilities and limits of new materials, plastics in particular.
The four formed a partnership based on design and business that was destined to last a long time. Although their individual concerns differed, their joint interest was the creation of products that continued a certain ethical conception of the design product in terms of cost, quality and performance. The formal novelty of most of Luceplan's lighting equipment was certainly one of the major reasons for their purchase and use, but this was never allowed to stand in the way of the innovative study of functions and materials, or of testing out new light sources.

In their commercially more successful products, like the *Costanza* lamp designed by Paolo Rizzatto, this "moderate avant-garde" approach was combined with reinterpretations of established, popular lighting elements, such as the lampshade. In the case of the *Costanza* lamp, the shade became an important source of illumination that vaulted the product into the category of those iconic objects that have lain at the base of the critical and commercial fortunes of Italian design.

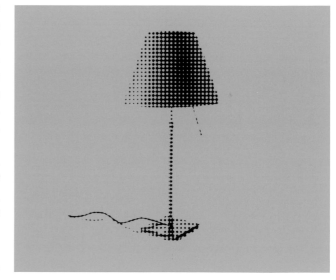

Costanza, lampada/lamp, Paolo Rizzatto, Luceplan, 1986

Enrico Baleri

Un altro caso di produzione fedele alla "linea italiana" – in cui il desiderio di continuità con l'ideologia del progetto modernista si combina però a una coscienza molto spregiudicata della complessità dei cambiamenti sociali e culturali in atto – è quello di Baleri Italia. Proveniente da esperienze diverse (tra cui la fondazione di Alias), Enrico Baleri, nel panorama affollato degli imprenditori-designer degli anni Ottanta, gioca un ruolo singolare. Messe temporaneamente da parte le utopie progettuali, conserva una forte passione per le istanze di rinnovamento dell'abitare domestico, ma insieme applica a esse sani criteri di marketing: grazie ai quali riuscirà a ottenere grande successo nell'azienda che porta il suo nome, fondata nel 1983 con la compagna Marilisa Decimo.

La questione che si pone a Baleri, come a tutti i nuovi produttori di mobili che iniziano negli anni Ottanta, è semplice. Anche per un'azienda giovane e ambiziosa, i mobili, anche quelli più innovativi, vanno venduti, non solo pubblicati sulle riviste o esibiti nelle vetrine degli showroom del centro, in città o in provincia: ma venduti a chi? Sicuramente ai nuovi ricchi che proliferano senza controllo – gli *yuppies*, come venivano chiamati negli anni Ottanta gli *young urban professionals*, la classe emergente dei nuovi professionisti del terziario – oltre ai borghesi colti e alle istituzioni bisognose d'immagine: banche, aziende di servizi finanziari, studi professionali, design hotel, nuove tipologie di ambienti che nascono – o si rinnovano – negli stessi anni.

Per dare un piccolo brivido all'acquisto da parte di questi particolari clienti, Baleri inizialmente segue un filone più radicale, con la scelta di un personaggio come Hans Hollein, grande architetto d'interni, ma anche intelligente provocatore culturale, che media anarchicamente tra *Wiener Sezession* e immaginario Pop. Si tratta tuttavia di una produzione di poca o nessuna utilità commerciale e Baleri si rivolge, per una collezione nuova e aggressiva, a un personaggio

Enrico Baleri, Achille Castiglioni

Another example of companies loyal to the "Italian approach", in which continuity with the ideology of modernist designers was combined with a very open-minded awareness of the complexity of the social and cultural changes taking place, was Baleri Italia. With a varied background (including the foundation of Alias), Enrico Baleri cut an unusual figure in the crowd of businessmen/designers in the Eighties. Having temporarily set aside his utopian projects, he retained a strong desire for renewal of the domestic interior but combined this with a healthy set of marketing criteria, resulting in great success for him and the company he founded in 1983 with Marilisa Decimo.

The question Baleri was faced with, like all new furniture-makers in the early Eighties, was simple. Even for a young, ambitious company, items of furniture, even the most innovative, must be sold, not just published in magazines or displayed in shop windows, whether in cities or the provinces: but sold to whom? Of course to the new young rich—the yuppies, the emerging class of professional service-providers—who were popping up all over the place, but also to the cultured middle class and institutions in need of an image make-over, such as banks, financial service companies, professional studios, designer hotels, all of which were either coming into being or renewing themselves in this period.

To give these clients a little thrill at the moment of purchase, Baleri at first followed a more radical line with the choice of Hans Hollein, a great interior designer but also an intelligent cultural provocateur who anarchically moved between the Vienna Secession and the world of Pop culture. However, the results of this association were of little or no commercial success and so Baleri turned to an individual who was then completely unknown for a

Richard III, poltrona/armchair, Philippe Starck, Baleri Italia, 1985

allora totalmente inedito, con tratti *naïf* nel vestire, nel fingersi clownesco improvvisatore di oggetti improbabili per nascondere fiuto e talento (a sua volta) imprenditoriali, che lo porteranno al successo planetario. È Philippe Starck, che grazie a un *bon mariage* con la prima di una lunga serie di mogli, figlia di un notabile francese, si ritrova nel 1982 a progettare e a realizzare lo studio privato dell'allora presidente François Mitterrand. Il colore nero e una certa impenetrabilità di significato – forse nessuno – dominano nei suoi primi oggetti, così come nel suo costume di *blouson noir*, teppistello da *banlieue* parigina: ma nel contatto con Baleri certe qualità intuitive dei suoi disegni di mobili si raffinano. Dai suoi primi prototipi realizzati approssimativamente iniziano a nascere gli autentici prodotti industriali di Baleri Italia.

Lo scambio tra "Philippe" e "Enrico", come si chiameranno sempre familiarmente i due, è sbilanciato a favore di Baleri. Se il primo infatti porta nella collaborazione il suo istrionico talento, la sua figura di attore comico sovrappeso e qualche buona idea di mobili (sedie, tavoli, poltroncine, librerie), il secondo mette nell'impresa la sua notevole esperienza tecnica. Riesce così a risolvere dettagli che in questa fase a Starck, ancora inesperto, risulterebbero di difficoltà insormontabile: ma soprattutto Baleri è l'infaticabile promotore di una strategia commerciale a lungo vincente, grazie anche alla sua lunghissima esperienza come rivenditore in proprio di arredamento contemporaneo, memore forse anche delle lezioni e dello stile *Sturm und Drang* di Dino Gavina, suo mentore, che per certi versi Baleri ricorda, per il carattere tanto impulsivo quanto generoso: con pochissime eccezioni, non vorrà mai co-firmare i pezzi dei suoi designer, come qualche altro imprenditore frustrato.
Ironia, oppure omonimia, della sorte sarà un altro Enrico – l'Astori raffinato *bon vivant* e architetto fondatore di Driade – a rapire letteralmente a Baleri Italia la sua scoperta, lanciando Starck (con una quantità perfino esagerata di modelli)

new and aggressive collection. This new face, Philippe Starck, was rather naïve in the manner in which he dressed, and in his presentation of himself as a clownish improviser of improbable objects that concealed a personal business flair and talent that would raise him to planetary renown. Thanks to a very fortunate choice of wife (the first of a long series), the daughter of a French VIP, in 1982 he was commissioned to design and decorate the private studio of the then president, François Mitterrand. Black and a certain impenetrability in terms of meaning (perhaps there was none) dominated in his early objects, as it did in his customary dress of *blouson noir*, the uniform of the thugs from the Paris suburbs, but in his contact with Baleri certain intuitive qualities in his furniture designs became more refined. And it was from his rough, early prototypes that the authentic industrial products of Baleri Italia began to appear.

The exchange between "Philippe" and "Enrico", as they have always referred to one another, favoured Baleri. The first contributed his histrionic talent, his figure of overweight comic actor and some good ideas for furniture (seats, tables, armchairs and book-cases), the second his solid technical experience; thus together the pair managed to overcome problems of detail that Starck, who was still green, would have found difficult to solve. But above all Baleri was the indefatigable promoter of a commercial strategy that achieved long-lasting success on account of his long background as a reseller of contemporary furniture—perhaps also mindful of the *Sturm und Drang* style of Dino Gavina, his mentor, whom to a certain extent Baleri resembles in his impulsive and generous nature. With very few exceptions he never co-signed the pieces created by his designers, unlike certain other frustrated businessmen.

in quel firmamento *glamour* che per la verità Baleri stesso da un certo momento in poi tenderà a evitare, preferendo concentrarsi su altri talenti (come lo svizzero ticinese Hannes Wettstein) e dedicarsi a imprese culturali più idealistiche, per esempio il recupero e il rilancio di villa Malaparte a Capri – capolavoro di un altro architetto eccentrico, Adalberto Libera –, dove Baleri organizzerà curiosi e interessanti incontri tra designer, non solo i suoi, e un pubblico affezionato di architetti e appassionati di design.

Nel decennio a seguire, il suo entusiasmo per la sfida della produzione sperimentale andrà attenuandosi, fino alla decisione, presa esattamente dopo vent'anni di attività, di vendere allo stilista Nino Cerruti. Resta però importante il suo riuscito tentativo di ri-fondare una nuova azienda del design italiano, ricercando e promuovendo talenti ancora grezzi come quello di Starck. Se poi anche Baleri Italia sia destinata a trasformarsi semplicemente in un marchio, come in molti altri casi di aziende già storicizzate, resta materia di studi e riflessioni future.

La sfida del *tout va bien* – lanciata con l'internazionalizzazione del mercato, il predominare della quantità sulla qualità della produzione, ma anche la liberazione dai vincoli ideologici che a lungo avevano mantenuto il design italiano sulla via di un'innovazione razionale – non è certo facile da raccogliere per le aziende che erano riuscite ad affermarsi su un mercato rudimentale, in cui la concorrenza straniera poteva essere battuta con espedienti di ogni genere, dall'allegra gestione finanziaria al "subappalto" delle forniture. A parte i tanti nomi che dopo una buona stagione commerciale sono destinati all'oblio proprio a partire dagli anni Ottanta, si contano davvero sulle dita i marchi che riescono a sopravvivere dignitosamente alla crisi degli anni Novanta.

È naturalmente il caso di Cassina, che alla scomparsa del suo leader Cesare trova una buona successione nel fratello Umberto, nel nipote Franco e nel giovane (negli anni Settanta) manager e marito di Adele Cassina,

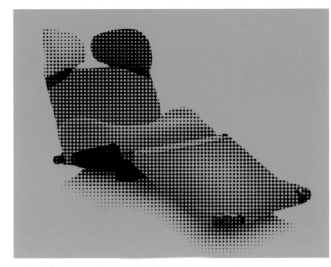

Wink, poltrona/armchair, Toshiyuki Kita, Cassina, 1980

Another Enrico—the refined bon vivant and architect-founder of Driade, Enrico Astori—literally abducted Baleri Italia's discovery from under its nose, launching Starck (with an exaggerated number of models) into the glamorous firmament that Baleri at a certain moment tended to avoid, preferring to focus on other talents (like the Swiss Hannes Wettstein) and more idealistic cultural projects, for example, the renovation and relaunch of Villa Malaparte on Capri—a masterpiece by another eccentric architect, Adalberto Libera—where Baleri was to organise interesting meetings between designers (not just his own) and a public enthused by design and architects.
In the decade that followed, his enthusiasm for the challenge presented by experimental products weakened, until he made the decision after exactly twenty years of activity, to sell out to the stylist Nino Cerruti. However, his success in refounding an Italian design company, and of searching out and championing young talents like Starck was of great importance. The fact that Baleri Italia was to be transformed simply into a brand, like many other companies already historicised, remains the subject matter of future studies.

The challenge presented by *tout va bien*—which arose with the internationalisation of the market, the predominance of quantity over quality, and the cutting of the ideological ties that had long kept Italian design on the path of rational innovation—was certainly not an easy one to take up by those companies that had established themselves in an undeveloped market, in which foreign competition could be beaten with expedients of all kinds, such as irresponsible financial management and "subcontracting" supplies. Leaving aside the many names that, after a successful period, were destined to fade away from the Eighties on, those companies that managed to survive the crisis of the Nineties with dignity can be counted on the fingers of the two hands.

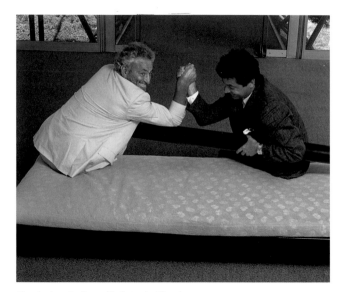

Pier Ambrogio Busnelli, Antonio Citterio

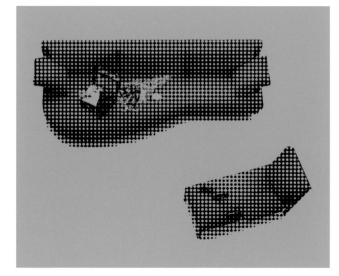

Sity, sistema di sedute/seats system, Antonio Citterio, B&B Italia, 1986

Rodrigo Rodriquez: questi, dopo un'esperienza molto formativa nella C&B, quando Busnelli ne assume il totale controllo societario, rimane in Cassina dove sviluppa con il Centro ricerche e Francesco Binfaré – responsabile del Centro dal 1969 e poi art director dell'azienda fino al 1991 – un'interessantissima attività di sperimentazione.

Oltre ai fantasiosi pezzi di Gaetano Pesce (particolarmente orientato a un uso scultoreo, quasi espressionista, dei materiali plastici) nascono così nuove icone del design, come la poltrona *AEO* di Paolo Deganello-Archizoom o, negli anni Ottanta, la poltrona trasformabile *Wink* di Toshiyuki Kita, vera e propria interpretazione funzionale dell'iconografia disneyana. Negli anni successivi, sicuramente nel decennio 1990-2000, Cassina riesce a mantenere posizioni di mercato e prestigio, soprattutto con la collezione dei "Maestri", iniziata con i mobili di Le Corbusier rimessi in produzione grazie a un'idea di Dino Gavina, proseguita con autori molto diversi, da Frank Lloyd Wright a Gerrit Rietveld, Herik Gunnar Asplund e naturalmente Charles Rennie Mackintosh.
Curiosamente, tra questi autori non verrà però mai inserito un grande maestro italiano come Gio Ponti, di cui continuerà a rimanere silenziosamente in produzione la sedia *Superleggera*. Infine, anche la collezione dei Maestri smetterà di arricchirsi, così come la produzione Cassina in generale non riuscirà più a esprimere proposte di decisa innovazione, concentrandosi sulla ricerca di prodotti "neoborghesi" adatti a soddisfare un pubblico certamente ricco e culturalmente aperto, ma non esattamente in vena di sperimentazioni.

È un destino comune a quello della B&B, che tradisce la sua originaria vena graffiante per produrre dagli anni Ottanta, sotto il dominio praticamente incontrastato di Antonio Citterio, un successo commerciale dopo l'altro:

Naturally, Cassina was one of them, which, after the death of its director Cesare, found worthy successors in his brother Umberto, nephew Franco, and the young (in the Seventies) manager and husband of Adele Cassina, Rodrigo Rodriquez. After a very formative period spent in C&B, when Busnelli took full control of the company, Rodriquez remained in Cassina where he developed a very interesting vein of experimentation with Francesco Binfaré (the Research Centre's manager from 1969, then art director until 1991). Besides the imaginative pieces designed by Gaetano Pesce (which particularly revolved around a sculptural, almost Expressionist use of plastics), the company produced new icons of design, like the *AEO* seat by Paolo Deganello/Archizoom, and, in the Eighties, the transformable *Wink* seat by Toshiyuki Kita, which was a functional interpretation of Disney-style iconography.

In the years that followed, and especially in the decade from 1990 to 2000, Cassina managed to retain its market position and prestige, especially with its collection of "Maestri" (originally a suggestion by Dino Gavina) which started with furniture designed by Le Corbusier. This master was followed by Frank Lloyd Wright, Gerrit Rietveld, Herik Gunnar Asplund and, naturally, Charles Rennie Mackintosh. Curiously, the great Italian master Gio Ponti was not included in the list, despite the continued silent production of Ponti's *Superleggera* seat. In the end, the Maestri collection ceased to expand, and similarly Cassina's output in general became unable to offer markedly innovative products, focusing its research on "neo-bourgeois" products adapted to satisfy a rich and culturally open public, but not one particularly interested in experimentation.

tipico il caso del divano *Sity*, ovviamente di Citterio, che, basandosi su pochi elementi formali e una curiosa estensione "a isola" di una parte della seduta, diventa una vera e propria icona *yuppie*. Per poter osservare una maggior apertura della produzione a nuovi designer – ovviamente stranieri, da Vincent van Duysen a Naoto Fukasawa, da Jeffrey Bernett a Marcel Wanders – occorrerà che arrivi la fine degli anni Novanta, il passaggio generazionale nella gestione familiare dell'azienda e l'ingresso di un nuovo partner finanziario: l'*equity fund* Opera del gruppo Bulgari, che con lo slogan *Investing in Italian Lifestyle* dal 2000 sarà il primo a dare il via a quella serie di importanti acquisizioni destinate a stravolgere completamente l'assetto proprietario delle industrie del design italiano.

Non tutte le aziende storiche reagiscono sommessamente all'ingresso dell'alta finanza in un settore come quello dell'arredamento "alto", fino ad allora paradossalmente dominato dall'improvvisazione in tutte le sue fasi, dal progetto alla distribuzione: tra quelle che riescono ad attuare tempestivamente un efficace passaggio generazionale risaltano originalmente le esperienze di Kartell e Flos. Nel 1988 Giulio Castelli passa la gestione dell'industria da lui fondata quasi quarant'anni prima al genero Claudio Luti. Questi, dotato di non indifferenti risorse proprie, viene da un'esperienza molto importante nel mondo della finanza e della moda, soprattutto come socio di Gianni Versace: è quindi convinto che sia possibile applicare con successo, anche nel difficile mondo dell'arredamento, strategie commerciali e finanziarie già sperimentate in altri settori del lusso.

È singolare e significativo che un imprenditore in fondo "romantico" come Aurelio Zanotta non fosse molto convinto di questa possibilità, come ricorda Luti[1], e che manifestasse apertamente le sue perplessità nelle riunioni

---

The same fate was met by B&B, which betrayed its original uncompromising attitude just to bring out one commercial success after another during the Eighties under the practically unrivalled dominance of the designer Antonio Citterio. An example was his *Sity* sofa, which was based on a few formal elements and a curious "island" extension that made it a yuppie icon. For the company to open up more to new (and of course foreign) designers, like Vincent van Duysen, Naoto Fukasawa, Jeffrey Bernett and Marcel Wanders, it was necessary to wait until the Nineties when management of the company passed to a younger generation and a new financial partner arrived. This was the equity fund Opera from the Bulgari group, which, with its slogan "Investing in Italian Lifestyle", from 2000 was the first to make a series of large acquisitions that completely changed the ownership balance of Italian design companies.

Not all the established companies reacted submissively to the entry of high finance into the sector of high furniture, which until this time had been dominated by improvisation right from the design stage to distribution. Among those that were able to make an effective and timely generational handover were Kartell and Flos. In 1988 Giulio Castelli passed responsibility for the company he had founded almost forty years earlier to his son-in-law Claudio Luti. Luti, who was not without his own economic resources, arrived from extensive stints in the fashion and finance industries, above all as a partner of Gianni Versace. He was convinced that it was possible to apply commercial and financial strategies, even in the difficult field of furniture, that had already been tried successfully in other sectors of the luxury market.

It is surprising but significant that an entrepreneur who was at heart "romantic", like Aurelio Zanotta, was not very convinced of this possibility, as Luti recalled[1], and he openly displayed his reserve on the matter at the meetings

1. La fabbrica del design, *a cura di Giulio Castelli, Paola Antonelli, Francesca Picchi, Skira, Milano, 2007, p. 37*
1. La fabbrica del design, *edited by Giulio Castelli, Paola Antonelli, Francesca Picchi, Milan: Skira, 2007, p. 37*

che consuetamente si tenevano all'epoca tra gli industriali leader del design del mobile. Sostenuto dalla fiducia di Castelli, sicuramente convinto invece che un cambiamento profondo fosse necessario anche per le industrie del mobile, Luti apre immediatamente la produzione Kartell – fino ad allora ancora legata a prodotti buoni ma datati – a nuovi progettisti, ovviamente cominciando nello stesso 1988 con Philippe Starck e una sua idiosincratica sedia, la *Dr. Glob*. In realtà quella sedia piuttosto scomoda, che ottiene un buon successo commerciale, è soprattutto la dimostrazione che l'immagine Kartell, geneticamente legata a prodotti in materia plastica di "buon disegno", poteva, anzi doveva, differenziarsi, prestandosi a ironie, *divertissement*, interpretazioni fantasiose dei codici della buona forma, fino allo stravolgimento e alla caricatura. Voluto e ricercato da molti industriali proprio per le sue capacità di designer *burlesque*, Philippe Starck possiede infatti un reale talento commerciale, aiutato da un ottimismo cinico ("Nessuno è mai morto cadendo da una sedia" è una delle sue frasi preferite) e da un fiuto eccezionale per il prodotto che può piacere, infinitamente e ugualmente, sia al produttore che all'acquirente.

In questo, paradossalmente, Claudio Luti non è molto diverso dal suo predecessore Giulio Castelli. Mentre questi credeva profondamente che al compratore si dovesse dare un prodotto di qualità nella forma e nella sostanza, ma distinto da un linguaggio sostanzialmente modernista, anche Luti è intenzionato a dare la stessa qualità: ma è il linguaggio del prodotto che cambia e la bravura dell'imprenditore-finanziere – responsabile del proprio arricchimento e del mantenimento della ricchezza dell'impresa – sta proprio nel capire quale linguaggio è più adatto a una determinata fase culturale e storica. Evidentemente, se Starck è adatto all'attuale fase storica, sono proprio i prodotti di Starck che quest'epoca si merita: o si è meritata.

---

regularly held at the time between the leaders in the designer furniture sector. Supported by Castelli's trust, and convinced that profound change was required in the furniture industry, Luti immediately opened Kartell's production range—till then still tied to good but dated pieces—to new designers, beginning in 1988 with Philippe Starck and his idiosyncratic seat, *Dr Glob*. In fact, this rather uncomfortable seat, which sold well, was the demonstration that the Kartell image, which was genetically linked to "good design" products made from plastic, was both able to and in need of differentiating itself from the rest of the field by focusing on *divertissements*, imaginative interpretations of good form that verged on caricature. Sought after by many companies for his burlesque design skills, Starck is also gifted with a real commercial talent aided by cynical optimism ("No-one has ever died falling off a chair" is one of his favourite quips) and an exceptional intuition for designs that will please—infinitely and equally—both manufacturer and customer.

Paradoxically, in this Claudio Luti is not so very different from his predecessor, Giulio Castelli. While Castelli was convinced that the purchaser wanted a product of quality in appearance and substance, but distinguished by a significantly modernist language, Luti too wished to provide the same quality, but it was the language of the product that had to change. The flair of the businessman/financier—who had made himself rich and kept the company wealthy—lay in his understanding of which language was best suited to a particular cultural and historic phase. Clearly, if Starck is right for this period of history, then it is Starck's products that this period deserves: or deserved.

Luti's Kartell also needed to make its products stand out from the crowd, as continuing to foist Starck's uncomfortable seats and garden gnomes (the 'Gnomi' stools, *Attila*, *Napoleon* and *Saint'Esprit*) on the market was clearly not

Claudio Luti

Bookworm, libreria/shelf, Ron Arad, Kartell, 1994

Anche la Kartell di Luti infatti ha necessità di differenziare la propria produzione: continuare a produrre sedie scomode e nanetti da giardino di Starck (gli sgabelli *Attila*, *Napoleon* e *Saint'Esprit*, della serie "Gnomi") non può evidentemente bastare a trattenere un pubblico altrettanto veloce nell'entusiasmarsi, come nello stancarsi, di un genere di mobile che sia troppo vicino allo scherzo, al giocattolo, alla presa in giro – seppure benevola – dell'acquirente stesso. Così Luti unisce a una strategia commerciale molto aggressiva, con cui nel giro di pochi anni riesce a creare nel mondo un centinaio di negozi monomarca (un tempo "spina nel fianco" di quasi tutti i produttori di mobili di design italiano), una diversificazione molto estesa di progettisti, tecnologie e materiali.

Nei nuovi prodotti Kartell metalli diversi, legno e trattamenti speciali si accostano alle materie plastiche, e anche quest'ultime vengono ripensate e adattate a nuove esigenze attraverso tecnologie più ingegnose: come lo stampaggio rotazionale, che permette di realizzare grandi pezzi con caratteristiche adatte anche all'uso in esterni. Parallelamente, il gruppo dei progettisti si estende ampiamente, con un'equa distribuzione tra italiani e stranieri: alla "colonna" Starck si affiancano così Alberto Meda, Ron Arad, Antonio Citterio, Piero Lissoni, Ferruccio Laviani, Maarten van Severen, Vico Magistretti. Infine, diversamente da molte altre aziende che rinunciano volentieri alle attività in campo culturale che negli anni Ottanta erano state un tratto distintivo dei marchi leader, Luti (con la collaborazione di Giulio Castelli, fino alla sua recente scomparsa) si fa promotore di numerose mostre e soprattutto del Museo Kartell, che, aperto nel 1999 negli ambienti non più utilizzati degli *headquarters* di Noviglio – realizzati negli anni Settanta da Anna Castelli Ferrieri con Ignazio Gardella – presenta una delle collezioni più importanti e significative nel panorama, purtroppo scarso, dei musei aziendali del design italiano.

going to hold the attention of a public quick to take up, but also to drop, a type of furniture that is close to being a joke (though harmless) at the expense of the buyers themselves. Consequently, Luti put in place a very aggressive commercial strategy, with which in just a few years he opened a hundred own-brand shops (once the thorn in the side of almost all producers of Italian designer furniture), combined with broad diversification in terms of designers, technologies and materials.

Kartell's new products brought together different metals, wood and special treatments with plastic materials adapted to new requirements by means of ingenious new technologies, for example, rotational moulding, which allows large pieces to be made with characteristics suitable for external use. In parallel, the group of designers was increased and balanced equally between Italians and foreigners: thus Starck was joined by Alberto Meda, Ron Arad, Antonio Citterio, Piero Lissoni, Ferruccio Laviani, Maarten Van Severen, and Vico Magistretti. Finally, unlike many other companies that willingly turned away from being involved in cultural events, which in the Eighties was a distinctive trait of the industry leaders, Luti (with Castelli's assistance until his recent death) sponsored numerous exhibitions and, above all, the Kartell Museum, which opened in 1999 in the company's then unused head offices in Noviglio, Milan, designed in the Seventies by Anna Castelli Ferrieri and Ignazio Gardella. This private institution presents one of the most important collections in the sadly limited field of Italian design company museums.

Perhaps it is not just coincidence that for Flos too faithfulness to a policy that considered design as an integral part of the business culture, in addition to a more "democratic" marketing strategy, was considered important

Achille Castiglioni, Sergio Gandini

Non è forse casuale che anche per Flos sia stata importante nel passaggio generazionale, oltre a una strategia di marketing più "democratica", la fedeltà a una politica aziendale che vede il design come parte integrante della cultura imprenditoriale. Il processo nel quale Sergio Gandini passa la gestione dell'azienda al figlio Piero è infatti un lungo, affettuoso addio, che dura per tutti gli anni Ottanta e che vede Flos affermarsi sempre di più – insieme forse solo a Cassina e Zanotta – come autentica industria leader nella cultura del design italiano.

Un passo importante è l'organizzazione della grande mostra su Achille Castiglioni, ordinata da Paolo Ferrari, allestita dallo stesso Castiglioni e da me seguita per conto di Zanotta e del consorzio di aziende sponsor appositamente formato per l'occasione, di cui fanno parte Flos, Zanotta, Danese, Alessi, Driade, Kartell, Brionvega, B&B, BBB Bonacina, Marcatrè (gruppo Cassina), Ideal Standard e Abet Laminati. Nella mostra – che partita da Vienna nel 1984, viaggia poi nei più importanti musei di design del mondo – ha naturalmente un ruolo rilevante la presenza degli apparecchi illuminanti disegnati da Castiglioni (prima con il fratello Pier Giacomo, poi da solo) e prodotti da Flos con una reciproca esclusiva. Anche questa forma di rapporto, pressoché unica nella storia del design italiano, simboleggia la relazione di totale fiducia che Sergio Gandini mantiene per sempre nelle capacità di un progettista geniale come Castiglioni: rapporto quasi idilliaco, che però inevitabilmente genera qualche problema per un'azienda che si trova a dover affrontare dagli anni Ottanta il nuovo grande eclettismo del gusto e del mercato.
Piero Gandini, che nel 1988 inizia a occuparsi di sviluppo del prodotto Flos, si trova presto coinvolto in decisioni strategiche e a dover scegliere proprio tra la cultura del design "classico", identificabile in Castiglioni, e una nuova complessità, molto più intricata, che in qualche modo si può identificare con i personaggi emergenti del nuovo design internazionale. La strada imboccata passa ancora una volta per le intuizioni di Starck, ormai

during the generational handover. The process in which Sergio Gandini passed the company baton to his son Piero was in fact a long, affectionate farewell that lasted throughout the Eighties and which saw Flos establish itself—perhaps with only Cassina and Zanotta—as the authentic leader in the Italian design culture. An important step was marked by the large exhibition dedicated to the works of Achille Castiglioni that was ordered by Paolo Ferrari. It was designed by Castiglioni himself, and followed by me on behalf of Zanotta and the consortium of sponsors formed for the occasion, which included Flos, Zanotta, Danese, Alessi, Driade, Kartell, Brionvega, B&B, BBB Bonacina, Marcatrè (Cassina group), Ideal Standard, and Abet Laminati. An important role in the exhibition, which began in Vienna in 1984 and travelled to the most important design museums in the world, was of course played by the lamps and lighting equipment designed by Castiglioni (first with his brother Pier Giacomo, then alone), and produced by Flos under a form of mutual exclusive relationship. This type of association, which was pretty much unique in the history of Italian design, symbolises the total trust that Sergio Gandini always had in his brilliant designer Castiglioni. Though almost idyllic, the relationship inevitably created a few problems for the company when it had to face up to the new eclecticism in taste and the market in the Eighties.

Piero Gandini, who in 1988 became responsible for Flos's product development, soon found himself involved in strategic decision-making and had to choose between "classic" design, as represented by Castiglioni, and a new and much more complex situation that in some way can be identified with the emerging figures of the new international design world. The route the company chose once again headed in the direction of Philippe Starck, who by then had become the world's greatest and most popular interior designer. The Frenchman proposed to Gandini Jr.

Piero Gandini

Miss Sissi, lampade/lamps, Philippe Starck, Flos, 1991

lanciatissimo come il più grande e popolare *interior designer* del mondo: propone infatti a Gandini jr. (che ha già prodotto una sua bizzarra lampada a corno, *Arà*) di realizzare, da un suo interno a New York, una piccola lampada in plastica, una specie di caricatura dell'*abat-jour*. Non senza perplessità da parte del padre, Piero Gandini si convince delle possibilità commerciali del gadget, che viene velocemente messo in produzione e distribuzione con un successo forse inaspettato, come racconterà lui stesso: "In dieci giorni abbiamo venduto ottomila *Miss Sissi*; siamo stati costretti a rimontare gli stampi quattro volte in due settimane, e l'anno seguente ne abbiamo vendute oltre centomila"[2].

È la medaglia sul campo che il giovane Gandini si guadagna come possibile nuovo leader dell'azienda. Negli anni successivi questa possibilità si fa certezza, confermata dalla capacità di tenere ancora insieme le invenzioni di Castiglioni (che disegnerà prodotti Flos quasi fino alla sua scomparsa, nel 2002) e una serie di progetti, non tutti di successo commerciale, ma che scandagliano la scena del design internazionale alla ricerca di talenti adatti alle durezze della vera produzione industriale. Marcel Wanders, Konstantin Grcic, Piero Lissoni sono tra i nuovi autori Flos che danno le prove più coraggiose: ma è ancora Starck a mantenere le più salde posizioni commerciali, insieme alle immortali creazioni di Castiglioni, anche per la capacità di Gandini di trasformare in sistema anche le sue più semplici provocazioni, come il paralume *plissé* della lampada *Romeo Babe*. Con la stessa abilità imprenditoriale Piero Gandini riesce a tenere insieme lo sviluppo parallelo di più identità della produzione Flos, che lo porta ad acquisire negli anni anche altre aziende straniere, a incrementare sempre maggiormente il settore *contract* (cui nel 2007 dedica uno specifico showroom a Milano, accanto a quello storico di corso Monforte) e a continuare nell'attività di promozione culturale: per esempio, dando supporto organizzativo, tecnico e finanziario a progetti

---

(who had already brought out Starck's bizarre lamp, *Arà*) to manufacture a small plastic lamp, a sort of caricature of a lamp and shade.
Not without some queries from his father, Piero Gandini became convinced of the commercial possibilities of the lamp, and quickly put it into production and distribution. The result was an unexpected success, as Gandini himself explains. "In ten days we sold 8000 *Miss Sissis*; we were obliged to reassemble the moulds four times in two weeks, and the following year we sold more than 100,000".[2]

This success in the field put the young Gandini forward as the possible new leader of the company. In the years that followed, this possibility became a certainty as he demonstrated his ability to maintain the market for Castiglioni's inventions (who continued to design for Flos almost till his death in 2002) and a series of designs, not all of commercial success, which trawled the international design field in search of talent able to meet the demands of real industrial production. Marcel Wanders, Konstantin Grcic and Piero Lissoni were three of the new Flos names that gave the most courageous performances, but it was still Starck who stayed at the head of the sales board, partly due to Gandini's ability to turn even Starck's less important designs—like his plissé cloth wall-lamp *Romeo Babe*—into a system.
Using these same entrepreneurial skills, Piero Gandini managed to develop parallel identities within Flos's product range, which led him to buy up foreign companies over the years, to expand the contract side of the business (to which he dedicated a showroom in Milan in 2007, next to the long-standing one in Corso Monforte), and to continue in his promotion of cultural events. An example of this is the organisational, technical and financial support he gave to complex projects like the lighting installations of the artist and poet Jenny Holzer (Rome 2007). It is not easy to reconcile

2. Ibidem, *p. 146*

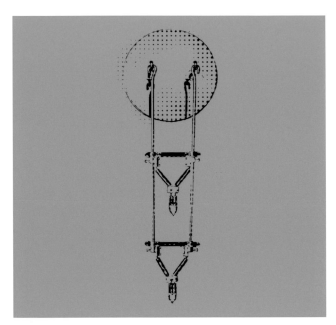

Scintilla, lampada/lamp, Livio e Piero Castiglioni, Fontana Arte, 1972

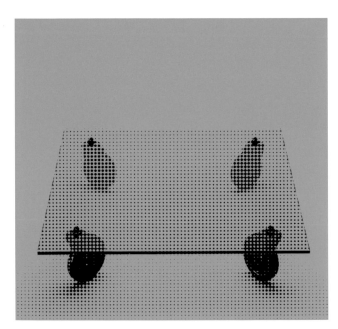

Tavolo con ruote, tavolino/table, Gae Aulenti, Fontana Arte, 1980

complessi come le installazioni luminose dell'artista e poeta di un nuovo esistenzialismo Jenny Holzer (Roma 2007). Chiarezza di obiettivi economici, fiducia e sostegno all'arte del quotidiano: qualità difficili da conciliare e rimaste rare, tra le aziende del design italiano, ma che Piero Gandini persegue in Flos con una singolare "passione fredda", un entusiasmo ancora giovanile che, per chi ne conosce la natura in fondo riservata, è sempre una sorpresa inattesa.

Il settore dell'illuminazione è del resto una delle "ultime spiagge" rimaste per la sopravvivenza del sistema del design in Italia. Venuta meno la specificità della qualità, dell'innovazione, della ricerca che aveva contraddistinto questo sistema, oggi qualsiasi produttore di qualsiasi paese occidentale mediamente evoluto è in grado di raggiungere quote altissime dell'ambito mercato dell'arredamento medio-alto. Mentre però i mobili veri e propri devono fare i conti con una concorrenza spietata (basti pensare al terribile spettro dell'Ikea, che ha contribuito a cancellare in pratica la produzione italiana di qualità medio-bassa), per i produttori di apparecchi illuminanti gioca un ruolo determinante la capacità di trasformarsi in fornitori di un servizio, organizzatori e gestori di grandi progetti per il *contract*: ovviamente a condizione di riuscire a passare dal concetto di oggetto a quello di sistema, o almeno di saper far convivere le due realtà in una stessa produzione.
Pioniere in questa direzione è stata sicuramente Fontana Arte a partire dai primissimi anni Ottanta. Contrariamente a quello che potrebbe apparire, forse anche per l'impeccabile stile del suo rifondatore Carlo Guglielmi (un imprenditore "prestato" al design, ma proveniente da altri settori economici) e dell'immagine che ha saputo costruire per la sua azienda, Fontana Arte vede un successo straordinario dall'inizio degli anni Ottanta proprio con un "non oggetto": il sistema *Scintilla* disegnato da Piero Castiglioni con il padre Livio (fratello di Achille e Pier Giacomo), che

having clear economic targets with the policy of sponsoring artists, and their combination is rare among Italian design companies, but Piero Gandini pursues them both with "cold passion", a still youthful zeal that, for those who know his reserved nature, is always an unexpected surprise.
The lighting sector is one of the final bastions in the design system in Italy. Now that the quality and the degrees of innovation and research that once distinguished this system have diminished, today almost any producer in any Western country of average development is able to achieve high sales in the middle-to-upper segment of the furniture market. While true furniture has to deal with ruthless competition (just consider Ikea, which has pretty much wiped out the low-to-medium furniture producers in Italy single-handed), the makers of lighting equipment have had to learn how to turn themselves into service suppliers, organisers, and managers of large contract projects. To do this they have had to learn to think of their products as systems rather than objects, or at least to know how to make the two realities coexist in the same production.

Since the beginning of the Eighties a pioneer in this has been Fontana Arte. In contrast to appearances, and perhaps also due to the impeccable style of the company's re-founder, Carlo Guglielmi (a businessman who operates in the lighting sector but whose background is in other fields), and the image that he has built for his company, Fontana Arte enjoyed spectacular success from the start of the decade with a "non-object": the *Scintilla* system designed by Piero Castiglioni with his father Livio (the brother of Achille and Pier Giacomo). *Scintilla* succeeded in taking the notion of a product beyond being simply the result of a design process to include the creations made possible by the design itself, in this case the spaces and ambiences generated by light. The *Scintilla* (the idea was conceived in 1972 but it did not enter mass production until 1981) is a simple, small but powerful halogen

Design in Italia 3

Carlo Guglielmi

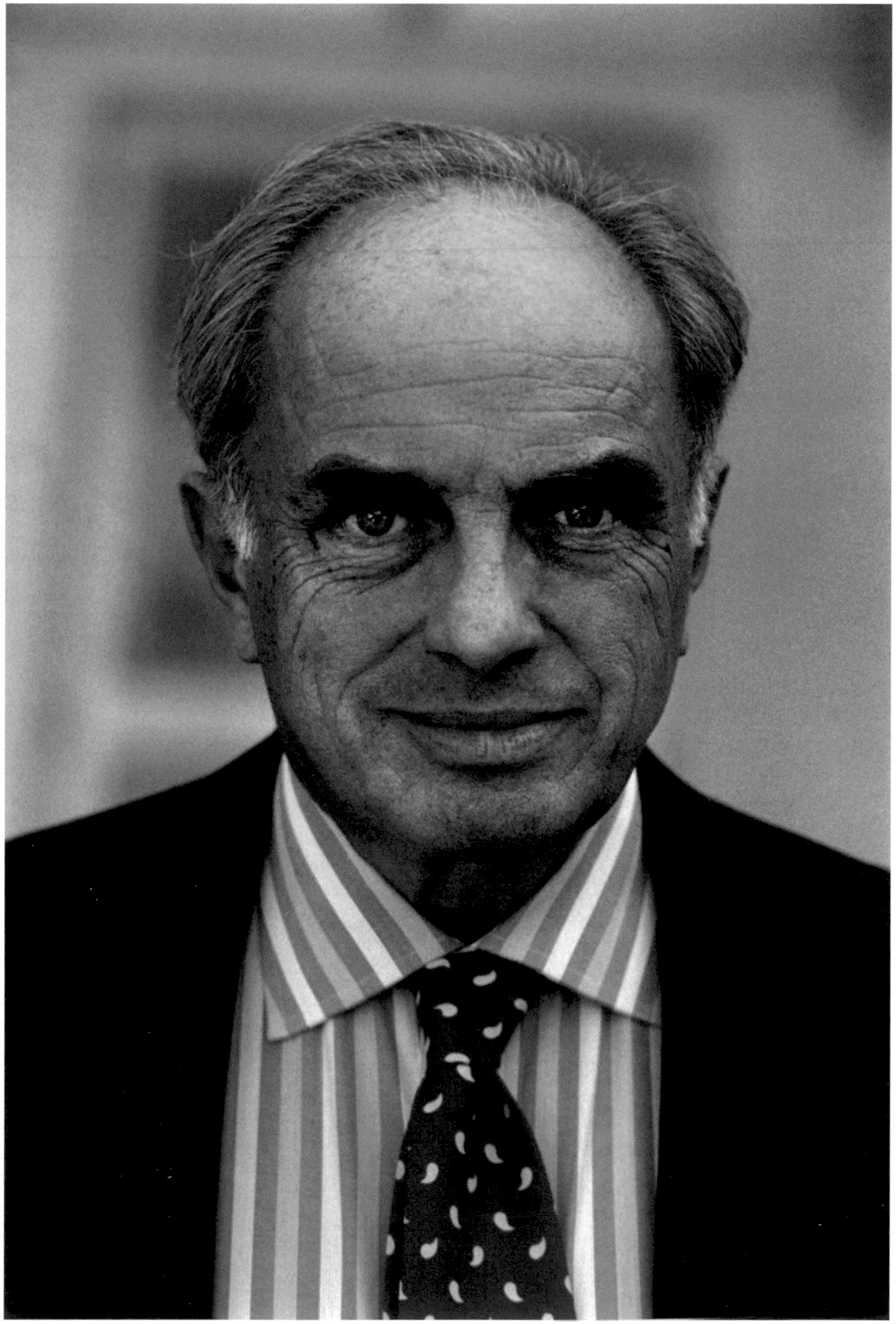

Pizzakobra, lampada/lamp, Ron Arad, iGuzzini, 2007

supera appunto la connotazione di prodotto come unico risultato del processo di design, per restituire invece dignità al concetto di nuovi ambienti e spazi generati dalla luce e dal suo progetto. Nel caso di *Scintilla* (ideata nel 1972, ma messa in produzione di serie dal 1981) si tratta dell'uso di una semplice lampada alogena, di grande potenza ma di ridottissime dimensioni, sospesa su cavi tesi: che in varie configurazioni sarà "Il Sistema" per eccellenza in moltissime realizzazioni di qualità degli anni Ottanta e oltre.

Sulla stessa linea, e molto spesso ancora con la collaborazione progettuale di Piero Castiglioni, Guglielmi metterà in produzione numerosi altri sistemi, fino a creare una vera e propria divisione "Architectural". In questa prospettiva, risulta forse maggiore il valore della ricerca che Fontana Arte ha continuato a operare sui modelli "decorativi" (così nel curioso linguaggio degli addetti ai lavori vengono paradossalmente definite le lampade di design), nel filone della tradizione iniziata da Pietro Chiesa e Gio Ponti, rinnovata da designer come Franco Raggi, Daniela Puppa, Denis Santachiara, Dominique Perrault. La fedeltà a mantenere il vetro e le sue grandi possibilità espressive come elementi caratteristici di nuovi prodotti ha permesso a Fontana Arte di mostrarsi sempre come un Giano bifronte, una di quelle aziende *cult* che pur vantando una lunghissima tradizione storica possono apparire sempre innovative, molto attente e sensibili alle variazioni del gusto, ma senza mai scadere nell'approssimazione e nella ripetizione.

Completamente diverso da Fontana Arte per alcuni aspetti, affine per altri, è la vicenda di un gruppo anche più importante del settore dell'illuminazione: iGuzzini. Eredi di un'altra lunga vicenda imprenditoriale, Raimondo e Adolfo Guzzini sono negli anni Ottanta le figure di riferimento in un gruppo industriale a base finanziaria familiare. Fratelli Guzzini (oggettistica), Teuco (vasche e accessori da bagno), iGuzzini (luce) sono tutti altrettanti marchi che afferiscono

lamp suspended from two cables. In various configurations it was to become "The System" par excellence in many top-level interiors in the Eighties and Nineties.

Taking the same approach, and very often with the design contribution of Piero Castiglioni, Guglielmi put other systems into production, until he had created an "Architectural" division. In the tradition begun by Piero Chiesa and Gio Ponti, and taken up by designers like Franco Raggi, Daniela Puppa, Denis Santachiara, and Dominique Perrault, from this standpoint the research carried out by Fontana Arte on its "ornamental" models (in the curious language of the Italian patent system, that is how their designer lamps were called) may have had greater value. The continuous use of glass and its extensive expressive possibilities as characteristic elements of new products allowed Fontana Arte to represent itself as a Giano Bifronte, one of the cult companies that, in spite of having a long tradition behind them, are able to appear always innovative, very aware of changes in taste, and never prone to slip into approximation or repetition.

Very different from Fontana Arte in several aspects, but similar in others, is a yet more important group in the lighting sector: iGuzzini. Heirs to a long established family group of companies, Raimondo and Adolfo Guzzini were points of reference during the Eighties: Fratelli Guzzini (gifts and fancy goods), Teuco (baths and bathroom accessories) and iGuzzini (lighting), are all brands that aim at quality products, but which include particular skills in the treatment of the plastic materials they use. The background to these skills lies in the transition from the processing of natural materials (horn and other animal materials that were treated in the original workshop in the town of Recanati in the Marches) to man-made materials. The dependence of the company's fortunes on

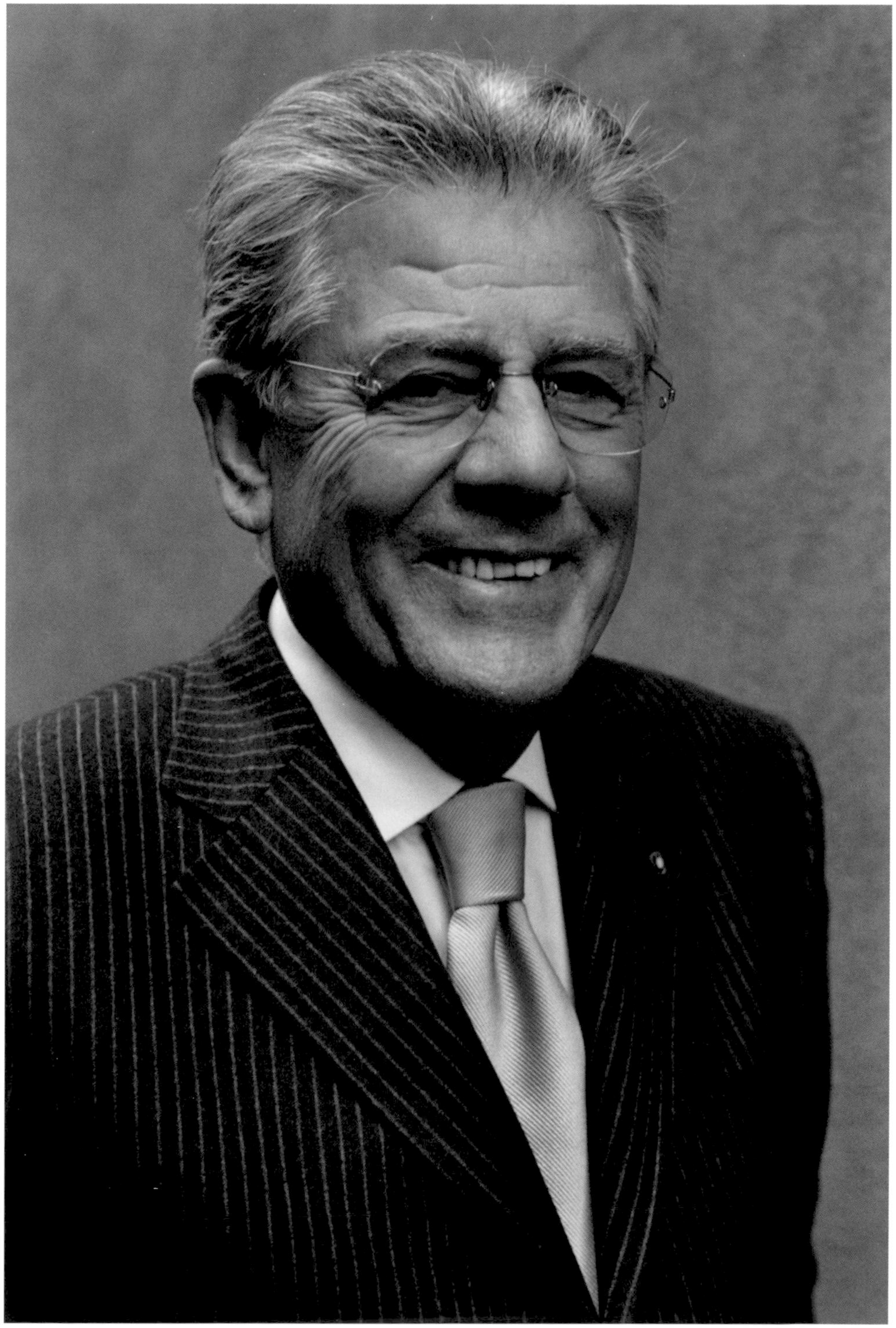

Adolfo Guzzini

a una visione del prodotto di qualità, con una particolare capacità nella tecnologia di lavorazione delle materie plastiche: le ragioni storiche stanno nel passaggio dalla lavorazione della materia naturale (corno e altri materiali di origine animale, lavorati nel laboratorio artigiano originale nella città marchigiana di Recanati) a quella artificiale. L'oggettiva dipendenza delle fortune dell'azienda dall'andamento dell'offerta di materie plastiche, dopo i pesanti effetti della crisi energetica nei primi anni Settanta, fa sì che, almeno in campo illuminotecnico, venga messa in atto una forte diversificazione dei materiali, puntando anche a un miglioramento delle prestazioni degli apparecchi, con strumenti di controllo e verifica adeguati: nel 1981 iGuzzini realizza un primo laboratorio fotometrico.

Contemporaneamente, all'attività di ricerca si affianca la collaborazione con progettisti di interni e architetture, per mettere in comune fin dall'inizio del processo di disegno conoscenze tecniche e capacità di configurazione degli spazi. Si verifica così una singolare coincidenza con il caso Fontana Arte, quando nel 1985 viene prodotto il sistema *Cestello*, progettato pure da Piero Castiglioni, con Gae Aulenti, per il suo allestimento di Palazzo Grassi: nella versione di serie, il sistema diventerà la soluzione ideale per dare un accento di stile a quegli spazi, soprattutto commerciali, sempre bisognosi di riscatto formale per non diventare puri e semplici "contenitori".

Segue nel 1988 l'inizio della collaborazione con Renzo Piano per il riadattamento degli spazi nella storica fabbrica del Lingotto Fiat, da cui nasce un altro nuovo sistema. A queste fanno seguito sempre più collaborazioni di alto livello: tra le più recenti, quella nel 2005 con Massimiliano Fuksas e Doriana Mandrelli per l'illuminazione dei padiglioni espositivi nella nuova Fiera di Milano a Rho Pero, internazionalmente riconosciuta come una delle più importanti e migliori realizzazioni d'architettura nell'Italia agli inizi del XXI secolo.

the plastics market prompted it, at least in the lighting field, to diversify its materials following the far-reaching effects of the energy crisis in 1973–74, and to improve the operative quality of its products with the use of quality control instruments and checks: thus, in 1981 iGuzzini built its first photometric laboratory. The company also branched out into working with interior designers and architects so that its technical knowledge would be combined with an ability to configure spaces right from the start of the design process. This approach led to an episode that strongly resembles the Fontana Arte *Scintilla* project, when Piero Castiglioni and Gae Aulenti designed the *Cestello* system to light an exhibition at Palazzo Grassi. The system that was eventually put on the market was ideal for lighting spaces, commercial spaces in particular, in need of a touch of style to hide the fact that they are simply "containers".

In 1988 the company worked with Renzo Piano to readapt the spaces in Fiat's historic Lingotto factory, a project that led to the creation of another lighting system. This scheme was followed by more high-level collaborative projects: in 2005 with Massimiliano Fuksas and Doriana Mandrelli to light the exhibition pavilions in the new Milan Fair at Rho/Pero, a complex that is internationally recognised as one of the best and most important architectural works from the start of this century. In 2001 Adolfo Guzzini had to take care of restructuring two of the group's companies—Teuco and Fratelli Guzzini—as a result of a general serious economic crisis.

The result has been a relaunch of design as a high-value factor, in particular for the sector of gifts and fancy goods. However, the group's strong point remains lighting, around which iGuzzini has built up a closely linked activity of research and communication. The company's advertising campaigns became very popular, centring on real-life

Proprio al passaggio tra i due millenni, nel 2001, Adolfo Guzzini ha il compito di ristrutturare due aziende del gruppo – Teuco e Fratelli Guzzini – che vivono una crisi economica rilevante: il risultato è un rilancio del design come valore di riferimento, in particolare per il settore dell'oggettistica. Il punto di forza del gruppo rimane comunque il settore dell'illuminazione, intorno a cui iGuzzini costruisce anche un'intensa attività di ricerca e di comunicazione, intimamente legate tra loro.

Diventano così popolari – anche per l'utilizzo dei principali media – le campagne pubblicitarie centrate sempre su temi di attualità: dalle problematiche dell'inquinamento luminoso alle figure dei progettisti protagonisti dello *star system* dell'architettura, rappresentati sul luogo delle loro più prestigiose realizzazioni, dove ovviamente iGuzzini ha il ruolo centrale nella creazione delle atmosfere luminose. Abilmente giocata sul filo del rasoio tra cultura d'impresa e persuasione pubblicitaria, l'immagine Guzzini rimane comunque una delle più efficaci, legata all'espressione di contenuti autentici e specifici della realtà industriale evoluta, senza fare ricorso alla paccottiglia dello *chic* e dell'eleganza a buon mercato che distingue la maggior parte delle industrie del *lifestyle*.

Il destino delle aziende nate, o ri-nate, negli anni Ottanta e Novanta diventa dunque più significativo se visto con sguardo retrospettivo, confrontato alla situazione attuale: marchi che al loro apparire avevano suscitato molte aspettative sembrano oggi dubitare della possibilità di mantenere la loro carica dirompente.
Interessante in proposito la storia di Alias, nata dal connubio di un gruppo molto eterogeneo di architetti-designer-imprenditori come Enrico Baleri, Marilisa Decimo, Carlo e Francesco Forcolini. La piccola società adotta inizialmente tecniche di comunicazione insolite, come farsi prestare lo spazio di una galleria d'arte milanese, quella

themes, such as problems of light pollution, and the presentation of the world's leading architects on the sites of their projects, where of course iGuzzini is responsible for providing the lighting. Skilfully balanced between corporate culture and persuasive advertising, the Guzzini image and communication remain one of the most effective, linked with the provision of real, advanced industrial goods, and making no recourse to cheap tricks like the low-cost chic and elegance used to characterise much of the lifestyle industry.

The fate of companies that were started, or restarted, in the Eighties and Nineties is more significant if we look backwards and compare them to the current situation: brands that had aroused great expectations when they appeared today seem to doubt their ability to maintain their powerful impact.
On this score Alias makes an interesting case study. Started up by a group of assorted architects, designers and businessmen, such as Enrico Baleri, Marilisa Decimo, and Carlo and Francesco Forcolini, the small company initially employed unusual marketing techniques, for example, hiring Giorgio Marconi's Milan art gallery to present just two products, the *Broomstick* series of furniture designed by Vico Magistretti and Giandomenico Belotti's *Odessa* seat. The latter was substantially a remake of a design from the Sixties but given a reinterpretation by Baleri (replacing the original metal tube in the seat with a thin strand of PVC). It became an international bestseller and was nicknamed the Spaghetti Chair at the joy of its American distributors.

It was 1979 and the long season of Pop was still making itself felt beneficently but subversively against the approach of provincial "furniture-makers", with their heavy structures, and cumbersome and inflexible systems, however much expensive wood and lacquer they used. The furniture offered by Alias was not quite like that at

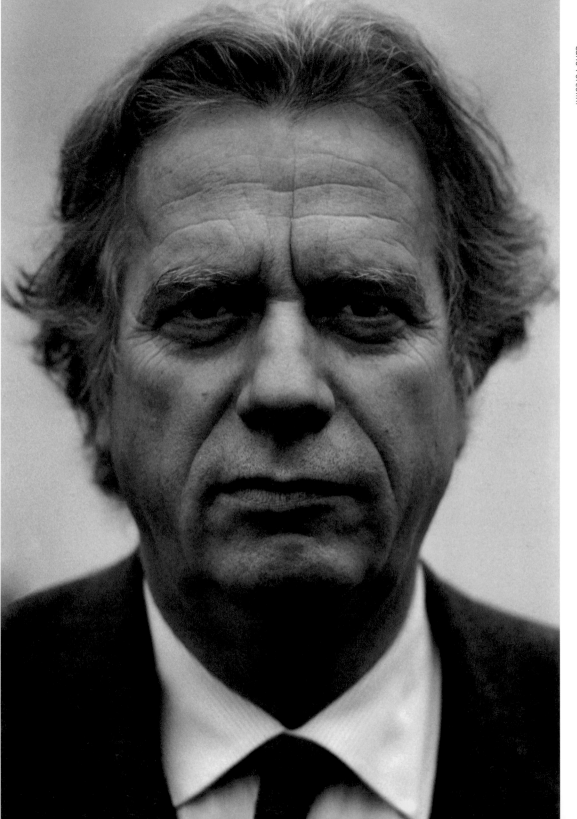

Carlo Forcolini

di Giorgio Marconi, per presentare due soli prodotti, la serie di mobili *Broomstick* di Vico Magistretti e la sedia *Odessa* di Giandomenico Belotti: quest'ultima è sostanzialmente un *remake* di un progetto degli anni Sessanta, ma che con la reinterpretazione data da Baleri (sostituire nella seduta un sottile tubo di PVC al tondino metallico originale) sarebbe diventato un *bestseller* internazionale, tanto da essere rinominata "Spaghetti Chair" per la gioia dei distributori americani.

È il 1979 e l'onda lunga del Pop si fa ancora sentire come un benefico effetto sovversivo, contro il provincialismo dei "mobilieri", legati alle pesanti strutture e ai sistemi ingombranti e inflessibili, per quanto arricchiti da preziosi legni e laccature. I mobili proposti da Alias non sono quasi tali, non andranno in effetti mai più in là di qualche sedia e tavolo, almeno nel periodo in cui l'azienda è guidata da Forcolini e Baleri: ma l'entusiasmo dei fondatori, l'oggettiva novità dei prodotti, la cura della comunicazione, l'idea stessa di un marchio che propone tutti gli stilemi delle aziende storiche, senza averne né i mezzi né l'esperienza, ha funzionato egregiamente per molti anni.

I problemi iniziano con le divergenze tra i soci fondatori, che dalla fine degli anni Ottanta progressivamente abbandonano Alias, passata poi di proprietà più volte in rapida successione: fino ad arrivare recentemente anch'essa nel gruppo Poltrona Frau (ovvero fondo Charme), mantenendo però come amministratore delegato Renato Stauffacher, succeduto a Forcolini e Baleri nella gestione del progetto e del prodotto. Con la sua direzione, Alias ha intrapreso la strada di una sperimentazione moderata, sicuramente coraggiosa per un'azienda di dimensioni molto ridotte, soprattutto quando è in grado di proporre e mantenere in produzione a lungo oggetti come *La Leggera* di Riccardo Blumer: una

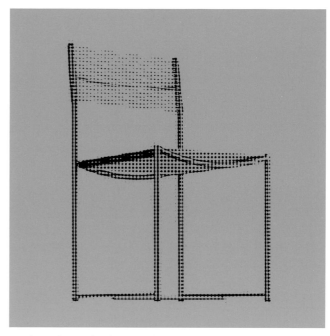

Spaghetti Chair, sedia/chair, Giandomenico Belotti, Alias, 1979

least during the period the company was run by Forcolini and Baleri: the enthusiasm of the founders, the objective novelty of their products, their careful marketing, and the idea of a brand that offered all the stylistic elements of the long-established companies, without having either the means or the experience, worked extremely well for many years. The problems began with the growing divergences between the founders, who, from the end of the Eighties, progressively abandoned Alias.

The company changed hands several times in rapid succession until it was taken up recently by the Poltrona Frau group (i.e., the investment trust Charme) though it retained Renato Stauffacher as managing director, the man who had succeeded Forcolini and Baleri as design and production manager. Under Stauffacher, Alias followed the path of controlled experimentation, undoubtedly a brave choice for a very small company, in particular when it was able to keep such objects as Riccardo Blumer's *La Leggera* in production over many years. This seat, apparently made of wood, is in fact completely supported by a core of injected polyurethane, a feature responsible for the seat's mysterious lightness, hence the name.

Certain affinities with the Alias case are also seen in the case of Oluce, though its history and length of life differed. After the glory of the Sixties and the exciting period it experienced with Giuseppe Ostuni and Joe Colombo, it was bought by Angelo Verderi in 1973. Colombo's almost naive genius was worthily substituted by the sophisticated formal culture of Vico Magistretti, who gave the company some of its biggest successes. In the mid-Nineties the need for a generational change began to arise and Verderi's natural successor was his son Antonio, whose background was economics: his choice of designers—an important factor for a company that needs to restrict its investments

Renato Stauffacher, Alberto Meda

Atollo, lampada/lamp, Vico Magistretti, Oluce, 1977

Lu-Lu, lampada/lamp, Stefano Casciani, Oluce, 1996

sedia apparentemente in legno, in realtà sostenuta da un'anima interna in poliuretano iniettato, che contribuisce a darle un effetto di misteriosa leggerezza.

Qualche affinità con il caso Alias si trova anche nel destino di un'azienda come la Oluce – anche se diversa per storia e durata – che, dopo i fasti degli anni Sessanta e la vicenda emozionante vissuta da Giuseppe Ostuni e Joe Colombo, viene acquisita nel 1973 da Angelo Verderi. Al genio quasi *naïf* di Colombo, si sostituisce degnamente la sofisticata cultura formale di Vico Magistretti, che dà all'azienda alcuni dei suoi *bestsellers* più clamorosi. Alla metà degli anni Novanta inizia a profilarsi la necessità di un cambio generazionale e il naturale successore di Angelo Verderi è il figlio Antonio. La sua formazione è tutta di matrice economica e la scelta dei progettisti, fattore decisivo per un'azienda che deve contenere i propri investimenti nell'ambito di una produzione ristretta, avviene inizialmente sull'onda di suggestioni diverse, con artisti come Riccardo Dalisi affiancati a un professionista spregiudicato come Hannes Wettstein.
Sarà con l'art direction di Marco Romanelli che dal 1995 Oluce prenderà una direzione più attenta a coordinare varie tendenze e poetiche su *brief* industriali più precisi: con la collaborazione di designer diversi, come Sebastian Bergne, Marta Laudani, Francesco Rota, me stesso, raggiunge una uniformità di qualità e d'immagine che rende la sua produzione un'alternativa interessante a quella delle *major*. Per un'azienda di dimensioni così ridotte, tuttavia, rimane sempre molto forte la dipendenza dalle regole di mercato, così che il marchio Oluce non riesce più a trovare il coraggio delle grandi invenzioni e l'entusiasmo sperimentale delle origini: sicuramente anche perché sembra oggi estremamente difficile intravedere tra i nuovi designer personaggi della statura di Joe Colombo o Vico Magistretti.

when its output is limited—initially went for artists like Riccardo Dalisi in tandem with the open-minded professional Hannes Wettstein. With Marco Romanelli as art director, from 1995 Oluce was more careful to coordinate different trends on the basis of more specific industrial briefs. With the contributions of different designers, such as Sebastian Bergne, Marta Laudani, Francesco Rota, and myself, he achieved a uniformity of quality and image that made the company's products an interesting alternative to those of the majors.

Being such a small company, however, its dependence on the rules of the market remained very strong, to the point that the Oluce brand did not have the courage to indulge in the great inventions and experimentation of its origins: undoubtedly this is also because it is extremely difficult to find new designers with the talent of such giants as Joe Colombo and Vico Magistretti.

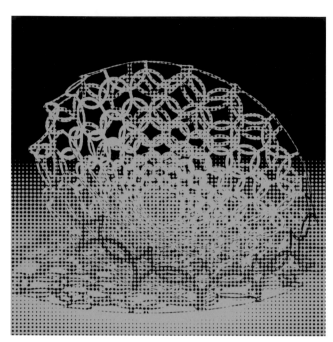

Very round, seduta/seat, Louise Campbell, Zanotta, 2006

Sopravvivere nella crisi del lifestyle

Lifestyle (stile di vita) è espressione inglese entrata anche in Italia nel linguaggio mediatico, per indicare l'insieme delle produzioni che hanno a che fare con il vivere quotidiano, possibilmente al di sopra dei propri mezzi. Croce e delizia di imprenditori e pubblicitari, si rivela in questi ultimi anni un'arma a doppio taglio. Mentre la maggior parte dei consumatori aspira, più o meno segretamente, al genere di *lifestyle* che la comunicazione di massa cerca in continuazione d'imporre, il mantenimento di un tale stile di vita (per chi se lo può permettere) implica naturalmente una saturazione, fisica e culturale, che richiede costanti, continui aggiornamenti.

E non è (più) sufficiente per le aziende avvalersi di una struttura produttiva ultraflessibile, che permetta comunque l'arricchimento anche con prodotti di poca vendibilità. Sempre più centrale è il ruolo di chi deve definire orientamenti e strategie di prodotto: assodato che il marketing non serve per prevedere orientamenti di un pubblico di consumatori così evoluto, accertato che nuovi imprenditori-*talent scout* scarseggiano e che la vita media dei prodotti, in particolare dell'arredamento, tende sempre di più ad abbreviarsi, non resta che fare forza sul "patrimonio genetico" delle aziende, per quelle che lo hanno.

È interessante in proposito rivedere l'esperienza di Zanotta negli anni Ottanta e Novanta: il fondatore Aurelio Zanotta, dopo i successi ottenuti con i suoi mobili pop, è tra i primi a percepire e raccogliere alcune delle idee innovative che vengono dal design neomoderno. Nella collaborazione che abbiamo sviluppato in fasi diverse – prima tra il 1980 e il 1985, poi tra il 1988 e il 1990, anno della sua morte –, un ruolo centrale ha l'incontro con i designer ex radical (Mendini, Sottsass, Branzi) e lo Studio Alchimia. Molte le mostre di commento e di critica alla cultura del design

Surviving a lifestyle crisis

The ambiguous word "lifestyle" has entered the language of the Italian media to represent the set of objects and services that relate to daily life, whose costs are possibly above our personal means. Both a burden and delight to businessmen and the advertising industry, in recent years the notion of lifestyle has turned out to be a double-edged sword.

Whereas most consumers aspire, for the most part secretly, to the type of lifestyle that the marketing industry continually foists on us, the maintenance of such a lifestyle (for those who can afford it) naturally implies a physical and cultural saturation that requires continuous revision. It is not enough (today) for companies to have an ultra-flexible production organisation even if it permits profits to be made with products that are difficult to sell. Increasingly important is the role played by the person who defines product direction and strategies: now that it is clear that marketing cannot foresee the direction that a highly educated consumer public will take, that new entrepreneurs and talent scouts are few and far between, and that the average life of new products, furnishings in particular, is ever shorter, what can a company do except fall back on its "genetic heritage", if it has one that is.

In this regard, it is interesting to consider the experience of Zanotta during the Eighties and Nineties. After the successes of the company's Pop furniture, during the Eighties its founder Aurelio Zanotta was one of the first to notice and assemble some of the more innovative ideas coming from neo-modern design. In the friendly collaboration we developed in two periods—first, between 1980 and 1985, second between 1988 and 1990, the year of his death— a pivotal role was played by the company's encounter with the former radical designers Mendini, Sottsass, and Branzi,

Design in Italia 3

Eleonora Zanotta

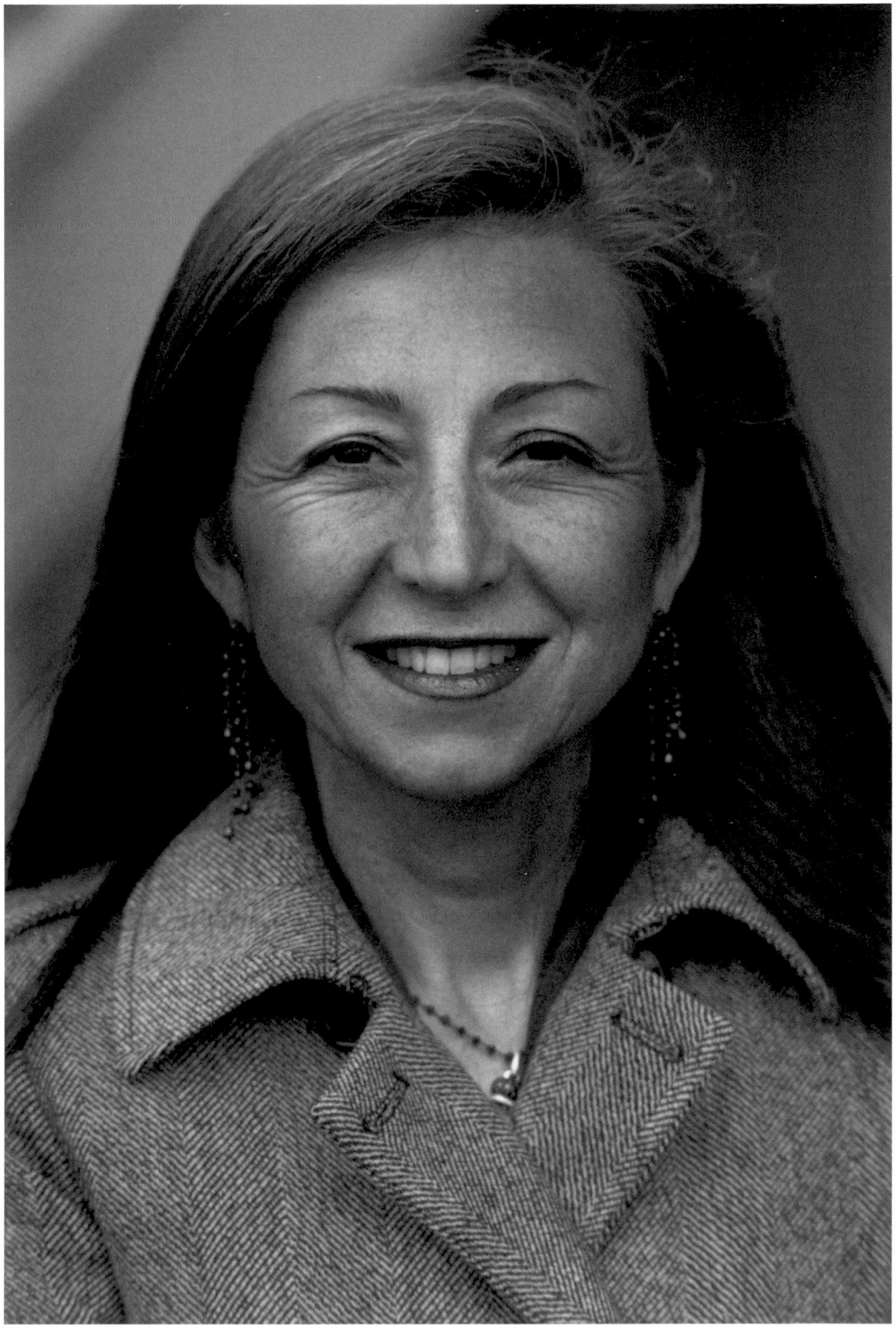

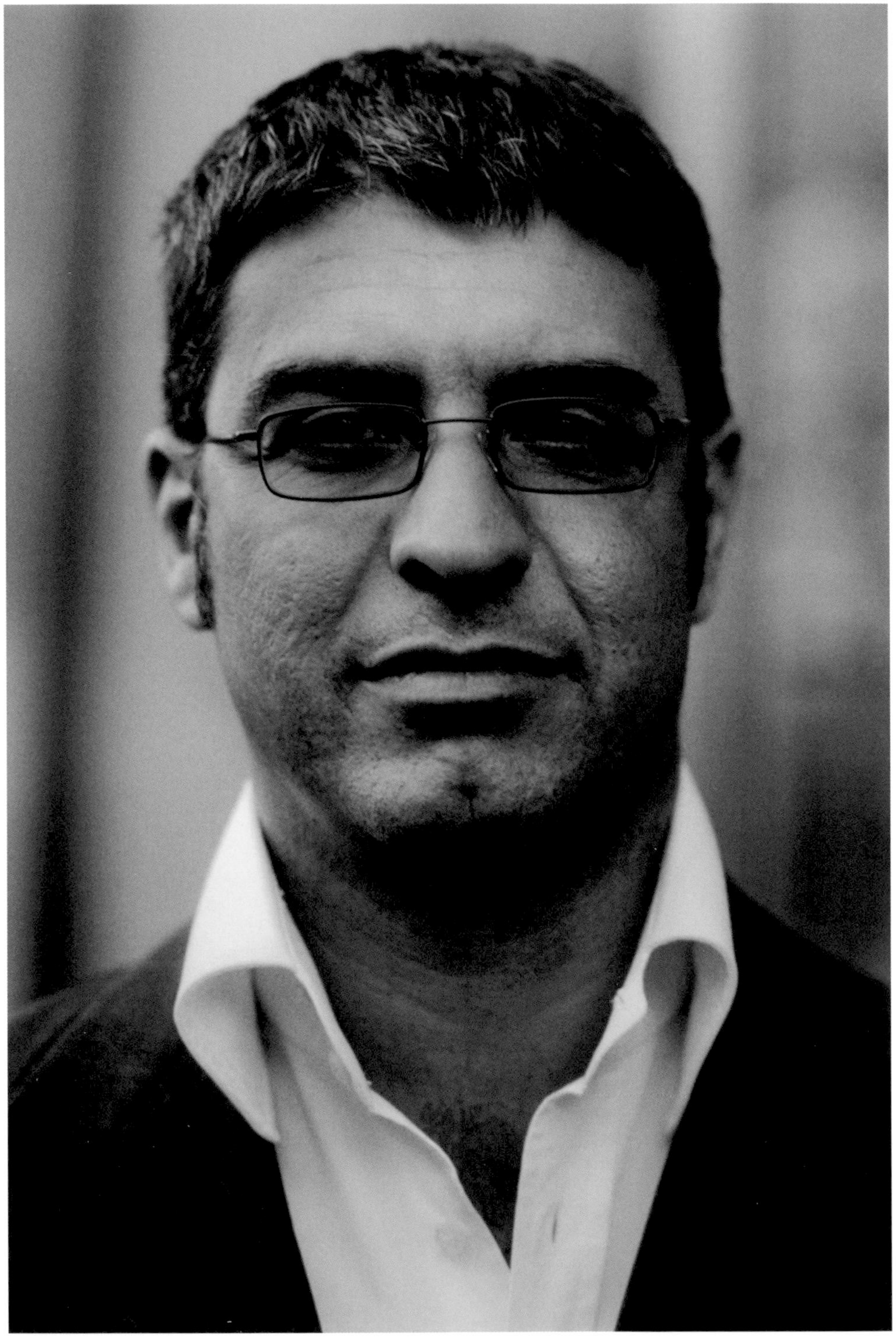

Martino Zanotta

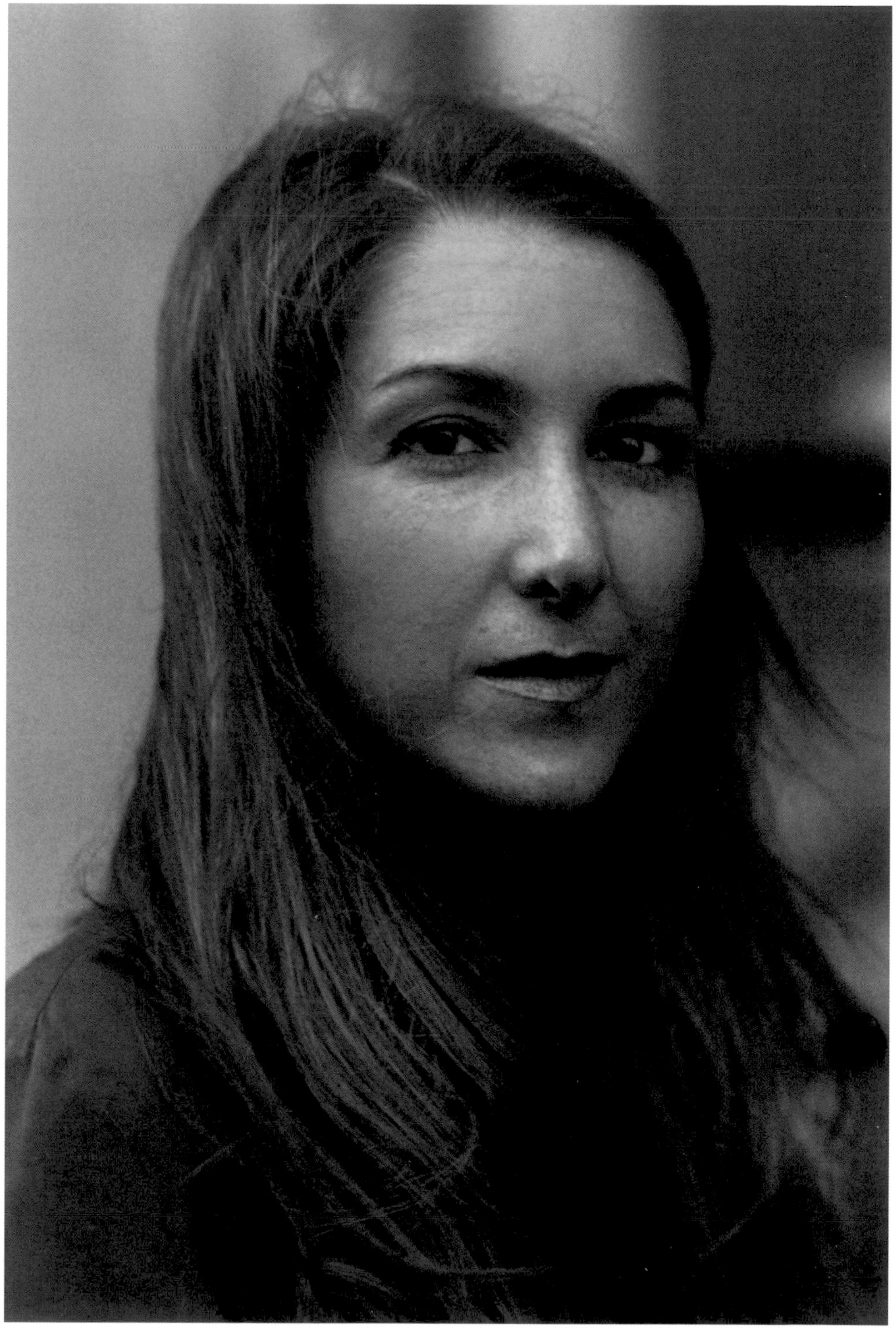

Francesca Zanotta

che realizziamo insieme: dall'ironica «Mussolini's Bathroom», un allestimento con pezzi degli anni Trenta, rieditati da Zanotta (con il mio coordinamento, come la chaise-longue *Genni* di Gabriele Mucchi) e riambientati in una sceno-grafica ricostruzione della palestra di Mussolini al Foro Italico, alle numerose presentazioni delle collezioni *Zabro*, realizzate con Alessandro Mendini e Alessandro Guerriero.

Con Zanotta iniziamo nel 1988 anche la strada della contaminazione del mobile con il lavoro degli artisti – divenuta poi dalla fine degli anni Novanta quasi un luogo comune – provando collaborazioni con autori come Enzo Cucchi, Piero Gilardi, Mimmo Paladino, Riccardo Dalisi, Alik Cavaliere. Saranno solo questi ultimi due a entrare con i loro prodotti nelle collezioni d'artista, divenute poi Zanotta Edizioni.
Il rapporto con i "maestri", soprattutto Castiglioni, Mari, Munari, si intensifica e si consolida, con risultati sorpren-denti come nel caso di Enzo Mari, che dopo un periodo critico di alcuni anni riesce a centrare l'obiettivo di tornare a realizzare mobili per la serie.

La scomparsa di Aurelio Zanotta – tanto dolorosa quanto imprevista – non lascia però del tutto impreparata la fami-glia e l'azienda. La figlia maggiore Eleonora, architetto, che già da qualche anno il padre aveva iniziato allo sviluppo dei prodotti, ha modo di dimostrare le sue capacità imprenditoriali. Prosegue sostanzialmente la linea storica del-l'azienda, ma tralasciando gli aspetti della ricerca più sperimentale, da suo padre seguita personalmente con spregiu-dicatezza, spirito libertario ma anche fiuto commerciale. La produzione Zanotta diventa quindi sinonimo di buona qualità del design, apertura verso i progettisti più giovani e moderata sperimentazione, ma senza più le rivelazioni e i successi strepitosi che avevano distinto gli inizi e il periodo eroico della provocatoria *leadership* di Aurelio Zanotta:

and Studio Alchimia. We put on many exhibitions that criticised and commented upon the design culture: for exam-ple, the ironic *Mussolini's Bathroom*, mounted with pieces from the Thirties brought out again by Zanotta (with my coordination, like the *Genni* chaise-longue by Gabriele Mucchi) and set in a reconstruction of Mussolini's gym in the Foro Italico in Rome. Other instances were the many presentations of the Zabro collection, which we put on with Alessandro Mendini and Alessandro Guerriero.

In 1988 with Zanotta we set out on the path of designing furniture with the input of artists, which by the end of the Nineties had become a commonplace. We started with the contributions of artists like Enzo Cucchi, Piero Gilardi, Mimmo Paladino, Riccardo Dalisi, and Alik Cavaliere, but it was only the last two whose products entered the artists' collection that went under the name Zanotta Edizioni. The relations with the "masters", first and foremost Castiglioni, Mari and Munari, became firmer, with surprising results in the case of Enzo Mari, who, after a critical period lasting several years, hit the bull's eye again with new designs for the series.

The sudden and sad death of Aurelio Zanotta did not leave his family and company unprepared. His eldest daughter, the architect Eleonora, who had been introduced by her father into product development several years earlier, showed her business abilities. She continued most of the company's established product line but left to one side the more experimental aspects, which her father had always curated personally with an open-minded—and even commercial—intuition. Zanotta's products became synonymous with quality design and a warm interest in younger designers and moderate experimentation, but without the revelations and outstanding successes that had distinguished the early days and heroic period under Aurelio Zanotta's stimulating leadership. It was only recently, with the revival of the

solo recentemente, la ripresa delle Edizioni, con apporti interessanti di progettisti come Louise Campbell, fa sperare in un ritorno all'originale spirito inventivo.

Sicuramente, nell'attuale agitato panorama delle aziende storiche e del loro assetto proprietario, la solidità di un'azienda familiare che difende dignitosamente il proprio territorio sembra contare più dei *coup de théâtre*: forse ormai impossibili in uno scenario di prodotto per definizione sempre confuso, disordinato, discontinuo. Essere capaci di muoversi su questo scenario in modo efficace, costituire un catalogo che possa contemporaneamente soddisfare i tic, i desideri e perfino i capricci del mercato del lusso richiede un talento raro, l'eccezione che conferma la regola, ovvero l'impossibilità di una produzione coerente in un'economia e una cultura che sono tutto meno che coerenti.

Tra queste interessanti eccezioni, quella personificata da Patrizia Moroso e dalla sua gestione dell'azienda di famiglia costituisce una novità, anche per la sua appartenenza generazionale, relativamente più giovane rispetto alla media anagrafica del settore, ancora piuttosto alta. Caso quasi unico nella dirigenza delle aziende italiane, proviene da studi d'arte, seguiti a Bologna presso il DAMS agli inizi degli anni Ottanta. Qui entra in contatto con artisti e architetti particolari, legati più al mondo dell'immagine che alla produzione vera e propria: come Massimo Iosa Ghini, che ai suoi inizi è più conosciuto come fumettista di immaginari scenari metropolitani, dove ogni tanto compaiono anche singolari pezzi d'arredo "bolidisti", secondo la definizione che Iosa Ghini e altri autori danno al proprio stile e che genererà anche un gruppo con lo stesso nome. Provare a trasformare questi disegni in mobili autentici è la prima sfida raccolta da Moroso, solo apparentemente in contraddizione con la vocazione dell'azienda per il *contract* (particolarmente per arredi navali) che ne rappresenta una delle fonti più importanti di fatturato. In realtà la qualità

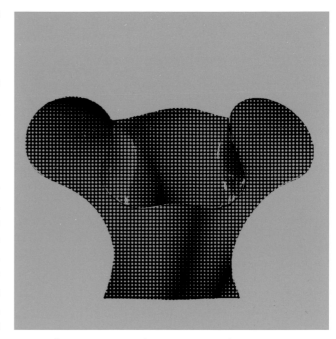

Spring Collection, Big Easy, sedute/seats, Ron Arad, Moroso, 1991

Edizioni, which brought interesting contributions from designers like Louise Campbell, that a return to the company's original inventiveness could be hoped for.
In the current agitated world of the historic design companies and their changing ownership structures, the solidity offered by a family company defending its territory seems to count for more than commercial *coups de théâtre*: though perhaps the latter are impossible in a product scenario that is increasingly confused, disordered and discontinuous.

It is a rare and exceptional talent that is able to operate against this background with success: to create a catalogue that is able, at one and the same time, to satisfy the quibbles, desires and even the whims of the luxury market. It requires someone capable of defining an articulate line of products in an economy and culture that are less and less coherent.

But these exceptions exist, for example, Patrizia Moroso, who runs, at a younger age than is customary, the family company. An almost unique case in the management of Italian firms, Moroso studied art at DAMS in Bologna in the early Eighties. Here she came into contact with artists and architects linked more with the world of image than true production: for instance, Massimo Iosa Ghini, who started out better known as a cartoonist of imaginary metropolitan settings in which, every now and then, unusual pieces of "*bolidista*" furniture would appear, as defined by Iosa Ghini and others of their particular style, a term that would give rise to a group of the same name. The first challenge that Moroso tackled was to turn these drawings into actual pieces of furniture, a task that was only apparently in contradiction with the company's contract vocation (especially with regard to outfitting ships). In fact, creating the more sophisticated quality of the furniture derived from more complex

Maurizio Peregalli, Nicoletta Baucia

sofisticata di mobili derivati da disegni più complessi, come quelli di Iosa Ghini, è il miglior test per le capacità di diversificazione del prodotto di cui Moroso saprà dare dimostrazione.

Sono lo stesse frequentazioni degli ambienti del design internazionale "d'avanguardia" degli anni Ottanta, che a Milano si ritrovano intorno a gruppi come Alchimia e Zeus, a far incontrare Patrizia Moroso e Ron Arad.

Zeus, gruppo singolare ed eterogeneo – formato inizialmente da Maurizio e Roberto Peregalli, Nicoletta Baucia, Sergio Calatroni, Walter Marcatti, Davide Mercatali – pur essendo molto vicino allo scenario della nuova moda italiana (per qualche tempo realizza gli interni nei negozi Armani) rappresenta un'alternativa allo Studio Alchimia e a Memphis, per l'assenza di leader ben definiti, e anche un po' ingombranti, come Mendini o Sottsass. Hanno sempre molto successo durante le manifestazioni parallele al Salone del Mobile, danno anzi un decisivo contributo al nascere del cosiddetto "Fuori Salone", con le loro esposizioni che sono spesso una libera riunione di autori liberi, provenienti dai più diversi paesi, europei e non. Arad, per esempio, per molto tempo espone da Zeus per il Salone del Mobile suoi pezzi sotto il marchio One-Off (pezzo unico), da lui stesso creato e con cui realizza i suoi mobili-scultura.

Anche quando verrà meno il clima comunitario e spontaneo in cui erano nate le mostre collettive Zeus degli anni Ottanta, Ron Arad manterrà sempre un rapporto di amicizia con Maurizio Peregalli e Nicoletta Baucia, che terranno in vita il gruppo, producendo disegni di Peregalli e Arad stesso, ma anche, più recentemente, di altri autori insoliti, come Fuksas e Mandrelli.

È comunque grazie a Zeus, nel clima più eclettico degli anni Ottanta, che avviene l'avvicinamento tra Ron Arad e Moroso. Il vantaggio intravisto dai due "complici" è reciproco. Il designer-scultore anglo-israeliano vede con grande

drawings, like those by Iosa Ghini, was the best test Moroso could face to demonstrate her capabilities for diversifying the product line.

It was in the circles of international "avant-garde" design in the Eighties, which revolved around groups like Alchimia and Zeus, that Patrizia Moroso met Ron Arad.

Though very close to the new Italian fashion scene (for a while it designed the interiors of the Armani shops), the remarkable and heterogeneous group, Zeus—formed by Maurizio and Roberto Peregalli, Nicoletta Baucia, Sergio Calatroni, Walter Marcatti, and Davide Mercatali—represented an alternative to Studio Alchimia and Memphis due to its lack of clear and slightly overwhelming leaders like Mendini and Sottsass.

The group enjoyed great success in the events held in parallel with the Salone del Mobile, and provided a decisive boost to the creation of the fringe events referred to as "Fuori Salone" with their exhibitions that were often simply a coming together of independent designers from Europe and beyond. Arad, for example, for a long time exhibited his One-Off pieces with Zeus for the Salone del Mobile. One-Off was the brand he had created and under which he produced his furniture/sculptures. And when the intensity and spontaneity in which the Zeus collective exhibitions were held in the Eighties began to die down, Ron Arad maintained his friendship with Maurizio Peregalli and Nicoletta Baucia, who held the group together, producing designs by Peregalli and Arad, and also, more recently, by such unusual creators as Fuksas and Mandrelli.

interesse le prospettive di affermazione (e guadagno) che possono venirgli da una collaborazione con una vera industria. Per Patrizia Moroso si tratta, oltre alla realizzazione di una passione personale per l'arte di Arad, di poter dare ancora una prova di capacità produttiva, di saper superare i ristretti vincoli del mercato "bene". Importante nel successo della collaborazione fin dai primi prodotti è la metamorfosi materica dei pezzi, che passano dall'acciaio inox saldato – intenzionalmente costosissimo e personalmente lavorato da Ron Arad nel suo laboratorio – all'imbottitura in resina poliuretanica rivestita in tessuto, che trasforma l'ironica durezza originale in una sorta di illusorio morbido abbraccio.

Alla poetica esuberante di Ron Arad e di altri autori come il catalano Javier Mariscal (autore di una curiosa poltrona *patchwork*), si aggiunge presto la ricerca estetica più complessa di Ross Lovegrove e di Konstantin Grcic e un'estensione della produzione oltre il semplice imbottito, la tipologia tradizionalmente prodotta dall'azienda. Avviata sulla strada di una combinazione commercialmente soddisfacente tra ricerca tecnica e decorativismo, Moroso sembra una delle aziende destinate a durare nel clima di quello che qualcuno ha definito *post design*.

Chi ha invece dovuto lottare più duramente per affermare la propria visione dell'oggetto come segno di qualità estetica, partendo da zero per formare e sostenere un'azienda propria, è un industriale non esattamente giovane, il fondatore di Magis Eugenio Perazza. Paradossalmente, nel Paese del design la sua è la storia di un conflitto permanente con l'arretratezza e i pregiudizi della piccola industria veneta – l'area geografica in cui nasce e cresce come imprenditore – una storia più simile a quelle dei pionieri degli anni Cinquanta. Conflitto e mancanza di gratificazione nell'azienda in cui lavora per molti anni come responsabile commerciale, alla fine degli anni

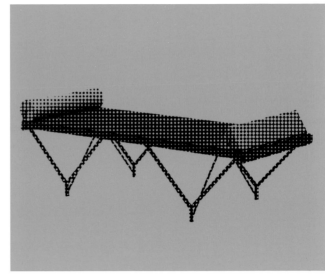

Day bed, letto/bed, Sergio Calatroni, Maurizio Peregalli, Zeus, 1985

In the eclecticism of the Eighties it was thanks to Zeus that Arad and Moroso got together. The pair derived mutual benefit from the association. The Anglo-Israeli designer-sculptor viewed with interest the prospects to get his name known (and make money) offered by working with a real production company. While, besides having a genuine love of Arad's art, Patrizia Moroso saw the chance to move beyond the narrow limits imposed by the "bourgeois" market. An important factor in the success of the pair's collaboration right from the start was the transformation of the materials used, which passed from stainless steel—intentionally very costly and personally worked by Ron Arad in his workshop—to polyurethane resin stuffing lined with fabric, which mutated Arad's products' original ironic hardness into a sort of illusory soft embrace.
The exuberant poetics of Arad and other creators, like Javier Mariscal (the author of a curious patchwork armchair), were joined by the more elaborate aesthetic research of Ross Lovegrove and Konstantin Grcic, and a broadening of the product type beyond the company's traditional stuffed furniture. Having set out successfully on a line that combines technical research and decorativeness, Moroso seems to be one of those companies destined to last in what someone has called the post-design era.

In contrast to the young Patrizia Moroso, Eugenio Perazza, the not-so-young founder of Magis, has had to work harder to establish his vision that objects can be examples of aesthetic quality, creating his company from zero. Paradoxically, in the country of design his is a story of continual conflict with the backwardness and prejudices of small companies in Veneto, the region in which his career as a businessman has flowered, and has much in common with the histories of the design pioneers of the Fifties. Disagreements and a lack of personal gratification in the company where he worked for many years as the commercial manager at the end of the Seventies induced

Eugenio Perazza

Settanta, lo inducono a cercare da solo il contatto con i designer, per la progettazione e la produzione di serie di oggetti particolari: non i soliti mobili, sedie, poltrone, tavoli, ma quegli strumenti umili – impropriamente detti complementi d'arredo – che hanno invece molta importanza in un buon *ménage* domestico: assi da stiro, carrelli per la spesa, portabottiglie, scolapiatti... Il primo vero prodotto che conosce una certa affermazione, dopo molti anni di scarsi successi, è una scaletta pieghevole, disegnata da Andries van Onck e Hiroko Takeda, singolare coppia olandese-giapponese da sempre con base a Milano, di rigorosa osservanza modernista, ma non senza qualche capacità fantastica. I materiali impiegati sono resine sintetiche e metallo, un accoppiamento non facile sul piano estetico, ma di evidenti vantaggi economici, oltre che naturalmente funzionali, per oggetti sottoposti a forti sollecitazioni.

Per molti aspetti, Perazza manterrà la confidenza in questi materiali in quasi tutti i progetti successivi, trovando la formula per risolvere un'equazione molto complessa, che gli è valsa un posto di primo piano nel mercato dell'arredamento (e non più solo nei complementi), un sicuro successo mediatico e, forse più importante, la stima di molti altri colleghi produttori "storici". Gli oggetti Magis sono infatti ragionevolmente costosi, hanno un'immagine sempre ironica e sicuramente innovativa, imprevedibile in alcuni casi, grazie spesso ad autentiche invenzioni tecniche, come nella sedia *Air-Chair*, prima sedia realizzata in un pezzo unico con la tecnica del *gas-moulding* (una combinazione di gas e resina iniettati nello stesso stampo, che consente un alleggerimento e un risparmio del materiale).
Con il suo coraggio imprenditoriale e la sua tenace resistenza alle difficoltà, Perazza è dunque riuscito a dimostrare come sarebbe ancora possibile oggi creare *ex novo* altre aziende basate sulla cultura del design.

Bombo Stool, sgabello/stool, Stefano Giovannoni, Magis, 1997

him to search out designers alone to design and produce series of unusual objects: not the customary furniture, seats, armchairs and tables, but those humble accessories that are in fact of great importance in any household: irons, shopping trolleys, bottle-carriers, dish-racks, etc. The first of his products to make its presence known, after years of limited success, was a folding ladder designed by Andries van Onck and Hiroko Takeda, an unusual Dutch and Japanese couple based in Milan, whose outlook is rigorously modernist but not without imaginative flair. The materials they used were synthetic resin and metal, a difficult combination from an aesthetic standpoint, but of clear benefit in terms of cost and functionality as a product subject to physical strain.

In many ways Perazza maintained his confidence in these materials in nearly all his subsequent projects, finding in it the formula that solved a complex problem, with the result that he has earned himself a leading position in the furnishings market (and not just accessories), media coverage and, more important, the esteem of many of his colleagues in the "historic" furniture companies. Magis products are in fact reasonably costly, and always have a humorous and unquestionably innovative (sometimes unpredictable) image, thanks often to real technical inventions, such as the *Air Chair*—designed by Jasper Morrison—the first single-piece seat, made using the gas-moulding technique: a combination of gas and resin injected into the same mould, thus lightening the finished object and saving material.

With his entrepreneurial courage and obstinacy in the face of difficulty, Perazza has succeeded in showing how it is still possible to create design companies from scratch. A single hiccup seems to have placed itself between the uniqueness of his experience and authentic artistic research: with the exception of Stefano Giovannoni and a few

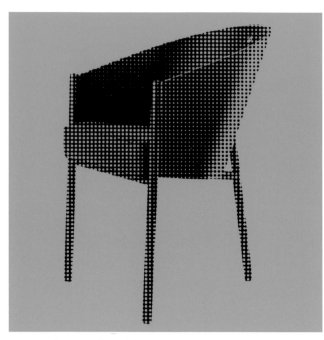

Costes, poltroncina/chair, Philippe Starck, Driade, 1985

Un solo ostacolo sembra frapporsi tra l'originalità della sua esperienza e l'autentica ricerca: con l'eccezione di Stefano Giovannoni e pochi altri italiani, la scelta dei progettisti Magis negli ultimi anni si dirige facilmente sui "soliti noti" del nuovo international style – Ronan ed Erwan Bouroullec, Konstantin Grcic, Michael Young, Marcel Wanders, Ron Arad, Marti Guixé, Marc Newson –, insomma tutti i designer stranieri cui invariabilmente ricorrono le aziende d'arredamento in cerca di "novità". Sarebbe sicuramente una novità più interessante, adeguata allo spirito innovativo di Perazza, scoprire qualche vero, giovane, sconosciuto talento, possibilmente – ma non necessariamente – italiano.

Resistere alla Sirena mediatica

Un paradosso segnala nel primo decennio del XXI secolo l'evoluzione – o l'involuzione, secondo i punti di vista – del sistema del design in Italia. Tanto più i mezzi di comunicazione veramente di massa, dai quotidiani alla televisione privata o pubblica, s'interessano alle curiose evoluzioni di designer e produttori e ne amplificano enormemente la conoscenza, tanto più rivelano la natura sempre più effimera e autoreferenziale del loro lavoro di creazione. La resistenza che almeno le migliori riviste specializzate fanno per riuscire a presentare solo i progetti più innovativi è totalmente assente nel pulviscolo di contenuti dei *magazine* settimanali dei quotidiani più importanti: dove un progetto magari "equo e sostenibile" merita lo stesso tempo di lettura dell'ultima collezione del noto stilista.

Così risulta sempre più evidente come una cultura nata progressista, quella del design italiano, sia costretta a soddisfare sempre di più i desideri, se non i capricci, di quella sorta di "superproletariato elettronico" che senza

---

other Italians, the choice of Magis designers in recent years has favoured the risk-free, well known names of the new International style—Ronan and Erwan Bouroullec, Konstantin Grcic, Michael Young, Marcel Wanders, Ron Arad, Marti Guixé, and Marc Newson—all foreign designers invariably employed by furniture companies in search of "novelty". It would undoubtedly be more interesting, and in keeping with Perazza's innovative spirit, if he were to discover some young, unknown and real talent, ideally, but not necessarily, Italian.

Resisting the Siren of the media

In the first decade of the twenty-first century a paradox marks the evolution—or involution, depending on one's point of view—of the design system in Italy. The more the mass media, from newspapers to private and public television, interest themselves in the curious progress of designers and manufacturers and enormously increase public awareness of them, the more they reveal the increasingly ephemeral and self-referential nature of their creative work. The efforts expended by the better specialised magazines to present only the most innovative projects is completely absent in the trivia of the most important weekly magazines, whose editor will place an "equitable and sustainable" project on the same level as the latest collection by a known fashion designer.

Thus it becomes ever clearer how a culture that was born progressive—that of Italian design—is constrained more and more to satisfy the desires, and whims, of the "electronic superproletariat" which, without any distinction of class, wealth or culture, wants only new goods to consume on either an actual or virtual level. It matters little if the novelty is revival, a new look, or an endless recycling of old styles or language.

distinzioni di classe, censo e cultura è unicamente ansioso di nuove merci da poter consumare realmente o virtualmente. Poco importa se la novità è revival, ridisegno, riciclaggio di stili e linguaggi già visti tornare e ritornare molte volte.

Nel deserto di sentimenti e di emozioni autentiche nella società capitalistica avanzata, l'unica aspirazione condivisa dall'industria e dal pubblico diventa una forma di unione ancestrale tra la persona e l'oggetto – il feticcio-merce di marxiana memoria – in nome di *qualcosa*. Per l'industria questo *qualcosa*, il valore, la ragione ultima della sua stessa esistenza è ovviamente il fatturato e il suo incremento progressivo, per il pubblico il valore è ancora una scelta culturale: la possibilità, per quanto minima, di scegliere il meglio (se non il migliore) nella sterminata quantità di prodotti che gli vengono offerti.

Certo, chiunque abbia occasione di viaggiare, per lavoro o divertimento, in qualsiasi luogo sulla Terra dove accenderà un televisore o leggerà un giornale, rivedrà non solo gli stessi giochi a premi, gli stessi *reality show*, gli stessi *format*, ma anche le stesse pubblicità di prodotti. Se però l'immagine e la comunicazione non si possono scegliere, è forse ancora possibile scegliere un prodotto reale: difficilmente gli stessi sistemi di vendita su Internet potranno sostituire l'esperienza dello shopping dal vivo. Così anche le industrie del design italiano interessate, anzi, obbligate a sopravvivere nel mercato globale cercano di orientarsi verso una strategia di approfondimento delle differenze culturali nello stile e nella concezione degli oggetti d'uso: anche se il canto delle sirene mediatiche continua ad attrarle verso il naufragio sugli scogli di un sistema economico totalmente inebetito dall'ansia di inutili novità.

Borek Sipek

In the absence of real feelings or emotions, in advanced capitalist society the only aspiration shared by industry and the public is a form of ancestral union between the person and the object: the goods' fetishism of Karl Marx. For industry, the reason for its existence is the value involved: i.e., turnover and its progressive increase; whereas for the public the value is still a cultural choice: the possibility, however small, of choosing the best (if not the best product) among the endless quantity of goods on offer.

Certainly, anyone who has the opportunity to travel, whether for work or pleasure, anywhere in the world where a television can be switched on or a newspaper read, will see not only the same quizzes, reality shows and formats, but also the same advertisements. If, however, we are not in a position to choose either image or communication, perhaps it will still be possible to choose a real product, as it is unlikely that internet selling will replace the experience of real shopping. Thus, the Italian design companies wishing, indeed obliged, to survive in the global market are trying to map out a strategy that will enable them to understand the cultural differences in the style and conception of user objects: even if the song of the media sirens continues to attract them towards shipwreck on the rocks of an economic system utterly stupefied by the longing for useless novelties.

Awareness of the mixing of project cultures is one of the guidelines for the "complex and contradictory" product range of Driade. Since the Eighties the company has blended the precision of the systems designed by Antonia Astori with a broad research and experimentation project related to global design run by her brother Enrico. Relying on the continued commercial success of systems like *Oikos* and others, the architect-businessman was one of the first to recognise the new directions taken in design as a result of the contributions of creators from unusual, or formerly

L'attenzione alla mescolanza delle culture progettuali è una delle linee guida per il "complesso e contraddittorio" programma di prodotto di un'impresa come Driade: che già dagli anni Ottanta affianca al rigore dei sistemi disegnati da Antonia Astori un ampio progetto di ricerca e sperimentazione sul design globale guidato dal fratello Enrico. Confidando proprio nell'affidabilità commerciale di sistemi come *Oikos* e successivi, il raffinato architetto-imprenditore è stato tra i primi a registrare i nuovi orientamenti nel design dovuti ad autori provenienti da aree insolite, o ex depresse. Così per Driade lavorano e continuano a lavorare intensamente (a parte il solito Starck, che resuscita l'estinto design francese) Borek Sipek dall'ex Cecoslovacchia (oggi Repubblica Ceca), Oscar Tusquets dalla Spagna, più recentemente Tokujin Yoshioka dal Giappone: essi rappresentano – pur nelle differenze anagrafiche e di stile – un'innegabile originalità di disegno e di concezione del prodotto nei diversi tentativi di connotare in altro modo tipologie quasi impossibili da trasformare come quelle dell'arredamento.

Non mancano certo le differenze culturali. Se per Starck il connotato principale dell'oggetto è l'ironia buffonesca o la citazione spinta di stili passati – dall'Art Déco agli anni Cinquanta e Sessanta –, per Tokujin Yoshioka (uno dei pochi autentici talenti rivelatisi in quest'inizio secolo) l'obiettivo raggiunto con successo è quello di rinnovare gli oggetti d'arredo con l'uso spregiudicato di materiali nuovi o già esistenti, ma rielaborati attraverso un ripensamento profondamente contemporaneo della loro natura: come in *Honey Pop* – il progetto finora più poetico e conosciuto di Tokujin – dove riesce a dare resistenza statica a fogli di carta assemblati, tagliati, ripiegati e spiegati a formare la solida struttura portante di una poltrona. Naturalmente tanto eclettismo di sperimentazione richiede da parte della famiglia Astori una capacità di governare attentamente il programma di produzione (negli anni identificato con una nomenclatura di marchi spesso aggiornati e riadattati agli umori del mercato) con un impegno a 360 gradi.

depressed, areas. Thus Driade works intensely and continuously with Starck (who resuscitated the dying French design culture), Borek Sipek (from the Czech Republic), Oscar Tusquets (from Spain) and more recently with Tokujin Yoshioka (from Japan). This authors represent, including in its personal and stylistic differences, an undeniable originality in their design work and product conception, in their various attempts to imbue product types with innovative connotations, something that is hardly possible today with furniture.

There is certainly no lack of cultural differences between them. Whereas for Starck the principal subtext of an object is its clownish humour or a citation from past styles—from Art Deco to the Fifties and Sixties—for Tokujin Yoshioka (one of the few genuine talents to have emerged since 2000) the objective he has achieved is to renew furnishing objects with an unrestricted use of new materials, or with existing materials to which he has applied a deeply contemporary reinterpretation. An example is *Honey Pop*, to date his most poetic and best known design, in which he succeeded in creating static resistance in sheets of paper that are assembled, cut, folded and opened out to form a solid load-bearing structure for an armchair. Naturally, so much eclecticism of experimentation requires the Astori family to run the production schedule with great care (the brand names of which over the years have been updated or changed to suit the moods of the market).

The family still fully owns the company and has not given way to the recurrent requests to sell off a brand and catalogue of domestic objects and inventions. Enrico Astori remains the instigator and final judge in the choice of designers and products, Adelaide Acerbi continues to be responsible for the graphics, art direction and marketing, and Antonia Astori and her nephew Micky continue to design many of the products. And Elisa Astori (also an architect), the

L'assetto proprietario resta legato interamente alla famiglia stessa, che resiste anche alle ricorrenti richieste di cedere un marchio e un catalogo straordinario di oggetti e invenzioni domestiche. Enrico Astori rimane l'ispiratore e il giudice finale nella scelta di progettisti e prodotti, Adelaide Acerbi continua a curare la grafica, l'art direction e la comunicazione, Antonia Astori e il nipote Micky continuano a disegnare molti prodotti; la figlia di Enrico e Adelaide, Elisa, anche lei architetto, da anni è entrata a collaborare con l'azienda, seguendo la ricerca e lo sviluppo di nuovi prodotti. Anche la transizione generazionale per Driade avviene in maniera pianificata e decisa nelle strategie, ma *soft* nei modi, senza sostanziali mutamenti nella linea culturale di sperimentazione, che rimane centrale per un'azienda così intimamente legata alle personalità e alle curiosità dei suoi fondatori: persone reali con cui il pubblico e il mercato d'élite si identificano, vedendo in loro gli ultimi esponenti di quell'aristodemocrazia industriale tanto glorificata nella letteratura sul design quanto storicamente minacciata dalle dure leggi del mercato globale.

Un'analoga impressione di resistenza alle semplici suggestioni mediatiche suscita la vicenda del gruppo Molteni, comunemente identificato con i tre marchi Molteni & C. (casa), Unifor (ufficio) e Dada (cucine) e le loro tipologie di prodotto: mobili e attrezzature per la casa, l'ufficio e la cucina.
In realtà, soprattutto per quanto riguarda Molteni e Unifor, l'attività delle aziende del gruppo pare orientata in una direzione più ampia, legata a un'approfondita ricerca su tipologie, tecnologie e materiali, e allo sviluppo di collaborazioni molto strette con autori di particolare ispirazione poetica. Scomparsi alla fine degli anni Novanta il grande Aldo Rossi e il suo amico-collega Luca Meda, autori di molti prodotti dalla forte presenza architettonica e sostanzialmente legati all'uso del legno come materiale distintivo, la produzione Molteni si diversifica sempre più nella scelta dei progettisti, ma anche nella ricerca sui materiali.

Carlo Molteni, Dieter Pesch, Aldo Rossi

daughter of Enrico and Adelaide, has entered the company to follow the research and development of new products. The generational handover for Driade occurred as part of a planned, strategic move but one that was gentle in its manner, without substantial alterations to the company policy of experimentation. That is a plank that remains central to a company so closely linked to the personalities and idiosyncrasies of its founders, real people with whom the public and top segment of the market identify, seeing in them the last exponents of the industrial aristo-democracy that is as exalted in design literature as it has been threatened historically by the hard laws of the global market.
A similar impression of resistance to media-led suggestions is aroused by the Molteni group, commonly identified by its three brand names Molteni & C. Unifor and Dada and their product typologies: furniture and equipment for the house, office, and kitchen.

In reality, in particular with regard to Molteni and Unifor, the activities of the group's companies seem to have a broader aim linked to detailed research into typologies, technologies, and materials, and to the development of very close relationships with inspired designers. With the death at the end of the Nineties of the great Aldo Rossi and his friend-colleague Luca Meda, the creators of many strongly architectural products in which wood was a distinctive material, Molteni's product line has increasingly diversified as a result of its choice of designers and research into materials.

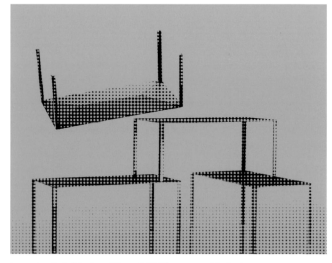

Less, tavolo/table, Jean Nouvel, Unifor gruppo Molteni, 1994

Among the new intake of designers who work with the company, the one who stands out is Jean Nouvel, who —*mutatis mutandis*—in certain ways has taken on the role played by Aldo Rossi as a point of cultural reference for the group's image. While other equally fine designers restrict themselves to a correct interpretation of their industrial

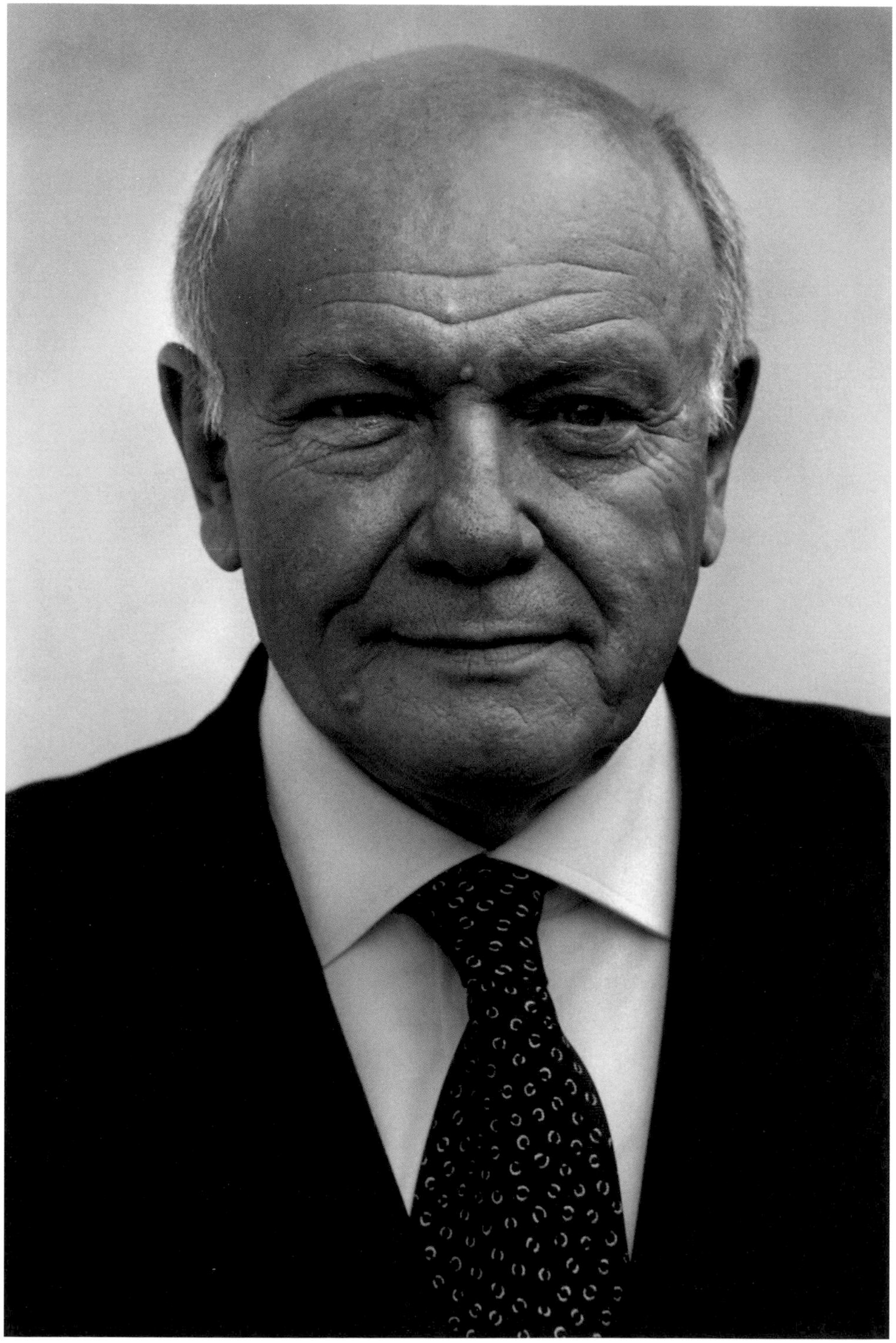

Carlo Molteni

Nella nuova ondata di designer che collaborano con l'azienda, sicuramente si distingue Jean Nouvel, che – *mutatis mutandis* – assume per certi aspetti il ruolo avuto da Aldo Rossi come punto di riferimento culturale per l'immagine del gruppo. Mentre infatti altri pur bravi progettisti si limitano a una corretta interpretazione dei *brief* industriali, proponendo soluzioni di ottimo gusto ma di scarsa presa comunicativa, Nouvel porta per quanto possibile all'estremo le possibilità espressive date da materiali come acciaio, alluminio, lo stesso legno rivisto però in chiave astratta.

A questa brillante associazione d'immagine tra un progettista superstar e un'impresa, il gruppo affianca un'intelligente strategia di marketing e di comunicazione, avviando anche un accordo commerciale per la distribuzione della collezione casa Vitra: l'industria europea più "italiana" quanto ad approccio culturale al progetto delle attrezzature per l'abitare. Si crea così un interessante corto circuito tra l'entusiasmo di uno sperimentatore come Rolf Fehlbaum (tra l'altro, primo committente europeo di Frank Gehry con il Vitra Design Museum) e la lucida visione commerciale di Carlo Molteni, che ha permesso al gruppo da lui guidato (con il fratello Piero, responsabile dello sviluppo prodotto per Unifor) di superare con successo le molte crisi vissute dall'industria italiana del mobile, anche per aver saputo inserire nelle pieghe di una strategia imprenditoriale senza sbavature avventuriste la capacità di far ricadere regolarmente nella produzione domestica i risultati delle ricerche in altri settori (tavolo *Less* di Jean Nouvel, prima Unifor poi Molteni & C.).

È un metodo che poche industrie possono permettersi, consentito solo dalla capacità di unire la sostanza concreta della ricerca tecnica a un'altra sostanza impalpabile, quella di una visione avanzata del mercato e della sua possibile, futura sensibilità all'innovazione: un metodo *just in time* in versione italiana, dove non conta solo la flessibilità produttiva ma, forse anche di più, l'elasticità mentale che fa abbandonare strade antiche e già sperimentate per

briefs, offering solutions in very good taste but short on communication, Nouvel takes the expressive capabilities given by the materials (such as steel, aluminium, or wood seen in an abstract key) as far as he can.

This sparkling association between a superstar designer and a company has been supported by an intelligent marketing and communications strategy, and put into place a distribution agreement for the Vitra Home collection of furniture. Vitra is the most "Italian" European company in its cultural approach to the design of household equipment and the result of this collaboration is an interesting short-circuit between the enthusiasm of an experimentalist like Rolf Fehlbaum (Frank Gehry's first European client, for whom he designed the Vitra Design Museum) and the commercial vision of Carlo Molteni, which enabled the group he directs (with his brother Piero, product development manager for Unifor) to survive the many critical periods experienced by the Italian furniture industry, and also for having managed to slip into the folds of a fairly unadventurous business strategy the right to include in the company's domestic production the results of its research in other sectors (the *Less* table by Jean Nouvel, first produced by Unifor, then Molteni & C.).

It is a method that few companies can permit themselves, one that is made possible only by the capacity to combine the tangible substance of technical research with the intangible one of an advanced reading of the market and its possible, future response to innovation: an Italian version of the Just-In-Time production method, in which not only production flexibility is taken into account, but also, and maybe more, the mental elasticity that allows old, known directions to be abandoned so that new ones, perhaps less safe but certainly more interesting, can be followed, marked—as in the case of Jean Nouvel—by consideration of the dimension of space even when designing the simplest furniture.

intraprenderne altre, magari meno sicure, ma certamente più affascinanti, segnalate – come nel caso di Jean Nouvel – dall'attenzione alla dimensione dello spazio anche nel disegnare il più semplice dei mobili.

Se infatti una connotazione positiva originale rimane nel design italiano è quella di una certa qualità spaziale dell'oggetto, ovviamente nei casi più felici di collaborazione tra industrie e progettisti: specialmente quegli architetti che, lavorando in continuità con la poetica dei Maestri, sono ancora capaci di fare di un mobile una macchina per abitare, un congegno funzionale che opera però anche una trasformazione, per quanto piccola, dell'ambiente in cui vivrà. Questa connotazione spaziale può anche rappresentare una dimensione astratta, concettuale, perfino simbolica nella maggior parte dei casi, ma può essere anche concreta in qualche interessante eccezione: per esempio in certi sistemi di organizzazione dello spazio, disegnati proprio da Jean Nouvel per Molteni, oppure in quello specialissimo "abitacolo" che può essere l'interno di una vasca – microscopico ambiente dove consumare qualche momento di relax o di cura del corpo – o ancora in certi tipi di cucine molto evolute (e molto costose) in cui l'organizzazione degli elementi è importante almeno quanto la loro forma.

In questo senso è interessante esaminare l'esperienza con cui un'industria storica come Boffi ha saputo rinnovare la sua produzione, dopo la crisi degli anni Settanta e Ottanta. Istituzionalizzata da Luigi Massoni, la linea di attenzione alla dimensione spaziale del prodotto ritrova continuità in Boffi con l'ingresso nella direzione dell'azienda del manager Roberto Gavazzi (come in Kartell con Claudio Luti, proveniente da esperienze nel campo della moda) e l'inizio dell'art direction di Piero Lissoni. L'originalità di questo nuovo approccio non sta nella semplice ripresa della tradizione, ma in una molteplice strategia d'innovazione. A partire dagli anni Novanta, con un processo di

Paolo Boffi, Roberto Gavazzi

If there remains an original positive nuance in Italian design, it is indeed that of objects having a certain spatial quality, one that is of course more successful in products that are the result of collaboration between a manufacturing company and an architect. This is particularly true of those architects who learned and have continued to employ the poetics of the Masters, and are thus able to make a piece of furniture a machine for living, a functional device that also effects a transformation, however small, of the environment in which it is set. This spatial nuance can also represent an abstract, conceptual, even symbolic dimension in most cases, but it may also be material in certain interesting exceptions: for example, in some systems for organising space designed for Molteni by Jean Nouvel, or in that very special "cockpit", the inside of a bath—that tiny environment where it is possible to enjoy a few moments of relaxation or body care—rather than certain types of more advanced (and very costly) kitchen in which the organisation of the various elements is at least as important as their form.

In this sense it is interesting to examine how the long established company Boffi succeeded in renewing its range of products following the difficult years of the Seventies and Eighties. Fixed as a major criterion by Luigi Massoni, the awareness of the spatial dimension in products found continuity at Boffi with the entry into the company management of Roberto Gavazzi (from the fashion industry, like Claudio Luti at Kartell) and Piero Lissoni as art director. The originality of this new approach does not lie in the simple revival of tradition but in a multiple-approach strategy in innovation. Since the Nineties an assortment of kitchen systems, created at different times and in different ways, has been integrated into an overall process of redesign and made compatible in order to increase their flexibility of use and lifetime on the market. Similarly, a new product sector has been started up, that of the bathroom, into which many original components designed for the kitchen have

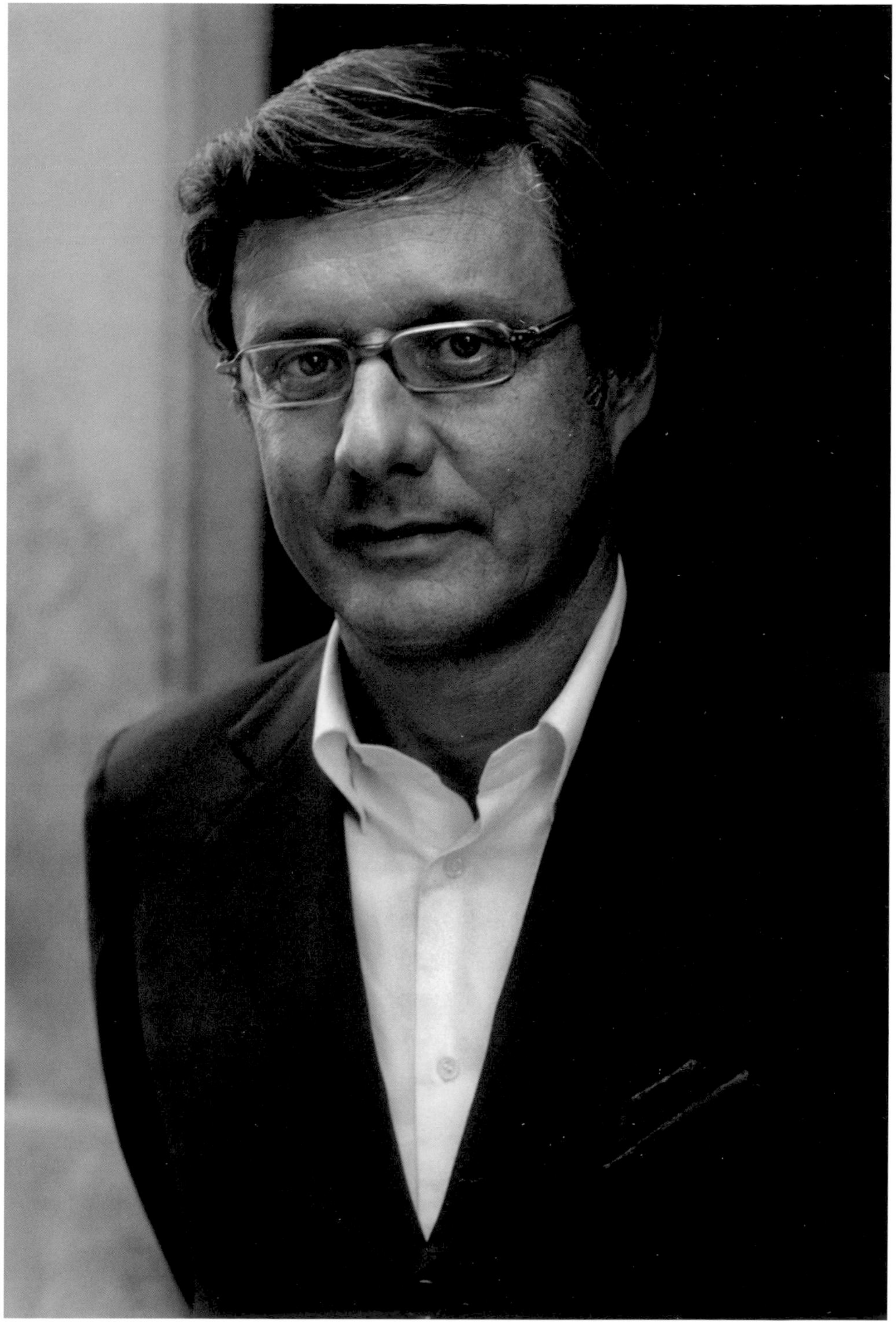

Roberto Gavazzi

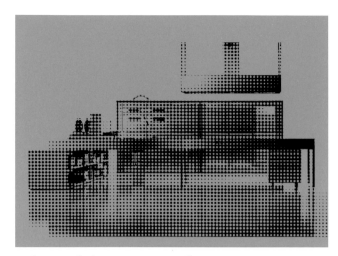

Works, cucina/kitchen, Piero Lissoni, Boffi, 1986

ridisegno complessivo vengono integrati e resi compatibili tra loro differenti sistemi di cucine, nati con tempi e modi diversi, per aumentarne la flessibilità di utilizzo e la durata sul mercato. Viene aperto un nuovo settore di produzione, quello dell'ambiente bagno, dove pure vengono integrate molte componenti originali messe a punto per la cucina. Infine, si estende enormemente l'aspetto *glamour* della forma e della presentazione dei prodotti, per entrambi i settori.

Nei nuovi modelli le sofisticazioni tecniche, necessarie e ricercate, vengono più che altro sottintese e comunque esibite discretamente, a favore di una forte sintesi geometrica: spariscono le esibizioni macchiniste (alla Joe Colombo, per intendersi) e la stessa presentazione dei prodotti si gioca su variazioni di tono e contrasti di colori minimi, ispirati soprattutto alla moda minimalista. Contemporaneamente diventano importantissimi gli allestimenti per negozi e fiere, in cui gli spazi del cucinare o della cosiddetta *wellness* vengono riproposti in scala "microurbanistica", con importanti investimenti, ma anche con grande effetto sul pubblico un po' annoiato dei *Salons*. Estendendo la produzione al settore *wellness*, lo stesso concetto di sistema viene superato a favore di quello di ambiente: le componenti principali, gli accessori, ma anche gli elementi tecnici disegnati da diversi progettisti, si integrano nell'immagine complessiva, che a sua volta corrisponde più alla visione generale di Piero Lissoni e Roberto Gavazzi che non alla semplice somma dei singoli prodotti. Questa strategia si rivela vincente per Boffi, che non solo mantiene ma migliora in modo significativo le sue posizioni sul mercato, fino a divenire uno dei *brand* internazionalmente più conosciuti e riconosciuti come rappresentativo del *made in Italy*.

È curioso, ma non casuale, come questa stessa definizione nello *slang* degli economisti e dei quotidiani economici sia passata a designare, dalle generiche produzioni industriali italiane, quella ristrettissima fascia di mercato corrispondente

---

been integrated. And finally, the glamour aspect of the appearance of the products in both sectors has been increased enormously. The necessary and refined technical sophistication of the new models is for the most part understated and displayed discreetly, to permit strong geometrical synthesis. The conspicuous and somewhat theatrical displays (à la Joe Colombo) have gone, and the presentation of the products hinges on variations in tone and nominal colour contrasts inspired by Minimalism.

At the same time, fittings for shops and exhibition stands have become very important, settings in which cooking and "wellness" spaces are presented on a "microurbanistic" scale. This approach has required large investments but is received to good effect by the public rather bored with Salons and trade fairs. This concept of "environment rather than system" has also been introduced in the Boffi wellness sector. The principal components, accessories and technical elements conceived by different designers are integrated into the overall image, which in turn corresponds more to the general vision of Piero Lissoni and Roberto Gavazzi than to the sum of the individual products. This proved a winning strategy for Boffi, which not only maintained its position in the market but improved it, to become one of the best known brands internationally and be recognised as one of the companies most representative of the "Made in Italy" style.

It is curious, but not accidental, how this term (Made in Italy), part of the slang of economists and the financial press, has come to mean, from its background in generic Italian industrial production, the tiny band of market that more or less corresponds to luxury goods. Cars, fashion, sailing, furniture—all characterised by exorbitant costs and the affection of the happy few—have become the symbol of an Italy that, despite its aspects as an undeveloped

più o meno ai beni di lusso. Automobili, moda, nautica, arredamento, distinti da costi esorbitanti e dall'affezione a essi portata dagli *happy few*, sono diventati il simbolo di un'Italia che, malgrado le sue contraddizioni da paese del Terzo Mondo (inefficienza generalizzata dei servizi pubblici, fallimento del sistema scolastico e universitario, sprechi spaventosi nella pubblica amministrazione), continua a esportare ovunque vi sia denaro sufficiente merci di altissima qualità, nella forma e nel contenuto. Una funzione centrale nella diffusione di questa immagine scintillante della produzione italiana hanno sicuramente svolto per molti anni le riviste e i media internazionali, affascinati dal mistero di un Paese che con risorse limitate, infrastrutture inadeguate e forti squilibri sociali ha continuato, anche nei momenti di peggiore crisi economica, a inventare quelli che dagli anni Ottanta si chiamano "nuovi scenari dell'abitare".

Sostenere quest'immagine, ricercare nuove possibilità di sbocco all'ingegno di imprenditori, maestranze e progettisti, mantenere allo stesso tempo una coscienza critica delle problematiche culturali del progetto e della produzione è stato un compito storico di riviste come «Domus», che già alla morte del suo genio fondatore Gio Ponti ha subito trovato nell'acuta visione globale di Alessandro Mendini uno strumento di analisi insieme romantica e fredda della realtà postmoderna. Mendini è stato il primo di una lunga serie di successivi direttori della rivista, cambiati circa ogni tre anni, secondo un originale principio individuato dall'editore Giovanna Mazzocchi, che nel 1979 succede a suo padre Gianni alla guida dell'Editoriale Domus.

Il principio riflette le curiosità e l'apertura culturale di Giovanna Mazzocchi che, con generosità molto rara tra gli editori italiani, ha sempre lasciato alle diverse direzioni la massima libertà di espressione, riponendo totale fiducia nella capacità del direttore di turno di saper esprimere attraverso la rivista tendenze, tensioni, aspirazioni – ma anche la

Giovanna Mazzocchi

country (the general inefficiency of the public services, the failure of the school and university system, frightening waste in the public administration), continues to export goods of very high quality, in form and content, wherever there is sufficient money to buy them.

A central role in the diffusion of this dazzling image of Italian production has been played for many years by the international media and magazines fascinated by how a country with limited resources, inadequate infrastructures and heavy social imbalances has continued, even during its worst economic crises, to invent what since the Eighties have been called "*nuovi scenari dell'abitare*" (new living scenarios). Sustaining this image, and seeking new outlets for the ingenuity of businessmen, skilled workers and designers, while staying critically aware of the cultural difficulties thrown up by design and production has been a traditional skill of magazines like *Domus*. Even on the death of its founder, Gio Ponti, *Domus* immediately found itself an analytical instrument, both romantic and cold, of the post-modern reality in the acute global vision of Alessandro Mendini. He was the first of a long series of editors-in-chief, who were generally changed every three years or so, in keeping with a principle established by the publisher Giovanna Mazzocchi, who in 1979 succeeded her father Gianni at the helm of Editoriale Domus.

The three-year principle reflected Giovanna Mazzocchi's curiosity and cultural openness, who, with a generosity very rare among Italian publishers, has always left her editors the maximum freedom of expression, placing complete faith in them to know how best to express the trends, tensions, aspirations and concrete reality of the different times in contemporary architecture, design and art In his case, Mendini succeeded in using post-modernism

concreta realtà – dei diversi momenti storici nelle arti contemporanee. Nel suo caso, Mendini ha saputo usare il postmodernismo come testa di ponte per traghettare l'addormentata cultura architettonica italiana degli anni Settanta verso atteggiamenti più nuovi e coraggiosi, avvalendosi (come già abitudine di Gio Ponti) anche della collaborazione di molti colleghi più o meno giovani: da Lisa Licitra Ponti a Tommaso Trini, da Ettore Sottsass ad Andrea Branzi, da Charles Jencks a Maria Grazia Mazzocchi, da Pierre Restany – "storico" critico d'arte della rivista per quasi quarant'anni – a me stesso, che a Mendini devo molta riconoscenza per avermi iniziato all'attività di critico e saggista proprio con «Domus» e la sua direzione.

Così, mentre altre testate pure storicamente importanti come «Casabella» proprio negli stessi anni si sono avviate a un lento declino con la loro monotona devozione a un'idea di architettura con l'A maiuscola, la miscela di design, arte, moda e altre forme espressive – caratteristica di «Domus» fin dalle sue origini e ribadita con forza da Mendini – risulta ancora vincente e duratura per stabilire diversi orientamenti e intrecci culturali, scoprire e proporre nuovi talenti e autori, raccontare con spirito più giornalistico che storico-critico le trasformazioni irreversibili dell'universo progettuale.

Le direzioni più interessanti della rivista sono state proprio quelle che – senza inutili snobismi o, peggio, demagogie – hanno saputo affrontare lucidamente anche la realtà delle industrie del design italiano, raccontandone non solo i successi, ma le esitazioni, gli esperimenti (inclusi quelli non riusciti), i tic e le manie che pure le rendono inconfondibili nel panorama internazionale. Paradossalmente, se una critica può essere mossa a questo atteggiamento di grande apertura e spregiudicatezza, è il suo elevato grado di utopismo: avere cioè scambiato fenomeni di élite come Memphis, Alchimia, certi nuovi designer e/o aziende, per la realtà globale della produzione,

as a bridge to lead the dormant architectural community in Italy in the Seventies towards a new and daring shore, involving (as was Gio Ponti's ability) contributions by other colleagues as Lisa Licitra Ponti, Tommaso Trini, Ettore Sottsass, Andrea Branzi, Charles Jencks, Maria Grazia Mazzocchi, as well as Pierre Restany, the magazine's "historic" art critic for almost forty years. He also asked myself to join Domus editorial staff when I was still a student, hence it is to Mendini that I owe much gratitude for having encouraged me to take my first steps as a critic and essayist.

Thus, while other historically important titles, such as *Casabella*, began a slow decline due to their treatment of architecture as a subject with a capital 'A', the mixture of design, art, fashion and other forms of expression that had been characteristic of *Domus* since its origin and which was emphasised by Mendini developed into an even more winning formula, suggesting different directions and cultural relations, discovering new talents and creators, and describing the irreversible transformations taking place in the design world in a manner that was more journalistic than historical or critical.

The magazine's more interesting directions were those that, without snobbery or, worse, demagoguery, discussed the real circumstances of Italian design companies, reporting not only on the successes but also on the difficulties they faced, the experiments undertaken (including those that failed), and the idiosyncrasies and manias that made Italian design so recognisable on the international stage. For an instrument of criticism to adopt such an open-minded perspective represented the height of idealism: indeed, it sometimes mistook the exceptional flair demonstrated by

o almeno aver voluto e fatto credere, in modo talvolta convincente, che questa realtà fosse davvero così aperta alla sperimentazione, alla ricerca, all'incontro tra diverse forme di espressione per un puro fine estetico o culturale. Risulta invece sempre più chiaro che, a differenza di un sofisticato mezzo di comunicazione come «Domus», l'industria manifatturiera non può vivere di soli fini culturali, anche se di essi si avvale per migliorare i propri prodotti e servizi.

Lo dimostra lo stesso caso di Alessi, l'azienda guidata da Alberto Alessi, che dagli anni Ottanta è storicamente succeduta a Olivetti nello stabilire il modello di impresa ideale per tutte le industrie del design italiano. Non si tratta qui di un'iperbole, di una figura retorica, ma della realtà di una vicenda, e soprattutto di una lunga serie di prodotti, progetti, eventi e iniziative che – nei metodi, nelle forme e spesso nei contenuti – sono stati ripresi, con esiti diversi, da molte altre aziende. Basti pensare alla formula delle "collezioni" aperte a molti autori diversi, che Alessi – con il coordinamento di Mendini – inaugura già venticinque anni fa (nel 1983) con la serie di servizi *Tea and Coffee Piazza* commissionati ai principali architetti post modern allora emergenti. L'idea che uno stesso tema, per quanto apparentemente leggero come il progetto di un servizio da tè e caffè, potesse riuscire a esprimere con le interpretazioni di diversi autori una specie di *Zeitgeist*, di spirito del tempo di un'epoca, è risultata infine indovinata.
Quasi nessuna impresa ormai, con rare eccezioni, pretende di riuscire a soddisfare il nuovo eclettismo dei gusti e degli orientamenti del pubblico – da quello più colto a quello meno sofisticato – con un gruppo molto ristretto di progettisti: in qualche modo la quantità è diventata sinonimo di qualità, anche se oggettivamente tra i progettisti della prima serie apparivano talenti innegabili, da Arata Isozaki a Oscar Tusquets, da Aldo Rossi a Michael Graves.

La conica, caffettiera/coffee maker, Aldo Rossi, Alessi, 1983

Alberto Alessi, Achille Castiglioni, Enzo Mari, Aldo Rossi, Alessandro Mendini

Talenti non solo per essere poi divenuti autori di alcune delle architetture più significative della fine del xx secolo, ma anche per essersi rivelati per Alessi una vera e propria miniera d'oro: basti pensare alle quantità milionarie di pezzi venduti del bollitore di Michael Graves, poco importa se poi lo stesso Graves sia finito copiando se stesso in stanche ripetizioni di quell'idea originale. Alessi è diventata un punto di riferimento per tutto il mondo dell'industria, l'azienda per cui tutti i designer del mondo vorrebbero disegnare un pezzo, almeno una volta, grazie al talento eccezionale di Alberto Alessi nell'individuare i designer più commerciali di questi anni – da Stefano Giovannoni a Philippe Starck – dando al tempo stesso impulso alla ricerca in tutte le direzioni, campionando praticamente quasi ogni materiale disponibile o adatto agli oggetti casalinghi, rilanciando a più riprese operazioni di scandagliamento del mondo giovanile dell'espressione, creando un'immagine coordinata mai noiosa, ma sempre piena di invenzioni e d'ironia, estendendo il suo pubblico da quello degli showroom più sofisticati agli stanchi viandanti degli aeroporti di mezzo mondo.

Inoltrandosi nel nuovo secolo, Alessi ha ideato e messo in atto forme nuove di collaborazione tra aziende di diversi settori, riuscendo così a produrre sanitari, cucine, piccoli e grandi elettrodomestici, perfino, in collaborazione con Stefano Giovannoni, un modello di auto, la Panda Alessi. Non si tratta solo di saper utilizzare strategicamente – "senza astenersi da nessuna situazione di lotta", come si sarebbe detto nel linguaggio rivoluzionario degli anni Settanta – un *brand* senza macchia e senza paura per tutte le operazioni industriali immaginabili: dietro ai successi (e qualche piccolo fallimento) di Alessi c'è ancora la cultura dell'industria illuminata italiana delle origini, il gene di una contaminazione tra profitto e progetto che, manipolato dalle mani abili dei grandi imprenditori del design, ha generato quell'immagine di qualità della produzione italiana ancora oggi presa a modello dall'industria globale. Certo, anche per

Aldo Rossi, and Michael Graves. Talents not only because they were to design some of the most important buildings of the end of the twentieth century, but also because they were to prove a veritable gold mine for Alessi. Just think of the millions of kettles designed by Michael Graves that were sold: it is of little importance that Graves ended up by copying himself in tired repetitions of the original idea. Alessi became the point of reference for the entire industry, the company for which every designer in the world wished to sign a piece, at least once in their lives, thanks to the remarkable talent of Alberto Alessi to pick out the most commercial designers of the period—from Stefano Giovannoni to Philippe Starck—whilst also stimulating research in every direction, testing practically every material available or suitable for use in domestic appliances, repeatedly trawling through the ranks of the younger designers for talent, creating a coordinated image full of wit and humour and extending his public from those in the most refined showrooms to tired travellers in half the world's airports.

After 2000, Alessi launched new forms of collaboration between companies in different sectors, to produce equipment for the bathroom and kitchen, small and large household appliances, and even, with Stefano Giovannoni, a car, the Panda Alessi. This was not simply knowing how to make strategic use—"fighting on every possible battlefield", in the revolutionary ultra-leftist language of the Seventies—of an immaculate and fearless brand in every industrial operation imaginable as, behind Alessi's successes (and the occasional failure), lay the culture of enlightened Italian industry back at its origins, the gene of the marriage of profit and design that, in the skilful hands of the great design businessmen, has generated the image of high-quality Italian goods that is still taken as a model by global industry. Of course, for Alessi too globalisation has forced its way into the design world, requiring

Alessi la globalizzazione, forzata anche nel mondo del design, ha imposto una revisione strategica dei programmi di produzione: dal 2007 i suoi prodotti sono strutturati in tre grandi divisioni, corrispondenti alla fascia media, medio-alta e alta di prezzo: quest'ultima, denominata Officina Alessi dalle esperienze storicamente iniziate con *Tea and Coffee Piazza*, rimane ancora il laboratorio di sperimentazione più sofisticato, quello dove vengono invitati a collaborare gli autori più complessi, ma sempre nella speranza – non troppo segreta – di trovare dei nuovi Aldo Rossi o Michael Graves. Il tentativo di unire cultura "alta" e "bassa", prosa e poesia, arte e design, è il vizio cui Alberto Alessi non sembra voler rinunciare nemmeno nella massima fase industriale di un marchio, ancora indipendente, che per molti è associato all'idea di una totale libertà, quasi licenziosa, d'invenzione, ma che invece continua a mantenere il suo successo proprio perchè basato su un sottile, difficile equilibrio tra aspirazioni culturali e una serie di regole, molto ben codificate, molto precise, con cui ogni prodotto, ogni progetto – che sia un posacenere o un intero sistema di attrezzature per la tavola – viene rigorosamente valutato per le sue possibilità di esito sul mercato, in continuità con l'immagine sempre imprevedibile e sorprendente della "Fabbrica dei Sogni", come Alessi ama chiamare l'industria di famiglia.

Conclusioni

Era inevitabile, nel cercare di descrivere la grande, problematica complessità delle industrie italiane leader del "Made in Italy", che il fascino di vicende esistenziali e umane molto particolari, quasi letterarie, risaltasse a volte sullo scenario globale d'insieme: ma vedere gli alberi e non il bosco è un errore di prospettiva, che rischia di indurre un facile ottimismo, di dare per scontate soluzioni a un problema – il futuro del design in Italia – che ha invece contorni e prospettive incerte, proprio perché rispetto al passato, anche recente, sono radicalmente diverse le condizioni economiche, politiche e sociali in cui il design si genera e vive. Guardare invece lucidamente al

strategy reviews with regard to production. In 2007 the company's product ranges were structured in three divisions, corresponding to the medium, medium-high, and high price bands. The last of the three, called Officina Alessi in continuation from its experiences begun with the *Tea and Coffee Piazza*, remains the most sophisticated experimental workshop, the one in which the most complex designers are invited to work, always in the not overly concealed hope that the next Aldo Rossi or Michael Graves will be discovered. The attempt to unite "high" and "low" culture, prose and poetry, art and design, is the aim that Alberto Alessi seems determined not to lose sight of, even in the most industrialised phase of the still independent company. For many the brand is associated with the idea of total, almost licentious freedom of invention, but one that maintains its success because it is based on a subtle and delicate balance between cultural aspirations and a series of highly codified and very precise rules against which every product and design—whether a simple ashtray or an entire system of tableware—is rigorously evaluated for its market possibilities, in continuity with the always unpredictable and surprising image of the "Dream Factory", as Alessi likes to call his family company.

Conclusions

In attempting to describe the large and complex world of the leading Italian design companies, it was inevitable that very particular, almost literary, individual stories would at times hog the limelight on the greater, industry-wide stage; but not to see the wood for the trees is an error of perspective that risks inducing facile optimism, and taking for granted solutions to the problem of design's future in Italy, whereas the industry is currently in an uncertain state because, in comparison with the past, even the recent past, the economic, political and social conditions within which design exists and is generated have changed radically.

mondo delle merci e del loro consumo, di cui inevitabilmente anche l'arredo e tutti gli altri strumenti per l'abitare fanno parte, significa prendere atto che anche per l'Italia – in uno scenario globale in cui sempre più spesso è veramente difficile capire cosa, e soprattutto perché, si consuma – si va verificando quella profezia di una "modernità liquida" che il filosofo Zygmunt Bauman da tempo va descrivendo. In questo tipo di società, segnata da una mobilità inafferrabile delle occupazioni, dei luoghi di vita e degli stessi sentimenti, ciò che muove l'attività frenetica del consumatore, secondo Bauman, "non è più la gamma misurabile dei bisogni articolati, bensì il desiderio, un'entità molto più volatile ed effimera, evasiva e capricciosa... una forza autoprodotta e autoalimentata che non abbisogna di altra giustificazione o causa"[3].

Sicuramente nella fase "eroica" del design italiano, quei mitici anni Cinquanta in cui iniziano molte delle storie di aziende qui narrate, proprio il desiderio di nuove forme dell'oggetto industriale ha avuto un ruolo molto importante nel determinare una qualità originale, addirittura inconfondibile e spesso insuperabile, della migliore produzione. Questa era però riconosciuta, e si riconosceva, in una classe colta, non necessariamente più agiata, che, animata da quel desiderio, era la più adatta a raccogliere – e in qualche caso a stimolare – un alto grado d'innovazione e di sperimentazione nella produzione stessa. Oggi invece la società capitalista occidentale, di cui l'Italia è parte integrante, è diventata realmente una società di massa: milioni (miliardi?) di compratori ogni giorno si precipitano nei centri commerciali o nei negozi monomarca, nelle boutique e negli outlet per comprare tutti le stesse momentanee novità proposte da *brand* multinazionali: Ikea o Chanel, Nokia o Sony, Microsoft o Apple non fa molta differenza, e ancora meno ne fa sul World Wide Web. La gamma delle possibilità è sempre più infinita, sempre più rapidamente obsoleta, e avvicina sempre più la merce e la sua natura a quella di un capriccio illogico e infondato, oltre la stessa buona, vecchia idea del desiderio.

If we cast a rational eye at the world of goods and their consumption, of which of course furniture and all other types of domestic products are included, we see that also in Italy—in a general scenario in which it is increasingly difficult to understand what and, above all, why we consume—the prophecy of "liquid modernity", described by the philosopher Zygmunt Bauman since 2000, is coming true. In this type of society, which is marked by an increasing turnover of occupation, place of residence, and feeling, what stimulates the frenetic activity of the consumer, says Bauman "is not a set of articulated, let alone fixed, needs, but desire, a much more volatile and ephemeral, evasive and capricious, and essentially nonreferential phenomenon"[3].

In the "heroic" phase of Italian design, the mythical Fifties in which many of the companies discussed here were founded, the desire for new forms of industrial object played a very important role in determining an original, unmistakable and often unsurpassable quality in the very best products. This was recognised by a cultivated, though not necessarily more affluent class of the public, which, conscious of that desire, was the best suited to appreciate, and in some cases to stimulate, a high level of innovation and experimentation. Today, however, Western capitalist society, to which Italy obviously belongs, has developed into a mass society: millions (billions?) of purchasers every day hurry to their shopping centres, single-brand shops, boutiques, or outlets to buy all the same short-lived novelties offered by the multinationals: whether Ikea or Chanel, Nokia or Sony, Microsoft or Apple, it does not make much difference, and even less so on the web. The range of possibilities is ever greater, and increasingly rapidly obsolete, and every day our good, old-fashioned desire is made to resemble more and more an illogical, groundless caprice.

3. *Zygmunt Bauman,* Modernità liquida, *Laterza, Bari 2004 (2a edizione), p. 77*
3. *Zygmunt Bauman,* Modernità liquida, *Bari: Laterza, 2004 (2nd edition), p. 77, translated from Zygmunt Bauman,* Liquid Modernity, *Hoboken: Wiley, 2000*

Giuliano Mosconi

È quindi con questa nuova natura del consumo che anche la sofisticata, raffinatissima cultura tecnica, materiale e progettuale delle industrie italiane deve fare i conti: pensare di potersi porre al di fuori da questo modello di consumo sarebbe come voler riproporre il mobile su misura o l'automobile personalizzata. Anche se un sistema capitalistico evoluto come quello occidentale lascia piccolissime nicchie a questo tipo di prodotto, la realtà della produzione seriale è ancora fatta di standard unificati, almeno finché esisterà ancora l'industria manifatturiera – per quanto delo-calizzata e subappaltata – di prodotti e oggetti nati da un processo di design.

Certo, anche il contenuto più sofisticato, l'innovazione autentica, perfino una certa istintiva ribellione di qualche autore alle stesse leggi del consumo possono essere inghiottiti, digeriti, elaborati e volgarizzati nelle forme di comunicazione più banali. Tuttavia, per ogni designer e – nei casi migliori – anche per i produttori si tratta ancora di valutare la possibilità di progettare e realizzare oggetti in termini di valore reale: o meglio di saper creare un valore dell'oggetto attraverso la qualità del suo processo di progettazione.
Alla fine, che si trovi a operare in una situazione di modernità solida – quella dell'industria con la I maiuscola fatta di milioni di esemplari e grandi macchine per la fabbricazione – o in quella liquida dove non si sa più dove e da chi il prodotto viene deciso, disegnato, provato e realizzato, il progettista ancora dotato di un senso etico scarterà la posizione del mestierante, tenterà di operare con e nell'oggetto una trasformazione, per quanto minima, del suo spazio, tempo, modalità d'uso. I più fortunati, o più dotati di talento, riusciranno magari a trovare anche l'indu-stria in grado di realizzare al meglio il prodotto, di dargli quella qualità imprecisata, quel *qualcosa* di sufficiente-mente misterioso e affascinante che gli permetta di sopravvivere, il più a lungo possibile, nel contesto di una società liquida, dove nulla è stabilito e tutto può cambiare, da un istante all'altro.

In consequence, the sophisticated, highly refined technical and material culture of Italian design companies has to take into account this new form of consumerism: to decide to place itself outside of this reality would be the equiva-lent of returning to making made-to-measure furniture or personalised cars. Even if the advanced capitalist system of the West leaves tiny niches available for this type of product, the reality of mass production is still based on unified standards, at least while the manufacturing of products and objects originating with the design process continues to exist, however decentralised and subcontracted.

Of course, even the most sophisticated content, authentic innovation, or the certain instinctive rebellion of some designer against the laws of consumerism may be swallowed up, digested, processed and vulgarised into more banal forms of communication. Nonetheless, for every designer and, in the best cases, for manufacturers too, it is still a question of evaluating the possibility of designing and producing objects in terms of real value, or rather to know how to imbue the object with a value through the quality of its design process.
In the end, whether one is still operating in "solid modernity"—in which industry with a capital 'I' makes millions of objects using huge production machinery—or in the liquid modernity in which we no longer know where or by whom a product is decided, designed, tested and made, the designer with a sense of ethics will reject being treated as a jack-of-all-trades, and will try to work a transformation, however small, with and into the object, its space, time, and method of use. The luckiest ones, or those who are most talented, will perhaps manage to find companies able to manufacture the product in the best way possible, to give it an imprecise quality, that *something* which is suffi-ciently mysterious and fascinating to allow it to survive as long as possible in a liquid society, where nothing is fixed and everything can change from one moment to the next.

Epilogo

Seduti nella sala da pranzo della casa di via Palestro, una casa grande come non ne ho viste tante a Milano – con le grandi finestre sul parco di fronte al quale qualche killer assoldato dalla moglie avrebbe ammazzato pochi anni dopo Maurizio Gucci – una casa vuota quasi di tutto tranne pochissimi mobili e molte opere degli artisti amici, aspettavamo che l'aiutante indiano, forse dello Sri Lanka, ci portasse i pochi distillati piatti del pranzo, o della "colazione" come usano dire i signori, milanesi e no. Tante volte Bruno Danese mi aveva chiesto di parlargli, mi aveva detto di avere delle cose importanti da dirmi: come se io fossi chissà quale autorità nelle cose della vita, che invece non ho mai capito abbastanza bene da diventare veramente molto ricco, aprire uno studio a Brera con molti assistenti sottopagati e in genere giapponesi e quindi vincere premi come il Compasso d'Oro (che poi avremmo vinto comunque insieme alla mia amica Anna del Gatto con il programma Lezioni di Design).

In fondo allora avevo solo trentacinque anni e avevo scritto solo molti articoli e qualche libro e solo due magari importanti: certo, uno dei due raccontava proprio quello che il signore magro, elegante ed ironico seduto davanti a me, con sua moglie se possibile ancora più magra e un po' più alta con uno sguardo determinato da svizzera francese (ma più francese che svizzera), ha saputo fare inventandosi un tipo di azienda che non c'era, e forse non c'è mai veramente stata: un'azienda che metteva davanti a tutto la ricerca spasmodica di una qualità estetica dei suoi prodotti, qualità di cui a pochissimi frega veramente qualcosa. Di anni da quando avevo scritto quel libro ne erano però passati almeno due e come a volte succede scrivere un libro significa in qualche modo che il meglio è già passato e allora tanto vale celebrarlo proprio con un bel libro: ma allora questo pensiero non mi sfiorava perché non sapevo bene esattamente che cosa volesse dirmi Bruno Danese. Le cose che aveva da dirmi erano certo importanti. Tra la minestra, le verdure lesse e il pollo croccante e pochi convenevoli stava cominciando lentissimamente a farmi capire, aggirando molto alla lontana l'argomento, che non

Epilogue

Seated in the dining room of the house in Via Palestro, a large house like few I have visited in Milan—with big windows overlooking the park in front of which Maurizio Gucci was later killed by some criminals hired by his wife—a house empty of almost everything except a very few pieces of furniture and works by artists-friends, we waited while the Indian, perhaps Sri Lankan, servant brought us the few distilled plates of lunch—or "luncheon" as it used to be called by the bourgeoisie, Milanese or not. Bruno Danese had asked me to speak to him on many occasions, saying he had important things to tell me—as if I were some special authority on life whereas in fact I have never understood life well enough to make myself truly rich, open a studio in Brera with lots of underpaid assistants, for the most part Japanese, and therefore win prizes like the Compasso d'Oro (which we would have won anyway together with my friend Anna del Gatto with the TV programme Lessons in Design).

Then I was only thirty-five and I had only written articles and a book or two, of which possibly only two were important: of course, one of the two told the story of the thin, elegant and ironic man seated before me, with his, if possible, even thinner and a little taller wife, she with the determined expression of a French Swiss (though more French than Swiss). They had succeeded in inventing a type of company that wasn't, and which perhaps never had been: a company that set greatest value on the spasmodic research into the aesthetics of its products, a quality which very few care truly about. However, at least two years had passed since I wrote that book, and as at times it happens that writing a book means that in some way the best is already past, and that it is as well to celebrate it with a good book—but this thought did not cross my mind as I did not know exactly what Bruno Danese wanted to tell me. The things that he had to say were certainly important: against the background of the soup, boiled vegetables, crunchy chicken and his few compliments he

riusciva più bene a decidere cosa fare: se continuare a lavorare ancora e sempre con quei due maestri dai nomi quasi ugua-li (l'uno sta dentro l'altro) che l'hanno accompagnato in moltissimi anni, al massimo con l'aggiunta di qualche giovane talento, o se invece non sarebbe stato meglio cedere le armi di difesa del suo territorio del design a un nemico ovviamente invisibile, perché fatto soprattutto dai sogni di incremento di fatturato dei manager, ma che certamente cominciava a ren-dere la vita sempre più difficile anche a chi come lui (come loro) era riuscito a mettere insieme una tale massa di oggetti con una coerenza da far paura.

Mi sembrava troppa allora tanta preoccupazione, con tanti bravi designer in giro, o almeno così pensavo, e quindi cer-cavo di rispondergli, chissà perché, come se dovessi rincuorarlo, io che non avevo niente se non una figlia meravigliosa di pochi mesi, mentre lui se ne stava seduto nel suo grande appartamento sul parco a interrogarsi sul futuro della sua azienda; poi, non subito, ma lentamente, negli anni e ora meglio che mai, avrei capito che la sua debole resistenza all'inevitabile cambiare delle situazioni economiche, sociali e politiche di quello che una volta forse era stata una cul-tura, ma che stava diventando soprattutto un mercato (anche abbastanza piccolo e instabile), cioè il design, era solo un piccolissimo segnale di quello che sarebbe successo dopo, o che stava già succedendo. Non tutti hanno il coraggio, o l'incoscienza, di continuare a camminare nel precipizio come Wile Coyote, anche se si sono accorti che sotto i piedi di terra non ce n'è più, che sono "venute a mancare" – come si dice delle persone care – le condizioni storiche che hanno permesso di fare del design italiano una macchina tanto potente da invogliare economie ben più importanti di quella italiana ad appropriarsene come ci si appropria di un marchio di fabbrica, sia simbolicamente, adottandone tutti i modi e i tic, o più materialmente in qualche caso comprandosi davvero il marchio. E ora mi pare che in fondo, quel giorno del 1991, avessi davanti la visione di quella che sarebbe stata la grande finale metamorfosi del sistema del design ita-liano, un balletto di marchi che vanno e vengono da un pacchetto azionario all'altro: peccato non averla avuta subito

---

was beginning gradually to make me understand, circling slowly around the subject, that he could no longer make up his mind what to do: whether to continue working with the two masters Munari and Mari, whose names were almost identical (one fits inside the other), with whom he had worked for many years, perhaps with the addition of some new young talent, or whether it would be better to give up his weapons for defending his design territory to an enemy obvi-ously invisible as it consisted above all of managers' dreams to increase turnover, but which certainly began to render the life more difficult of those like him (like them) who had succeeded in creating a huge mass of objects with such extraordinary consistency.

All this worry seemed excessive at the time, with so many good designers around, or at least that is what I believed, and so I tried to give him some assurance, heaven knows why, as I had nothing more than a wonderful daughter a few months old whereas he was sitting in his enormous apartment overlooking the park and wondering about the future of his company. Slowly, over the years, and now more than ever, I understood that his weak resistance to the inevitable change in the eco-nomic, social and political circumstances in what had perhaps once been a culture but which was above all turning into a market (and a small and instable one at that) was just a tiny signal of what would come later, or what was already happen-ing. Not everyone has the courage, or the recklessness, to continue walking over the precipice like Wile Coyote, even if they have realised that there is nothing solid beneath their feet, that the conditions of the past that allowed the Italian design industry to turn into a juggernaut have "passed on", as we say about our loved ones. It became a machine large enough to attract economies much bigger than the Italian one, which, rightly, took possession of it in the same way that one takes pos-session of a trademark, whether symbolically, by adopting all its details, positive and negative, or more materially by buying out the company. And now it seems to me that, on that day in 1991, I had before me the vision of what was to be the last

questa visione, anche se mi parve che in fondo davvero Bruno Danese avesse già deciso di lasciar perdere, di tornare a occuparsi solo di mostre e di immagini e di oggetti senza che questi niente avessero più a che fare con il duro sistema progetto-produzione-vendita con fini di lucro. Così me ne sono andato da lì, con la sensazione non proprio bella di non essere servito proprio a niente a quel signore magro, elegante e ironico, consolandomi solo con l'idea che la sua decisione l'avesse già presa e volesse solo una conferma, anche non detta, che per lui non c'era più ragione di continuare a progettare, produrre e vendere.

Ci sarei tornato in quella casa, ancora tante volte, per parlare con quel signore sempre un po' più stanco. Ci sono tornato anche con Tom Sandberg che ha fatto le fotografie a Bruno Danese e alle altre persone in questo libro: forse le foto non saranno tutte bellissime, ma a me sembra che entrino dentro l'anima delle persone fotografate (anche se ce ne sono, eccome, di veramente impenetrabili), così da spiegare cosa c'è dentro le loro anime, nei loro oggetti e nella storia che hanno imbastito intorno a essi, la storia della loro vita. Quindi forse adesso è anche ora di smettere di scrivere, forse basta così, così potremo metterci finalmente a impaginare, a scegliere immagini, grandezze, dimensioni, corpi e caratteri, a cercare di trasformare in parola tangibile, nel vero libro, tutti questi racconti di persone che s'intrecciano e si allontanano per poi riavvicinarsi e allontanarsi di nuovo, come nel Manoscritto trovato a Saragozza o nel Castello dei destini incrociati o anche solo in quel film un po' fesso di Brian De Palma che si chiama Femme Fatale e ho visto l'altra notte in una camera d'albergo a Oslo: insomma l'esistenza vera, con tutti i suoi inganni e la sua insopportabile vaghezza, le sue deviazioni e il suo girare sempre intorno a se stessa, specialmente per noi condannati a cercare in essa ancora una piccola, tenue, debolissima speranza di poter continuare sulla strada di questo bizzarro mondo che è il design – o il progetto in generale –, di inventarsi un mondo diverso, forse migliore, in sostituzione di quello tremendo in cui ci tocca vivere: ma è una speranza davvero molto debole.

---

great metamorphosis of the Italian design system: a minuet danced by the different brands, passing from the arms of one share packet to another. What a pity I did not have this vision straightaway even if it appeared to me that Bruno Danese had at heart already decided to part with it all, to go back to dealing just with exhibitions, images and objects, without ever more being involved in the hard, profit-driven design-production-sales cycle.

So I left with the disagreeable sensation of not having been of any use to the thin, elegant, ironic man, and consoled myself with the idea that he had already made his decision and was hoping for a confirmation, even if unspoken, that for him there was no longer any reason to design, produce and sell. I was to return to that house on many occasions to talk again with the tired gentleman. I also returned with Tom Sandberg, who took the photographs of Bruno Danese and the other people in this book. It may be that the photos are not all beautiful, but to me it seems that they search out the spirit of their subjects (even if some of them are truly impenetrable) in order to explain what there is in these people's hearts, in their objects and in the stories they have improvised around them, the stories of their lives. Perhaps now it is the moment to stop writing, maybe that is enough, perhaps we can finally move on to the layout procedure, to choosing the pictures, sizes, dimensions, bodies, and characters, so as to transform into tangible words, the real book, all these stories of people that interweave and move away, then come together and move away again, like in The Manuscript Found in Saragossa or in The Castle of Crossed Destinies, or even in that rather foolish film by Brian De Palma called Femme Fatale that I saw the other night in a hotel room in Oslo, in short: real life, with all its deceptions and insufferable vagueness, especially for us who are condemned to search through it for a small, faint hope to be able to continue along the road of this bizarre world of design, to invent a different world, perhaps better, to replace the dreadful one we are obliged to inhabit: but it is really a very faint hope indeed.

"[...] per me il design non è limitato dalla necessità di dare più o meno forma a uno stupido prodotto destinato a un'industria più o meno sofisticata; per cui, se devi insegnare qualcosa sul design, devi insegnare prima di tutto qualcosa sulla vita e devi insistere anche spiegando che la tecnologia è una delle metafore della vita".

"For me design is not limited by the need to give more or less form to a single stupid product made for a single, more or less sophisticated company; so, if you have to teach something about design, first of all teach something about life and keep on at it, explaining that technology is one of the metaphors of life."

Ettore Sottsass jr.

Tom Sandberg, Senza titolo/Untitled, 2007

DELL'INDUSTRIA

DESIGN IN ITALIA

OF AN INDUSTRY

Operatori

Dealers

Zeev Aram, photo Fin Serck-Hanssen

ARAM
Zeev, Daniel e Ruth Aram
(Londra, Gran Bretagna, rispettivamente 1931, 1964, 1966)

Zeev Aram è ufficiale della Marina militare quando decide di studiare Industrial design alla Central School of Arts di Londra. Una precedente, breve e casuale, collaborazione con un designer diplomatosi al Bauhaus di Dessau gli fa scoprire la strada verso un mondo più creativo di cui è alla ricerca. Dopo la laurea lavora con Erno Goldfinger e nel 1963 apre al primo piano in Kings Road un ufficio per progetti grafici, d'interni e di mobili, una sorta di precursore degli odierni "design office" multidisciplinari. L'anno successivo affitta anche il piano terra come showroom e, deciso a colmare il "modern furniture desert" di Londra (e della Gran Bretagna intera), cerca mobili moderni alla fiera di Colonia, ai tempi la più prestigiosa. Deluso dai prodotti presentati, prima di tornare a mani vuote, mentre già pensa di utilizzare lo showroom per i propri progetti, incontra Dino Gavina. La riedizione dei mobili di Marcel Breuer che Gavina gli presenta è determinante: Aram diventa il primo importatore di mobili moderni in Inghilterra e, con Gavina e Flos, del design italiano. Nel 1973, non trovando uno spazio adeguato nel design district di Londra, Aram trasferisce lo showroom nella centralissima Covent Garden, dove ancora oggi è l'unico negozio di mobili. Alla fine degli anni Novanta, anni economicamente difficili per Aram, Zeev chiede ai figli di entrare nella società: Ruth lascia il negozio, che ha aperto a Hampstead nel 1994, e Daniel (consulente di strategia industriale) accetta a condizione di ingrandire l'azienda. Così, quando nel 2001 è in vendita il palazzo vicino, Aram rischia l'investimento. Nei cinque piani del nuovo Aram Store di Covent Garden, uno è dedicato al nuovo design sperimentale, continuando nel processo di ricerca portato avanti da più di trent'anni da Zeev Aram, che sostiene: "per riconoscere il buon design servono solo degli occhi intelligenti e una mente aperta".

Daniel Aram, photo Fin Serck-Hanssen

ARAM
Zeev, Daniel and Ruth Aram
(London, Great Britain, respectively 1931, 1964, 1966)

Zeev Aram was an officer in the Navy when he decided to study Industrial Design at the Central School of Arts in London. A brief and casual job earlier with a designer who graduated from the Bauhaus in Dessau had introduced him to a more creative world, one that he was in search of. After graduating, he worked with Erno Goldfinger and in 1963, on the first floor of a building in the King's Road, opened an office for graphics, furniture and interior design, a sort of precursor of the multi-disciplinary design offices of today. Having decided to fill the "modern furniture desert" of London (and all of Britain), the following year he rented the ground floor as a showroom and went to Europe's most prestigious furniture show in Cologne in search of products. Disappointed by what he saw, and already thinking of using the showroom for his own projects, he met Dino Gavina. The new issue of Marcel Breuer's furniture that Gavina showed him was decisive: Aram became the leading importer of modern furniture in England and, with Gavina and Flos, of Italian design products as a whole. Not finding a suitable space in London's design district, in 1973 Aram moved his showroom to Covent Garden in the heart of the West End, where his is the only furniture shop even to this day. At the end of the Nineties, which were difficult years financially, Zeev asked his children to enter the company. Ruth left the shop she had opened in Hampstead in 1994, and Daniel (an industrial strategy consultant) accepted on condition that the company could be expanded. Thus, when the next-door building was put up for sale, Aram risked the investment. In the new five-storey Aram Store in Covent Garden, one floor is devoted to experimental new design, thus continuing the path blazed more than thirty years earlier by Zeev, who claims, "to recognise good design, all you need is a pair of intelligent eyes and an open mind".

John and Vana Deloudis, photo Fin Serck-Hanssen

DELOUDIS
John Deloudis
(Atene, Grecia, 1937)

Minimalismo, funzionalismo e alta qualità: sono i principi che caratterizzano gli showroom di John e Vana Deloudis, dedicati quasi interamente al design italiano. Dagli anni Settanta Deloudis si è impegnato a promuovere il "Made in Italy" in Grecia e oggi gestisce otto negozi: sei ad Atene (città nella quale risiede quasi la metà della popolazione greca), uno a Thessaloniki, la seconda città del paese, e uno a Creta.

John Deloudis si laurea in architettura d'interni nel 1962 e nel 1969 apre un proprio studio di progettazione. Cresce nell'instabilità politica del dopoguerra greco, sfociato nel colpo di stato dei colonnelli del 1967 e in una dittatura feroce che censura ogni forma di cultura alternativa a quella imposta dalla cosiddetta "Giunta". Nell'impossibilità di trovare, in quegli anni, mobili moderni in Grecia, e senza peraltro sapere esattamente cosa fossero – perché, come in ogni dittatura, non c'era la letteratura in merito –, reinventa quelli storici, pitturandoli di bianco e cambiandone i tessuti. Scopre Le Corbusier nel 1973, quando incontra un imprenditore svizzero che si trasferisce in Grecia con tutto il suo arredo moderno. Nello stesso anno incontra Vana, allora "Miss Grecia", che diventa sua moglie e importante partner di lavoro. Quando nel 1974 termina il regime militare, e il paese ritrova lentamente il contatto con il mondo occidentale, inizia a importare mobili italiani. Tra le mille difficoltà delle pratiche e dei dazi doganali "del duecento per cento di nulla", dice Deloudis (poiché nulla ancora c'era), collabora con C&B, poi B&B e in seguito con Cassina e le più note aziende del design italiano.

DELOUDIS
John Deloudis
(Athens, Greece, 1937)

Minimalism, functionality and high quality: these are the defining characteristics of John and Vana Deloudis's showroom, which is dedicated almost entirely to Italian design products. Since the Seventies Deloudis has championed Italian goods in Greece and today runs eight shops: six in Athens (the city where almost half the population of Greece lives), one in Thessaloniki (the country's second largest city), and one on Crete.

John Deloudis graduated in interior design in 1962 and seven years later opened his own design studio. He grew up during the political instability following World War II that led to the military coup d'état in Greece in 1967 and a savage dictatorship that banned every form of culture except that imposed by the Junta. Given the impossibility of finding modern furniture in Greece during this period, and without knowing exactly what they were—because, as in every dictatorship, there was no literature on the subject available—he reinvented designs of the past, painting them white and changing their fabrics. He discovered Le Corbusier in 1973 when he met a Swiss businessman who had moved to Greece with all his modern furniture. That same year he met Vana, then "Miss Greece", who became his wife and working partner. When the military regime ended in 1974 and the country slowly made contact once more with the western world, he began to import Italian furniture. Bedevilled by the nightmare of bureaucracy and customs duties of "two hundred percent of nothing" (as there was still nothing), he worked with C&B, later B&B, and after that with Cassina and the best-known companies in Italian design.

LUMINAIRE
Nasir Kassamali
(Mombasa, Kenia, 1947)

Pioniere, con sua moglie Nargis, del design moderno negli Stati Uniti, Kassamali più che un commerciante appare un "missionario" della cultura estetica, laico e di profonda spiritualità. Negli showroom aperti in più di trent'anni di attività tra Miami, Chicago e Boston, organizza conferenze ed eventi per promuovere la consapevolezza dell'ambiente e degli oggetti che ci circondano: "La nostra terza pelle, dopo l'epidermide e i vestiti". Cresciuto a Mombasa, figlio di un ingegnere la cui famiglia emigra dall'India in Kenia tre generazioni prima (ai tempi dell'occupazione britannica), segue per obblighi familiari le orme del padre. Si laurea quindi ingegnere all'Università di Nairobi, ma sogna di occuparsi di design da quando, a quattordici anni, riceve in regalo dal padre un libro sul Bauhaus. A sedici anni sottoscrive un abbonamento alla rivista «Domus» (a Mombasa, nel 1963!). Grazie allo scambio culturale tra Gran Bretagna, Kenia e Danimarca, conosce il design danese, allora all'avanguardia, e visita Copenhagen. Deciso a occuparsi di design, quando sua moglie Nargis termina gli studi di economia parte con lei per l'Europa con l'intenzione di scegliere un paese in cui vivere e potere seguire la sua vocazione. L'Europa non lo accoglie esattamente a braccia aperte e ripiega sul Commonwealth. Nel 1973, in Canada, casualmente incontra un amico che gli suggerisce di seguirlo a Miami. Vi approda nel 1973 e ne è profondamente deluso, poiché, secondo le sue stesse parole "Non c'era niente". La moglie decide, tuttavia, di restare in "un posto molto più caldo della Danimarca o del Canada" e Kassamali apre a Miami il suo primo showroom: cinquanta metri quadri. Non è facile per lui ottenere dei prodotti europei, dati in esclusiva a pochi negozi americani. Dopo Magis, Zanotta è il primo produttore di design "Made in Italy" a dargli fiducia. Tra gli anni Ottanta e Novanta espande progressivamente il business, senza mai dimenticare il background culturale del design. Particolarmente appassionato della produzione italiana, partecipa all'organizzazione di eventi culturali («Italian Futurists», Miami 1999, con il Wolfsonian Museum), deciso a promuovere l'incontro tra glamour, umanità di designer e produttori e passione – sua e dei suoi clienti – per l'arredamento d'alta gamma: fino a fare del suo marchio Luminaire un sinonimo di eccellenza nella distribuzione di mobili e oggetti di design negli Stati Uniti d'America.

Nasir Kassamali, photo Fin Serck-Hanssen

LUMINAIRE
Nasir Kassamali
(Mombasa, Kenya, 1947)

A pioneer, with his wife Nargis, of American modern design, rather than a retailer, Kassamali appears more as a "missionary" of the lay yet profoundly spiritual aesthetic culture. In his showrooms, which he has run for more than thirty years in Miami first, then in Chicago and Boston, he organises conferences and events to further understanding of the environment and objects that surround the participants, something he refers to as "Our third skin, after our epidermis and clothes". Raised in Mombasa, the son of an engineer whose family had emigrated from India to Kenya, three generations earlier (during the British occupation), he followed in his father's footsteps due to family obligations. He therefore studied engineering at Nairobi University but dreamed of moving into design from when, at the age of fourteen, he received a book on the Bauhaus from his father as a present. At sixteen he subscribed to Domus (in Mombasa, in 1963!). Thanks to the cultural exchange between Great Britain, Kenya and Denmark, he knew Danish design, then in the vanguard, and visited Copenhagen. Having made up his mind to go into design, when his wife Nargis finished studying economics, he left with her for Europe with the aim of choosing a country where he could realize his dreams. Europe did not exactly welcome him with open arms, so he fell back on the Commonwealth. In 1973 in Canada, by chance he met a friend who suggested Nasir should follow him to Miami. He arrived there that same year but was deeply disappointed as, in his words, "There was nothing there". His wife decided, however, to remain in a "place that was much warmer than Denmark or Canada", so Nasir opened his first showroom there. It measured fifty square metres. It was not easy for him to get hold of European products, as they were often sold exclusively through certain American shops. After Magis, Zanotta was the leading Italian manufacturer of design objects to place its trust in him. He progressively expanded his business in the Eighties and Nineties, without ever forgetting the cultural background of the design world. Particularly enthusiastic about Italian design, and involved in the organisation of cultural events ('Italian Futurists', Miami 1999, with the Wolfsonian Museum), he decided to promote the meeting of glamour, the humanity of designers and producers, and the passion of himself and his customers for top quality furnishings. The result was that he made his company name, Luminaire, synonymous with excellence in the distribution of designer furniture and objects in the USA.

Pierre Perrigault, photo Fin Serck-Hanssen

MEUBLES ET FONCTION
Pierre Perrigault

(Parigi, Francia, 1931)

Favorire il dialogo tra il progetto, l'industria e il pubblico è stato, fino dagli studi, il progetto di Pierre Perrigault, proprietario da cinquant'anni del più noto e rispettato negozio di arredo parigino.

Figlio di proprietari di un hotel a Parigi, che gli trasmettono il senso dell'accoglienza e della convivialità (le camere dell'"Ariana" sono i primi spazi in cui esperimenta l'arredo), si diploma nel corso di Art des Meubles all'Ecole Supérieure Boulle. Comprende rapidamente che il suo vero talento non è il disegno e, prese le misure delle sue capacità, decide di diventare il promotore dei progettisti che più ammira (Le Corbusier e Charlotte Perriand *in primis*), affidandosi alla sua grande capacità di critica e al suo rigore intellettuale e mettendo da parte con grande consapevolezza le aspirazioni creative. Dopo avere diretto a Lione lo showroom di Knoll, apre nel 1958 a Parigi con la moglie Alice e l'amico Etienne Fermigier uno studio di design e vendita di propri oggetti (tra cui un portamantelli scelto da Yves Saint Laurent per i suoi negozi), che dopo l'improvvisa scomparsa di Fermigier trasforma nel negozio Meubles et Fonction. La prima azienda italiana con la quale collabora è Tecno, negli anni Settanta, quando gli italiani hanno decisamente migliorato la qualità dei loro prodotti e strutturato l'organizzazione commerciale e, per la valuta forte, i prodotti tedeschi e scandinavi diventano molto cari. Meubles et Fonction lavora da sempre principalmente con architetti e progettisti; fra i *bestseller* negli anni d'oro sono il divano *Maralunga* di Magistretti per Cassina (1973) e *Alanda* di Piva per B&B (1980).

MEUBLES ET FONCTION
Pierre Perrigault

(Paris, France, 1931)

Ever since he completed his education, encouraging dialogue between designers, industry and the public has been the mission of Pierre Perrigault, the owner for the past fifty years of Paris's best-known and most respected furniture shop.

The son of the owners of a hotel in Paris, who transmitted to him the sense of a welcoming atmosphere and conviviality (the rooms of the Hotel Ariana were the first spaces in which he attempted the decoration), he frequented the course Art des Meubles at the École Supérieure Boulle. He quickly recognised that his talent lay not in design so lay his creative aspirations aside and decided, based on his critical abilities and intellectual rigour, to promote the designers he most admired (Le Corbusier and Charlotte Perriand first and foremost). After experience as the manager of the Knoll showroom in Lyons, with his wife Alice and Etienne Fermigier in 1958 he opened a design studio selling their own objects (Yves Saint Laurent chose a coat-stand for his own shops). After the unexpected death of Fermigier, the studio became the shop Meubles et Fonction. The first Italian company he worked with was Tecno in the Seventies, when the Italians had decisively improved the quality of their products and gave structure to their sales organisation. The move to Italian furniture was also stimulated by the falling exchange rate that made German and Scandinavian furniture very expensive. Since the start Meubles et Fonction has worked principally with architects and designers; among the shop's bestsellers have been Magistretti's Maralunga (for Cassina, 1973) and Piva's Alanda (for B&B, 1980).

in alto a sinistra/top left: Alice, Pierre Perrigault, 1958

in alto a destra/top right: Alice, Pierre Perrigault, 2007, photo Fin Serck-Hanssen

in basso/bottom: Brigitte Bardot, Parigi/Paris, 1951

Dieter Pesch, photo Fin Sterck-Hanssen

PESCH
Dieter Pesch
(Colonia, Germania, 1938)

"Senza rischiare non si combina niente nella vita" è la massima di Dieter Pesch, proprietario del negozio che ha importato per primo in Germania i mobili italiani (ma anche scandinavi e di Vitra), fra cui agli inizi Cassina e C&B, qualche anno dopo la prima Triennale di Milano (nel 1951) visitata dai rivenditori tedeschi nel dopoguerra.

È figlio del fondatore Joseph Pesch (allievo di Richard Riemerschmidt e membro del Deutscher Werkbund dopo il suo apprendistato da falegname), che nel 1948, in una Colonia completamente distrutta dalle bombe e bisognosa di tutto, apre un piccolo negozio di mobili secondo il semplice ma chiaro concetto di vendere solo mobili moderni. A vent'anni Dieter, troppo curioso per terminare a sua volta il corso di falegnameria, parte prima per gli Stati Uniti, poi per Londra e infine per Parigi a imparare il mestiere e le lingue straniere. Gli anni del suo "vagabondare" sono la sua scuola di vita. Riuscirà, anche grazie all'esperienza internazionale acquisita, a portare Pesch (Wohnen) ad avere quattro divisioni che coprono il mercato della casa e dell'ufficio, a gestire fino a trecento dipendenti – ai tempi magici per le vendite in cui *Amanta* di Mario Bellini e *Coronado* di Afra e Tobia Scarpa sono autentici *bestseller* – e ad ampliare lo spazio espositivo fino ai 7000 mq di oggi. Con Cassina avvia i "Cassina Abende" (le serate di Cassina, sempre di martedì, durante il salone del mobile di Colonia), precursori delle note "Passagen". Convinto che "come in un buon ristorante, lo chef deve essere presente", non apre altre filiali in Germania, a esclusione della vicina Düsseldorf, e si attiva, per la città di Colonia, nei campi più diversi, dall'arte con Peter Ludwig, di cui era amico, fino al comitato per la pianificazione della metropolitana.

PESCH
Dieter Pesch
(Cologne, Germany, 1938)

"No gain without risk" is Dieter Pesch's motto, the owner of the first German shop to import Italian furniture (but also Scandinavian and Vitra). He started a few years after the first Milan Triennale (1951), which German retailers visited, and numbered Cassina and C&B amongst his suppliers.

Dieter is the son of the founder, Joseph Pesch (a pupil of Richard Riemerschmidt, who became a member of the Deutscher Werkbund after an apprenticeship as a joiner), who opened a small furniture shop in the completely destroyed city of Cologne on the simple but clear principle of selling only modern furniture. At the age of twenty, Dieter was too curious to complete his own woodwork course and left for the United States, then London, and finally Paris, to learn both his trade and foreign languages. His years of travel were his school of life. With the international experience he had gained, he succeeded in expanding Pesch (Wohnen) to the four divisions that cover the home and office markets; the company grew to employ three hundred people during the golden period when it was selling Mario Bellini's Amanta and Afra and Tobia Scarpa's Coronado, and to enlarge the sales area to today's 7,000 square metres. With Cassina Dieterlaunched the "Cassina Abende" (Cassina Evenings, held on Tuesday during the Cologne furniture show), which were the precursors of the well-known "Passagen". Convinced that, like "in a good restaurant, the chef must be present", Dieter did not open other branches in Germany except for the nearby city of Düsseldorf, but busied himself in Cologne in many other fields, including art with his friend Peter Ludwig, and the city's planning committee for the new subway

Rivenditori tedeschi in viaggio per la Triennale di Milano nel 1951/German retailers travelling to the 1951 Milan Triennale

Dieter Pesch con il ritratto di Philippe Starck/Dieter Pesch with Philippe Starck's portrait

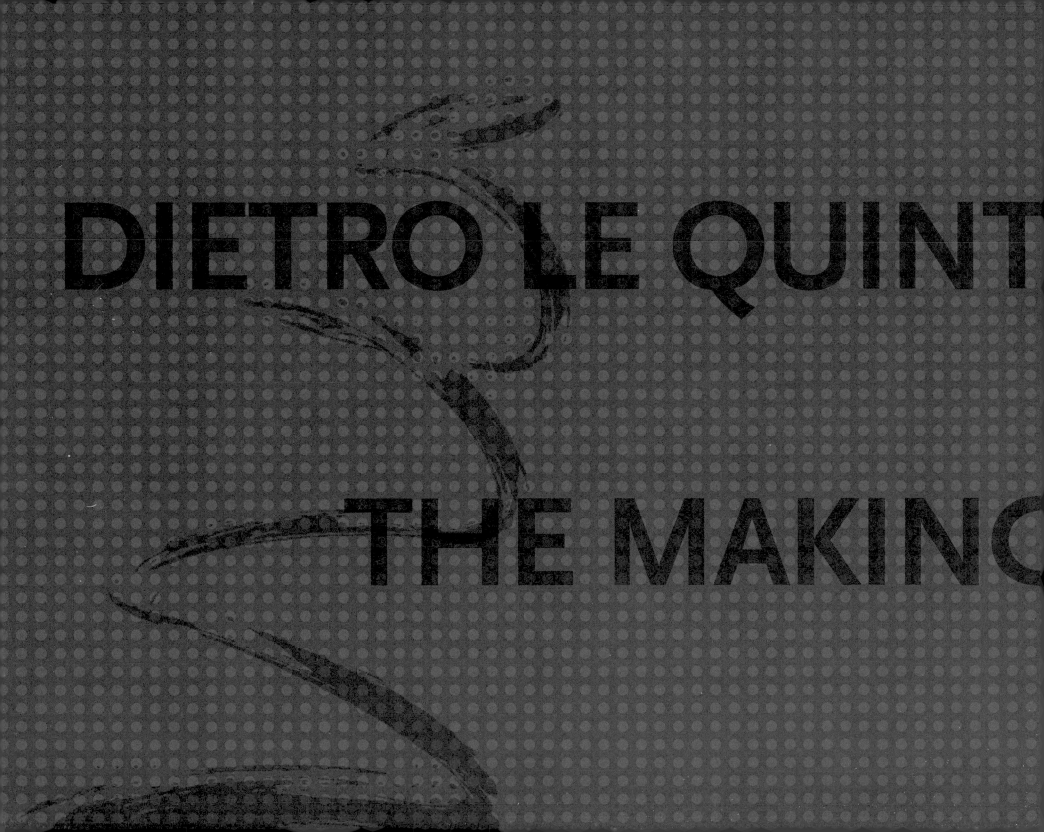

DELL'INDUSTRIA

DESIGN IN ITALIA

OF AN INDUSTRY

Apparati

Annexes

ALCHIMIA
Alessandro Guerriero
(Milano, 1943)

Studia architettura e nel 1976 fonda con la sorella Adriana lo Studio Alchymia (poi Studio Alchymia, infine semplicemente Alchimia): il gruppo – soprattutto nella collaborazione con Alessandro Mendini – si rivelerà uno dei più vitali nell'evoluzione del design italiano di post avanguardia. Con esso Guerriero sviluppa la ricerca ambientale e psicologica sugli oggetti cercando un connubio fra poetica, progetto e produzione artigianale. Con una personalissima visione imprenditoriale, è autore – spesso con i fratelli Giorgio e Bruno Gregori – di numerosissime installazioni e mostre in molti musei (dalla Biennale di Venezia a Documenta di Kassel, ecc.) e di scenografie per il teatro e la televisione; pubblica numerosi libri (tra cui *Elogio del Banale*, *Moderno Postmoderno Millenario*, *Architecture in Love*) e per il suo lavoro di ricerca è premiato nel 1982 con il Compasso d'Oro.
Importante è la sua attività didattica eterodossa: progetta e fonda con Maria Grazia Mazzocchi

la Domus Academy, prima scuola post universitaria italiana per il design, e poi Futurarium, un laboratorio didattico e di ricerca "est-etica", che dal 2002 diviene parte della Nuova Accademia di Belle Arti (NABA) di Milano, di cui è presidente. Parte integrante della sua visione interdisciplinare e interculturale è il senso di responsabilità sociale, che lo porta a creare con alcuni detenuti in semilibertà la Cooperativa del Granserraglio.

ALESSI
Alberto Alessi
(Arona, Novara, 1946)

Primo figlio della terza generazione di Alessi, entra in azienda nel 1970 dopo essersi laureato in legge. Partendo da una visione fortemente utopica dell'"arte moltiplicata", dopo un'iniziale attività di produzione di veri e propri multipli d'arte con il marchio Alessi d'après, sviluppa la visione di un universo estetico di oggetti industriali a forte componente espressiva. Assume così un ruolo di primo piano da un folto gruppo familiare. Dalla sua prima, e non più interrotta, collaborazione con Alessandro Mendini, che si può considerare il suo vero Maestro, Alberto Alessi sviluppa una fittissima rete di collaborazioni con architetti e designer in tutto il mondo, dando così il contributo decisivo per la trasformazione di Alessi da "Officina per la lavorazione della lastra in ottone e alpacca, con fonderia" (così recitava l'insegna dello stand del laboratorio metalmeccanico alle prime Fiere di Milano negli anni Venti) in uno dei grandi

nomi del design internazionale. Riceve diversi riconoscimenti personali, alcune lauree *honoris causa* e, nel 1998, il Design Award for Lifetime Achievement dal Brooklyn Museum of Art di New York. È autore di diversi saggi e libri sulla sua stessa attività, pubblicati in proprio come Edizioni Alessi o con altri editori. Grande gourmet, dal 2000 si dedica anche all'attività di coltivatore e viticoltore, mettendo in pratica la sua visione di un percorso compiuto, che va dalla coltivazione dei prodotti, all'arte di cucinarli e di portarli in tavola.

ALCHIMIA
Alessandro Guerriero
(Milan, 1943)

Guerriero studied architecture and in 1976 founded Studio Alchymia with his sister Adriana. In its partnership with Alessandro Mendini in particular, the group was one of the most spirited in post-avant-garde Italian design, researching the environmental and psychological aspects of object design, and attempting to create a fusion between poetics, design and artisanal production. With a very personal entrepreneurial vision, Alessandro Guerriero, often with the brothers Giorgio and Bruno Gregori, created installations and exhibitions in many museums (including the Venice Biennale and the Kassel Documenta), and set designs for theatrical and television productions. He published many books (for example, *Elogio del Banale*, *Moderno Postmoderno Millenario*, *Architecture in Love*) and was awarded with the Compasso d'Oro for his research in 1982. His heterodox teaching activities are also of importance: with Maria Grazia Mazzocchi he founded the Domus

Academy, the first post-university design school in Italy, and then Futurarium, an "est-etica" educational and research workshop, which from 2002 became part of the Nuova Accademia di Belle Arti (NABA) of which he is president. His interdisciplinary and intercultural vision presupposes social responsibility, a conviction that has prompted him to create the Cooperative del Granserraglio with a number of convicts serving time on a basis of semi-freedom.

ALESSI
Alberto Alessi
(Arona, Novara, 1946)

The eldest son of the third Alessi generation, he entered the family company in 1970 after studying law. Starting from a strongly utopian vision of "multiplied art", after an early period spent producing works of multiple art with the brand Alessi d'après, he developed his vision of an aesthetic universe of industrial objects with a strong expressive component. This led to him taking a leading role in the family company. Since his first project with Alessandro Mendini, who might be considered Alessi's master, the collaboration between the pair has never been broken though he has developed a long list of partnerships with architects and designers from around the world, decisively contributing to the transformation of the company from a "workshop for the processing of brass and alpaca sheets, with foundry" (as the sign advertised on the company stand in the metalworking workshop at the first Milan fairs in the Twenties) into one of the great names in international

design. Alberto Alessi has received a number of personal awards, several honorary degrees and, in 1988, the Design Award for Lifetime Achievement from the Brooklyn Museum in New York. He has written several essays and books on his business, which have been published either by Edizioni Alessi or other publishers. He is also a gourmet and, since 2000, has followed his passion for wine production, reflecting his belief in the full development procedure, from the cultivation of crops, to their cooking, and bringing them to the table.

ALIAS
Carlo Forcolini
(Como, 1947)

Di formazione artistica (studia all'Accademia di Belle Arti di Brera a Milano), dopo un periodo di attività politica, diviene designer e imprenditore. Insieme con il fratello Francesco ed Enrico e Marilisa Baleri, fonda nel 1979 Alias, azienda centrale nella sua attività di progettista, rilevata in seguito da Renato Stauffacher, suo collaboratore, che, dopo la vendita di Alias a Poltrona Frau Group, ne diventa l'amministratore delegato. Alla fine degli anni Settanta lascia Milano per Londra dove fonda Alias UK e, nei dodici anni della sua permanenza, inizia la sua lunga collaborazione di designer con Artemide. Nella sua continua ricerca della semplicità formale abbinata alla tecnologia avanzata, fonda alcuni anni dopo Nemo (anch'essa oggi di Poltrona Frau Group) e OY light nel 2005. Collabora inoltre con molte delle più significative aziende del design italiano (Cassina, De Padova, Luceplan, tra le più importanti) e in qualità di art director di Pomellato ne progetta con Valentina Onesti i nuovi showroom nel mondo. Partecipa e organizza numerose mostre ed esposizioni internazionali. Dal 2001 al 2007 è presidente dell'ADI (Associazione per il Disegno Industriale), a cui conferisce un rinnovato ruolo strategico nel panorama del design italiano. Dal giugno 2007 è membro del Consiglio Italiano del Design: una struttura governativa volta, sul modello dei Design Council di tradizione anglosassone, alla diffusione della cultura del design nella pubblica amministrazione.

ARTEMIDE
Ernesto Gismondi
(Sanremo, Imperia, 1931)

Personaggio eclettico per eccellenza, dopo una laurea in ingegneria aereonautica e una successiva in missilistica (dal 1964 al 1984 è professore associato dell'insegnamento Motori per missili al Politecnico di Milano), dai primi anni Sessanta si dedica alla progettazione e alla produzione di apparecchi per l'illuminazione. Guidato dalla passione per il progetto abbinata al suo fiuto imprenditoriale, fonda con Sergio Mazza, suo primo designer, lo Studio Artemide, divenuto, dopo cinquant'anni, un gruppo presente in 58 paesi al mondo.
Fin dall'inizio conduce l'azienda con una partecipazione totale, disegnando egli stesso diversi prodotti di successo. Con lo stesso spirito è tra gli ideatori con Ettore Sottsass del gruppo Memphis, a cui segue, con la conclusione dell'esperienza da parte di Sottsass, la creazione del marchio Meta-Memphis (1989) con cui realizza oggetti e mobili d'artista. Innumerevoli sono gli incarichi di prestigio che Ernesto Gismondi riveste negli anni: vicepresidente dell'ADI, cariche nell'Ente Fiera di Milano, in Assolombarda, Federmeccanica, Confindustria e presso il ministero per l'Università e la Ricerca. È stato inoltre membro del Consiglio nazionale dell'economia e del lavoro nonché del consiglio d'amministrazione della XIX Triennale di Milano.

ALIAS
Carlo Forcolini
(Como, 1947)

Forcolini studied art at the Accademia di Belle Arti di Brera in Milan before devoting time to politics, and then turning to design and business. In 1979 he founded Alias with his brother Francesco, and Enrico and Marilisa Decimo, a company that has been central to his activity as a designer. Alias was subsequently bought by Renato Stauffacher, a collaborator of the company, who, after himself selling it to the Poltrona Frau Group, has continued to work there as managing director. At the end of the Seventies Forcolini left Milan for London, where he founded Alias UK and, during the twelve years he stayed in the city, began a long period working with Artemide. In his continual search for formal simplicity combined with advanced technology, he has also founded Nemo (today also part of the Poltrona Frau Group) and OYlight (2005). He has worked with many of the most important companies in Italian design (including Cassina, De Padova, and Luceplan) and, as art director of Pomellato, he has designed, with Valentina Onesti, its showrooms. He organises and takes part in many international exhibitions. In his tenure as President of ADI between 2001 and 2007 (Industrial Design Association), he endowed the association with a new strategic role in the panorama of Italian design. Since June 2007 he has been a member of the Italian Design Council, a ruling body along the lines of the Design Council in Britain, whose purpose is to spread the culture of design in the public administration.

ARTEMIDE
Ernesto Gismondi
(Sanremo, Imperia, 1931)

A highly eclectic individual, after studying aeronautical engineering and then missile engineering (from 1964 to 1984 he was Associate Professor teaching "Motors for Missiles" at the Milan Politecnico) he began working on the design and production of lighting equipment in the early Sixties. Inspired by a passion for design and entrepreneurial flair, he founded Studio Artemide with Sergio Mazza, his first designer. After fifty years the company has developed into a group with a presence in 58 countries around the world.
Right from the start he owned the company outright, and designed various successful products himself. With Ettore Sottsass he was one of the leading figures in Memphis; when Sottsass initiated the demise of Memphis, Gismondi created the brand Meta-Memphis in 1989 to produce Memphis objects and furniture.
Gismondi has held innumerable positions of importance over the years: vice-president of ADI, and positions in Milan Fair, Assolombarda, Federmeccanica, Confindustria, and in the Ministry for Universities and Research. He has also been a member of the National Council for the Economy and Work and on the Board of the 19th Milan Triennale.

BALERI ITALIA
Enrico Baleri
(Albino, Bergamo, 1942)

Fin dai suoi esordi, l'attività imprenditoriale e industriale di Enrico Baleri si coniuga con la ricerca e la sperimentazione nel campo del design e dell'architettura. Durante gli studi al Politecnico di Milano conosce Dino Gavina e, su suo suggerimento, apre a Bergamo un centro di arredamento d'avanguardia. Alla fine degli anni Sessanta avvia un centro sperimentale di design, Pluri, a cui partecipano designer e artisti di tendenza. Nel 1979, insieme con Marilisa Decimo, sua compagna di vita, e con Carlo e Francesco Forcolini, fonda Alias, che lascia quattro anni dopo per creare Baleri Italia. Pur nelle piccole dimensioni, Baleri Italia diviene negli anni Ottanta e Novanta un punto di riferimento per molti designer e "addetti ai lavori". L'attività iniziata con Pluri prosegue nella Baleri & Associati srl, centro di ricerca votato alla sperimentazione e al *talent scouting* (è Baleri stesso a "scoprire" Philippe Starck). In questi anni, Baleri è anche un attivo organizzatore e promotore della cultura architettonica e del disegno industriale: per anni si prodiga nella difesa di capolavori dell'architettura come la biblioteca di Viipuri, in territorio russo, di Alvar Aalto, villa Malaparte a Capri e l'archivio Alberto Sartoris a Losanna, organizzando eventi culturali, convegni e seminari di architettura e di disegno industriale. Dopo la cessione del marchio Baleri Italia a Nino Cerruti, protagonista nel settore della moda, prosegue la sua attività con la creazione del Centro Ricerche Enrico Baleri, con l'obiettivo di continuare a promuovere la cultura del design industriale e dell'architettura, di produrre nuovi linguaggi e progetti capaci di coniugare ricerca e industria, cultura e attività imprenditoriale.

B&B ITALIA
Piero Ambrogio Busnelli
(Meda, Milano, 1926)

Considerato uno dei più geniali imprenditori del design italiano, Busnelli inizia a undici anni il lavoro di tipografo e di impaginatore di locandine, per poi diventare operaio tessile e falegname. A vent'anni, nel 1946, con quasi dieci anni di lavoro alle spalle, si mette in proprio come fabbricante di fusti per sedie e nel 1953 con il fratello Franco fonda la "Fratelli Busnelli fu Giuseppe", azienda di falegnameria e tappezzeria che arriva a contare cento dipendenti. A quarant'anni decide di realizzare il suo sogno – creare una vera e propria industria per la produzione di imbottiti – e si separa dal fratello. Decisivo è nel 1966 l'incontro con Cesare Cassina con cui fonda la C&B (Cassina e Busnelli) e crea il Centro Ricerche & Sviluppo coordinato da Francesco Binfaré. Tra le prime aziende italiane a produrre un divano in poliuretano schiumato a freddo in stampi, C&B assume presto una dimensione tale da entrare in amichevole competizione con la casa madre Cassina, situazione che obbliga Busnelli nel 1973 a rilevare la maggioranza delle azioni C&B, di cui diventa proprietario unico, cambiando il nome in B&B Italia (Banche e Busnelli). Fedele alla sua politica d'innovazione, commissiona a Renzo Piano la nuova sede degli uffici dell'azienda e intraprende la collaborazione con Afra e Tobia Scarpa, Mario Bellini, Vico Magistretti, Antonio Citterio – figura centrale fra i progettisti di B&B Italia – e molti ancora. Nel 1985, accanto alla Divisione Casa, nasce B&B Italia Contract, specializzata in forniture "chiavi in mano" per la collettività (hotel, navi da crociera, uffici). Nel 1989 B&B Italia riceve il Compasso d'Oro, assegnato dall'ADI per la prima volta a un'azienda (il suo quarto, comprendendo i prodotti). Nel 2002, con l'alleanza con Opera, fondo chiuso di *private equity*, la produzione si differenzia, attraverso un programma di sviluppo delle politiche di *branding* commerciale, marketing e sviluppo internazionale.

BALERI ITALIA
Enrico Baleri
(Albino, Bergamo, 1942)

Right from the start, Enrico Baleri's business and industrial activities have been combined with research and experimentation in the field of design and architecture. While studying at the Milan Politecnico he met Dino Gavina, at whose suggestion he opened an avant-garde furniture store in Bergamo. At the end of the Sixties he starts an experimental design centre, called Pluri, frequented by fashionable designers and artists. With Marilisa Decimo, his lifetime companion, and Carlo and Francesco Forcolini, in 1979 he founded Alias, which he left four years later to found Baleri Italia. Though small, in the Eighties and Nineties Baleri Italia was to become a point of reference for many designers and the design industry in general. The business begun with Pluri was continued as Baleri & Associati, a research centre that focused on experimentation and talent scouting (it was Baleri himself who "discovered" Philippe Starck). During these years Baleri also organised and promoted events relating to industrial design and architecture. For years he did his utmost to protect masterpieces of architecture like Alvar Aalto's Library in Viipuri in Russia, Casa Malaparte on Capri, and the Alberto Sartoris archive in Lausanne, while also organising cultural events, conventions and seminars on architecture and industrial design. After he sold Baleri Italia to the fashion designer Nino Cerruti, he continued by setting up the Centro Ricerche Enrico Baleri, whose purpose it is to promote architecture and industrial design, and to produce new artistic languages and projects that combine research and industry, culture and business.

B&B ITALIA
Piero Ambrogio Busnelli
(Meda, Milan, 1926)

Considered one of the most brilliant businessmen in Italian design, Busnelli began working at the age of eleven as a typographer, a layout operator for playbills, then as a textile machine operator and a carpenter. In 1946, when he was twenty, he set up on his own to make frames for seats and, in 1953 with his brother Franco, founded "Fratelli Busnelli fu Giuseppe", a carpentry and upholstery company that eventually employed one hundred people. When he was forty he decided to realize his ambition—a stuffed furniture production company—so he went solo. In 1966 he met Cesare Cassina, with whom he founded C&B (Cassina and Busnelli) and created the Centro Ricerche & Sviluppo run by Francesco Binfaré. One of the first companies in Italy to produce a polyurethane foam sofa using the cold moulding process, C&B soon grew so large that it rivalled its parent company Cassina, a situation that obliged Busnelli to buy a majority share in 1973 and change the name to B&B Italia ("Banks and Busnelli"). Following his policy of innovation, he commissioned Renzo Piano to design the company's new offices and began working relationships with Afra and Tobia Scarpa, Mario Bellini, Vico Magistretti, Antonio Citterio (one of the company's most important designers) and many more. In 1985, alongside Divisione Casa, he set up B&B Italia Contract, which specialised in turnkey supply contracts for hotels, cruise ships, office buildings, etc. In 1989 B&B was awarded the first Compasso d'Oro assigned to a company, though Busnelli had already received three for his products. With the private equity company Opera, in 2002 he diversified the company strategy through a programme of commercial branding, marketing and development at international level.

BOFFI

Paolo Boffi

(Cesano Maderno, Monza-Brianza, 1939)

Ultimo di quattro fratelli, inizia giovanissimo a lavorare nell'azienda di famiglia. "Sono un falegname" ama dire di sé, con la praticità e la modestia che lo caratterizzano. Con i fratelli Pier Ugo e Dino, quest'ultimo riconosciuto leader dell'azienda, fonda Boffi nel 1947. Dino avvia i rapporti con gli architetti e i designer, che portano Boffi a rivoluzionare il concetto di cucina, da locale di servizio ad ambiente centrale della casa, e a utilizzare nuovi materiali (il laminato applicato al legno) e colori. Dopo la morte di Dino nel 1972, e le difficoltà nel sostituirne l'indiscusso prestigio, decide di porre fine ai travagli interni, rilevando tutte le quote dei familiari. Con i primi problemi finanziari, capisce che da "tuttologo" di un'azienda familiare deve fare il passo verso un vero management d'impresa. L'incontro con Roberto Gavazzi, che entra nella società come manager e comproprietario, è fondamentale per avviare una nuova strategia aziendale. Presidente della società dal 1984, Paolo Boffi si dedica principalmente alla definizione dei prodotti e alla loro industrializzazione.

Importante il suo impegno nelle associazioni di settore (in Federlegno e Assarredo, di cui è presidente dal 2002) e politico come assessore ai lavori pubblici nel comune di Cesano Maderno, dal 1995 al 2001, focalizzato soprattutto sul recupero del patrimonio storico.

BOFFI

Roberto Gavazzi

(San Paolo, Brasile, 1953)

Nato in una famiglia molto numerosa di noti imprenditori milanesi, segue un percorso da manager modello: dopo la laurea in economia e commercio all'Università Bocconi di Milano, consegue un master in *business administration* (MBA) alla Columbia University di New York e inizia l'attività lavorativa nel gruppo Saint Gobain (multinazionale francese, leader nella produzione del vetro e di altri materiali edilizi) ricoprendo incarichi nell'area finanziaria e coordinando lo sviluppo internazionale della *holding* di Parigi. In seguito si trasferisce in Olivetti, alla direzione strategica e sviluppo, per occuparsi di trattative internazionali finalizzate ad acquisizioni o partnership. Alla ricerca di un'azienda per mettersi in proprio, conosce tramite amici comuni Paolo Boffi, allora in cerca di un socio manager. L'intesa è immediata e durerà nel tempo, ma ci vogliono parecchi mesi di reciproca osservazione prima di suggellare il patto che rilancia la Boffi Spa, di cui Gavazzi diventa amministratore delegato e azionista principale nel 1989. Di grande importanza nello sviluppo delle nuove strategie imprenditoriali è la collaborazione con Piero Lissoni, che come art director e designer diventa il "braccio armato" dei piani di marketing ideati da Gavazzi, fra cui l'estensione della produzione a settori nuovi come il bagno e, più in generale, la cosiddetta *wellness* in ambiente domestico.

BOFFI

Paolo Boffi

(Cesano Maderno, Monza-Brianza, 1939)

The youngest of four brothers, Paolo Boffi began working in the family company when he was very young. "I am a carpenter", he loves to say, with his customary modest and practical nature. With his brothers Pier Ugo and Dino, the latter the leader of the company, he founded Boffi in 1947. Dino began associations with architects and designers that led the company to revolutionise the concept of a kitchen from a service area to a household environment, and to introduce new materials (like laminated wood) and colours. After Dino's death in 1972 and the difficulties associated with replacing his unquestioned prestige, Paolo decided to put an end to the family arguments by buying out the rest of the company shares. Faced by financial problems, he understood that it was necessary to develop from the company's jack-of-all-trades to a proper management basis. Roberto Gavazzi entered the company as manager and co-owner and helped to launch a new corporate strategy. President of the company from 1984, Paolo Boffi devoted his time principally to defining the product line and its industrial production.

His contribution to sector associations like Federlegno and Assarredo (President since 2002) and in politics (as a public works councillor in the municipality of Cesano Maderno, 1995–2001) has concentrated mainly on the protection and renovation of the area's historical heritage.

BOFFI

Roberto Gavazzi

(Sao Paulo, Brazil, 1953)

Born into a large family of well-known Milanese businessmen, his career has been that of a model manager: he studied economics and commerce at Bocconi University in Milan, then did an MBA at Columbia University in New York. He began working in finance for the Saint Gobain group (a French multinational, leader in glass-making and the production of other building materials), coordinating the international development of the group's holding company in Paris. He then moved to Olivetti to run the company's strategy and development plans, where he became involved with international acquisitions and partnerships. When looking around for a company with which to go into business on his own, he met Paolo Boffi through common friends, who at the time was in search of a partner and manager. They immediately hit it off but it took several months of mutual observation before they signed a deal in which Gavazzi became managing director and main shareholder (1989) and the company was relaunched as Boffi Spa. The new business strategies were developed with Piero Lissoni, who, as art director and designer, became the leading figure in the marketing plans conceived by Gavazzi. These included the diversification of production into new areas like bathroom equipment and, more generally, wellness in the household environment.

CAPPELLINI
Giulio Cappellini
(Milano, 1954)

Laureato in architettura, dopo un master in direzione aziendale all'Università Bocconi di Milano, entra nell'azienda di famiglia nel 1979. Cambia radicalmente l'orientamento dell'impresa, allora ancora organizzata a livello artigianale, occupandosi prima dell'immagine e dei prodotti e in seguito del management. Lo spirito nuovo che porta nella società la trasforma in un laboratorio d'avanguardia, aperto ai giovani designer di tutto il mondo. Oltre a essere egli stesso designer, si rivela presto *talent scout* dall'intuito eccezionale: dall'inizio degli anni Novanta scopre e lancia molti giovani (allora) designer come Jasper Morrison, Marc Newson e Tom Dixon. Promuove attivamente le sue idee innovative e grazie al suo carisma diventa egli stesso "uomo immagine" dell'azienda, quasi un personaggio pubblico, fondamentale per la promozione del marchio. Alla prima Cappellini International aggiunge nuovi marchi/collezioni come Progetto Oggetto, Mondo e ExtraCappellini, con cui esplora altre culture dell'abitare. Nel 2004 il marchio Cappellini entra a far parte di Poltrona Frau Group, il nuovo polo del bello sostenuto dal fondo di investimento Charme, e Giulio Cappellini continua nel suo lavoro di ricerca come membro del comitato strategico e art director e inoltre si occupa dell'organizzazione di mostre e installazioni in Italia e nel mondo.

CASSINA
Giuliano Mosconi
(Chiaravalle, Ancona, 1947)

Laureato in economia e commercio, dottore commercialista, revisore contabile, studioso e docente di strategia aziendale, esperto dei sistemi di gestione aziendale e dell'internazionalizzazione delle imprese, Giuliano Mosconi rappresenta la figura di top manager dell'industria del mobile ed è soprattutto l'artefice di un cambiamento epocale del settore.
Dal 1997, quando, dopo varie esperienze nei settori della moda e della lavorazione delle pelli, inizia a collaborare con Franco Moschini in Poltrona Frau come consulente per la riorganizzazione e il riposizionamento strategico, sviluppa la creazione di quello che oggi in Italia è il più grande gruppo del settore, legato al fondo Charme di Luca di Montezemolo: Poltrona Frau Group, di cui è amministratore delegato dal 2000. Acquisisce in pochissimi anni Alias, Cappellini (di cui è presidente), Cassina (presidente e amministratore delegato), Gufram, Nemo e Gebrüder Thonet Vienna (presidente). È membro del consiglio di amministrazione di numerose società, tra cui Imac Spa, Aethra Spa, Teuco Guzzini Spa.

CAPPELLINI
Giulio Cappellini
(Milan, 1954)

After studying architecture and taking a master's in management studies at Bocconi University, Giulio Cappellini entered the family company in 1979. He radically changed its direction, which was then operating on an artisanal level, first focusing on the company image, then its products, and finally its management. The new spirit he brought to the company turned it into an avant-garde workshop where young designers from all over the world were welcome. In addition to being a designer himself, he soon showed that he had outstanding intuition as a talent scout: from the early Nineties he launched the careers of many young designers, such as Jasper Morrison, Marc Newson, and Tom Dixon. He actively promoted his innovative ideas and, thanks to his own charisma, became part of the company image, almost a public figure fundamental to the promotion of the brand. At the first "Cappellini International", he added new brand-names/collections, such as "Progetto Oggetto", "Mondo", and "ExtraCappellini", with which he explored the cultures of other living environments. In 2004 the Cappellini brand became part of Poltrona Frau Group, which is underwritten by Charme investment fund, while Giulio Cappellini continues his research as a member of the company's strategy committee and art director, though also organising exhibitions and installations in Italy and around the world.

CASSINA
Giuliano Mosconi
(Chiaravalle, Ancona, 1947)

A graduate in economics and commerce, professional accountant, auditor, teacher of corporate strategy, and an expert in corporate management systems and the internationalisation of companies, Giuliano Mosconi is the top manager in the furniture business and the leading contributor to the industry's epochal changes. Having worked in the fashion and leather treatment industries, in 1997 he began working with Francesco Moschini at Poltrona Frau as a consultant for reorganisation of the company and its strategic repositioning. Since then, in association with Luca di Montezemolo's Charme investment fund, he has helped create the largest Italian group in the sector —the Poltrona Frau Group, of which he has been managing director since 2000.
In just a few years the group has bought up Alias, Cappellini (of which he is president), Cassina (president and managing director), Gufram, Nemo and Gebrüder Thonet Vienna (president). He is also a board member of many companies, including Imac Spa, Aethra Spa, and Teuco Guzzini Spa.

DANESE

Bruno Danese e Jacqueline Vodoz

(Valdagno, Vicenza, 1930; Milano, 1921-2005)

Bruno Danese inizia l'attività imprenditoriale nell'azienda artigianale di famiglia a Valdagno. Nel 1955 fonda a Milano con Franco Meneguzzo, artista e ceramista, la DEM (Danese e Meneguzzo), laboratorio di ceramica per la realizzazione di oggetti di serie e di pezzi unici modellati a mano. Due anni dopo, con la moglie Jacqueline Vodoz, fotografa, costituisce la società Danese. Insieme portano avanti per oltre trent'anni una ricerca progettuale sul design, coniugando arte e industria. Inizia la collaborazione con Bruno Munari e successivamente con Enzo Mari. In seguito si aggiungono altre collaborazioni fra cui Angelo Mangiarotti, Achille Castiglioni e Marco Ferreri. Nel 1992, dopo la cessione della società, Jacqueline Vodoz e Bruno Danese fondano l'associazione culturale che porta i loro nomi. Nella sede milanese si studiano progetti di ricerca e si tengono mostre di arte e design. Tra i vari autori che espongono: Bruno Munari, Marco Ferreri, Stefano Casciani,

Gaetano Pesce, Salvatore Licitra, Giulio Paolini; la progettazione grafica dei cataloghi e dell'immagine dell'associazione è curata da Italo Lupi. Nel 2007 viene costituita la Fondazione Jacqueline Vodoz e Bruno Danese, che gestisce gli archivi storici della Danese e della DEM e le collezioni d'arte.

DE PADOVA

Maddalena De Padova

(Barzio, Lecco, 1928)

Imprenditrice, produttrice ed editrice, Maddalena De Padova segna profondamente la storia del design milanese e internazionale. L'avventura inizia nel 1954, quando insieme al marito Fernando scopre i mobili scandinavi e decide di importarli nel suo primo punto vendita di via Montenapoleone. È il primo negozio a proporre il design nordico a Milano e diviene un punto di riferimento per gli architetti milanesi. Nel 1958 scopre la collezione Hermann Miller e fonda con il marito la ICF per produrre su licenza i mobili americani disegnati da Charles Eames, George Nelson e Alexander Girard. Nel 1967 lo spazio espositivo dell'azienda si trasferisce in corso Venezia, uno degli showroom di design più noti a livello internazionale. A seguito della scomparsa del marito e della vendita della ICF, diventa editore dando vita alla collezione Edizioni De Padova. Dagli anni Ottanta si avvale della collaborazione di grandi designer come Dieter Rams e Achille Castiglioni,

ma soprattutto di Vico Magistretti, suo compagno di lavoro e di vita per moltissimi anni. Maddalena De Padova introduce in Italia un nuovo concetto di abitare, in cui l'ambiente prevale sul singolo oggetto. Nel corso degli anni si affiancano nuovi designer tra i quali Patricia Urquiola, Xavier Lust, Nendo, Damian Williamson. Nel 2007 promuove, in collaborazione con Designboom.com, un concorso internazionale di design intitolato alla memoria di Vico Magistretti. Nel 2004, l'ADI la premia con il Compasso d'Oro alla carriera.

DANESE

Bruno Danese and Jacqueline Vodoz

(Valdagno, Vicenza, 1930; Milan, 1921–2005)

Bruno Danese began his business career in the family's artisanal company in Valdagno. With the artist and ceramicist Franco Meneguzzo, in 1955 he founded DEM (Danese e Meneguzzo), a ceramics workshop to produce both mass-produced objects and unique, handmade pieces. Two years later, with his wife, the photographer Jacqueline Vodoz, he formed the Danese company. For more than thirty years, together they concentrated their working activities on combining art and industry in design. He started up a working relationship with Bruno Munari and then Enzo Mari. Later collaborations were with Angelo Mangiarotti, Achille Castiglioni and Marco Ferreri. In 1991, after selling the Danese company, Jacqueline Vodoz and Bruno Danese founded the cultural association that bears their names. In their Milan offices the association studies research projects and holds art and design exhibitions. Some of the names who have exhibited there are Bruno Munari,

Marco Ferreri, Stefano Casciani, Gaetano Pesce, Salvatore Licitra and Giulio Paolini. The graphical layout of the catalogues and image of the association is dealt with by Italo Lupi. The Fondazione Jacqueline Vodoz e Bruno Danese, founded in 2007, runs the archives of the Danese company and its art collections.

DE PADOVA

Maddalena De Padova

(Barzio, Lecco, 1928)

Businesswoman, manufacturer and publisher, Maddalena De Padova has made a deep impression on design in Milan and internationally. Her career began in 1954 when she discovered Scandinavian furniture with her husband, Fernando, and decided to import it to Italy and sell it in her first shop in Via Montenapoleone. This was the first one to offer Scandinavian design in Milan and it became a landmark for local architects. In 1958 she discovered the Hermann Miller collection and with her husband founded ICF to manufacture American furniture designed by Charles Eames, George Nelson, and Alexander Girard under licence. The De Padova shop moved to Corso Venezia in 1967 where it became one of the best known design showrooms in the world. After the death of her husband and the sale of ICF, Maddalena De Padova went into publishing, creating the series è De Padova. In the Eighties she began working relationships

with great designers like Dieter Rams and Achille Castiglioni, but most of all Vico Magistretti, with whom she shared her work and life for many years. She created a new approach to living in Italy, in which the ambience prevailed over individual objects. Over the years she worked with up-and-coming designers such as Patricia Urquiola, Xavier Lust, Nendo and Damian Williamson. In partnership with Designboom.com, in 2007 she supported an international design competition in memory of Vico Magistretti. In 2004 ADI awarded the Compasso d'Oro to Maddalena De Padova for her career.

DRIADE
Enrico Astori
(Melzo, Milano, 1936)

Si laurea in architettura nel 1960 presso il
Politecnico di Milano. Per alcuni anni collabora
nell'azienda di famiglia, che produce strutture
prefabbricate in cemento armato, occupandosi
della comunicazione e della distribuzione.
Nel 1968, con Adelaide Acerbi e Antonia Astori,
di cui produce i primi progetti, fonda Driade,
della quale è tuttora presidente, riuscendo
a coinvolgere ed entusiasmare un gruppo
eterogeneo di creativi e collaboratori con i quali
dà forma a un laboratorio estetico. Regista
e imprenditore, segue la sua personalissima
ricerca, attratto da tutto ciò che è diverso e
nuovo. La sua vocazione allo *scouting* ha sempre
portato Driade a scoprire e proporre nuovi segni
e tendenze. Enrico Astori non si considera
un imprenditore, ma un viaggiatore, curioso
di scoprire la bellezza e la novità più diverse,
che si è lasciato guidare dall'intuito e dalla voglia
di conoscere. La sua attrazione per tutto ciò
che è inedito e inusitato e l'insofferenza

per modelli rigidi e consolidati fa sì che
la proposta Driade sia sempre aperta sul futuro.

DRIADE
Elisa Astori
(Milano, 1971)

Si laurea al Politecnico di Milano nel 1998
in progettazione architettonica, raccoglie le sue
prime esperienze collaborando a Madrid nello
studio di Rafael Moneo e in seguito a Milano
con Mario Bellini e con Antonio Citterio. Dopo
un master a Parigi in marketing e strategia
d'impresa, nel 2001 inizia a lavorare per Driade
a Parigi. Tornata in Italia nel 2003 si specializza
nella politica del prodotto e nella comunicazione.
Dal 2006 è vicepresidente e si occupa della
gestione generale dell'azienda.

FIAM
Vittorio Livi
(Tavullia, Pesaro-Urbino, 1944)

Oggi fra i massimi esperti nella tecnologia del
vetro, comincia a lavorare a tredici anni nella bottega di un vetraio. A quindici anni diventa capo
operaio e a diciotto, nel 1962, apre una piccola
azienda chiamata Fullet, che produce vetri deco-
rati per l'industria del mobile. Fonda Fiam Italia
nel 1973 con il preciso intento di fare diventare
il vetro materiale protagonista nell'arredamento
e contrastare l'idea che associa il vetro all'immagine di fragilità e complementarietà. Apre i suoi
laboratori sperimentali ai designer ed elabora
nuove tecnologie fino a ottenere nel 2001 per
Fiam il Compasso d'Oro. Livi si contraddistingue
anche nel sostegno e nella difesa dell'arte e della
cultura: costituisce con Alberta e Massimo Ferretti
una società per salvare dall'abbandono il borgo di
Montegridolfo, del VII secolo, e ristruttura villa
Miralfiore, un edificio storico di Pesaro del 1260,
che ora ospita anche le opere d'arte realizzate nei
laboratori sperimentali di Fiam con diversi artisti
fra cui Gianni Colombo e Arnaldo Pomodoro.

DRIADE
Enrico Astori
(Melzo, Milan, 1936)

Enrico Astori graduated in architecture
at the Milan Politecnico in 1960. For a number
of years he worked in communications
and distribution for the family company,
which produced prefabricated structures
in reinforced concrete.
With Adelaide Acerbi and Antonio Astori
(whose first designs he manufactured),
in 1968 he founded Driade, of which he
is still president. The company succeeded
in stimulating the enthusiasm of a mixed group
of creative minds with whom he set up an
aesthetic workshop. A director and businessman,
he is attracted by all that is different and new,
and his intuitive, roving eye has discovered
new trends for the company. He does not
consider himself a businessman but a traveller,
one who is interested in discovering wide-ranging
forms of beauty and novelty, but who is happy
to let his judgement be guided by his intuition
and desire for knowledge. This approach, plus

his lack of tolerance for existing models,
has ensured that Driade's products are always
innovative and open to the future.

DRIADE
Elisa Astori
(Milan, 1971)

Elisa Astori graduated in architecture at the
Milan Politecnico in 1998, then went to work
in Madrid in the studio of Rafael Moneo,
followed by a period in Milan with Mario Bellini
and Antonio Citterio. After doing a master's
in marketing and strategy, she began working
for Driade in Paris in 2001. She returned to Italy
in 2003 where she specialises in product policy
and communications. Since 2006 she has
been vice-president of the company and deals
with general management.

FIAM
Vittorio Livi
(Tavullia, Pesaro Urbino, 1944)

Today one of the greatest experts on glass-making
technology, Vittorio Livi began working at the age
of thirteen in a glazier's. At just fifteen he was made
foreman and at eighteen (in 1962) he opened his
own tiny company called Fullet, producing decorated glass panels for the furniture industry. He
founded Fiam Italia in 1973 with the specific goal of
making glass a leading material in furnishings and
to contrast the notion that it is a fragile and purely
complementary material. His opened his experimental workshops up to designers and developed
new technologies, and won the 2001 Compasso
d'Oro for. Livi stands out for his support of art and
culture: with Alberta and Massimo Ferretti he has
started a company to save the seventh-century
hamlet of Montegridolfo from abandonment. He
is also involved in the rebuilding of Villa Miralfiore,
a historic residence in Pesaro built in 1260, which
now contains works of art made in Fiam's
experimental workshops with such artists as
Gianni Colombo and Arnaldo Pomodoro.

FLOS
Piero Gandini
(Brescia, 1963)

Figlio di Sergio Gandini – che nel 1964 assumeva la direzione della Flos –, è l'esempio di uno dei più riusciti cambi generazionali dell'imprenditoria del design italiano. Entra in azienda nel 1988, dopo un'esperienza pluriennale presso la sede tedesca del gruppo, occupandosi dello sviluppo dei nuovi prodotti con i progettisti storici dell'azienda: Achille Castiglioni e Tobia Scarpa. Nello stesso anno Philippe Starck inizia la sua collaborazione con Flos e Piero Gandini decide di realizzare la lampada *Miss Sissi*, che sarà uno dei più grandi successi commerciali di Flos. Progressivamente si dedica alla trasformazione dell'azienda – che nel 1973 aveva acquisito Arteluce – in un unico gruppo e chiama a collaborare nuovi designer, fra cui Jasper Morrison, Konstantin Grcic, Antonio Citterio. Dirige Flos, di cui è amministratore delegato dal 1996 e presidente dal 1999, con lo stesso spirito visionario e tenace che aveva guidato i padri fondatori del design italiano.

FLOU
Rosario Messina
(Aci Castello, Catania, 1942)

Primogenito di sette figli, alla prematura scomparsa del padre si trova giovanissimo a essere capofamiglia. La sua fulminante carriera inizia come venditore alla Rinascente di Catania a sedici anni, ma riesce anche a diplomarsi e a diventare direttore della filiale siciliana della Zanussi-Rex. Chiamato al Nord agli inizi degli anni Settanta da Pier Ambrogio Busnelli alla direzione commerciale di C&B Italia (oggi B&B), passa qualche anno più tardi alla direzione generale di Cinova. In seguito, con Bassetti, partecipa allo sviluppo di un nuovo concetto di applicazione del tessile nell'arredamento. La svolta fondamentale avviene nel 1978 quando, in partnership con Achille Locatelli, fonda la Flou a sottolineare una nuova "cultura del dormire" con l'innovativa modalità di offrire al consumatore "letti pronti per dormire", corredati di tutti gli accessori. Prima tappa di un'ininterrotta serie di successi commerciali è *Nathalie* di Vico Magistretti, considerato

il capostipite di una nuova tipologia: il letto tessile moderno.
Grazie alla sua intraprendenza, alla sua visione strategica e a una carica di entusiasmo autentico, il "siciliano" Messina si afferma nello storico distretto lombardo del design, fino ad assumere la carica di presidente del Cosmit, il comitato organizzatore del Salone del Mobile di Milano.

FONTANA ARTE
Carlo Guglielmi
(Milano, 1947)

A lui si deve il rilancio di Fontana Arte, che, negli anni successivi alla gestione Gio Ponti e Pietro Chiesa, conosce un periodo di appannamento. Dopo gli studi in economia e commercio inizia la sua attività nell'azienda familiare di stampaggio di materiale plastico. Matura esperienze in settori diversi, ma tutti legati alla creatività, al design e all'innovazione tecnologica, e approda nel 1980 alla direzione di Fontana Arte, di cui assume nel giro di qualche anno il controllo azionario. Guglielmi pone al centro delle sue strategie per la rinascita, insieme al design come strumento di qualità progettuale e alla ricerca come metodo costante di politica aziendale, la collaborazione con grandi architetti italiani e stranieri, primi fra tutti Gae Aulenti e Pierluigi Cerri, cui affida rispettivamente l'art direction e la cura grafica, ponendo così definitivamente l'azienda nel novero dei protagonisti del design italiano.
Molto attivo nelle associazioni di settore,

FLOS
Piero Gandini
(Brescia, 1963)

The son of Sergio Gandini—who in 1964 took control of Flos—is an example of one of the most successful handovers between generations in Italian design. He began working in the company in 1988 after two years experience in the group's German office. Back to Italy, he was in charge of the development of new products with the company's long-established designers, Achille Castiglioni and Tobia Scarpa. That same year Philippe Starck began his association with Flos and Piero Gandini decided to produce *Miss Sissi*, which was to become one of Flos's best-sellers. He gradually devoted himself to turning the company, which in 1974 had bought out Arteluce, into a single group; he also invited new designers, such as Jasper Morrison, Konstantin Grcic and Antonio Citterio to work with Flos. He runs the company—of which he has been managing director since 1996 and chairman since 1999—with the same determined and visionary flair that guided the founding fathers of Italian design.

FLOU
Rosario Messina
(Aci Castello, Catania, 1942)

The eldest of seven children, he found himself at the head of his family when his father died very young. His dazzling career began as a salesman for La Rinascente in Catania when he was just sixteen, but he also managed to attain the school leaving diploma and become director of the Sicilian branch of Zanussi-Rex. Invited to north Italy in the early Seventies by Pier Ambrogio Busnelli to work in the commercial management of C&B Italia (today B&B), several years later he moved to become general manager of Cinova. Later, with Bassetti, he was involved in the development of a new concept of textile applications in furnishings. The turning point came in 1978 when, in partnership with Achille Locatelli, he founded Flou to focus on developing the quality and functionality of bedroom furniture. The first in an uninterrupted series of commercial successes was Vico Magistretti's *Nathalie*, which is considered to have been the first in the line of modern "textile" beds.

As a result of his entrepreneurial abilities, strategic vision and enthusiasm, the "Sicilian" Messina won himself a place in the Lombard design world, even becoming president of Cosmit, the organising committee of Milan's Salone del Mobile.

FONTANA ARTE
Carlo Guglielmi
(Milan, 1947)

Carlo Guglielmi was responsible for the relaunching of Fontana Arte which, in the years after it was managed by Gio Ponti and Pietro Chiesa, lost its shine. After studying economics and commerce, Guglielmi began his career in the family company that moulded plastics. Having gained experience in several fields, all of which were related to creativity, design and technological innovation, in 1980 he began work in Fontana Arte management, and became the majority shareholder of the company in just a few years. His strategies for renewal of the company were founded on design as a tool of project quality, continual research, and collaborative projects with famous Italian and foreign architects, such as Gae Aulenti and Pierluigi Cerri. He appointed Cerri in charge of art direction and graphics and raised the company to join the leading group in Italian design.

GUFRAM
Giuseppe Gugliermetto
(Grosso, Torino, 1933)

iGUZZINI
Adolfo Guzzini
(Recanati, Macerata, 1941)

dalla sua passione per la qualità nasce la partecipazione alla fondazione di Altagamma, di cui è vicepresidente, associazione che intende affermare l'eccellenza delle imprese italiane che sono espressione della cultura e dello stile italiani nel mondo. È inoltre presidente di Indicam, l'Istituto per la lotta alla contraffazione, e di Assoluce e vicepresidente di Federlegno-Arredo. È socio, con i familiari, dell'Azienda agricola San Bernardo di Gavi.

Gufram è l'acronimo di Gugliermetto Fratelli Arredamenti Moderni, un marchio creato nel 1952: per occuparsi dell'azienda, Giuseppe – secondo dei cinque figli di una famiglia di artigiani che produceva sedie nel Torinese – rinuncia a una sentita vocazione di musicista. Riesce comunque a diplomarsi in organo alla scuola organistica liturgica di Torino nel 1965, mentre è già alla guida dell'azienda paterna. L'anno successivo Giuseppe Raimondi, "l'architetto da cui impara a disegnare" (polemista e designer precocemente scomparso), lo introduce a designer e artisti come Piero Gilardi, che lanciano Gufram nell'avanguardia degli anni Settanta con fantastiche applicazioni del poliuretano a mobili e oggetti di autentica vocazione Pop. Il sogno di una produzione tra arte e design finisce nel 1978, quando un incendio distrugge completamente lo stabilimento non coperto da assicurazione. Costretto a rincominciare,

Gugliermetto si dedica alla produzione di sedute per luoghi pubblici, come teatri (Regio di Torino) e cinema, trasformando il marchio Gufram in un sinonimo di qualità e serietà nel settore del *contract*. Nel 2003 Poltrona Frau Group entra in Gufram con una quota minoritaria e l'anno successivo diventa azionista di maggioranza. I contrasti sulle strategie aziendali portano Gugliermetto nel 2006 a dare le dimissioni da presidente e a lasciare l'attività; così, dopo tanti anni dedicati al design, ritorna all'amatissima musica.

Ultimogenito dei sette figli di Mariano e di Irene Guzzini (Raimondo, Giovanni, Marcella, Virgilio, Giuseppe e Giannunzio), entra in Fratelli Guzzini nel 1961, subito dopo il diploma. Nel 1963, insieme con il fratello Giannunzio, assume la direzione di Harvey Creazioni, impresa di famiglia creata nel 1958, che produce oggetti in rame smaltato e lampade d'arredo, e avvia una stretta collaborazione con alcuni significativi progettisti quali Luigi Massoni – che diventa art director e designer fondamentale nell'evoluzione dell'azienda –, Gio Ponti, Rodolfo Bonetto, Bruno Gecchelin, contribuendo a diffondere la cultura del design fra le imprese marchigiane. Grazie al suo istinto imprenditoriale, che lo porta a lanciare l'azienda sui mercati internazionali, e un innato orientamento al marketing, trasforma la Harvey nella iGuzzini illuminazione, oggi fra i leader del settore. Fra i progettisti di fama internazionale che chiama a progettare: Renzo Piano, Gae Aulenti, Norman

GUFRAM
Giuseppe Gugliermetto
(Grosso, Turin, 1933)

iGUZZINI
Adolfo Guzzini
(Recanati, Macerata, 1941)

Guglielmi is very active in sector associations: his passion for quality led him to join Altagamma, of which he is vice-president. The goal of Altagamma is to underline the excellence of Italian companies that represent Italian style and culture throughout the world. He is also president of Indicam, the institute that fights counterfeiting, and of Assoluce, and is vice-president of Federlegno-Arredo. With the members of his family, he is a member of the Azienda Agricola San Bernardo di Gavi.

GUFRAM is the acronym of GUgliermetto FRatelli Arredamenti Moderni, a company founded in 1952. To look after the company, Giuseppe—who was the second of five children in a family of artisans who produced seats in the province of Turin—abandoned his dream of becoming a musician. However, he studied the organ at the liturgical organ school in Turin where he took his diploma in 1965 while he was already running his father's company. The following year, Giuseppe Raimondi, "the architect from whom he learned to draw" (a polemicist and designer who died young) introduced Gugliermetto to designers and artists like Piero Gilardi, who launched Gufram into the Seventies avant-garde with extraordinary applications of polyurethane that combined art and design, and typically Pop objects. His dream of making art and design products ended in 1978 when a fire completely destroyed his uninsured factory. Forced to start again,

Gugliermetto focused on producing seats for public places, such as theatres (Regio di Torino) and cinemas, thereby transforming the Gufram brand into a synonym for quality in the contract division. In 2003 Poltrona Frau Group bought a minority share in the company but the following year took a majority stake. Differences of opinion in corporate strategy led him to resign as president in 2006, which enabled him, after many years in the design world, to return to his beloved music.

The youngest of the seven children of Mariano and Irene Guzzini (Raimondo, Giovanni, Marcella, Virgilio, Giuseppe and Giannunzio), he entered Fratelli Guzzini in 1961, immediately after finishing school. With his brother Giannunzio, in 1963 he took over management of Harvey Creazioni, the family company founded in 1958 that produced enamelled copper objects and lamps. It commissioned some important designers, like Luigi Massoni (who became art director and the company designer), Gio Ponti, Rodolfo Bonetto and Bruno Gecchelin, and contributed to spreading the design culture among companies in his district, the Marches. His entrepreneurial flair led Guzzini to attack the international market and an innate marketing instinct to transform Harvey into iGuzzini illuminazione, which today has developed into one of the leading lighting companies. Some of the leading designers the company has worked with are Renzo Piano,

Foster, Massimiliano Fuksas e Ron Arad.
Oltre a due Compassi d'Oro, per il proiettore
Shuttle di Bruno Gecchelin nel 1989 e per
Nuvola di Renzo Piano nel 1998, il Gruppo
iGuzzini ottiene, nel 1991, il Compasso d'Oro
per la filosofia progettuale e produttiva.
Estremamente attivo nella cultura d'impresa,
crea nel 1995 il Centro studi e ricerca iGuzzini
con l'intento di diffondere una vera e propria
cultura della luce.
Numerosi gli incarichi ricoperti e i riconoscimenti
ottenuti, fra cui Imprenditore dell'anno nel 2001,
Cavaliere del lavoro nel 2004 e la laurea *honoris
causa* in economia internazionale nel 2007.

KARTELL
Claudio Luti
(Milano, 1946)

Alla guida di Kartell dal 1988, anno in cui
sostituisce al comando l'allora settantenne
fondatore dell'azienda Giulio Castelli, suo
suocero, Luti rappresenta uno dei casi più
fortunati di cambio generazionale. Laureato
in economia e commercio all'Università
Cattolica di Milano, apre uno studio
commercialista nel 1975. Fra i suoi clienti
c'è Gianni Versace, uno dei grandi nomi
della moda italiana, con cui fonda nel 1977
la Gianni Versace, diventandone amministratore
delegato e guidandola per dieci anni a stretto
contatto con lo stilista. Nel 1988 lascia Versace
e il mondo della moda per acquistare Kartell,
di cui diviene presidente. Entrato in azienda
in un momento difficile, in pochi anni ne
rinnova il catalogo, le tecnologie e lo stile,
rispettando però "l'anima" di Kartell
e comprendendo la necessità di liberare
la plastica della connotazione, tipica degli anni
Ottanta, di materiale "cheap". Chiama

a collaborare grandi nomi, Philippe Starck
per primo, e, successivamente, Vico Magistretti,
Ferruccio Laviani, Antonio Citterio, Ron Arad.
Sviluppa negli anni la rete distributiva
monomarca per comunicare l'identità
del marchio Kartell, che nel 2008 conta
100 negozi monomarca in 96 paesi
del mondo.

LUCEPLAN
Riccardo Sarfatti
(Milano, 1940)

Figlio di Gino Sarfatti, fondatore di Arteluce,
uno dei pionieri del design italiano
dell'illuminazione, lavora nell'azienda del padre,
parallelamente all'attività universitaria. Laureato
in architettura al Politecnico di Milano nel 1965,
è prima assistente e poi professore del corso di
Storia dell'architettura alla facoltà di Architettura
di Venezia e del Politecnico di Milano. Malgrado
la sua opposizione, nel 1973 il padre vende
alla Flos di Gandini Arteluce, allora all'apice del
successo, ma ormai troppo grande per essere
gestita a livello familiare. Riccardo si ritrova alle
dipendenze di Sergio Gandini, che trasferisce
l'intera produzione da Milano a Brescia. Dopo
cinque anni di difficile collaborazione, decide
di fondare in proprio un'azienda, Luceplan, con
la moglie Sandra Severi e Paolo Rizzatto, a cui
nel 1984 si aggiunge Alberto Meda: un'azienda
che sarà premiata tre volte con il Compasso
d'Oro e con l'European Design Prize nel 1994,
e che Sarfatti porta con successo sui principali

KARTELL
Claudio Luti
(Milan, 1946)

Gae Aulenti, Norman Foster, Massimiliano
Fuksas, and Ron Arad. It has won two Compassi
d'Oro (for Bruno Gecchelin's *Shuttle* projector
in 1989, and Renzo Piano's *Nuvola luminaire*
in 1998) but also the Compasso d'Oro for design
and production philosophy in 1991.
Very active in the business world, in 1995
Adolfo Guzzini created the Centro Studi e
Ricerche iGuzzini with the aim of developing
and spreading awareness of the lighting industry.
He has won many awards, including Businessman
of the Year (2001) and an honorary degree in
international economics (2007), and he was
made a Cavaliere del Lavoro in 2004.

At Kartell's helm since 1988, the year in which
he replaced the then seventy-year-old founder,
Giulio Castelli, his father-in-law, Claudio Luti
is one of the most fortunate of the heirs in the
generational handovers. After studying economics
and commerce at the Catholic University in
Milan, he opened an accounting firm in 1975.
One of his clients was Gianni Versace, one of
the great names in Italian fashion, with whom
he founded the company Gianni Versace in 1977.
After guiding the company as managing director
for ten years in close contact with the stylist, he
left Versace and the fashion world in 1988 to buy
up Kartell, of which he became president. Luti
entered the company at a difficult moment
but in a few years renewed the product range,
technologies and style without losing the spirit
of the company. He understood the need to free
the material plastic from its 1980s connotation
of cheapness and invited important designers
to work with Kartell: Philippe Starck to begin

with, then Vico Magistretti, Ferruccio Laviani,
Antonio Citterio, and Ron Arad. Moreover,
Luti built up a network of single-brand stores
to communicate the identity of the Kartell brand,
which in 2008 numbered 100 shops in
96 countries.

LUCEPLAN
Riccardo Sarfatti
(Milan, 1940)

The son of Gino Sarfatti, who founded Arteluce
and was one of the pioneers of the Italian lighting
industry, Riccardo worked in his father's company
while he was still studying at university. He
graduated in architecture at the Milan Politecnico
in 1965, then became first assistant and later
professor of the course in the history of
architecture at Venice University and the Milan
Politecnico. Despite Riccardo's personal
opposition, his father sold Arteluce to Gandini's
Flos in 1973 when it was at the height of its
success, as it had become too big to be run on
a family basis. Riccardo found himself working
for Gandini, who shifted production from Milan
to Brescia. After five difficult years working
together, Riccardo decided to start up on his
own, so founded Luceplan with his wife Sandra
Severi and Paolo Rizzato. These three were
joined in 1984 by Alberto Meda. The new
company has been awarded the Compasso
d'Oro three times and the European Design

mercati mondiali. Gestita negli ultimi anni dal figlio Alessandro, Luceplan è internazionalmente riconosciuta come un'azienda tra le più innovative del settore.
Impegnato nelle associazioni di area progettuale, ma anche attivamente coinvolto nelle problematiche della società civile, è protagonista del dibattito politico a Milano. Candidato di area progressista per la presidenza della Regione Lombardia nel 2005, continua l'attività politica come consigliere regionale.

MAGIS
Eugenio Perazza
(Ceggia, Venezia, 1940)

Figlio di un operaio di Porto Marghera, si diploma ragioniere e inizia a lavorare nel 1959, occupandosi di recupero crediti fino a essere nel 1975 direttore commerciale di un'azienda che produce casalinghi in tondino d'acciaio (dallo stendibiancheria allo scolapiatti), normalmente copiati da altri già in commercio. Sente l'esigenza di dare dignità estetica a questi prodotti e decide di lasciare l'azienda quando la sua proposta di collaborare con Richard Sapper per nuovi prodotti di diverso livello non trova riscontro. Nel 1976 fonda così Magis – "di più" in latino –, gestita in *outsourcing*. Nonostante inizi a collaborare con designer esperti come Andries van Onck, l'azienda non ha vita facile: almeno fino alla metà degli anni Novanta, quando con Stefano Giovannoni realizza lo sgabello *Bombo*, uno dei prodotti più venduti in assoluto (e purtroppo copiati), e Magis si afferma come una delle aziende più innovative nel panorama del design italiano.

MEMPHIS
Ettore Sottsass jr.
(Innsbruck, Austria, 1917 - Milano, 2007)

Considerato con Achille Castiglioni il più grande tra i maestri del design italiano, viene iniziato all'educazione artistica dal padre architetto Ettore Sottsass. Nel 1928 la famiglia si trasferisce a Torino. Dopo la laurea in architettura nel 1939, chiamato alle armi, parte per il fronte slavo dove viene fatto prigioniero e internato. Rientrato in Italia, inizia a realizzare arredamenti, mobili e piccoli oggetti, anche in proprio. Nel 1957 è chiamato a collaborare con Olivetti: rivoluziona l'idea di industrial design applicando ai prodotti della nascente industria dei computer nuovi concetti spaziali e architettonici. Intraprende in quegli anni con la prima moglie Fernanda Pivano, scrittrice e traduttrice, numerosi viaggi in India, Giappone e soprattutto Stati Uniti. Qui nel 1961 una grave malattia lo porta quasi alla morte; lo salva l'impiego del cortisone, allora usato ancora solo in modo sperimentale. Negli anni Settanta partecipa alle esperienze della cosiddetta architettura radicale, fra cui

il gruppo Alchimia, e all'inizio degli anni Ottanta crea Memphis – con un vastissimo gruppo di designer internazionali e in società con i coniugi Godani e con Ernesto Gismondi di Artemide – che, con i suoi oggetti iconici, segna il design di quegli anni. Nonostante il successo planetario dell'iniziativa, Sottsass stesso decide di concludere la sua collaborazione con il gruppo, che si scioglie per volontà unanime di tutti i collaboratori: rimangono solamente in produzione, prima per volontà di Gismondi, poi per iniziativa dell'imprenditore Alberto Albricci, alcuni tra i più famosi pezzi disegnati da Sottsass e da pochi altri autori del gruppo. Continua l'attività di architetto con lo studio Sottsass Associati, realizzando soprattutto case per abitazione. Innumerevoli le mostre personali nei principali musei del mondo e i riconoscimenti nelle sue diverse attività, inclusa la fotografia. Scompare al termine di una lunga malattia, che vive

MAGIS
Eugenio Perazza
(Ceggia, Venice, 1940)

MEMPHIS
Ettore Sottsass, Jr.
(Innsbruck, Austria 1917–2007, Milan)

Prize in 1994; lately, under Alessandro, Riccardo's son, management it has become one of the most innovative companies in the lighting industry internationally.
He dedicates time to associations that concentrate on design but which are also actively involved in social problems, and also makes his voice heard in the political debate in Milan. A regional councillor in Lombardy, he was a candidate for the presidency of the region in 2005.

The son of a labourer in Porto Marghera, Eugenio Perazza obtained a diploma in book-keeping and started work in 1959 in credit recovery. By 1975 he had risen to sales director of a company that produced steel tubing household accessories (clothes-horses, dish-racks, etc.), which were usually copied from others already on sale. Feeling the need to give these products some aesthetic dignity, he left the company when his proposal to work with Richard Sapper on a new product line was turned down. In 1976 he founded Magis (a Latin word that means "more") whose production was based on outsourcing. Despite working with expert designers like Andries van Onck, the company struggled, but when in the mid-Nineties Stefano Giovannoni designed the Bombo stool (one of the bestselling and most copied products), Magis took its place as one of the most innovative companies in the world of Italian design.

Considered, with Achille Castiglioni, one of the two greatest masters in Italian design, his artistic education was begun by his architect father Ettore Sottsass. In 1928 the family moved to Turin. After graduating in architecture in 1939, Ettore Jr was called up by the army and left for the Slav front where he was taken prisoner and interned. When he returned to Italy he began making furnishings, furniture and small objects on his own account. In 1957 he was invited to work with Olivetti, where he revolutionised the idea of industrial design by applying new spatial and architectural concepts to products in the nascent computer industry. During these years he made a number of trips to India, Japan and, above all, the United States with his first wife, writer and translator Fernanda Pivano. It was in America that he was struck down to the point of death by an illness in 1961, and was only saved by the use of cortisone, which at that time was only in experimental use. In the Seventies, with

the Alchimia group, he was involved in "radical" architecture and in the early Eighties created Memphis with Godani and Ernesto Gismondi of Artemide. This group drew in a huge number of international designers and heavily influenced the design of the Eighties with its iconic objects. Despite the worldwide success of the project, Sottsass decided to leave the group, which unanimously decided to dissolve itself as a result. Some of its most famous pieces, designed by Sottsass and a few others, are kept in production at first by Gismondi, and then by Alberto Albricci. He continued working as an architect with his studio Sottsass Associati, focusing mainly on housing. His creative output has been the subject of innumerable exhibitions around the world and his different activities, including photography, were awarded many recognitions. He died after a long illness, though he continued to work until the end,

serenamente accanto alla seconda moglie
Barbara Radice, continuando a lavorare fino
all'ultimo.
Indimenticabile figura di artista, paradossalmente
ha sempre rifiutato questa definizione, ripetendo
spesso la frase: "Io sono un architetto: quando
mi chiamano artista, mi arrabbio sempre un po'".

MOLTENI
Carlo Molteni
(Milano, 1943)

Dopo la laurea in economia a Milano, entra
nel 1966 nell'azienda di famiglia (attiva già da
prima della Seconda guerra mondiale) seguendo
inizialmente l'acquisto e la lavorazione di tronchi
e legni esotici, quando la fabbrica ancora copre
l'intero ciclo produttivo. La passione per il
design nasce presto e l'entusiasmo del figlio
si trasmette al padre Angelo che abbandona in
meno di un anno tutta la produzione tradizionale:
dal 1969 Molteni inizia la collaborazione
con architetti e designer. Determinante nel
passaggio al design è l'incontro con Luca Meda,
che nel 1968 disegna *Iride*, il primo sistema
d'arredo moderno prodotto dall'azienda.
Carlo Molteni segue poi l'espansione nel settore
ufficio (con Unifor e Citterio) e cucine (Dada),
fino a diventare presidente e amministratore
delegato del gruppo. Tra gli altri chiama a
collaborare Aldo Rossi (di cui diventerà amico
e principale produttore di arredi), Michele De
Lucchi e Jean Nouvel. Con i fratelli Piero

(responsabile dell'azienda per il progetto
e il prodotto Unifor), Luigi e Mariangela, e i figli
gestisce l'innovazione tecnologica e sviluppa
le sinergie tra le aziende del gruppo.

MOROSO
Patrizia Moroso
(Tricesimo, Udine, 1955)

È una delle pochissime donne alla guida, come
proprietaria e art director, di un'impresa nel
settore del design. Patrizia Moroso segue la sua
passione per l'arte studiando al DAMS (Discipline
delle Arti, della Musica e dello Spettacolo) a
Bologna, facoltà universitaria che fra i fondatori
annovera Umberto Eco. Torna a Udine nel 1983
quando l'azienda familiare – fondata dai genitori
nel 1952 – subisce gli effetti della crisi economica
e deve inventarsi una strategia per diventare un
marchio vincente del design. Arriva in azienda,
con la quale già collaborava da alcuni anni
Antonio Citterio, insieme a Alberto Gortani,
allora giovane ingegnere, e decide di chiamare
Massimo Iosa Ghini, suo amico disegnatore di
fumetti, artista e appassionato di design (entrerà
nel gruppo Memphis poco dopo), avviando così
molte sperimentazioni. Il suo talento nello
scovare progettisti innovativi e la capacità
di lasciare loro grande libertà nella realizzazione
dei prodotti, le permettono di portare Ron Arad

MOLTENI
Carlo Molteni
(Milan, 1943)

looked after by his second wife Barbara Radice.
He was an unforgettable artist, though he always
refused this definition, often repeating the
phrase, "I am an architect: when they call me
an artist, I always get a little angry".

Carlo Molteni studied economics in Milan, then
joined the family firm (active since before World
War II) in 1966, initially working in the purchase
and working of tree trunks and exotic woods at
a time when the company still covered the entire
production cycle. He quickly developed a
passion for design and the enthusiasm of the
son passed to his father Angelo, who turned his
back on his standard product line in less than
a year. From 1969 Molteni began working with
architects and designers. His meeting with Luca
Meda was decisive: in 1968 Meda designed Iride,
the company's first modern furniture system.
Carlo then directed expansion into the office
furniture sector (with the Unifor and Citterio
brands) and kitchens (Dada). He eventually
became managing director and president
of the whole group. Designers he has worked
with are Aldo Rossi (whose friend and leading
furniture-maker he would become),
Michele De Lucchi and Jean Nouvel. With his

siblings Piero (Unifor product and design
manager), Luigi and Mariangela, and the next
generation, he is in charge of technological
innovation and develops the synergies within
the group.

MOROSO
Patrizia Moroso
(Tricesimo, Udine 1955)

Patrizia Moroso is one of the very few women in
charge (as owner and art director) of a company
in the design industry. She followed her love of
art by studying at DAMS (Discipline delle Arti,
della Musica e dello Spettacolo) in Bologna,
the university faculty that numbers Umberto Eco
amongst its founders. She returned to Udine in
1983 when the family firm—founded by her
parents in 1952—suffered from the economic crisis and had to invent a new strategy to turn itself
into a winning brand. She arrived in the company,
which had been working for a number of years
with Antonio Citterio and Alberto Gortani (then
a young engineer), and decided to call up
Massimo Iosa Ghini, a friend who was a
comic-book designer, artist and design enthusiast
(he was shortly to enter Memphis). Together
they created several experimental products.
Moroso's talent in discovering new, innovative
talents and to leave them great freedom in their
product design enabled her to take Ron Arad

OLUCE
Antonio Verderi
(Milano, 1965)

POGGI
Roberto Poggi
(Pavia, 1924)

dai pezzi *one-off* alla produzione industriale, di scoprire la bravura di Patricia Urquiola e di collaborare con molti artisti, fino a fare di Moroso uno dei nuovi nomi del design italiano nel mondo.

Il padre di Antonio, Angelo Verderi, acquista Oluce nel 1973 da Giuseppe Ostuni, che l'aveva fondata nel 1945. È una piccola azienda di grande successo. Ostuni, che lascia perché consapevole di essere arrivato al massimo delle sue possibilità con la gestione d'impostazione artigianale e la produzione di piccole serie, sceglie di vendere a Verderi. Verderi padre è un uomo che conosce a fondo le lavorazioni meccaniche, un orfano, un partigiano, che studia alle scuole serali e contemporaneamente lavora. Quando inizia un'attività edilizia e si dedica alla ricostruzione di Milano conosce Magistretti, che sarà per anni art director e principale designer di Oluce. Antonio è chiamato dal padre a subentrare in azienda nel 1997, dopo essersi laureato in legge nel 1991, e dopo uno stage in Inghilterra e l'esperienza alla direzione marketing del gruppo Cogesta. Nel 2000 consegue un master in business management. La passione per il design nasce lentamente,

con qualche bel ricordo dei mesi passati in fabbrica a montare le lampade per pagarsi le vacanze estive. Avvia la collaborazione con Marco Romanelli, art director dal 1995, con cui punta su designer giovani e meno noti. Dal 1997 è amministratore delegato e presidente di Oluce.

Roberto Poggi è un autentico pioniere nella realizzazione di mobili di design. Uomo schivo, dalla cortesia e modestia antiche, ha una storia profondamente legata alla collaborazione con uno dei grandi maestri dell'architettura moderna italiana: Franco Albini. Nel 1949 è obbligato a lasciare gli studi dall'improvvisa morte del padre, che a Pavia conduceva un laboratorio artigiano di raffinata ebanisteria, attivo dalla fine dell'Ottocento. Nello stesso anno con il fratello Ezio incontra Albini. Nasce un sodalizio d'eccezione tra un grande artigiano e un grande architetto, durato ventisette anni, fino alla scomparsa di Albini nel 1977. Già uno dei primi loro prodotti, la sedia *Luisa*, ottiene il premio Compasso d'Oro nel 1955. In seguito, senza il sostegno del fratello scomparso prematuramente, Roberto Poggi collabora con Vico Magistretti, Marco Zanuso, Afra e Tobia Scarpa e Ugo La Pietra, proseguendo nella ricerca della qualità

OLUCE
Antonio Verderi
(Milan, 1965)

POGGI
Roberto Poggi
(Pavia, 1924)

from designing one-off pieces to mass production, but also to discover the ability of Patricia Urquiola and to work with many fine artists, turning Moroso into one of the leading names in Italian design around the world.

Antonio's father, Angelo Verderi, bought Oluce in 1973 from Giuseppe Ostuni, who had founded it in 1945. It was small but very successful. Ostuni sold up because he knew that he had taken the company as far as he could on its artisanal basis with short product runs. Verderi Sr had been an orphan, a partisan in the war, studied at evening school while working during the day, and learned mechanical processing inside out. He began a building company and started work on the reconstruction of Milan after the war, during which time he met Vico Magistretti, who would become the art director and principal designer for Oluce. Antonio was asked to enter the company in 1997 after graduating in law in 1991, doing a short work stage in England, and working in marketing for the Cogesta group. In 2000 he did a master's degree in business management. His passion for design grew slowly during the months he worked during the holidays assembling lamps to earn himself some

money. He started working with Marco Romanelli (the art director from 1995) and young and not-so-young designers. He has been managing director and president of Oluce since 1997.

Roberto Poggi is one of the pioneers in the manufacture of designer furniture. A shy, courteous and modest man, he enjoyed a long-lasting association with one of the great masters of modern Italian architecture: Franco Albini. In 1949 Roberto was obliged to abandon his studies on the sudden death of his father, who ran a small cabinet-making company that had been active in Pavia since the late nineteenth century. That same year, with his brother Ezio, Roberto Poggi met Albini. An exceptional partnership was formed between the great craftsman and great architect that was to last 27 years, until Albini's death in 1977. One of their first products, the Luisa seat, won the first Compasso d'Oro in 1955. Following Ezio's death at a young age, Roberto had to manage the company alone and invited important designers such as Vico Magistretti, Marco Zanuso, Afra and Tobia Scarpa, and Ugo La Pietra to work with Poggi, focusing on the highest

di alto livello. I primi segnali di crisi sono
negli anni Novanta, quando molte aziende
artigiane del Pavese chiudono e diventa sempre
più difficile trovare le maestranze. Nel 2007
Poggi chiude definitivamente il suo stabilimento.

POLTRONA FRAU
Franco Moschini
(Macerata, 1934)

Presidente del gruppo Poltrona Frau (di cui
fanno parte oltre a Poltrona Frau, Alias,
Cappellini, Cassina, Gufram, Nemo e Gebrüder
Thonet Vienna), inizia il suo percorso
nell'azienda di famiglia a Tolentino, storico
distretto delle attività conciarie, che fornisce
le pelli a Poltrona Frau di Torino. Nel 1962
è chiamato a valutare come reagire, in qualità
di creditore, alla difficile situazione di Poltrona
Frau, rimasta con pochi dipendenti. Affascinato
dalla memoria storica dell'industria torinese
(fondata nel 1912 da Renzo Frau, di origine
sarda), decide di salvare l'azienda acquistandola:
trasferisce l'attività a Tolentino e, coinvolgendo
designer internazionali, contribuisce alla
sua innovazione stilistica e tecnica. Nel 1990
acquisisce il controllo dell'azienda e nel 1993
ne rileva l'intero pacchetto azionario. Per la sua
attività ottiene molti riconoscimenti, tra cui
nel giugno 2001 l'onorificenza di Cavaliere
al merito del lavoro conferita dal presidente

della Repubblica. Nel 2003 apre il capitale
al fondo Charme, gestito dalla famiglia
Montezemolo, e ne diviene azionista due anni
dopo. Avvia così la creazione del "Polo del
Bello", ossia il gruppo Poltrona Frau, quotato
con successo in borsa dal novembre del 2006.
Da sempre attento alla qualità del lavoro,
realizza già negli anni Ottanta strutture ricreative
(piscina, campo da calcio) all'interno dell'azienda.
Nel mondo della cultura sostiene attività come
il Festival dei Due Mondi di Spoleto, Macerata
Opera e il Festival di Ravello.

TECNO
Paolo Borsani
(Milano, 1953)

Laureato in ingegneria civile al Politecnico di
Milano, segue diversi corsi di specializzazione
in economia e marketing. Conosce altre realtà
produttive viaggiando in Europa e in America e
nel 1979 entra nell'azienda di famiglia, Tecno,
fondata dal padre Fulgenzio e dallo zio Osvaldo
nel 1953 con l'intento di innovare tutti gli aspetti
del percorso di un prodotto: tecnologia, forma,
comunicazione e vendita. Per ottimizzare la
produzione si affiancano a Tecno due società
manifatturiere, una nel settore metalmeccanico
e l'altra nella lavorazione dei laminati plastici.
Dopo gli anni d'oro – in cui Tecno arreda l'Eni
di Enrico Mattei e il grattacielo Pirelli (sotto la
guida di Gio Ponti) – i cambiamenti dell'ambiente dell'ufficio, sempre più informatizzato,
e le conseguenti necessità di adeguamento
dell'azienda inducono Paolo Borsani
a ristrutturare il management aziendale e,
con l'aiuto di Piero Lissoni all'art direction,
ad attualizzare i prodotti storici dell'azienda.

POLTRONA FRAU
Franco Moschini
(Macerata, 1934)

quality. The first signs of difficulty arrived in
the Nineties, when many artisanal companies
around Pavia were forced to close and it became
increasingly difficult to find skilled labour.
The company finally closed definitively in 2007.

President of the Poltrona Frau group (which
comprises Poltrona Frau, Alias, Cappellini,
Cassina, Gufram, Nemo and Gebrüder Thonet
Vienna), Franco Moschini began working in the
family firm in Tolentino, traditionally a tanning
district, which supplied Poltrona Frau, in Turin,
with leather. In 1962 he was asked to assess how
to react (as a creditor) to the difficult situation
Poltrona Frau was experiencing. Impressed by
the long history of the company (it was founded
in 1912 by Renzo Frau, originally from Sardinia),
Moschini decided to save the company by investing
in it. He transferred it to Tolentino and, asking
in international designers, contributed to its
stylistic and technical innovation. In 1990 he
bought control of the company and three years
later the entire share capital. His work has been
rewarded with many recognitions, including the
honorific Cavaliere del Lavoro from the President
of Italy in 2001. In 2003 Luca Cordero di
Montezemolo and his son Matteo created the

Charme investment fund, of which Moschini
became a shareholder two years later. He then
launched the "Polo del Bello" (the Poltrona Frau
Group) which has been quoted on the stock
exchange since November 2006.
Always focusing on quality, in the Eighties
Moschini built recreational facilities in his
company (a swimming pool and a football
pitch). In the world of culture he supports events
like the Festival of the Two Worlds in Spoleto,
Macerata Opera, and the Ravello Festival.

TECNO
Paolo Borsani
(Milan, 1953)

After studying civil engineering at the Milan
Politecnico, Paolo Borsani attended various
specialisation courses in economics and
marketing. He travelled and worked in
manufacturing companies elsewhere in Europe
and the USA before entering his family's firm,
Tecno, which had been founded by his father
Fulgenzio and uncle Osvaldo in 1953
with the aim of innovating all aspects
of the manufacturing process: technology,
product appearance, communications and sales.
To optimise the production cycle, Tecno formed
an association with two manufacturing
companies, one in the metalworking sector,
the other that processed plastic laminates. Once
the golden years were passed—in which Tecno
furnished ENI and the Pirelli skyscraper in Milan
(under Gio Ponti's direction)—the changes
in office environment (which was becoming
increasingly computer-based), and the
consequent need to reorganise the company,

ZANOTTA
Eleonora, Martino e Francesca Zanotta
(Milano, 1960; Monza, 1969; Milano, 1971)

Rimane l'unico membro della famiglia a gestire la società, di cui è prima amministratore delegato e poi presidente. È anche presidente di Assufficio, l'Associazione nazionale di produttori mobili per ufficio, e per sei anni è stato presidente del settore legno presso Assolombarda.

Aurelio Zanotta (1921-1990), tra gli industriali protagonisti indiscussi del design italiano, lascia alla sua scomparsa tre figli, chiamati a proseguirne l'opera. Eleonora, laureata in architettura nel 1984, dopo aver frequentato la scuola di direzione aziendale all'Università Bocconi di Milano, ha già iniziato a occuparsi dello sviluppo dei prodotti. Assume quindi la carica di presidente e, fino all'ingresso in azienda del fratello Martino, si occupa anche della gestione aziendale. Martino, già studente di ingegneria, lascia la facoltà e, nel 1993, dopo un master in direzione aziendale, si dedica a riorganizzare la struttura dell'impresa. Nel 1996 ne assume la direzione commerciale, impostando una nuova politica di marketing e ottimizzando la rete di distribuzione, fino a divenire amministratore unico. Francesca, la più giovane dei tre, dopo essersi laureata in architettura al Politecnico di Milano e alcune esperienze nel campo della comunicazione e del design, si dedica

alla direzione artistica e alla cura dell'immagine aziendale. Disegna diversi prodotti di successo della collezione con il marchio Emaf Progetti, una sigla ideata da Aurelio Zanotta che la utilizzava anche per "firmare" alcuni prodotti da lui ideati.

ZEUS
Maurizio Peregalli
(Varese, 1951)

Designer e creativo anticonformista, nel 1978 fonda con Walter Marcatti la società Noto, che si occupa di arredi per interni e negozi, fra cui i primi negozi di Fiorucci a Milano. Instancabile sperimentatore e ricercatore (anche con il riuso di prodotti industriali per nuovi impieghi), collabora già dal 1980 con diverse aziende della moda – come Giorgio Armani, Replay, Furla – per le quali progetta, ingegnerizza e produce catene di negozi in Italia e all'estero. Nel 1984 è tra i soci fondatori di Zeus (di cui oggi è socio e direttore creativo), con cui produce una collezione di complementi di arredo minimalisti ed essenziali. Da anni è promotore con la moglie Nicoletta Baucia di mostre e iniziative culturali, realizzate presso lo showroom Zeus di Milano, volte a scoprire e far conoscere nuovi designer, artigiani e giovani produttori di tutto il mondo.

ZANOTTA
Eleonora, Martino, and Francesca Zanotta
(Milan, 1960; Monza, 1969; Milan, 1971)

persuaded Paolo Borsani to restructure, and, with the help of Piero Lissoni as art director, to update the company's long-standing products. He remains the only member of the family to run the company, of which he is managing director and also president. He is also president of Assufficio, the national association of office furniture manufacturers. He has been president of the wood division of Assolombarda for six years.

Aurelio Zanotta (1921–1990) was one of the undisputed champions of Italian design. On his death he left the Zanotta company to his three children. Eleonora, who graduated in architecture in 1984 and then studied corporate management at Bocconi University in Milan, had already started to work on product development. At the death of her father she became president, and, until her brother Martino entered the company, was also its manager. Martino studied engineering, did a master's in corporate management, then applied himself to reorganising the company structure. In 1996 he was made commercial director, whereupon he introduced a new marketing policy, optimised the distribution network, and eventually became managing director. Francesca, the youngest of the three children, studied architecture at the Milan Politecnico, then got some experience in the field of communication and design. Now she concentrates on the art

direction and company image. She has designed several successful products in the Emaf Progetti collection, a name used by Aurelio Zanotta to "sign" products he had designed himself.

ZEUS
Maurizio Peregalli
(Varese, 1951)

A designer and creative non-conformist, in 1978 Maurizio Peregalli founded the company NOTO with Walter Marcatti, which furnishes interiors and shops, including the first Fiorucci shops in Milan. An untiring experimenter and researcher (he likes to employ unused industrial products in new applications), since 1980 he has worked with fashion companies like Giorgio Armani, Replay and Furla, for which he designs, engineers and produces chains of shops in Italy and abroad. In 1984 he was a founder member of ZEUS (of which today he is creative director), with which he produces a collection of minimalist furniture. With his wife Nicoletta Baucia, for years he has promoted exhibitions and cultural events at the ZEUS showroom in Milan. These are aimed at discovering and exhibiting the work of new designers, craftsmen and young manufacturers from around the world.

EDITORIALE DOMUS
Giovanna Mazzocchi
(Milano, 1947)

Editrice d'eccezione e grande appassionata di motori, automobili e aerei, ottiene il suo primo brevetto di pilota ancora prima di laurearsi con lode in scienze politiche all'Università di Pavia nel 1973. Dopo gli studi, lavora un anno alla casa editrice Gruner & Jahr ad Amburgo e l'anno successivo entra in Editoriale Domus, la casa editrice fondata dal padre Gianni Mazzocchi e da Gio Ponti nel 1929. Diventa giornalista e in seguito assume la carica di direttore generale, di amministratore delegato e, alla morte del padre nel 1984, di presidente. Nascono in quegli anni riviste di grande successo, come «Volare», «Meridiani», «Quattroruote Vendo e Compro». Per «Quattroruote» istituisce la più ricca banca dati nel mondo dell'auto, che permette di quotare il valore delle automobili usate. Nel 1995 crea a Vairano di Vidigulfo, in provincia di Pavia, l'Automotive Safety Center, un avanzato centro per la sicurezza e la verifica delle prestazioni automobilistiche utilizzato anche dalle scuderie di Formula 1. Poliglotta di talento, tanto da diplomarsi anche in lingua cinese, ha soggiornato a lungo in Sud America e in Asia e con il suo aereo viaggia felicemente in tutto il mondo.

EDITORIALE DOMUS
Giovanna Mazzocchi
(Milan, 1947)

An outstanding publisher and passionate enthusiast of cars and planes, Giovanna Mazzocchi got her pilot's licence before she even graduated with top honours in political science at Pavia University in 1973. After her studies, she worked for a year at the publisher's Gruner & Jahr in Hamburg (Germany) and, the following year, entered Editoriale Domus, the publishing company founded by her father Gianni Mazzocchi and Gio Ponti in 1929. She became a journalist and later general manager, managing director and, on the death of her father in 1984, president. During this period the company launched a number of very successful magazines, such as Volare, Meridiani, and Quattroruote Vendo e Compro. For Quattroruote (a car magazine), the company built up the largest database in the car world, which allowed the values of used cars to be established. In 1995 she created the Automotive Safety Centre in Vairano di Vidigulfo, in the province of Pavia. This is an advanced centre for car safety and checking car performance that is also used by Formula 1 teams. A talented polyglot, she has even learned Chinese. Having spent long periods in South America and Asia, beside her commitment as publisher, she happily globetrots in her private aeroplane.

Tito Agnoli

(Lima, Perù, 1931)

Architetto, designer e pittore, dal 1950 al 1970 è assistente di Gio Ponti e di Carlo De Carli presso la facoltà di Architettura del Politecnico di Milano. Fin dagli anni Cinquanta si dedica con grande impegno ai prodotti industriali, collaborando con importanti aziende del settore, tra cui Bonacina Pierantonio, Zanotta e Oluce, interessandosi in particolar modo ai processi produttivi e alle nuove tecnologie. Progetta e elabora direttamente a contatto con i tecnici e gli esecutori, rifacendosi idealmente alle lezioni dei maestri del Bauhaus. Due suoi rogetti sono segnalati al Compasso d'Oro; nel 1986 vince la medaglia d'oro al Neocon di Chicago.

Franco Albini

(Robbiate, Como, 1905 – Milano, 1977)

Architetto, intraprende l'attività progettuale in ambito razionalista, soprattutto nell'arredamento e nel disegno di mobili insieme a Franca Helg, dal 1952 associata allo studio Albini. Già negli anni Trenta i suoi oggetti si distinguono per una personalissima poetica, mediata dalla genialità tecnologica e strutturale. Per ventisette anni mantiene un patto di progettazione esclusiva con Poggi, per il quale realizza soluzioni dal grande risultato espressivo e con la sedia *Luisa* vince il Compasso d'Oro alla sua seconda edizione nel 1952. Dopo la guerra inizia la sua attività didattica e nel 1964 diventa professore di Composizione presso la facoltà di Architettura del Politecnico di Milano. Si afferma tra i grandi maestri della cultura progettuale moderna in Italia con numerose opere d'architettura e di design, come i Magazzini La Rinascente di Roma (1957-61) e le stazioni della Metropolitana milanese (1962-1969; premio Compasso d'Oro 1964).

Ron Arad

(Tel Aviv, Israele, 1951)

Frequenta l'Accademia di Belle Arti di Gerusalemme e successivamente l'Architectural Association di Londra, dove conosce Peter Cook. Nel 1981 apre lo studio di architettura e design One Off Ltd a Covent Garden. Qui crea i primi *ready-made*, mobili disegnati e prodotti su commissione in cui si combinano materiali *hi-tech* e *objets trouvés*, dando forma a progetti artigianali. Sempre al centro dell'innovazione di forma e materiali, il progetto che lo porta sulla scena internazionale è la sedia *Rover*, realizzata riciclando vecchi sedili in pelle provenienti dalle vetture Rover, fissati poi su di una base in acciaio tubolare disegnata dallo stesso Arad. Proficua e intensa la collaborazione con Kartell, inaugurata dalla libreria *Bookworm*. Nel 1989 fonda insieme a Caroline Thorman lo studio Arad Associates e dal 1997 è docente al Royal College of Art di Londra.

Archizoom

Gruppo fondato a Firenze nel 1966 da Andrea Branzi, Gilberto Corretti, Paolo Deganello, Massimo Morozzi, ai quali, due anni dopo, si uniscono Dario e Lucia Bartolini. Lo studio inizia a operare nel campo della ricerca urbana, impostando alcune tematiche dell'architettura radicale, come la *No-Stop City*, e successivamente concentrandosi sul tema del design innovativo e della progettazione ambientale, realizzando mostre e allestimenti. Dal 1971 il gruppo crea i primi progetti di *dressing design*. Archizoom organizza con Superstudio la manifestazione «Superarchitettura» tenutasi a Pistoia e a Modena (1966-67), aprendo il dibattito sulla cultura giovanile del progetto. La produzione ispirata alla Pop Art americana e al gruppo inglese Archigram è segnata da progetti come i divani *Superonda* (1966) e *Safari* (1968) e la poltrona *Mies* (1969). Branzi, Morozzi e Deganello si spostano nel 1973 a Milano, il gruppo si scioglie l'anno successivo.

Tito Agnoli

(Lima, Peru, 1931)

Architect, designer and painter. From 1950 to 1970 he was assistant to Gio Ponti and Carlo De Carli at the Architecture Department at the Milan Politecnico. From the Fifties he devoted himself to industrial products, working with important companies, such as Bonacina Pierantonio, Zanotta and Oluce. He was particularly interested in production processes and new technologies. He worked on designs and developments directly with experts and operators, drawing on the experiences of the masters of the Bauhaus. He won two Compassi d'Oro and in 1986 the gold medal at the NeoCon Trade Fair in Chicago.

Franco Albini

(Robbiate, Como, 1905 - Milan, 1977)

Architect. He started his design activity during the Rationalist period, above all in his furnishings and the furniture he designed with Franca Helg, who, from 1952, was an associate in his firm. As early as the Thirties his objects were distinguished by his very personal poetics mediated by a technological and structural brilliance. He worked exclusively for Poggi for twenty-seven years, producing designs of great expressiveness. His Luisa seat won the second Compasso d'Oro, in 1952. After the war he began teaching and in 1964 was appointed Professor of Composition at the Architecture Department at Milan Polytechnic. He established himself as one of the great masters of modern design in Italy with numerous works of architecture and design, like the La Rinascente store in Rome (1957–61) and the Milan underground train stations (1962–69), with the latter winning the Compasso d'Oro of 1964.

Ron Arad

(Tel Aviv, Israel, 1951)

Ron Arad studied at the Academy of Fine Arts in Jerusalem and then the Architectural Association in London, where he met Peter Cook. In 1981 he opened his own architecture and design firm (One Off Ltd) in Covent Garden. Here he made his first ready-mades, and designed furniture and objects on commission, mixing hi-tech and objets trouvés, and giving form to crafts projects. Always at the centre of innovation in terms of form and materials, he was carried onto the international scene with his Rover seat. These were made from recycled leather seats from old Rover cars that he fixed on a tubular steel base made to his own design. His partnership with Kartell was intense and productive, starting with the Bookworm bookcase. In 1989 he founded Arad Associates with Caroline Thorman and since 1997 has been a lecturer at the Royal College of Art in London.

Archizoom

Group founded in Florence in 1966 by Andrea Branzi, Gilberto Corretti, Paolo Deganello, and Massimo Morozzi. Two years later they were joined by Dario and Lucia Bartolini. The firm began to operate in the field of urban research, formulating several of the major themes that were to underlie radical architecture, like the No-Stop City, and later focusing on innovative design and environmental planning, and mounting exhibitions. From 1971 the group began to create their first "dressing designs". With Superstudio, Archizoom organised the event called "Superarchitettura", which was held in Pistoia and Modena (1966–67) and opened the debate on design's youth culture. The firm's output inspired by American Pop Art and the English firm Archigram was reflected in designs like the sofas Superonda (1966) and Safari (1968), and the armchair Mies (1969). Branzi, Morozzi and Deganello moved to Milan in 1973 and the group disbanded the following year.

Gae Aulenti

(Palazzolo dello Stella, Udine, 1927)

Architetto e designer, si forma nel gruppo di giovani legati a Ernesto Rogers, con cui collabora alla rivista «Casabella» dal 1955 al 1965. Dagli anni Settanta si occupa di scenografia e spazio teatrale, collaborando tra l'altro con il laboratorio di Luca Ronconi a Prato. Dal 1983 al 1987 cura l'allestimento interno del Musée d'Orsay di Parigi. Tra i lavori più significativi: il Padiglione italiano all'Expo '92 di Siviglia, l'arredo urbano di piazzale Cadorna a Milano (2000) e la ristrutturazione del Palavela per le Olimpiadi invernali di Torino 2006. Attiva nel design, firma pezzi importanti quali la lampada *Pipistrello* (Martinelli Luce, 1963) e il *Tavolo con ruote* (Fontana Arte, 1980).

Luigi Baroli

(Corbetta, Milano, 1951)

Architetto, si occupa prevalentemente di architettura di interni. Lavora con Baleri Italia dal 1990, di cui è il più importante collaboratore, curando la direzione artistica dello showroom di Milano, gli allestimenti in Italia e all'estero e i progetti grafici. Nel 1994 è premiato con il Compasso d'Oro per il progetto della parete divisoria *Cartoons* realizzata per Baleri Italia. Nel 2004 fonda con Enrico Baleri e Marilisa Baleri il Centro Ricerche Enrico Baleri.

Carlo Bartoli

(Milano, 1931)

Architetto, inizia negli anni Sessanta a collaborare con Colombo Design, come art director. Alla fine del decennio, insegna progettazione al CSDI di Firenze, occupandosi di mezzi pubblici e arredo urbano, settore, quest'ultimo, che sviluppa anche nell'attività professionale con il sistema modulare *Coba* progettato per Confalonieri. Espone a mostre e manifestazioni (Triennale di Milano, Victoria & Albert Museum di Londra, Stadtmuseum di Colonia). Nel 1999 fonda lo studio Bartoli Design. La sua poltroncina *Breeze* (Segis, 1995) è selezionata tra i prodotti raffigurati nella serie dei sei francobolli sul tema "design italiano" che le Poste Italiane emettono nel 2000.

Mario Bellini

(Milano, 1935)

Architetto, dagli anni Sessanta svolge un'intensa attività come designer in diversi settori, firma elettrodomestici, apparecchi televisivi, *hi-fi* e mobili, collaborando con importanti aziende quali B&B, per cui disegna il *bestseller Le Bambole*, Cassina, Artemide, Flos e Vitra. Dal 1963 è responsabile del disegno industriale Olivetti nei settori per le macchine da scrivere e dei microcomputer. Dal 1978 è consulente di *car design* prima per Renault, poi per Fiat e Lancia. Ottiene numerosi riconoscimenti, tra cui il Compasso d'Oro conseguito più volte nel corso degli anni.

Gae Aulenti

(Palazzolo dello Stella, Udine, 1927)

Architect and designer. She trained with the group of young architects linked with Ernesto Rogers, with whom she worked on the magazine Casabella from 1955 to 1956. In the Seventies she began to work on set and theatrical design, collaborating with (among others) Luca Ronconi's workshop in Prato. From 1983–87 she designed the layout and interior appearance of the Musée d'Orsay in Paris. Her most important works have been the Italian Pavilion at Expo '92 in Seville, the urban furniture in Piazzale Cadorna in Milan (2000), and the rebuilding of the Palavela for the Winter Olympics in 2006 in Turin. She still designs objects, such as the *Pipistrello* lamp (Martinelli Luce, 1963) and the *Table with Wheels* (Fontana Arte, 1980).

Luigi Baroli

(Corbetta, Milan, 1951)

Architect. He is mainly concerned with interior design. He has worked with Baleri Italia since 1990, for whom he is the most important collaborator, having overseen the artistic direction of their showroom in Milan, the interiors in Italy and abroad, and their graphic designs. In 1994 he was awarded the Compasso d'Oro for the design of the *Cartoons* division wall made for Baleri Italia. In 2004 he founded the Centro Ricerche Enrico Baleri with Enrico Baleri and Marilisa Baleri.

Carlo Bartoli

(Milan, 1931)

Architect. He began working with Colombo Design in the Sixties as its art director. At the end of the decade he taught design of public spaces and urban furniture at the CSDI in Florence, an area he developed in his work with the Coba modular system designed for Confalonieri. His work has been displayed in exhibitions and at events (the Milan Triennial, Victoria & Albert Museum in London, the Stadtmuseum in Cologne). In 1999 he founded the firm Bartoli Design. His small armchair Breeze (Segis, 1995) was selected to be shown on one of the six stamps issued by the Italian Post Office in 2000 to celebrate Italian Design.

Mario Bellini

(Milan, 1935)

Architect. Since the Sixties he has worked as a designer in various fields: electric domestic appliances, television sets, stereos and furniture. He has worked for important companies like Cassina, Artemide, Flos and Vitra, as well as B&B, for which he designed the best-seller Le Bambole. He was appointed Olivetti's manager of industrial design for typewriters and computers in 1963, and in 1978 he worked as a consultant on car design for Renault, then FIAT and Lancia. He has won many awards, including several Compassi d'Oro.

Giandomenico Belotti

(Bergamo, 1922-2004)

Architetto, a sedici anni lavora con lo scultore Marino Marini e dopo la laurea in architettura collabora nello studio Minoletti, Ulrich e Scolari a Milano. Dal 1951 realizza le sue prime opere a Milano, progetta complessi residenziali, edifici pubblici e industriali. Nel 1979 inizia la collaborazione con Alias, per cui disegna le sedie *Spaghetti Chair* e *Spaghetti Stool*, e nel 1983 la collezione di sedute *Out Door*.

Cini Boeri

(Milano, 1924)

Architetto e designer, collabora inizialmente con Marco Zanuso e nel 1963 apre il proprio studio. La sua attività si è concentrata prevalentemente sul tema dell'abitazione e sulla progettazione di arredi, trattata nell'intervento *Le dimensioni umane dell'abitazione*, contributo alla mostra «Progetto domestico» alla XVII Triennale di Milano del 1986. Nel 1979 ottiene il Compasso d'Oro per la serie di imbottiti *Strips* per Arflex (realizzata con Laura Graziotti). Insieme a Gae Aulenti, è una delle poche donne protagoniste del design italiano degli anni Sessanta e Settanta.

Rodolfo Bonetto

(Milano, 1929-1991)

Autodidatta, inizia l'attività di designer nel 1958, realizzando progetti nei più diversi campi della produzione industriale di serie, interessandosi principalmente alla componente tecnica. Particolarmente importanti i suoi lavori nel settore delle macchine utensili e delle attrezzature per il lavoro, studiate nei particolari ergonomici, grazie ai quali ottiene per sei volte il premio Compasso d'Oro. All'intensa pratica professionale unisce il lavoro di diffusione e di insegnamento del disegno industriale; è docente alla Hochschule für Gestaltung di Ulm tra il 1965 e il 1965 e presidente dell'ADI (1979-1982). Muore a Milano nel 1991, anno in cui riceve il Compasso d'Oro alla carriera.

Osvaldo Borsani

(Varedo, Milano, 1911 – Milano, 1985)

Architetto e designer, nel 1953 fonda Tecno con il fratello Fulgenzio. I suoi primi prodotti sono stati il divano *D70* (1954) e le poltrone reclinabili *P40* (1955). Due classici Tecno sono il sistema *Graphis* (disegnato da Osvaldo Borsani e da Eugenio Gerli, presentato nel 1968 alla Triennale di Milano), che ha segnato una svolta nel mercato del mobile per l'ufficio, e le sedute *Modus*, lanciate nel 1972. Lo stile rigoroso di Borsani è il frutto di lunghe ricerche sulla tecnica e sul design svolte nel Centro Progetti Tecno, fondato alla fine degli anni Sessanta. Osvaldo Borsani è uno dei fondatori della rivista «Ottagono» (1966).

Giandomenico Belotti

(Bergamo, 1922–2004)

Architect. At the age of sixteen he was working with the sculptor Marino Marini. After graduating in architecture he started in the firm Minoletti, Ulrich and Scolari in Milan. He began working on his first jobs in Milan in 1951, designing residential complexes, and public and industrial buildings. In 1979 he began his collaboration with Alias, for which he designed the seats *Spaghetti Chair* and *Spaghetti Stool*, and in 1983 the collection *Out Door*.

Cini Boeri

(Milan, 1924)

Architect and designer. She started working with Marco Zanuso and opened her own studio in 1963. She concentrated on housing and furniture design, and wrote *The Human Dimensions of Housing* for the exhibition 'Domestic Design' at the XVII Milan Triennial in 1986. In 1979 she won the Compasso d'Oro for the *Strips* series of furniture she designed for Arflex (with Laura Graziotti). With Gae Aulenti, Cini Boeri was one of the few women of importance working in Italian design in the Sixties and Seventies.

Rodolfo Bonetto

(Milan, 1929–1991)

Self-taught, he began designing in a wide variety of mass-production fields in 1958, focusing mainly on technical components. His designs for machine tools and work equipment, with emphasis on their ergonomic qualities, were of particular importance, and for which he won the Compasso d'Oro six times. In addition to design work, he taught and publicised industrial design. He was a teacher at the Hochschule für Gestaltung in Ulm between 1961–65, and was president of ADI from 1979–82. He died in Milan in 1991, the year in which he was awarded the Compasso d'Oro for his career.

Osvaldo Borsani

(Varedo, Milan, 1911 – Milan, 1985)

Architect and designer. In 1953 he started the company Tecno with his brother Fulgenzio. Their first products were the D70 sofa (1954) and the P40 reclinable armchairs (1955). Two classics by Tecno are the Graphis system (designed by Osvaldo Borsani and Eugenio Gerli, presented at the Milan Triennial in 1968), which marked a turning point in the office furniture market, and the Modus seats launched in 1972. Borsani's rigorous style was the result of long research into technology and design by the Centro Progetti Tecno founded at the end of the Sixties. Osvaldo Borsani was one of the founders of the magazine *Ottagono* (1966).

Andrea Branzi

(Firenze, 1938)

Architetto e designer, nel 1966 entra a far parte del gruppo Archizoom, esponente di spicco nelle avanguardie radicali. Con Mendini, Sottsass, Dalisi è tra i fondatori dei "Laboratori didattici per la creatività individuale Global Tools". Negli anni Settanta crea a Milano con Morozzi e Clino Trini Castelli il gruppo di ricerca CDM; negli anni Ottanta partecipa a diverse collezioni di Alchimia e di Memphis. Tra i maggiori esponenti del design neomoderno, svolge un'intensa attività critica collaborando con diverse riviste di settore («Casabella», «Domus», «Interni»). Nel 1987 riceve il Compasso d'Oro alla carriera. Dal 1994 è docente di Disegno industriale al Politecnico di Milano. Nel 2007 ha curato la prima controversa mostra del nascente Triennale Design Museum.

Marcel Breuer

(Pécs, Ungheria, 1902 – New York, USA, 1981)

Architetto e designer, si forma al Bauhaus, presso il quale dirige in seguito il laboratorio del mobile su invito di Walter Gropius. Trasferitosi a Berlino, progetta mobili (tra cui la celebre *Wassily* del 1925, riproposta da Gavina nel 1960) e cura arredamenti per interni e esposizioni. Per sfuggire alle persecuzioni razziali nel 1935 si trasferisce a Londra, dove lavora con Walter Gropius. Nel 1937 Gropius gli offre una cattedra alla School of design della Harvard University e Breuer parte per gli Stati Uniti. Insieme avviano uno studio fino al 1941. Nel 1946 si trasferisce a New York, dove dieci anni più tardi aprirà lo studio Marcel Breuer and Associates. Nel 1952 partecipa con Pier Luigi Nervi e Bernhard Zehrfuss alla realizzazione del Palazzo dell'UNESCO a Parigi. Con i suoi i mobili in tubi d'acciaio ha anticipato una lunghissima serie di pezzi d'arredo contemporaneo.

Luigi Caccia Dominioni

(Milano, 1913)

Architetto e designer, è considerato uno dei più sofisticati disegnatori di arredi. Insieme ai fratelli Castiglioni, con i quali apre uno studio professionale nel 1936, progetta una serie di apparecchi radio, tra cui il radioricevitore *Phonola*, che verrà poi riconosciuto come anticipatore del disegno industriale in Italia. La collaborazione con i fratelli Castiglioni lo porta a vincere il premio Compasso d'Oro nel 1960 (sedia *T 12*, Palini), a cui seguirà nel 1984 quello per la porta *Super* per Lualdi. Nel 1947 fonda Azucena insieme a Gardella e Corradi dell'Acqua: l'azienda negli anni produce circa centocinquanta suoi mobili e oggetti d'arredo in piccole serie, pensati secondo una logica artigianale. Nel 1987 progetta i mobili *Mantova* e *Gonzaga* per Simon e la panchina e la scrivania *Pitagora* per Simongavina.

Louise Campbell

(Copenhagen, Danimarca, 1970)

Designer, si forma nei due paesi d'origine dei genitori: studia al London College of Furniture e si specializza successivamente in Disegno industriale alla Denmarks Design School. Nel 1996 apre uno studio a Copenhagen e nel 2006 inizia a progettare mobili per Zanotta. Nei suoi progetti combina il rigore scandinavo con una femminilità leggera, ricorrendo a una produzione altamente tecnologica e sperimentale. Attiva nella promozione del design danese, ottiene nel 2006 il Wallpaper Interiors Maverick, il premio The Finn Juhl Architectural e il Red Dot Design.

Andrea Branzi

(Florence, 1938)

Architect and designer. In 1966 he joined Archizoom, famous firm of the radical avant-garde. With Mendini, Sottsass and Dalisi he was one of the founders of the "Global Tools educational workshops for individual creativity". In Milan in the Seventies he created the CDM research group with Morozzi and Clino Trini Castelli, and in the Eighties participated in various collections by Alchimia and Memphis. One of the major figures in Neo-Modern design, he also wrote for Casabella, Domus and Interni magazines as a critic. He was awarded the Compasso d'Oro for his career in 1987. He began as a lecturer in Industrial Design at the Milan Politecnico in 1994. In 2007 he curated the controversial first exhibition in the new Triennial Design Museum.

Marcel Breuer

(Pécs, Hungary, 1902 – New York, 1981)

Architect and designer. Breuer received his formation at the Bauhaus, where he was later invited to direct the furniture workshop by Walter Gropius. After moving to Berlin, he designed furniture (including the famous *Wassily* chair of 1925, which was reissued by Gavina in 1960) and designed exhibition interiors. To escape racial persecution in Germany he moved to London in 1935, where he worked with Walter Gropius. In 1937 Gropius offered him an appointment teaching at the Design School at Harvard University, so Breuer departed for the USA where together they started up a firm in 1941. In 1946 he moved to New York where, ten years later, he opened his own company, Marcel Breuer and Associates. In 1952 he designed the UNESCO building in Paris with Pier Luigi Nervi and Bernhard Zehrfuss. His furniture with structures made from steel tubing heralded a long series of contemporary furniture.

Luigi Caccia Dominioni

(Milan, 1913)

Architect and designer. Considered one of the most sophisticated designers of furniture, Caccia Dominioni opened a professional studio with the Castiglioni brothers in 1936, with whom he designed a series of radios, including the *Phonola*, which was later recognised as the harbinger of industrial design in Italy. His collaboration with the Castiglionis brought him the Compasso d'Oro in 1960 (*T12* seat, made by Palini), followed by another in 1984 (for the *Super* door made by Lualdi). In 1947 he founded Azucena with Gardella and Corradi dell'Acqua. The company brought out approximately 150 items of furniture and furnishings in limited series, designed to be made by hand. In 1987 he designed the *Mantova* and *Gonzaga* pieces for Simon, and the Pitagora bench and desk for Simongavina.

Louise Campbell

(Copenhagen, Denmark, 1970)

Designer. She trained in the two countries of origin of her parents: at the London College of Furniture and then specialised in Industrial Design at Denmark's Design School. In 1996 she opened a studio in Copenhagen and in 2006 began to design furniture for Zanotta. Her design combines Scandinavian rigour and femininity, with the help of a highly technological and experimental production. An active promoter of Danish design, in 2006 she won the Interiors Maverick award, the Finn Juhl Architectural Prize, and the Red Dot Design award.

Stefano Casciani
(Roma, 1955)

Giornalista, scrittore e designer, svolge attività critica e di divulgazione delle problematiche di design, arte e architettura. Parallelamente al lavoro teorico sviluppa quello di ricerca e di progetto, attraverso una serie di ambienti, oggetti e prodotti realizzati in serie o come pezzi unici, che sono stati presentati in diverse gallerie ed esposizioni. Nel 1995 progetta la lampada *Lu-lu* per Oluce, ancora in produzione. Parallelamente svolge l'attività di consulente per la comunicazione, art director e designer per numerose aziende, come Abet Laminati, Alchimia, BTicino, Ivalo Lighting, Zanotta. Sviluppa il suo interesse per le tematiche dell'unione tra arte e progetto in numerosissimi scritti e diversi volumi. È stato redattore di «Abitare» e «Domus», di cui è vice direttore dal 2000. Nello stesso anno riceve (con Anna Del Gatto) il Compasso d'Oro per la trasmissione televisiva Rai *Lezioni di Design*.

Anna Castelli Ferrieri
(Milano, 1920-2006)

Architetto e designer, negli anni dell'università lavora presso lo studio di Franco Albini. Nel 1946 e 1947 è caporedattore della rivista «Casabella». Dal 1959 al 1973 si associa a Ignazio Gardella con il quale lavora a progetti di urbanistica, architettura e design, affiancando l'attività di architetto. Svolge per Kartell, l'azienda del marito Giulio Castelli, una lunga collaborazione, durante la quale esperimenta l'impiego innovativo delle materie plastiche e progetta oggetti di grande qualità e successo.

Achille, Livio, Pier Giacomo Castiglioni
(Milano, 1918-2002, 1913-1968, 1911-1979)

Architetti, Livio e Pier Giacomo iniziano l'attività professionale nel 1938, aprendo uno studio che sono costretti a chiudere nel 1940 a causa della guerra. Lo studio viene riaperto nel 1945 da Pier Giacomo e Achille, che da allora continuano ininterrottamente la collaborazione nei settori dell'architettura e del design. Livio prosegue invece individualmente la sua attività, dedicandosi principalmente all'illuminotecnica. La coppia Achille e Pier Giacomo è per tutti gli anni Cinquanta e Sessanta protagonista indiscussa della scena sperimentale del design italiano, vincendo più volte il Compasso d'Oro. Molti i prodotti da loro disegnati (famosissime le lampade *Arco* e *Toio*) con vena ironica e surreale, ma anche gli allestimenti di negozi, fiere e mostre. Tutta la loro attività progettuale è caratterizzata dalla ricerca di tecniche, materiali e forme nuove, tendente alla realizzazione di un processo di progettazione integrale. Alla scomparsa di Pier Giacomo,

Achille continua con enorme successo l'attività dello studio. Nel 1981 diviene titolare della cattedra di Arredamento e Disegno industriale alla facoltà di Architettura del Politecnico di Milano.

Stefano Casciani
(Rome, 1955)

Journalist, writer, and designer. He writes on the difficulties experienced in the fields of design, art and architecture. In parallel to his theoretical work, he carries out research and design in a series of interiors, and objects and products made for production either in series or as unique items, which have been presented in various galleries and exhibitions. In 1995 he designed the *Lulu* lamp for Oluce (still in production). He is also a consultant in communications, an art director and a designer for a number of companies, including Abet Laminati, Alchimia, BTicino, Ivalo Lighting and Zanotta. He has written many articles and books on the union of art and design, and has been editor of *Abitare* and *Domus*. He has been Assistant Director of Domus since 2000. He received the Compasso d'Oro (with Anna Del Gatto) in 2000 for the television programme "Lessons in Design", shown on RAI.

Anna Castelli Ferrieri
(Milan, 1920–2006)

Architect and designer. While still a student she worked at Franco Albini's studio. In 1946–47 she was editor-in-chief of Casabella. From 1959–73 she was an associate of Ignazio Gardella, with whom she worked on urban planning, architecture and design. She collaborated for a long period with Kartell (the company owned by her husband Giulio Castelli), during which she experimented with the innovative use of plastic materials and designed objects of great quality and success.

Achille, Livio and Pier Giacomo Castiglioni
(Milan, 1918–2002, 1913–68, 1911–79)

Architects. Livio and Pier Giacomo began their professional lives in 1938 when they opened a firm that they were obliged to close two years later due to the war. It was reopened in 1945 by Achille and Pier Giacomo, who then worked together uninterruptedly in the fields of architecture and design. Livio continued his career independently, dedicating himself principally to lighting technology. Achille and Pier Giacomo were the unquestioned leaders on the experimental design scene in Italy in the Fifties and Sixties, winning the Compasso d'Oro several times. They designed many products with a twist of irony and surrealism (their Arco and Toio lamps are very famous), but also the interiors for shops, trade fairs and exhibitions. Their emphasis was placed on research into new techniques, materials and forms, tending towards an integral design process. On the death of Pier Giacomo, Achille continued in the studio winning enormous success.

In 1981 he was appointed to teach Industrial Design and Furnishing at the Architecture Department at the Milan Politecnico.

Piero Castiglioni
(Lierna, Como, 1944)

Architetto, si dedica soprattutto all'illuminotecnica, disegnando apparecchi e sistemi di illuminazione per spazi museali e allestimenti pubblici e privati. Dal 1973 collabora con il padre Livio Castiglioni. Dal 1989 dirige «Flare», rivista dedicata alla luce. Progettista per Fontana Arte, Osram, Stilnovo e Venini, consulente di teatri per elettroacustica e illuminazione, è autore di impianti luminosi per importanti musei d'arte moderna (Centre Pompidou a Parigi, Palazzo Grassi a Venezia e musei a Rio de Janeiro e Buenos Aires). La collaborazione con iGuzzini risale alla messa a punto del sistema di industrializzazione dell'apparecchio *Cestello*, sviluppato con Gae Aulenti per Palazzo Grassi.

Pierluigi Cerri
(Orta San Giulio, Novara, 1939)

Architetto, nel 1974 è socio fondatore dello studio Gregotti Associati, dove rimane fino al 1998, quando fonda Studio Cerri & Associati con Alessandro Colombo e Ivana Porfidi. Redattore delle riviste «Casabella» e «Rassegna», ha curato il design di collane editoriali per le più importanti case editrici italiane (Electa, Einaudi, Fabbri, Bompiani). Numerosi sono i suoi progetti di allestimento per importanti musei. Progetta navi da crociera (per Costa Crociere), boutique (Trussardi), edifici Prada in Italia e negli Stati Uniti ed elabora la *visual identity* per Pitti Immagine. Riceve il Compasso d'Oro per l'immagine coordinata Unifor (1994, Gregotti Associati) e per il tavolo *Titano* disegnato per Poltrona Frau (2001, Studio Cerri & Associati).

Pietro Chiesa
(Milano, 1892 – Parigi, 1948)

Designer, nel 1927 insieme a Gio Ponti collabora alla società di arredamento Il Labirinto. Nel 1929 apre un laboratorio per la lavorazione del vetro in cui sperimenta le possibilità poetiche ed espressive abbinate alle lavorazioni del vetro e del cristallo. Quando nel 1933 Ponti diventa direttore artistico di Fontana Arte, ha inizio un'intensa e proficua collaborazione tra l'azienda e il progettista. Realizza oltre 1500 prototipi di lampade, mobili e oggetti. Moltissimi di questi prodotti sono ancora oggi in produzione, come i tavolini in cristallo curvato (1933) e il *Luminator* (1933), archetipo della lampada da terra a luce indiretta.

Antonio Citterio
(Meda, Milano, 1950)

Architetto e designer, nel 1972 apre lo studio con Paolo Nava e inizia a collaborare con le più importanti aziende italiane e straniere del settore arredo sia come designer che come art director. Affianca l'attività di designer a quella architettonica e nel 1987 si associa a Terry Dwan con il quale collabora fino al 1996 costruendo in Europa e in Giappone. Nel 1999 fonda con Patricia Viel lo studio Antonio Citterio & Partners. Vince il Compasso d'Oro per il sistema di sedute *Sity* di B&B Italia (1987) e per il sistema di cassettiere-contenitori *Mobil* di Kartell (1994). Dal 2006 è professore all'Accademia di Architettura dell'Università della Svizzera italiana.

Piero Castiglioni
(Lierna, Como, 1944)

Architect. He focuses mainly on lighting technology, designing lighting equipment and systems for museums and public and private interiors. In 1973 he worked with his father Livio Castiglioni. From 1989 he edited Flare, a lighting magazine. He has designed for Fontana Arte, Osram, Stilnovo and Venini; he is a consultant for theatres on electro-acoustics and lighting; and is the designer of lighting plants for the Centre Pompidou in Paris, Palazzo Grassi in Venice, and museums in Rio de Janeiro and Buenos Aires. He worked for iGuzzini to perfect the industrialisation process for the *Cestello* luminaire that he developed with Gae Aulenti for Palazzo Grassi.

Pierluigi Cerri
(Orta San Giulio, Novara, 1939)

Architect. In 1974 he was a founder member of the studio Gregotti Associati where he remained until 1998, whereupon he founded Studio Cerri & Associati with Alessandro Colombo and Ivana Porfidi. An editor of *Casabella* and *Rassegna*, he has been in charge of the design of series of books for important Italian publishing companies (Electa, Einaudi, Fabbri and Bompiani) and designed the interiors for many museum exhibitions. He has also designed the interiors for cruise ships (Costa Crociere), boutiques (Trussardi), the Prada buildings in Italy and the United States, and developed the 'visual identity' of Pitti Immagine. He received the Compasso d'Oro for Unifor's coordinated image (1994, Gregotti Associati) and the *Titano* table for Poltrona Frau (2001, Studio Cerri & Associati).

Pietro Chiesa
(Milan, 1892 – Paris, 1948)

Designer. With Gio Ponti, in 1927 he worked for the furniture company Il Labirinto. In 1929 he opened a glass workshop where he experimented with the artistic possibilities of glass and crystal. When Ponti was made art director of Fontana Arte in 1933, a fruitful association began between his company and the designer. Chiesa produced more than 1500 prototypes of lamps, furniture and objects. Very many of these are still in production, like the curved crystal tables of 1933 and the *Luminator* of the same year, which is an archetypal standing lamp that gives indirect light.

Antonio Citterio
(Meda, Milan, 1950)

Architect and designer. In 1972 he opened a studio with Paolo Nava and began working with the most important Italian furniture companies as a designer and an art director. In 1987 he teamed up with Terry Dwan with whom he worked until 1996 on constructions in Europe and Japan. In 1999 he set up Antonio Citterio & Partners with Patricia Viel. He won the Compasso d'Oro for his *Sity* set of seats for B&B (1987) and for the *Mobil* chest of drawers and containers for Kartell (1994). Since 2006 he has been Professor at the Academy of Architecture in the Italian University of Switzerland.

Joe (Cesare) Colombo

(Milano, 1930-1971)

Architetto, designer, pittore e grafico, studia all'Accademia di Brera e al Politecnico di Milano, che lascia prima della laurea per occuparsi, alla morte del padre, della sua azienda di impianti elettrici. Dal 1960 si dedica esclusivamente al design, sperimentando nuovi materiali, metodi e tecniche inedite. Nel 1962 apre uno studio a Milano e si afferma rapidamente come il principale *product designer* italiano e autore di grandi classici. La sua attività si lega a importanti aziende come Boffi, Kartell, Oluce e Zanotta. Vince il Compasso d'Oro con la lampada *Spider* di Oluce (1967) e con il condizionatore d'aria *Candyzionatore* (Candy, 1970).
Colombo muore a soli 41 anni, dopo un solo decennio di lavoro caratterizzato da una ricerca quasi ossessiva di nuove idee e progetti. Fra le sue ultime opere, le unità abitative multifunzionali e gli interi ambienti *Visiona 1* (1969), *Total Furnishing Unit* e il suo appartamento del 1968.

DDL – De Pas, D'Urbino, Lomazzi

(Milano, 1932-1991; 1935; 1936)

Architetti e designer, lavorano ufficialmente insieme dal 1966 occupandosi di architettura, arredi e allestimenti. Negli anni Sessanta sviluppano progetti di mobili e architetture temporanee, caratterizzati dall'uso di segni, materiali e tecnologie industriali avanzate. Progettano e realizzano una serie di strutture abitative pneumatiche per il Padiglione italiano all'Expo Mondiale di Osaka e per la Triennale di Milano. La vera affermazione giunge alla fine degli Sessanta con la poltrona gonfiabile *Blow*, primo oggetto gonfiabile prodotto dal design italiano, e negli anni Settanta con la poltrona *Joe* (dedicata al campione di baseball Joe Di Maggio). La loro particolare vena progettuale per le architetture temporanee e la tecnologia avanzata si conferma con il sistema *Zero*, creato per Zerodisegno negli anni Ottanta. Nel 1979 ricevono il Premio Compasso d'Oro per l'appendiabiti *Sciangai* per Zanotta.

Carlo De Carli

(Milano, 1910-1999)

Architetto sensibile e colto, è una delle figure più impegnate nella valorizzazione e promozione del settore del mobile e della sua produzione. Di impostazione razionalista, crea direttamente in laboratorio con gli esecutori, utilizzando i nuovi materiali dell'epoca come il metallo e il compensato curvo. I suoi mobili sono il risultato di un'approfondita ricerca creativa ed espressiva, dal carattere rigoroso e spesso poetico. Collabora con la Triennale di Milano, è docente al Politecnico di Milano, nel 1958 fonda e dirige la rivista «(Il) Mobile italiano». Vince il Compasso d'Oro con la sedia modello *683* per Cassina (1954).

Paolo Deganello

(Este, Padova, 1940)

Architetto e designer, insieme ai compagni di studi Massimo Morozzi, Andrea Branzi e Gilberto Corretti costituisce a Firenze il gruppo di architettura radicale Archizoom Associati. La sua attività di architetto e designer, in Italia e all'estero, prosegue con uno spiccato interesse alle tematiche sociali e politiche. Autore di numerosi saggi e interventi su riviste di settore e di cultura generale, contribuisce alla riflessione teorica sul progetto. Lavora a importanti progetti di architettura, restauro, d'interni e arredo urbano, nonché a progetti di disegno industriale nel settore dell'arredamento (Cassina, Driade, Ycami Collection, Venini, Zanotta) e nel settore edilizio (Italcementi).

Joe (Cesare) Colombo

(Milan, 1930–1971)

Architect, designer, painter and draughtsman. He studied at the Accademia di Brera and the Milan Politecnico but left the latter before graduating to run the family company manufacturing electric plants when his father died. From 1960 he worked exclusively on design, experimenting with new materials, methods and techniques. In 1962 he opened a studio in Milan and rapidly established himself as the foremost product designer in Italy, the author of many design classics. He worked with such companies as Boffi, Kartell, Oluce and Zanotta. He won the Compasso d'Oro with his *Spider* lamp for Oluce (1967) and air conditioner *Candyzionatore* (Candy, 1970).
He died at the age of only 41 after a decade of almost obsessive research into new ideas and designs. His last works included multifunctional housing units, and the interiors *Visiona 1* (1969), *Total Furnishing Unit* and his own apartment (1968).

DDL – De Pas, D'Urbino, Lomazzi

(Milano, 1932–1991; 1935; 1936)

Architects and designers. Officially they worked together from 1966 in the fields of architecture, furnishings and interiors. In the Sixties they developed designs for furniture and temporary buildings characterised by the use of signs, materials and advanced industrial technologies. They designed and built a series of pneumatic housing structures for the Italian Pavilion at the World Fair in Osaka and for the Milan Triennale. They established themselves at the end of the Sixties with the inflatable armchair *Blow*, the first such object produced in Italy, and in the Seventies with the armchair *Joe* (dedicated to the baseball player Joe Di Maggio). Their focuses on temporary architecture and advanced technology were combined in the system called *Zero* created for Zerodisegno in the Eighties. In 1979 they were awarded the Compasso d'Oro for Zanotta's clothes hanger *Sciangai*.

Carlo De Carli

(Milan, 1910-1999)

Architect. A perceptive and refined man, he was one of those most involved in the promotion and valorisation of the furniture sector and its production. A Rationalist at heart, he developed products directly in the workshop with craftsmen and manufacturers using new materials such as metal and curved plywood. His pieces of furniture were the result of creative and expressive research, and were rigorous and often poetic in character. He worked with the Milan Triennial and was a lecturer at the Milan Politecnico. In 1958 he founded and edited the magazine (Il) Mobile italiano. He won the Compasso d'Oro for his 683 seat for Cassina (1954).

Paolo Deganello

(Este, Padua, 1940)

Architect and designer. With his fellow students Massimo Morozzi, Andrea Branzi and Gilberto Corretti he started up the radical architecture group Archizoom in Florence. As an architect and designer in Italy and abroad, he was particularly interested in social and political themes. The author of many essays and articles in both specialist and general magazines, he has contributed to the theory of design. He works on important architectural projects, restoration, interiors and urban furniture, and as an industrial designer in the furniture (Cassina, Driade, Ycami Collection, Venini, Zanotta) and construction sectors (Italcementi).

Michele De Lucchi

(Ferrara, 1951)

Architetto e designer, si trasferisce negli anni Ottanta da Firenze – dove studia – a Milano, dove incontra Andrea Branzi, Alessandro Mendini ed Ettore Sottsass. Fonda negli anni Settanta il gruppo Cavart, collabora in seguito con Alchimia e nel 1981 partecipa al gruppo Memphis (sua è la sedia *First* del 1983). Dal 1979 lavora per Olivetti con Sottsass (suo principale maestro) e dal 1990 gli succede come consulente per il design.
Con la lampada *Tolomeo*, realizzata per Artemide, conosce un successo planetario e vince il premio Compasso d'Oro (1989). Progetta edifici, mostre, installazioni per spazi interni e prodotti di design industriale; nel 2007 collabora al progetto degli spazi per il nuovo Museo del design della Triennale di Milano.

Tom Dixon

(Sfax, Tunisia, 1959)

Da giovane spericolato e senza formazione, diventa uno dei più famosi designer del mondo. Frequenta per sei mesi la Chelsea Art School di Londra, quando, dopo un grave incidente di moto, lascia la scuola e diventa musicista. Dopo un secondo incidente, che gli impedisce di suonare, inizia a creare oggetti con la saldatrice utilizzando materiali di riciclo. Presto affermatosi sulla scena "alternativa" inglese, inizia a promuovere i suoi pezzi con scarso successo, finché incontra Giulio Cappellini che ne intuisce le capacità e lo lancia sulla scena internazionale nel 1989 con la *S-Chair*. Il suo interesse si sposta poi sui materiali plastici con *Eurolounge*, una serie di mobili multifunzionali, e in seguito sulla tecnologia dell'estrusione. Lavora fra gli altri con Driade, Foscarini e Moroso.

Rodolfo Dordoni

(Milano, 1954)

Architetto e designer, inizia l'attività di progettista nel 1979 con Cappellini, di cui per qualche tempo tiene la direzione artistica e segue l'immagine aziendale (in seguito anche per Mondo, quando è acquisita da Cappellini). Crea prodotti per molti altri marchi del design italiano. Parallelamente alle collaborazioni aziendali, realizza allestimenti di mostre e dal 1995 progetta negozi e showroom anche per il marchio Dolce & Gabbana.

Marco Ferreri

(Imperia, 1958)

Architetto, apre il suo studio a Milano nel 1984. Determinante per il suo approccio progettuale, rigorosamente funzionale, è l'insegnamento dei suoi maestri, tra i quali Bruno Munari, con cui progetta il *Libro letto* (Interflex). Dal 1983 realizza, in diverse città italiane, gli allestimenti e i laboratori didattici "Giocare con l'arte". Nel 2000 realizza per Luceplan il sistema di illuminazione *Phantom* e nel 2004 la *Décollage Collection* per Zerodisegno con Mimmo Rotella.

Michele De Lucchi

(Ferrara, 1951)

Architect and designer. De Lucchi moved from Florence (where he had studied) to Milan in 1978. There he met Andrea Branzi, Alessandro Mendini and Ettore Sottsass. In the Seventies he had founded the Cavart group, then worked with Alchimia and in 1981 participated with the Memphis group (he designed the *First* seat of 1983). He began working with Sottsass (his principal teacher) for Olivetti in 1979 and succeeded him in 1990 as the company's design consultant. His lamp *Tolomeo*, designed for Artemide, was a worldwide success and won the Compasso d'Oro 1989. He has also designed buildings, exhibitions, installations for internal spaces, and industrial design objects. In 2007 he worked on the design of the interior of the Design Museum for the Milan Triennale.

Tom Dixon

(Sfax, Tunisia, 1959)

From a reckless youth without training, Dixon has become one of the world's most famous designers. He studied for six months at Chelsea Art School in London but, following a serious motorcycle accident, he left and became a musician. After a second accident, which prevented him from playing, he began to weld objects from recycled materials. He soon made a name for himself on the "alternative" English scene but when he tried to sell his pieces he had little success until he met Giulio Cappellini. The Italian intuited Dixon's abilities and launched him internationally in 1989 with the *S-Chair*. His interest shifted to plastic materials with the *Eurolounge*, a series of multi-functional pieces of furniture, and then to extrusion technologies. He works with such firms as Driade, Foscarini and Moroso.

Rodolfo Dordoni

(Milan, 1954)

Architect and designer. Dordoni started his design career in 1979 with Cappellini, where he was art director for some time, working on the company image (later also for Mondo when it was bought out by Cappellini). He has created products for many other labels in the Italian design world. He has also fitted out exhibition interiors and since 1995 has designed shops and showrooms, one of which was for Dolce & Gabbana.

Marco Ferreri

(Imperia, 1958)

Architect. He opened his own studio in Milan in 1984. His strongly functional approach to design was imparted to him by his teachers, one of whom was Bruno Munari, with whom he designed the *Libro letto* for Interflex. Starting in 1983 he designed the interiors and educational workshops "Giocare con l'arte" in various Italian cities. In 2000 he designed the *Phantom* lighting system for Luceplan and in 2004 the *Décollage Collection* for Zerodisegno with Mimmo Rotella.

Norman Foster

(Manchester, Gran Bretagna, 1935)

Architetto, è uno dei più rappresentativi esponenti dell'architettura contemporanea a forte componente tecnologica. Nei primi anni Sessanta fonda lo studio Team 4 con Richard Rogers e la moglie Wendy. Nel 1967, Norman e Wendy Foster costituiscono lo studio Foster Associates, oggi Foster and Partners. Progetta e realizza un'impressionante quantità di opere, tra cui: il Sainsbury Center for Visual Arts a Norwich (1978) e il centro di distribuzione Renault a Swindon (1983) in Gran Bretagna, il terminal dell'aeroporto di Stansted (1981-1991) a Londra, l'aeroporto di Hong Kong e quello di Pechino, la sede della Hong Kong and Shanghai Bank. Negli ultimi anni sviluppa sempre di più nelle sue architetture la componente di sostenibilità ambientale. Come designer firma la collezione *Nomos* per Tecno, sedute per Thonet, lampade per iGuzzini. Nel 1999 vince il Premio Pritzker per l'architettura e riceve il titolo di Lord.

Gianfranco Frattini

(Padova, 1926 – Milano, 2004)

Architetto, tra i soci fondatori dell'ADI, collabora nel 1952 con lo studio di Gio Ponti e nel 1954 apre il suo studio a Milano. Collabora con Cassina e a metà anni Sessanta con C&B Italia. La sofisticata qualità dei suoi progetti si estende alla lavorazione artigianale dei materiali tradizionali. Vince otto medaglie d'oro alla Triennale di Milano tra il 1957 e il 1989. Nella sua lunga attività collabora principalmente con Bernini, ma anche con Acerbis e Cassina. È assidua la sua partecipazione a mostre, esposizioni e congressi.

Ignazio Gardella

(Milano, 1905 – Novara, 1999)

Nato in una famiglia di architetti, si laurea in ingegneria a Milano nel 1930 e in architettura (solo al termine della guerra) a Venezia, dove insegnerà fino ai settant'anni. Nel 1947 fonda, con gli amici Luigi Caccia Dominioni e Corradi dell'Acqua, Azucena, azienda per la produzione di oggetti in piccole serie caratterizzati dalla semplicità strutturale e da una linearità razionalista. Con lui collabora dal 1959 al 1973 Anna Castelli Ferrieri e insieme progettano anche per Kartell. Nel 1979 dona l'archivio dei propri progetti al CSAC dell'Università di Parma. Per la componente critica delle rigidità del modernismo, il suo lavoro di architetto è stato considerato precursore del post-modern.

Piero Gatti – Cesare Paolini – Franco Teodoro

(Torino, 1940; Genova, 1937-1983; Torino 1939)

Architetti, collaborano dal 1965, occupandosi di progettazione nei settori dell'edilizia, dell'arredamento, del disegno industriale e dell'arredo urbano, fino all'immagine e sviluppo del prodotto, alla grafica e alla fotografia. Aprono uno studio a Milano nel 1968. Partecipano a numerose mostre, concorsi e rassegne in Italia e all'estero. Nel 1969 progettano il loro prodotto più famoso: la poltrona *Sacco* per Zanotta, considerata uno dei simboli dell'era del pop italiano, resa popolare dal comico Paolo Villaggio in film e in diverse trasmissioni televisive, esposta in tutti i più importanti musei di design del mondo.

Norman Foster

(Manchester, United Kingdom, 1935)

Architect. One of the most important exponents of contemporary architecture with a strong technological component. In the early Sixties he founded Team 4 with Richard Rogers and his wife Wendy. In 1967 Norman and Wendy Foster formed Foster Associates, now Foster and Partners. He has designed and built a substantial number of constructions, including the Sainsbury Center for Visual Arts in Norwich (1978) and the Renault distribution centre in Swindon (1983), the terminal at Stansted Airport (1981-91) near London, Hong Kong and Beijing airports, and the Hong Kong and Shanghai Bank headquarters. In recent years he has increasingly incorporated environmental sustainability into his buildings. As a designer he is responsible for the *Nomos* collection for Tecno, seats for Thonet, and lamps for iGuzzini. In 1999 he was awarded the Pritzker Prize for architecture and knighted by the Queen of England.

Gianfranco Frattini

(Padua, 1926 – Milan, 2004)

Architect. One of the founders of ADI, he worked with Gio Ponti's studio in 1952 and two years later opened his own in Milan. He collaborated with Cassina and in the mid-Sixties with C&B Italia. The sophistication of his designs extended into the craftsmanship and traditional materials. He won eight gold medals at the Milan Triennale between 1957 and 1989. In his long career he worked mainly with Bernini but also with Acerbis and Cassina. He was a constant presence at exhibitions, shows and conferences.

Ignazio Gardella

(Milan, 1905 – Novara, 1999)

Engineer and architect. Born into a family of architects, he studied engineering in Milan and later (at the end of WW2) architecture in Venice. He remained in the city to teach until the age of seventy. With his friends Luigi Caccia Dominioni and Corradi dell'Acqua, in 1947 he founded the company Azucena to produce small series of objects characterised by structural simplicity and Rationalist linearity. From 1959 to 1973 he worked with Anna Castelli Ferrieri, with whom he designed products for Kartell. In 1979 he donated his design archive to the CSAC at the University of Parma. With regard to his criticism of the rigidity of modernism, his work as an architect was considered the precursor of postmodernism.

Piero Gatti- Cesare Paolini- Franco Teodoro

(Turin, 1940; Genova, 1937–1983; Torino 1939)

Architects. They began working together in 1965 in the fields of construction, furnishings, industrial design and urban furniture, progressing to product development and image, graphic design and photography. They opened their studio in Milan in 1968, and participated in many exhibitions, competitions and shows in Italy and abroad. They designed their most famous product in 1969: this was the *Sacco* seat for Zanotta, which is considered one of the symbols of Italian pop. It was made popular by the comedian Paolo Villaggio in films and various television programmes and it is exhibited in all the most important design museums of the world.

Stefano Giovannoni
(La Spezia, 1954)

Architetto e designer, è allievo di Remo Buti all'Università di Firenze. Nel 1986 costituisce la King Kong Production con Guido Venturini, creando oggetti che fanno leva sull'eccesso comunicativo e la ricerca di materiali e forme ispirati a una natura artificiale. Dal 1988 Giovannoni inizia la collaborazione individuale con Alberto Alessi per il quale realizza un'interminabile serie di oggetti di grande successo commerciale (scopino *Merdolino* nel 1993). Collabora con molte aziende, in particolare Magis, per cui disegna la serie di sgabelli da bar *Bombo* (1997), tanto popolare quanto imitata. Dietro l'aspetto sfrontatamente commerciale dei suoi oggetti di successo, nasconde un'anima di ricercatore e sperimentatore, dimostrata soprattutto negli allestimenti di mostre, più rari negli ultimi anni.

Michael Graves
(Indianapolis, USA, 1934)

Architetto, appena conclude gli studi vince nel 1960 il Prix de Rome dell'American Academy e si trasferisce a Roma per due anni, che saranno fondamentali per la sua formazione "classica". Negli anni Settanta, realizzate le prime opere nel New Jersey, diventa famoso come uno dei New York Five – con Peter Eisenman, Charles Gwathmey, John Hejduk e Richard Meier, suoi coetanei –, presentati da Kenneth Frapton al Museum of Modern Art di New York. Tutti architetti che facendo riferimento alle avanguardie del razionalismo, da Le Corbusier a Terragni, sviluppano edifici e progetti di complessa natura concettuale. Da architetto e intellettuale sofisticato, come designer si trasforma in autentica "fabbrica di oggetti", realizzati per le committenze più diverse, da Alessi ai supermercati italiani Esselunga.

Zaha Hadid
(Baghdad, Iraq, 1950)

Cittadina britannica di origine irachena, studia matematica a Beirut e poi architettura a Londra. Nel 1977 inizia la collaborazione con l'Office for Metropolitan Architecture (con Rem Koolhaas e Elia Zenghelis), parallelamente all'attività di ricerca presso l'Architectural Association. La sua immaginazione architettonica visionaria e radicale, inizialmente basata su disegni ispirati alle avanguardie artistiche russe e sovietiche, la lancia fra gli interpreti più originali del post-modernismo. Resa celebre dalla sua prima realizzazione, la stazione dei pompieri per la fabbrica Vitra in Germania, estende progressivamente l'attività professionale ai più diversi campi: dalla costruzione (Museo MAXXI a Roma, 1999/2008) all'urbanistica, dagli interni a prodotti di design per molte aziende, specialmente italiane, da Sawaya & Moroni a B&B. Nel 2004 è la prima donna a vincere il Premio Pritzker.

Massimo Iosa Ghini
(Bologna, 1959)

Designer e architetto, vive le tematiche del radical frequentando la facoltà di Architettura di Firenze, laureandosi poi a Milano nel 1988. Disegnatore di comics per riviste quali «Frigidaire», fonda con altri architetti il movimento del Bolidismo nel 1986. Collabora con Memphis e con Moroso. A tutti i suoi lavori applica l'idea di architettura "piena", in cui l'involucro è inteso più come guscio che come membrana. Iosa Ghini segue l'intero progetto di creazione, comprendendo marketing e comunicazione. È responsabile dell'*interior design identity* di aziende come Ferrari, Maserati e Superga. Tra i principali progetti di architettura realizzati, la stazione metropolitana di Kropcke ad Hannover e il centro commerciale di The Collection a Coral Gable, a Miami; tra i *work in progress*, significativi One-Two, progetto di *building* a Miami in Florida, e il nuovo edificio attualmente in opera a Budapest per Boscolo Group.

Stefano Giovannoni
(La Spezia, 1954)

Architect and designer. Giovannoni was a pupil of Remo Buti at Florence University. In 1986 he formed King Kong Production with Guido Venturini, creating objects that emphasize the excess of communication, the research into materials, and forms inspired by artificial nature. From 1988 Giovannoni began working on his own account with Alberto Alessi, for whom he designed an endless series of objects that achieved huge commercial success (e.g., the *Merdolino* toilet brush). He has worked with many companies, in particular Magis, for which he designed the *Bombo* series of bar-room stools (1997), which have been as popular as they have been imitated. Despite the shameless commercial aspect of his most successful objects, he is a researcher and experimenter, a fact that is evident in his designs for exhibition interiors, though these have become increasingly rare.

Michael Graves
(Indianapolis, USA, 1934)

Architect. As soon as he completed his studies he won the American Academy's Prix de Rome in 1960, as a result of which he moved to the Italian capital for two years, a period that was fundamental to his "classical" formation. After producing his first works in New Jersey, in the Seventies he became famous as one of the New York Five, with Peter Eisenman, Charles Gwathmey, John Hejduk and Richard Meier, all of whom are his age and were presented by Kenneth Frapton at the Museum of Modern Art in New York. The five are all architects inspired by the Rationalist avant-garde, from Le Corbusier to Terragni, whose buildings and projects are typified by a conceptually complex nature. A sophisticated intellectual and architect, as a designer he has produced a great many works for a wide variety of clients, from Alessi to the Italian supermarket chain Esselunga.

Zaha Hadid
(Baghdad, Iraq, 1950)

A British citizen of Iraqi origin, Zaha Hadid studied mathematics in Beirut and then architecture in London. In 1977 she began working with the Office for Metropolitan Architecture with Rem Koolhaas and Elia Zenghelis, in parallel with her research work at the Architectural Association. Her visionary and radical architectural imagination, based initially on drawings inspired by Russian and Soviet artistic avant-gardes, launched her as one of the most original interpreters of postmodernism. Made famous by her first project, the fire station at the Vitra factory in Germany, she has moved progressively into different fields: construction (the MAXXI Museum in Rome, 1999/2008), town planning, interiors, and design products, particularly for Italian companies like Sawaya & Moroni, and B&B. She became the first woman to win the Pritzker Prize in 2004.

Massimo Iosa Ghini
(Bologna, 1959)

Designer and architect. Iosa Ghini was subjected at first hand to the concepts underlying radical architecture when he studied in the Architecture Department in Florence, though he later graduated in Milan in 1988. A comic strip artist for magazines like *Frigidaire*, he founded the Bolidismo movement in 1986 with other architects. He worked with both Memphis and Moroso. He applies to all his works the idea of "full" architecture, in which the sheath is considered more of a shell than a membrane. He follows the entire creation project, including the marketing and communications. He is in charge of the interior design identity of companies like Ferrari, Maserati and Superga. His most important architectural works include Kropcke underground train station in Hanover and The Collection shopping centre in Coral Gable, Miami. The more important of his latest works are the One-Two apartment blocks in Miami and the new building being constructed for the Boscolo Group in Budapest.

Toyo Ito
(Seul, Corea, 1941)

Architetto, nel 1971 apre a Tokyo il proprio studio professionale Urban Robot (Urbot), dal 1979 rinominato Toyo Ito & Architects and Associates. Fino al 1986 si occupa soprattutto di edilizia residenziale, creando le basi di un nuovo concetto, mobile e nomade, dell'abitare nei centri urbani contemporanei. Attivo sperimentatore nell'uso dei materiali e delle loro potenzialità tattili e visive, si rivela maestro della smaterializzazione e dell'alleggerimento nel tentativo di liberare l'architettura dalla gravità. Progetta la Torre dei Venti a Yokohama (1986), la T Hall a Taisha (1999) e la Mediateca di Sendai (2001). Fra i numerosi premi, riceve il Leone d'oro alla carriera nel 2002 alla Mostra internazionale di architettura della Biennale di Venezia. Nel campo del design il suo progetto più conosciuto è la panca *Ripples* per Horm, vincitrice del Compasso d'Oro nel 2004.

Toshiyuki Kita
(Osaka, Giappone, 1942)

Industrial designer, nel 1967 apre uno studio a Tokio e, dopo avere collaborato con Mario Bellini nel 1971, un secondo studio a Milano: da allora lavora sia in Giappone che in Italia. Affermatosi con la poltrona trasformabile *Wink* per Cassina (1980), Kita fa riferimento nel suo lavoro alla tradizione artigianale giapponese, ma nei suoi progetti convivono elementi stilistici misti delle culture occidentali e orientali.

Shiro Kuramata
(Tokyo, Giappone, 1934-1991)

Studia architettura e interior design, nel 1965 apre il suo studio a Tokyo. Appassionato di nuovi materiali industriali e nuove tecnologie di lavorazione, realizza oggetti in acrilico, vetro e alluminio usati sempre in modo sperimentale. Amico di Ettore Sottsass, dopo una vastissima attività d'interior design (progetta più di 300 bar e ristoranti, oltre a mobili) collabora tra il 1981 e il 1983 con il gruppo Memphis e poi con Giulio Cappellini, che ne divulga le insolite e poetiche ricerche sul mobile domestico (cassettiera *Side*). Nel 1981 ottiene il Japan Cultural Design Award, nel 1990 è insignito dal governo francese dell'Ordre des Art et des Lettres, l'anno dopo scompare prematuramente per un male incurabile.

Le Corbusier (Charles-Edouard Jeanneret)
(Chaux-de-Fonds, Svizzera, 1887 – Rocquebrune, Francia, 1965)

Inizia a lavorare a 14 anni come pittore, scultore e cesellatore: a soli 15 anni vince un premio all'Esposizione di arti decorative di Torino del 1902 per un orologio da taschino. Spinto dal suo insegnante verso l'architettura, tra il 1906 e il 1914 viaggia in numerosi paesi d'Europa, soggiornando a Vienna, dove viene in contatto con gli ambienti della Wiener Sezession, e a Berlino dove, nello studio di Peter Behrens, conosce Walter Gropius e Mies van der Rohe. Nel 1917 si stabilisce a Parigi dove inizialmente lavora nello studio di Auguste Perret (fino al 1922), poi, con il cugino Pierre Jeanneret, apre uno studio di architettura in rue de Sèvres 35 e acquisisce lo pseudonimo Le Corbusier, adattando il nome del nonno materno (Lecorbesier). Nello stesso periodo, fonda insieme a Amédée Ozenfant e Paul Dermée, la rivista d'avanguardia «Esprit Nouveau». Prima osteggiato dagli accademici per le sue idee rivoluzionarie, viene successivamente

---

Toyo Ito
(Seoul, Korea, 1941)

Architect. He opened his professional studio Urban Root (Urbot) in Tokyo in 1971, which changed its name to Toyo Ito & Architects and Associates in 1979. Until 1986 he concentrated on residential constructions and created the basis of a new mobile, nomadic concept of living in contemporary cities. He loves to experiment with materials and their tactile and visual potential; he is also a master at making the appearance of a building lighter and less solid so that it seems to be free of the force of gravity. He designed the Wind Tower in Yokohama (1986), the T Hall in Taisha (1999), and the Mediathèque in Sendai (2001). His many awards include the Golden Lion for his career at the architecture exhibition at the 2002 Venice Biennale. In the field of design, his best known work is the Ripples bench for Horm, which won the Compasso d'Oro in 2004.

Toshiyuki Kita
(Osaka, Japan, 1942)

Industrial designer. In 1967 he opened a studio in Tokyo and, after working with Mario Bellini in 1971, another in Milan. Since that time he has worked both in Japan and Italy. He established his name with the Wink transformable armchair for Cassina (1980), then began to include references to traditional Japanese craftsmanship in his work, in combination with elements of Western styles.

Shiro Kuramata
(Tokyo, Japan, 1934–1991)

Architect and interior designer. He opened his studio in Tokyo in 1965. An enthusiast of new industrial materials and treatment technologies, he designed objects made from acrylic, glass and aluminium, materials he always used in an experimental manner. A friend of Ettore Sottsass, with a vast output as an interior designer (he designed more than 300 bars and restaurants, besides furniture) he worked from 1981–83 with the Memphis group and then with Giulio Cappellini; it was the latter who succeeded in bringing out the unusual and poetic touches in his household furniture (the Side chest of drawers). In 1981 he won the Japan Cultural Design Award, in 1990 he was presented with the Ordre des Arts et des Lettres by the French government, and a year later he died prematurely from an incurable disease.

Le Corbusier (Charles-Edouard Jeanneret)
(Chaux-de-Fonds, Switzerland, 1887 – Rocquebrune, France, 1965)

Le Corbusier began to work at the age of 14 as a painter, sculptor and chiseller. A year later he won a prize at the 1902 Exhibition of Decorative Arts in Turin for a vest-pocket watch. Pushed towards architecture by his teacher, between 1906-14 he travelled to various countries in Europe. He stayed in Vienna, where he came into contact with the Viennese Secession, and in Berlin, where, in the studio of Peter Behrens, he met Walter Gropius and Mies van der Rohe. In 1917 he settled in Paris where he first worked in the studio of Auguste Perret (until 1922), then he opened a studio in Rue de Sèvres with his cousin Pierre Jeanneret and took the pseudonym Le Corbusier (after his maternal grandmother, named Lecorbesier). During this period he founded the avant-garde magazine L'Esprit Nouveau with Amédée Ozenfant and Paul Dermée. He was initially opposed by academics for his revolutionary ideas, then recognised worldwide

Piero Lissoni
(Milano, 1956)

Ross Lovegrove
(Cardiff, Gran Bretagna, 1958)

Vico Magistretti
(Milano, 1920-2006)

riconosciuto come profondo innovatore a livello mondiale: lasciando una traccia, tanto indelebile quanto discussa, nelle moderne concezioni architettoniche e urbanistiche. Realizza 75 edifici in 12 nazioni, una cinquantina di progetti urbanistici, tra cui il piano di fondazione di una nuova città, Chandigarh, capitale del Punjab in India. Con Charlotte Perriand e Pierre Jeanneret disegna alcuni classici del mobile modernista, rieditati da Cassina nella collezione "I Maestri" come serie *LC*.

Nel 1986 apre con Nicoletta Canesi il suo primo studio: lo stesso anno inizia la sua collaborazione con Boffi sia come art director che come designer. Dopo una serie di prodotti squisitamente commerciali, impone un suo stile originale con il disegno della poltrona *Frog* per Living. Considerato un esponente del design minimal, preferisce semplicità ed essenzialità delle linee, collegate alla coerenza tra progetto, materiali e processo costruttivo. Tra i designer italiani della penultima generazione, è uno dei più attratti dallo sviluppo in architettura delle idee maturate dalla collaborazione con l'industria.

Designer eclettico, dopo le prime esperienze vicine al mondo della moda, si afferma con progetti innovativi ispirati alle forme della natura. Inizia l'attività progettuale a Parigi, che prosegue a Londra – dal 1988 – disegnando per molte aziende di arredo italiane (Driade, Moroso), ma anche per British Airways, Japan Airlines e Peugeot.

Architetto e designer, allievo di Ernesto Nathan Rogers, è stato tra i protagonisti più originali e di successo del design italiano: "signore dell'understatement", ha sintetizzato nella frase "la semplicità è la cosa più difficile del mondo" la sua colta filosofia di progetto. Esordisce nello studio del padre architetto, partecipa dal 1948 a varie edizioni della Triennale di Milano (Medaglia d'Oro alla IX Triennale nel 1951), nel 1956 è tra i fondatori dell'ADI. Dalla collaborazione con moltissime aziende d'arredamento italiane (tra le altre, Cassina, Artemide, De Padova) e straniere (Fritz Hansen) in un arco di oltre cinquant'anni sono nati prodotti tra i più significativi della produzione di serie: sedie, lampade, tavoli, letti, cucine, armadi, librerie, oggetti reinventati nell'uso e nelle forme, secondo il suo stile misurato e sempre elegante. Magistretti vince in più occasioni il premio Compasso d'Oro: nel 1967 con la lampada *Eclisse*, nel 1979 con la lampada *Atollo* per Oluce e il divano *Maralunga* di Cassina. Nel 1995 riceve il Compasso d'Oro alla carriera.

Piero Lissoni
(Milan, 1956)

Ross Lovegrove
(Cardiff, United Kingdom, 1958)

Vico Magistretti
(Milan, 1920–2006)

as a profound innovator. The mark he left in modern conceptions of architecture and town planning is as permanent as it is controversial. He designed 75 buildings in 12 countries, and 50 or so urban plans, including the plan for the new city of Chandigarh, the capital of the Punjab in India. With Charlotte Perriand and Pierre Jeanneret he designed several classics of Modernist furniture that have been reissued by Cassina in the "I Maestri" collection as the LC series.

He opened his first studio in 1986 with Nicoletta Canesi. The same year he began working with Boffi as its art director and as a designer. After a series of purely commercial products, he forged his own style with the Frog armchair for Living. Considered an exponent of minimal design, he prefers simplicity and essentiality of lines, combined with consistency between the design, its materials and the manufacturing process. In the latest generation of Italian designers, he is one of those most attracted to developing in architecture ideas matured by collaboration with industry.

An eclectic designer, after his early experiences in the fashion world he made his mark with designs inspired by the forms of nature. He took up design while in Paris but continued this path in London (from 1988), designing products for many Italian companies (such as Driade and Moroso), but also for British Airways, Japan Airlines and Peugeot.

Architect and designer. The pupil of Ernesto Nathan Rogers, Magistretti was one of the most original and successful figures in Italian design As the "Signore dell'understatement", he summarised his refined design philosophy in the phrase "simplicity is the most difficult thing in the world". He started out in the studio of his architect father, took part in various Milan Triennials from 1948 (winning the Gold Medal in 1951), and was a founder member of the ADI in 1956. Working with very many Italian (including Cassina, Artemide and De Padova) and foreign (Fritz Hansen) furniture manufacturing companies over a period of fifty years, he produced some of the most important examples of mass-produced furniture: seats, lamps, tables, beds, kitchens, wardrobes, bookshelves, and objects with new uses and forms, always in his elegant, measured style. He won the Compasso d'Oro on several occasions: in 1967 for the Eclisse lamp, and in 1979 for the *Atollo* lamp (Oluce) and *Maralunga* sofa (Cassina). In 1995 he was awarded the Compasso d'Oro for his career.

Angelo Mangiarotti

(Milano, 1921)

Architetto, urbanista, designer con un forte interesse per la scultura. Ha al suo attivo centinaia di progetti e realizzazioni: in essi, con una particolare attenzione alle problematiche della produzione industriale e della prefabbricazione, libero da ogni appartenenza stilistica, riesce a riunire l'intuizione progettuale di stampo funzionale e una libera risoluzione formale. Apre lo studio con Bruno Morassutti nel 1955, di ritorno da un'esperienza come *visiting professor* all'ITT di Chicago, durante la quale conosce i padri dell'architettura moderna (Gropius, Mies van der Rohe, Wright). Nel 1989 fonda la Mangiarotti & Associati con sede a Tokyo. Numerosi sono i riconoscimenti che ottiene in Italia e all'estero: nel 1998 riceve la laurea *honoris causa* in ingegneria presso la Technische Universität di Monaco. È tra i fondatori dell'Associazione per il Disegno Industriale (ADI).

Pio Manzù

(Bergamo, 1939 – Brandizzo, Torino, 1969)

Designer, figlio dello scultore Giacomo, alla fine degli anni Cinquanta è tra i primi italiani a diplomarsi (diventando poi assistente) alla Hochschule für Gestaltung di Ulm, ideata e diretta da Max Bill. Nel 1962 vince un concorso internazionale per una carrozzeria coupé su telaio Austin Healey 100 e presto si afferma come il più giovane talento nel design automobilistico degli anni Sessanta. Nel 1968 è al Centro Stile Fiat, dove partecipa al disegno della Fiat 127. Nella sua breve carriera risaltano il concetto per la lampada *Parentesi* di Flos (completata da Achille Castiglioni) e l'orologio *Cronotime* per Alessi. Muore tragicamente in un incidente proprio con un'auto 127 al casello autostradale di Brandizzo. A lui è intitolato il Centro internazionale ricerche sulle strutture geo-politiche e ambientali di Rimini, un organo consultivo delle Nazioni Unite, alla cui progettazione aveva collaborato.

Enzo Mari

(Novara, 1932)

Artista e designer, negli anni Cinquanta si dedica a un'intensa attività artistica come esponente di spicco dell'Arte programmata e cinetica. Nel 1963 coordina il gruppo italiano Nuova Tendenza di cui organizza nel 1965 l'esposizione alla Biennale di Zagabria. Parallelamente si dedica all'attività progettuale nella grafica, nel disegno di prodotti, di allestimenti e di mostre. Definito "coscienza critica" del design, ricerca e sperimenta nuove forme e significati del prodotto, anche in contrapposizione con gli schemi tradizionali del disegno industriale: invitato alla mostra «Italy: The New Domestic Landscape» al MoMA di New York nel 1972, interviene con un non-progetto. Lavora per le più prestigiose aziende italiane, soprattutto Danese, e internazionali e vince tre volte il Compasso d'Oro dell'ADI, di cui è presidente tra il 1976 e il 1979.

Luigi Massoni

(Milano, 1930)

Designer e architetto, pubblicista ed editore. Tra il 1957 e il 1960, con Carlo De Carli contribuisce al rinnovamento produttivo e professionale, partecipando alle manifestazioni promosse in quegli anni. Sempre con De Carli fonda la rivista «Il Mobile Italiano». Nel 1959, associando un gruppo di industriali del mobile, crea Mobilia, uno dei primi centri di promozione del design italiano. Lo stesso anno realizza alcuni tra i primi sistemi modulari per la casa e la cucina per Boffi, di cui sarà a lungo progettista e art director. Ricopre lo stesso ruolo per Poltrona Frau, iGuzzini e altre industrie di settori diversi. È editore e direttore di «Marmo Tecnica Architettura» (1956-1963) e «Forme» (dal 1962).

Angelo Mangiarotti

(Milan, 1921)

Architect, town planner, designer. Mangiarotti had a strong interest in sculpture. A characteristic of his hundreds of designs and projects is the special attention he paid to the problems encountered in mass production and prefabrication. Free of any particular stylistic trend, he succeeded in combining untrammelled formal resolution with intuitive design approached from a functional standpoint. He opened a studio with Bruno Morassutti in 1955 following a period as Visiting Professor at ITT in Chicago, during which he met the leading figures of Modern architecture: Gropius, Mies van der Rohe and Wright. In 1989 he founded Mangiarotti & Associati in Tokyo. He won many awards and honours around the world, and in 1988 was awarded an honorary degree in engineering at the Technische Universität in Munich. He was one of the founders of the Industrial Design Association (ADI).

Pio Manzù

(Bergamo, 1939 – Brandizzo, Turin, 1969)

Designer. Son of the sculptor Giacomo Manzù, at the end of the Fifties he was one of the first Italians to graduate from (and later become an assistant) at the Hochschule für Gestaltung in Ulm, which was founded and directed by Max Bill. In 1962 he won an international competition for the bodywork for the Austin Healey 100 coupé and he quickly established himself as the youngest talent in car design in the Sixties. In 1968 he was at the Fiat Styling Centre, where he was a member of the design team for the Fiat 127. Outstanding moments during his brief career were the concept for the Parentesi lamp by Flos (completed by Achille Castiglioni) and the *Cronotime* clock for Alessi. He was killed in a car accident in a Fiat 127 at the motorway toll booth at Brandizzo. The Pio Manzù Centre, an international centre for research on geopolitical and environmental structures in Rimini (in consultative status with the United Nations, on whose design he had worked, is named after him.

Enzo Mari

(Novara, 1932)

Artist and designer. As an artist in the Fifties he was an outstanding exponent of programmed and kinetic art. In 1963 he coordinated the Italian group Nuova Tendenza, for which he organised the exhibition at the Zagabrian Biennial in 1965. In his guise as a designer, he worked in graphics, in product design, and on the design of exhibitions and displays. Referred to as the "critical conscience" of design, he researched and experimented with new forms and significances of products, even running counter to the traditional schemas of industrial design. Invited to the exhibition 'Italy: The New Domestic Landscape' at the MoMA in New York in 1972, his contribution was a non-project. He designed for the most prestigious Italian and international companies, in particular Danese. He won three Compassi d'Oro and was president of the ADI from 1976 to 1979.

Luigi Massoni

(Milan, 1930)

Designer and architect, publisher and freelance journalist. Between 1957 and 1960 he worked with Carlo De Carli on professional and production related renewal, participating in the events held during that period. He founded the magazine Il Mobile Italiano, also with De Carli. In 1959, with a group of manufacturers, he created Mobilia, one of the first centres that promoted Italian design and, the same year, he designed several of the first household and kitchen modular systems for Boffi, a company of which he was long art director and designer. He also designed for Poltrona Frau, iGuzzini and other companies in various sectors. He was the publisher and editor of *Marmo Tecnica Architettura* (1956–63) and *Forme* (from 1962).

Sergio Mazza
(Milano, 1931)

Alberto Meda
(Tremezzina, Como, 1945)

Alessandro Mendini
(Milano, 1931)

Architetto e designer, i suoi progetti, improntati dalla spinta alla modernizzazione, nascono principalmente come parte integrante della progettazione d'interni. Nel 1959 fonda Artemide con Ernesto Gismondi e nel 1961 apre uno studio a Milano con Giuliana Gramigna. Tra le realizzazioni più importanti gli apparecchi di illuminazione e i mobili per Artemide (nel 1960 la lampada *Delta* è segnalata al Compasso d'Oro), la parete attrezzata *Trilato* (1980), i divani e le poltrone per Cinova, Frau e Full, le maniglie per Olivari e le lampade per Quattrifolio. Dal 1966 (anno di fondazione) al 1988 è direttore della rivista «Ottagono», alla quale Giuliana Gramigna collabora come redattrice.

Ingegnere meccanico, è consulente tecnico presso Magneti Marelli e poi direttore tecnico di Kartell, dove inizia la ricerca sulla tecnologia e lo sviluppo delle resine poliuretaniche. Scoperta la sua vocazione di progettista, opera dal 1979 come libero professionista, svolgendo consulenze per numerose industrie (Alfa Romeo, Italtel Telematica) e disegnando oggetti, lampade e mobili per Alias, Olivari e Mandarina Duck. Interessato al rapporto tecnologia-design, pubblica diversi saggi sul tema e insegna tecnologie e disegno industriale alla Domus Academy e al Politecnico di Milano. Fra i numerosi riconoscimenti, vince il Compasso d'Oro per la serie di lampade *Lola* nel 1989 e nel 1994 per la serie *Metropoli* realizzate per Luceplan, per cui progetta insieme a Paolo Rizzatto anche la lampada *Titania* (1989).

Architetto, designer e teorico, provocatore culturale per vocazione, dopo una lunga esperienza progettuale con lo studio Nizzoli Associati si dedica soprattutto alla critica e alla ricerca, prima di riprendere l'attività progettuale negli anni Ottanta. Dal 1970 fino al 1976 dirige la rivista «Casabella», che in quel periodo diventa l'organo ufficiale dell'Architettura radicale italiana, e fonda Global Tools, una contro-scuola di architettura e design. Attivissimo sul fronte radicale, è socio di Archizoom e di Superstudio. Nel 1977 fonda la rivista «Modo», che dirige fino a quando è chiamato alla direzione di «Domus» (1980-85). È considerato uno dei "padri" del postmodernismo italiano (o meglio neomodernismo, definizione da lui preferita) e, insieme con Branzi e Sottsass, è il principale teorico del rinnovamento del design italiano negli anni Ottanta, paradossalmente promosso come "design banale". Disegna prodotti industriali dotati di una indubbia carica espressiva, ma anche altrettanto funzionali, e collabora con Artemide, Driade, Zanotta e Alessi, di cui è consulente storico.

Sergio Mazza
(Milan, 1931)

Alberto Meda
(Lenno Tremezzina, Como, 1945)

Alessandro Mendini
(Milan, 1931)

Architect and designer. Inspired by modernisation, his works were principally integral parts of interior design projects. In 1959 he founded Artemide with Ernesto Gismondi and in 1961 opened a studio in Milan with Giuliana Gramigna. His most important works included lighting equipment and furniture for Artemide (in 1960 the *Delta* lamp won the Compasso d'Oro), the *Trilato* wall system (1980), sofas and armchairs for Cinova (Frau and Full), door handles for Olivari, and lamps for Quattrifoglio. He was editor of *Ottagono* from the year it started (1966) to 1988, for which Giuliana Gramigni was the copy editor.

Mechanical engineer, technical consultant to Magneti Marelli, and technical director of Kartell. It was at Kartell that Meda began researching into polyurethane resins. After discovering his vocation for design, from 1979 he worked freelance as a consultant to numerous companies (including Alfa Romeo and Italtel Telematica) and designing objects, lamps and furniture for Alias, Olivari and Mandarina Duck. He wrote essays on the relationship between technology and design, and taught technology and industrial design at the Domus Academy and Milan Polytechnic. His list of awards included the Compasso d'Oro in 1989 for the *Lola* series of lamps and in 1994 for the *Metropoli* series produced by Luceplan, for which company he designed the *Titania* lamp in 1989 with Paolo Rizzatto.

Architect, designer and theoretician. After a long period as a designer with Nizzoli Associati, he shifted his attention towards writing and research, then went back to design in the Eighties. He was the editor of *Casabella* from 1970–76, during which period the magazine became the official organ of Italian Radical Architecture; he also founded Global Tools, an architectural and design counter-school. An active radical architect, he was a member of Archizoom and Superstudio. In 1977 he founded the magazine *Modo*, which he edited until he moved as director to Domus (1980-85). He is considered as one of the 'fathers' of Italian postmodernism (or rather neomodernism, the definition he prefers), and, with Branzi and Sottsass, was one of the leading theoreticians in the renewal of Italian design in the Eighties, which paradoxically he championed as "banal design". His industrial designs had an unquestionably strong expressive streak but were equally functional. He designed products for Artemide, Driade and Zanotta, and also Alessi, for which he is the historic consultant.

Jasper Morrison
(Londra, 1959)

Fin dagli studi al Kingston Polytechnic e al Royal College of Art di Londra, è determinato a realizzare progetti per la produzione industriale. I suoi progetti sono caratterizzati da linee semplici e forme di primo impatto familiari, dietro alle quali c'è però un meticoloso lavoro per alleggerirle e renderle più morbide. Nel 1986 apre il suo studio e comincia a progettare per SCP, FSB, Vitra e Cappellini, per la quale nel 1992 organizza insieme a James Irvine la collezione "Progetto oggetto". In seguito collabora con Magis e Flos e con moltissime altre aziende internazionali. Numerose anche le esposizioni, fra queste una mostra con Mark Newson al Museo d'arte di Reykjavik nel 1999, una personale all'Arc en Rêve Centre d'Architecture di Bordeaux, e il progetto Super Normal con Naoto Fukasawa, presentato nel 2006 in una prima mostra a Tokyo e nel 2007 alla Triennale di Milano.

Bruno Munari
(Milano, 1907-1998)

Artista, designer, grafico, saggista, pedagogo, è una figura centrale del design italiano. Negli anni Venti e Trenta partecipa agli esperimenti dei gruppi del cosiddetto Secondo Futurismo e nel 1930 realizza la sua prima scultura "aerea", precursore delle famose "Macchine inutili". Dal 1957, nella lunga e felice collaborazione con Danese, accanto a Enzo Mari, passa dalla ricerca sulle "Macchine inutili" alla creazioni di oggetti di vera produzione seriale. Gli vengono assegnati cinque premi Compasso d'Oro per l'estrema semplicità e l'economicità produttiva dei suoi progetti. Dagli anni Settanta rivolge sempre più l'attenzione all'educazione artistica dei bambini: disegna nel 1971 la cellula abitativa *Abitacolo* per Robots (Compasso d'Oro nel 1979), pubblica i "Prelibri" per chi non sa ancora leggere e organizza laboratori creativi. Oltre a molti famosi libri per l'infanzia, scrive saggi fondamentali sull'arte, il design e la comunicazione, tra cui *Arte come mestiere*, uscito nel 1966 e da allora ininterrottamente ripubblicato.

Paolo Nava
(Seregno, Milano, 1943)

Architetto e designer, dopo la laurea al Politecnico di Milano e una formazione di industrial designer a Firenze, lavora dal 1966 in Inghilterra in diversi studi di industrial design. Nel 1972 fonda un proprio studio insieme con Antonio Citterio e avvia la proficua collaborazione con B&B prima, e in seguito con Flexform, Snaidero e Boffi. Dal 1982 prosegue autonomamente la propria attività di designer progettando inizialmente soprattutto imbottiti e, in seguito, per Binova e Boffi le eleganti cucine dal minimalismo high-tech. Aspetto fondamentale del suo lavoro è la verifica tridimensionale attraverso modelli di laboratorio e la sperimentazione sui materiali.

Jean Nouvel
(Fumel, Francia, 1945)

Architetto, apre il suo primo studio nel 1970 con François Seigneur e, grazie all'incontro con il critico Georges Boudaille, diventa architetto della Biennale di Parigi. La sua prima realizzazione di spicco è la Casa Dick (Saint-André-les-Vergers, Aube, 1976). Nel 1981 partecipa ai "Grands projets" di Parigi e vince il concorso per l'Istituto del Mondo Arabo, la cui realizzazione segna un punto di svolta per l'architettura francese. Nel 1985 apre un nuovo studio e progetta l'INIST di Nancy, l'Opera di Lione e il centro culturale Onyx a Saint Herblain. Negli anni Novanta si afferma internazionalmente con alcuni capolavori come la Fondation Cartier a Parigi (1994) e la Torre Agbar a Barcellona (2000). Personaggio dalle prese di posizione militanti, quando non polemiche, a proposito dei problemi riguardanti l'architettura, è co-fondatore del movimento Marzo 1976 e del Sindacato dell'Architettura nel 1977.

Jasper Morrison
(London, United Kingdom, 1959)

From the time of his studies at Kingston Polytechnic and the Royal College of Art in London, Morrison was determined to be an industrial designer. His projects are typified by simple lines and familiar, powerful forms that conceal the meticulous work required to lighten and tone them down. In 1986 he opened his own studio and began designing for SCP, FSB, Vitra and Cappellini. For the latter he organised the collection 'Progetto oggetto' with James Irvine in 1992. He went on to work with Magis, Flos and many other international companies. He has had numerous exhibitions, including one with Mark Newson at the Reykjavik Art Museum in 1999, a solo show at the Arc en Rêve (Bordeaux architectural centre) and 'Super Normal' with Naoto Fukasawa in 2005.

Bruno Munari
(Milan, 1907–1998)

Artist, designer, draughtsman, essayist, teacher. Munari was a leading figure in Italian design. During the Twenties and Thirties he was involved in the experiments of the Second Futurism groups, and in 1930 produced his first "aerial" sculpture, the precursor of his famous "Useless Machines". In a long and successful partnership with Danese, beside Enzo Mari, he moved on from his Useless Machines research to creating objects for mass production. He won five Compassi d'Oro for the extreme simplicity of design and low production costs of his projects. During the Seventies his attention focused increasingly on children's education, and in 1971 he designed the Abitacolo living space for Robots (Compasso d'Oro, 1979). He also published "Prelibri" for children too young to read, and organised creative workshops for kids. In addition, he wrote essays on art, design and communication, including *Arte come mestiere (Art as a Profession)*; this came out in 1966 and has since remained constantly in print.

Paolo Nava
(Seregno, Milan, 1943)

Architect and designer. After graduating from Milan Polytechnic and training as an industrial designer in Florence, he worked in various design studios in England from 1966. In 1972 he set up his own studio with Antonio Citterio and began a very productive partnership with B&B, then with Flexform, Snaidero and Boffi. In 1982 he went solo, at first designing padded furniture, then elegant kitchens in hi-tech minimalism for Binova and Boffi. Fundamental aspects of his work are his material research and the 3D checks he makes through the creation of workshop models.

Jean Nouvel
(Fumel, France, 1945)

Architect. Nouvel opened his first studio in 1970 with François Seigneur and, following a meeting with the critic Georges Boudaille, he was appointed as the architect of the Paris Biennial. His first work to attract notice was the Maison Dick (Saint-André-les-Vergers, Aube, 1976). In 1981 he took part in the Paris 'Grand projets' and won the competition for the Arab World Institute, a work that marked a turning point for French architecture. In 1985 he opened another studio and designed the INIST in Nancy, the Opera House in Lyon, and the Onyx cultural centre in Saint-Herblain. In the Nineties he established his name internationally with masterpieces like the Fondation Cartier in Paris (1994) and the Agbar Tower in Barcelona (2000). On architectural themes he takes a militant_when not polemical_standpoint, and is co-founder of the movement 'Mars 1976' and 'Syndicat de l'Architecture' in 1977. He has designed several objects produced in limited

Gaetano Pesce
(La Spezia, 1939)

Giancarlo Piretti
(Bologna, 1940)

Gio Ponti
(Milano, 1891-1979)

Autore di alcuni oggetti di piccola serie, diventa autentico designer in particolare nella collaborazione con Unifor e Molteni per cui disegna il tavolo *Less* (1994) e la libreria *Graduate* (2002).

Architetto, artista e designer, impegnato anche nell'attività didattica, studia all'Università di Venezia, dove ha tra i suoi insegnanti Ernesto Rogers e Carlo Scarpa. Nel 1959 fonda il Gruppo N a Padova, primo movimento italiano impegnato nella ricerca dell'Arte Programmata. Esponente dell'architettura radicale, costantemente impegnato nella ricerca di nuovi materiali e di innovazione tecnologica, collabora con gruppi d'avanguardia in Germania, a Parigi e a Milano e, nel 1971, lavora con Cesare Cassina e Francesco Binfaré alla Compagnia Bracciodiferro per la produzione di oggetti sperimentali. Accanto al lavoro artistico, la sua progettazione, incentrata su una figuratività sempre maggiore, comprende ogni ordine di grandezza: dall'oggetto (con le società da lui create Fish Design e Open Sky) ai piani urbanistici, peraltro mai realizzati. Numerose sono le mostre dedicate alla sua opera (Centre Pompidou di Parigi, 1996; Triennale di Milano, 2005).

Designer, frequenta l'Istituto Statale d'Arte di Bologna, dove insegna successivamente interior design. Inizia l'attività collaborando giovanissimo con Anonima Castelli. Durante i dodici anni trascorsi nell'azienda, disegna molti arredi innovativi, realizzando mobili per la casa, sistemi di mobili per ufficio e soprattutto la sedia *Plia*, autentico *bestseller* del mobile moderno italiano con più di 6 milioni di pezzi venduti. Negli anni Settanta, si associa a Emilio Ambasz in un'originale formula di designer/produttori di prototipi, con cui progetta le due serie di sedute ergonomiche *Vertebra* e *Dorsal* – pure prodotte da Castelli – che valgono loro numerosi riconoscimenti a livello internazionale (Compasso d'Oro 1981).

Architetto, designer e artista, è autore di un'opera vastissima: disegna tessuti, piastrelle, argenti, smalti, vetri, mobili; progetta arredi, interni, ville, case popolari, università, conventi, chiese e cattedrali, istituti di cultura, uffici e fabbriche soprattutto in Italia, ma anche in Scandinavia e in Oriente. In sessant'anni di lavoro incessante, Ponti opera in tredici paesi del mondo, insegna per venticinque anni, dirige per quasi cinquant'anni la rivista «Domus» (da lui fondata nel 1928 e diretta fino alla sua scomparsa). Direttore artistico di Richard-Ginori (1923-30), alle prime opere di architettura (la casa in via Randaccio a Milano nel 1926) seguono la serie delle "Case tipiche" e la Torre al Parco Sempione per la v Triennale, di cui Ponti è anche direttore. Dal 1952 collabora con Alberto Rosselli e disegna per aziende italiane (Cassina, Olivari, Pavoni) e internazionali (Krupp, Ideal Standard, Altamira, Singer). La famosa sedia *Superleggera* per Cassina, ancora in produzione,

Gaetano Pesce
(La Spezia, 1939)

Giancarlo Piretti
(Bologna, 1940)

Gio Ponti
(Milan, 1891–1979)

series but became a designer proper when working with Unifor and Molteni, for which he designed the *Less* table (1994) and the *Graduate* bookcase (2002).

Architect, artist and designer. Involved also in teaching, he studied at Venice University under Ernesto Rogers and Carlo Scarpa. In 1959 he founded 'Gruppo N' in Padua, the first "programmed art" movement in Italy. A supporter of radical architecture, he has constantly been involved in research into new materials and technological innovation. He worked with avant-garde groups in Germany, Paris and Milan and, in 1971, with Cesare Cassina and Francesco Binfaré at the 'Compagnia Bracciodiferro' in the production of experimental objects. In addition to his work as an artist, his output as a designer has centred increasingly on representationalism: with regard to objects (Fish Design, Open Sky) and town planning (though never put into practice). Many exhibitions of his work have been held, in particular at the Centre Pompidou in Paris, 1996, and the Milan Triennale, 2005).

Designer. He studied at the Istituto Statale d'Arte in Bologna, where he later taught Interior Design. He began his professional career very young with Anonima Castelli. During the twelve years he spent with the company, he designed many innovative items of furniture for the house and office, in particular the highly successful example of modern Italian design, the *Plia* seat, of which more than 6 million were sold worldwide. In the Seventies he collaborated with Emilio Ambasz to design and produce prototypes: they came up with the two series of ergonomic seats *Vertebra* and *Dorsal* (both produced by Castelli), with which they won numerous international awards, including the 1981 Compasso d'Oro.

Architect, designer and artist. In his career Ponti produced a huge number of designs: fabrics, tiles, silverware, enamelware, glassware, furniture, furnishings, interiors, houses (luxury and low-cost), cultural institutes, offices and factories, mainly in Italy but also in Scandinavia and the Far East. In sixty years of constant work, Ponti had projects built in thirteen countries, he taught for twenty-five years, and edited *Domus* for almost fifty years (which he founded in 1928 and edited until his death). He was the artistic director of Richard-Ginori (1923-30). His earliest architectural work (the house in Via Randaccio, Milan, in 1926) was followed by the series of 'Typical Houses', and the tower in Sempione Park for the 5th Milan Triennale, of which he was also the director. From 1952 he worked with Alberto Rosselli and designed for Italian (Cassina, Olivari, Pavoni) and international companies (Ideal Standard, Krupp, Altamira, Singer). His famous series

Ferdinand Alexander Porsche
(Stuttgart, Germania, 1935)

Franco Raggi
(Milano, 1945)

Dieter Rams
(Wiesbaden, Germania, 1932)

è del 1957. L'anno precedente realizza il grattacielo Pirelli di Milano, diventato un'icona della "capitale industriale" e della modernità italiana. L'ultima opera più significativa è nel 1970 la cattedrale di Taranto, in Puglia.

Nipote del creatore del celebre "Maggiolino" Volkswagen, inizia l'attività di designer a ventidue anni nell'azienda paterna, la Porsche AG, dopo avere frequentato per un anno la Hochschule für Gestaltung di Ulm. Progetta la Carrera 904 nel 1963 e la fortunatissima 911 nel 1964 (presentata l'anno prima con il nome 901). Nel 1972, quando la famiglia Porsche lascia la casa automobilistica, fonda la Porsche Design, che trasferisce in Austria nel 1974, e si dedica alla progettazione di veicoli sperimentali e di oggetti caratterizzati da un look aggressivo e high-tech, tutti destinati alla produzione di grande serie. Tecnologia, dinamicità, "macchinismo" sono temi ricorrenti nel lavoro di Porsche, anche quando crea prodotti industriali nei campi più diversi (occhiali, orologi, televisori). Tra i maggiori successi: la poltrona *Antropovarius* per Poltrona Frau (1982) e il sistema di illuminazione *Mikado* per Artemide (1985).

Architetto, nei primi anni Settanta è chiamato da Alessandro Mendini come redattore della rivista «Casabella» e in seguito diventa caporedattore della rivista «Modo», che pure dirige tra il 1981 e il 1983. Compie ricerche sul design radicale e sulle neo-avanguardie, partecipa al lavoro del gruppo Global Tools e dello Studio Alchymia. La sua più importante attività come designer è svolta come consulente e progettista con Fontana Arte, per cui disegna gli showroom di Los Angeles e Milano, il carrello *Tazio* del 1983, la lampada *Velo* del 1988, la lampada *Flute* del 1999, il sistema *Beef* del 2000. Collabora anche con aziende quali Artemide, Kartell e Poltronova.

Architetto e designer, vicino alle teorie del Bauhaus e della Hochschule für Gestaltung di Ulm, è uno dei più influenti designer del ventesimo secolo, il creatore dello stile Braun, un'estetica in cui prevale la funzionalità e che riduce il design all'essenziale. Famosi sono i suoi "dieci comandamenti" sul design. Studia architettura e interior design alla Werkkunstschule di Wiesbaden e, dopo due anni di esperienza a Francoforte nello studio di architettura di Otto Apel, inizia nel 1955 la sua avventura nella fabbrica di elettrodomestici Braun, per la quale sviluppa i suoi primi progetti – con Hans Gugelot e Wilhelm Wagenfeld –, disegna centinaia di prodotti e arriva a esserne *chairman* nel 1988. Lascia l'azienda nel 1997. È stato nominato nel 1968 Honorary Designer for Industry dalla Royal Society of Arts di Londra, ha insegnato disegno industriale all'Università di Amburgo (1981-1997) ed è stato presidente del tedesco Rat für Formgebung.

Ferdinand Alexander Porsche
(Stuttgart, Germany, 1935)

Franco Raggi
(Milan, 1945)

Dieter Rams
(Wiesbaden, Germany, 1932)

of *Superleggera* seats for Cassina, which are still in production, originated in 1957. The following year he designed the Pirelli tower in Milan, which became an icon of the "industrial capital" and a symbol of Italian modernity. His last important work was Taranto cathedral in Puglia (1970).

Grandson of the designer of the famous Volkswagen Beetle, Porsche began his career as a designer at the age of twenty-two in his father's company, Porsche AG, after studying at the Hochschule für Gestaltung in Ulm for one year. He designed the Carrera 904 in 1963 and the highly successful 911 a year later (though it was presented the year before as the 901). In 1972, he left the car manufacturing company and founded Porsche Design, which he moved to Austria in 1974, and devoted himself to the design of experimental vehicles and hi-tech, aggressive looking objects planned to go into mass production. Technology and energy are recurrent themes in Porsche's output, even when he is creating industrial products for fields as various as sun-glasses, watches and televisions. Among his greatest successes are the *Antropovarius* armchair for Poltrona Frau (1982) and the *Mikado* lighting system for Artemide (1985).

Architect. In the early Seventies he was invited by Alessandro Mendini to be a member of the editorial staff of the magazine *Casabella*, then editor-in-chief of *Modo*, finally becoming director from 1981–83. He did research on radical design and the neo-avant-gardes, and was a member of both Global Tools and Studio Alchymia. As a designer, his most important work was as a consultant and designer for Fontana Arte: for this company he designed its showrooms in Los Angeles and Milan, as well as the *Tazio* trolley (1983), the *Velo* lamp (1988), the Flute lamp (1999), and the *Beef* system (2000). He also worked with Artemide, Kartell and Poltronova.

Architect and designer. A supporter of the theories of the Bauhaus and Hochschule für Gestaltung, Rams was one of the most influential designers of the twentieth century. He created the Braun style, in which most importance was placed on functionality and design was reduced to the essential. He was famous for his "ten commandments" on design. He studied architecture and interior design at the Werkkunstschule in Wiesbaden and, after two years experience at Otto Apel's studio in Frankfurt, he began his association with Braun in 1955. Here he developed his first designs (with Hans Gugelot and Wilhelm Wagenfeld), which in the end numbered hundreds of products. He was made chairman of the company in 1988 but resigned in 1997. He was made an Honorary Designer for Industry by the Royal Society of Arts of London, taught industrial design at Hamburg University (1981–97), and was president of the German Rat für Formgebung.

Gastone Rinaldi
(Padova, 1920)

Paolo Rizzatto
(Milano, 1941)

Alberto Rosselli
(Palermo, 1921 – Milano, 1976)

Nel 1948, insieme con il fratello Giorgio, subentra al padre nella gestione di Rima (acronimo di Rinaldi Mario), piccola industria di utensili e arredi metallici. Infaticabile disegnatore, si applica in modo pressoché costante a un unico tema: la seduta con struttura metallica. Progetta nel 1950 le sedie *DU10* e *DU11* per la ix Triennale di Milano del 1951. Alla stessa manifestazione presenta anche la poltroncina sovrapponibile *DU9* con lo schienale basculante. Nel 1954 partecipa con Ponti, Parisi, De Carli e Gardella all'avventura americana per Altamira e riceve il Compasso d'Oro per la sedia *DU30*. Nel 1974 lascia Rima per ricominciare con il marchio Thema. Con la poltroncina impilabile in rete *Arianna* ottiene una seconda segnalazione al Compasso d'Oro 1978, ma è con la sedia pieghevole *Dafne* che nel 1979 Rinaldi recupera la sua vena sperimentale.

Architetto e designer, approfondisce la sua esperienza nel campo dell'illuminazione e, dopo avere collaborato con Arteluce, allora guidata da Gino Sarfatti, fonda nel 1978 Luceplan insieme a Riccardo Sarfatti. In collaborazione con Alberto Meda, realizza a partire dalla metà degli anni Ottanta lampade innovative e di grande successo commerciale come *Titania* e *Costanza*. Vince con Luceplan tre Compassi d'Oro per le lampade *D7* (1981), *Lola* (1989) e *Metropoli* (1994). Lavora come libero professionista nel suo studio milanese, occupandosi prevalentemente di architettura residenziale (spesso in collaborazione con Antonio Monestiroli) e come designer realizza progetti per diverse aziende italiane quali Montina, Artemide e Alias, e internazionali come Knoll e Philips.

Architetto, designer e urbanista, protagonista del dibattito architettonico del dopoguerra, nel 1950 si associa allo studio di Gio Ponti, firmando, nel non semplice connubio, i progetti più importanti fino al 1970. Volto a cogliere le reali esigenze dell'utente, riesce a tradurle in soluzioni tecnologiche e materiche di esemplare semplicità. Significativo è il suo ruolo per l'affermazione della cultura del design in Italia: dal 1949 scrive per «Domus» di disegno per l'industria e nel 1954 fonda e dirige «Stile Industria» – pure pubblicata da Editoriale Domus –, una delle prime riviste a dare dignità al design come disciplina autonoma dall'architettura. Collabora con Kartell, Fiat, Carrozzerie Orlandi e Boneschi e, per gli arredi, con Saporiti e Boffi. Un lavoro emblematico è il progetto con Isao Hosoe del pullman *Meteor* (Compasso d'Oro, 1970). Nel 1956 è tra i fondatori dell'ADI, di cui è il primo presidente.

Dal 1963 fino alla sua tragica scomparsa insegna Progettazione per l'industria al Politecnico di Milano, dando un contributo determinante alla fondazione dell'area tecnologica della facoltà.

Gastone Rinaldi
(Padua, 1920)

Paolo Rizzatto
(Milan, 1941)

Alberto Rosselli
(Palermo, 1921 - Milan, 1976)

With his brother Giorgio, he replaced his father as manager of RiMa (from the name Rinaldi Mario) in 1948. This was a small tool and metal furniture manufacturing company. An indefatigable designer, he worked almost uninterruptedly on a single theme: seats with metal structures. In 1950 he designed the *DU10* and *DU11* seats for the 1951 Milan Triennale. At the same event he presented the stackable DU9 chair with the flexible backrest. In 1954 he was a member of the team for Altamira's American adventure with Ponti, Parisi, De Carli and Gardella and received the Compasso d'Oro for the *DU30*. He left RiMa in 1974 to restart with the brand Thema. He won a second Compasso d'Oro in 1978 with the stackable *Arianna* seat but returned to his experimental background with the folding *Dafne* seat in 1979.

Architect and designer. After researching the lighting field in depth, he worked with Arteluce at the time it was managed by Gino Sarfatti, then founded Luceplan in 1978 with Riccardo Sarfatti. With Alberto Meda he designed innovative lamps that achieved great success in the mid-Eighties, such as the *Titania* and *Costanza*. With Luceplan he was awarded three times the Compasso d'Oro with the lamps *D7* (1981), *Lola* (1989) and *Metropoli* (1994). He worked freelance in his Milan studio, focusing mainly on residential architecture (often in partnership with Antonio Monestiroli), but also as a designer for companies such as Montina, Artemide and Alias_in Italy_and Knoll and Philips.

Architect, designer and town planner. A leading voice in the post-war architectural debate, in 1950 he became an associate in Gio Ponti's studio where, during a not easy collaboration, he produced his most important projects up until 1970. Starting from the user's real needs, he provided exemplary simple technological and material solutions. He made an important contribution to the design culture in Italy: from 1949 he wrote for *Domus* on industrial design and in 1954 founded and edited Stile Industria (also published by Editoriale Domus), which was one of the first magazines to recognise design as a discipline independent of architecture. He worked for Kartell, Fiat, Carrozzerie Orlandi and Boneschi, and also with Saporiti and Boffi in the furniture field. A representative work was the *Meteor* motor coach (with Isao Hosoe) for which he won the 1970 Compasso d'Oro. He was a founder member of ADI in 1956, of which he was also president.

From 1963 to his death he taught "Designing for Industry" at the Milan Politecnico, where he also provided a determining boost to the foundation of the department's technological section.

Aldo Rossi
(Milano, 1931-1997)

Marc Sadler
(Innsbruck, Austria, 1946)

Richard Sapper
(Monaco di Baviera, Germania, 1932)

Architetto, critico e saggista, è considerato uno dei maestri del postmodernismo. Laureatosi a Milano nel 1953, dal 1955 collabora come redattore alla rivista «Casabella - Continuità», diretta da Ernesto N. Rogers, e l'anno successivo inizia a lavorare con Ignazio Gardella e Marco Zanuso. Nel 1966 pubblica il saggio *Architettura delle città* in cui teorizza la sua revisione critica del progetto modernista. Le sue opere di architettura, dal linguaggio rigoroso e dalle forme primarie che si rifanno criticamente al classicismo, sono state realizzate in Italia (Quartiere Gallaratese, Milano, 1969-74, e Cimitero di Modena, 1971) e in diverse parti del mondo (abitazioni per l'IBA a Berlino). Fra i molti riconoscimenti ottiene il prestigioso Premio Pritzker nel 1990. In veste di designer collabora dalla metà degli anni Ottanta con Alessi, Longoni e Molteni: esordisce con Alessi nel 1980 con il programma *Tea & Coffee Piazza* e nel 1984 realizza la caffettiera *La conica*.

Designer francese, vive e lavora a Milano. Si laurea a Parigi e dai primi anni Settanta, grazie a un suo progetto sperimentale (uno scarpone da sci in materiale termoplastico), inizia a lavorare in Italia con l'azienda Caber per la quale brevetta *Ambidexter*, uno scarpone leader del mercato per molti anni. Come "designer per lo sport" apre uno studio prima ad Asolo e poi a New York, Hong Kong e Taiwan e collabora con le più famose aziende del settore (Adidas, Ellesse, Nike, Puma, Reebock, Spalding). La sua esperienza nei materiali lo porta a occuparsi della produzione industriale di arredi: progetta le lampade *Drop 1 e 2* (Flos-Arteluce, Compasso d'Oro, 1994), disegna per Boffi attrezzature per il bagno e la cucina *Alukit* e per Foscarini le lampade *Tite e Mite* (Compasso d'Oro nel 2001). Nel 1993 elabora con Dainese il paraschiena per motociclisti *Bap*. È impegnato nell'attività didattica presso scuole di design e università in Italia e all'estero.

Tra i pochi progettisti che non hanno frequentato scuole di design o di architettura, Sapper sostiene che il progetto debba parlare da sé. Il suo principale interesse è il design di oggetti tecnicamente complessi. Si laurea in economia e commercio, ma segue parallelamente corsi di filosofia, anatomia, grafica e ingegneria. Tra il 1956 e il 1958 lavora nell'ufficio progetti di Mercedes Benz. Trasferitosi a Milano, lavora con Gio Ponti e in seguito per La Rinascente. Insieme a Marco Zanuso progetta autentiche icone del design, come la radio *TS502* (1965) e il televisore *Doney* per Brionvega; la sedia per bambini *K 1340* per Kartell (1964); il telefono *Grillo* per Siemens. Prosegue da solo una brillantissima carriera, con *bestseller* come la lampada *Tizio* per Artemide (1972), il bollitore *Teakettle* (1983), macchine per il caffè e molti altri prodotti per Alessi. Per i suoi progetti ottiene negli anni dieci Compassi d'Oro.

Consulente per il disegno delle macchine IBM in tutto il mondo, svolge intensa attività didattica: dal 1986 insegna alla Hochschule für Angewandte Kunst di Vienna.

Aldo Rossi
(Milan, 1931–97)

Marc Sadler
(Innsbruck, Austria, 1946)

Richard Sapper
(Munich, Germany, 1932)

Architect, critic and essayist. Rossi was one of the masters of postmodernism. He graduated in Milan in 1953, then worked at *Casabella - continuità* as a member of the editorial staff, edited by Ernesto Rogers. The following year he began to work with Ignazio Gardella and Marco Zanuso. In 1966 he published the essay *Architettura delle città* (*Urban Architecture*) in which he theorised a renewal of Modernism. His architectural works were rigorous and based on primary forms that recalled Classicism; in Italy they were constructed in Quartiere Gallaratese, Milan (1969–74) and Modena cemetery (1971), and in various other countries, for example, the houses he designed for IBA in Berlin. Among the many awards he received was the 1990 Pritzker Prize. As a designer he worked with Alessi, Longoni and Molteni from the Eighties. His first works for Alessi were the *Tea & Coffee Piazza* project (1980) and *Conica* coffee-pot (1984).

Designer. A Frenchman, Sadler lives and works in Milan. He studied in Paris but, due to an experimental project (a thermoplastic ski-boot) in the Seventies he began to work in Italy with Caber, for which he patented Ambidexter, a leader in the ski-boot market for many years. As a "sportswear designer" he opened a studio first in Asolo, then New York, Hong Kong, and Taiwan, working for the large companies in the sector (Adidas, Ellesse, Nike, Puma, Reebok, Spalding). His experience in materials led him to furniture production: he designed the *Drop 1* and *2* lamps for Flos-Arteluce (Compasso d'Oro, 1994), bathroom equipment and the Alukit kitchen for Boffi, and the *Tite* and *Mite* lamps for Foscarini (Compasso d'Oro, 2001). In 1993 he designed the *Bap* back protector for motorcyclists for Dainese. He teaches in design schools and universities in Italy and abroad.

One of the few designers who did not study either architecture or at a design school, Sapper argues that a design has to speak for itself. His main interest is designing technically complex objects. He graduated in marketing and economics but also studied philosophy, anatomy, graphics and engineering. From 1956–58 he worked in the design office of Mercedes Benz. Having moved to Milan, he worked with Gio Ponti and later La Rinascente. With Marco Zanuso he designed such famous products as the *TS502* radio (1965), the Doney television for Brionvega, the *K 1340* children's seat for Kartell (1964), and the *Grillo* telephone for Siemens. He went solo, achieving a brilliant career, creating the best-selling *Tizio* lamp for Artemide (1972), and the *Teakettle* kettle (1983), coffee machines and many other products for Alessi. Over the years he has garnered ten Compassi d'Oro. He is a design consultant for

IBM machines around the world and is also a busy teacher: since 1986 he has lectured at the Hochschule für Angewandte Kunst in Vienna.

Gino Sarfatti
(Venezia, 1912 – Verbania, 1985)

Designer e imprenditore, interrotti gli studi di ingegneria aeronautica a Genova si trasferisce a Milano per fare l'agente di Lumen, ditta di lampadari realizzati con vetri di Murano. Nel 1939 fonda una piccola officina per produrre lampade, ma deve rifugiarsi in Svizzera a causa delle leggi razziali fasciste. Al rientro in Italia apre, grazie ai primi successi commerciali, un negozio in corso Matteotti (progettato con Marco Zanuso), che diventa punto di ritrovo dei progettisti del Movimento Moderno, come Albini, Belgiojoso, Frattini e Zanuso, e si trasforma successivamente nell'azienda Arteluce. La sua continua ricerca di innovazione tecnologica, ma anche tipologica dell'illuminazione (sono oltre quattrocento i suoi progetti), frutta a Arteluce due Compassi d'Oro per le lampade 559 (1954) e 1055 (1955). Sarfatti progetta l'intera illuminazione di navi da crociera (*Andrea Doria*, *Da Vinci*, *Michelangelo* e *Raffaello*) e del Teatro Regio di Torino.

La sua azienda resta per lungo tempo organizzata su base artigianale; quando, negli anni Settanta, si rende indispensabile una riorganizzazione cede la sua azienda a Flos e si ritira dall'attività.

Carlo Scarpa
(Venezia, 1906 – Sendai, Giappone, 1978)

Architetto e designer, intellettuale e artista, personaggio "unico" e controverso nella scena architettonica italiana, costruisce in piccoli spazi capolavori assoluti e dà una forte dimensione poetica alla perfezione che ricerca in ogni dettaglio. Nel 1926, dopo il diploma di professore di disegno architettonico, insegna allo IUAV (Istituto Universitario di Architettura di Venezia) fino al 1977, diventando anche rettore. Consulente di Cappellin & C. di Murano nel 1927, è in seguito direttore artistico delle vetrerie Venini (1937-1947) e collabora con Gavina e Simon International. Gli allestimenti museali sono un tema centrale della sua opera: nel 1948 inizia la lunga collaborazione con la Biennale di Venezia, per cui progetta oltre sessanta mostre. Fra i progetti architettonici più significativi: il restauro di palazzo Chiaramonte a Palermo, il negozio Olivetti a Venezia, il restauro del Museo di Castelvecchio di Verona, la Banca Popolare di Verona e, ultima sua opera, il complesso monumentale Brion a San Vito di Altivole (TV). Durante un viaggio in Giappone Carlo Scarpa muore in un incidente a Sendai e solo allora riceve il conferimento della laurea *honoris causa* in architettura, che pone fine a un'interminabile diatriba sulla legittimità del suo operato architettonico in assenza di un titolo appropriato.

Gino Sarfatti
(Venice, 1912 – Verbania, 1985)

Designer and businessman. Sarfatti gave up studying aeronautics engineering in Genoa to move to Milan to be the sales agent for Lumen, a company that made lamps using Murano glass. In 1939 he opened a small workshop to produce lamps but was obliged to move to Switzerland to avoid the Fascist race laws. With the impetus from his previous sales successes, when he returned to Italy he opened a shop in Corso Matteotti (designed with Marco Zanuso) which was to become a meeting point for designers in the Modern Movement (Albini, Belgiojoso, Frattini and Zanuso) and was subsequently transformed into the company Arteluce. Continuous research into technological innovation and different types of lighting (the company had more than 400 designs) brought Arteluce two Compassi d'Oro for the 559 (1954) and 1055 (1955). Sarfatti designed the entire lighting systems for cruise ships (the *Andrea Doria*, *Da Vinci*, *Michelangelo* and *Raffaello*) and the

Regio theatre in Turin. His company long relied on manual production. When it became indispensable to reorganise the company, he sold it to Flos and retired.

Carlo Scarpa
(Venice, 1906 – Sendai, Japan 1978)

Architect and designer, intellectual and artist. A unique and controversial figure in Italian architecture, Scarpa built absolute masterpieces in small spaces and imbued every detail with a powerful lyricism. After receiving a diploma to teach architecture drawing, he began teaching at IUAV (Istituto Universitario di Architettura di Venezia) in 1926, where he remained until 1977, the last period of which as Chancellor. A consultant to Cappellin & C. of Murano in 1927, he later became art director of Venini glassmakers (1937–47) and worked with Gavina and Simon International. Designs for museum exhibitions were a constant motif of his work: in 1948 he began a long partnership with the Venice Biennale, for which he designed more than sixty exhibitions. His more important architectural works were the restoration of Palazzo Chiaramonte in Palermo, the Olivetti shop in Venice, the restoration of Castelvecchio Museum in Verona, the Banca Popolare di Verona and, his last work, the monumental complex in Brion, at San Vito di Altivole (TV). During a trip to Japan, Scarpa died in an accident in Sendai and only then was awarded an honorary degree in architecture. This event put an end to the interminable harangue about the validity of his work in the absence of an appropriate qualification.

Tobia Scarpa
(Montebelluna, 1937)
Afra Bianchin
(Venezia, 1935)
Entrambi architetti e designer, costituiscono un binomio progettuale e di vita per anni. Si laureano in architettura a Venezia (dove insegna il padre di Tobia, Carlo), avendo già alle spalle un'attività professionale consolidata. Nel 1958 iniziano a lavorare con Venini, ma già l'anno precedente Tobia aveva realizzato (al corso di arredamento tenuto da Franco Albini) il suo primo progetto, la sedia *Pigreco* per Gavina, azienda con la quale entrambi intraprendono una lunga collaborazione. A partire dal 1960, insieme con i fratelli Castiglioni, partecipano attivamente alla nascita di Flos. Nel 1966 disegnano per B&B il divano *Coronado* dal grandissimo successo commerciale. Negli stessi anni l'attività di architetti li vede impegnati in opere di restauro e costruzione industriale, in particolare per Benetton, per cui ristrutturano le fabbriche, creano l'immagine dei negozi e progettano la casa a Ponzano. Collaborano anche con Molteni, Maxalto e Unifor. Con la poltrona *Soriana* per Cassina vincono il Compasso d'Oro nel 1970.

Philippe Starck
(Parigi, 1949)

Enfant prodige del design, rimette sulla scena internazionale il design francese, per lunghi anni estinto. Alla fine degli anni Settanta fonda Starck Product, un'impresa che commercializza molte sue creazioni, tra cui il sistema luminoso *Easy Light*, il suo primo progetto realizzato. Nel 1981, l'incontro con Jean-Louis Costes permette a Starck di disegnare il famoso Café Costes a Parigi, nei pressi del Beaubourg, che lo lancia verso la notorietà internazionale. In Italia collabora prima con Baleri, che mette in produzione diversi suoi mobili, in particolare quelli disegnati per lo studio del presidente François Mitterrand, poi con Driade, Cassina, Flos e Kartell. Dal 1986 collabora con Alessi, per cui disegna, fra gli altri, lo spremiagrumi/ragno *Juicy Salif* (1990), simbolo del design inutile ma interessante. Tra le sue architetture gli edifici Nani Nani del 1989 a Tokyo, Le Baron Vert a Osaka, la collaborazione al Groningen Museum nel 1993 e molti scenografici hotel nel mondo, in particolare per l'eccentrico *businessman* Ian Schrager.

Oscar Tusquets
(Barcellona, 1941)

Socio-fondatore dello Studio PER (successivamente dello Studio Tusquets, Diaz & Associados), contribuisce alla fondazione di BD Ediciones de Diseño, il primo esperimento di autoproduzione di oggetti e mobili in Spagna. La sua prima collaborazione in Italia è con Alessi, quando Alessandro Mendini lo invita nel 1983 a partecipare al progetto *Tea and coffee Piazza*: a questo seguono diversi lavori per Zanotta e una lunga serie di oggetti per la tavola e mobili per Driade. Tra le sue opere di architettura: il restauro del Palau de la Música a Barcellona, il Padiglione Tusquets al Parc de la Villette a Parigi, il complesso residenziale a Fukuoka-Kashii in Giappone, l'Auditorium Alfredo Kraus a Las Palmas di Gran Canaria. *Bon vivant* e polemista arguto, pubblica nel 1994 l'aspro volume sull'estetica quotidiana *Más que discutibile* (Tusquets Editores). In realtà è anche un grande pittore realista, talento che coltiva per passione.

Hannes Wettstein
(Ascona, Svizzera, 1958)

Architetto e designer, è il primo esponente di una nuova generazione di designer svizzeri. Realizza showroom di moda e di arredamento, spazi collettivi, alberghi, allestimenti, uffici in Svizzera e all'estero, ma è conosciuto soprattutto per il disegno di mobili e luci. I suoi progetti si contraddistinguono per l'equilibrio formale e la pacatezza, nonostante l'utilizzo di elementi molto espressivi ma accortamente accentuati. Nel 1982 Wettstein sviluppa il primo sistema a bassa tensione via cavo *Metro* per la ditta svizzera Belux. Conosce l'affermazione internazionale nel 1985 collaborando con Baleri Italia: la sua sedia *Juliette* (1987) è il suo prodotto più conosciuto. Progetta in seguito per aziende quali Desalto, Fiam, il gruppo Molteni e Cassina. Dal 1991, quando fonda un suo studio di design a Zurigo, affianca all'attività professionale quella didattica: è stato docente della ETH di Zurigo (1991-1996) e professore alla Hochschule für Gestaltung di Karlsruhe (1994-2001).

Tobia Scarpa
(Montebelluna, 1937)
Afra Bianchin
(Venice, 1935)
Both architects and designers, this couple have lived and worked together for years. They studied architecture at Venice (where Tobia's father, Carlo, taught) though their professional careers were already underway beforehand. In 1957 Tobia designed (during Franco Albini's furniture course) the Pigreco seat for Gavina, a company the pair were to work with over a long period, and a year later they began to work with Venini. With the Castiglioni brothers, from 1960 they participated actively to create the company Flos. In 1966 they designed the *Coronado* sofa for B&B, achieving enormous sales success. In parallel their architectural activities saw them working on restoration and construction projects, in particular with Luciano Benetton, for whom they rebuilt factories, created the company's image in its shops, and designed his personal home. They also worked with Molteni, Maxalto, and Unifor. They won the 1970 Compasso d'Oro for the *Soriana* armchair made by Cassina.

Philippe Starck
(Paris, France, 1949)

Enfant prodige of design, he has put French design back on the map, which for many years had faded from the scene. At the end of the Seventies he started Starck Product, a company that sells many of his creations, including the lighting system Easy Light, his first design. In 1981 he met Jean-Louis Costes, who hired Starck to design the famous Café Costes near Beaubourg in Paris; it was this project that launched him to international fame. In Italy he worked with Baleri, who produced several of his furniture designs, in particular those designed for the study of President François Mitterrand, then with Driade, Cassina, Flos, and Kartell. He began working with Alessi in 1986 for whom he designed, amongst others, the spider-juicer *Juicy Salif* (1990), a typical example of ineffectual though interesting design. His architectural designs include the Nani Nani buildings in Tokyo (1989), Le Baron Vert in Osaka, his collaboration with the Groeningen Museum in 1993, and many hotel interiors around the world, in particular for the eccentric businessman Ian Schrager.

Oscar Tusquets
(Barcelona, 1941)

A co-founder of Studio PER (later Studio Tusquets, Diaz & Associados), he contributed to the foundation of B.D. Ediciones de Diseño, the first experiment in own production of objects and furniture in Spain. His first collaboration in Italy was with Alessi, when Alessandro Mendini invited him to take part in the Tea and Coffee Piazza project in 1983. This was followed by several projects for Zanotta and a long series of table objects and furniture for Driade. His architectural works include the restoration of the Catalan Music Palace in Barcelona, the Tusquets Pavilion in the Parc de la Villette in Paris, the residential complex in Fukuoka-Kashii in Japan, and the Alfredo Kraus Auditorium in Las Palmas, Canary Islands. A bon vivant and sharp debater, in 1994 he published a sharply critical book on everyday aesthetics *Más que discutibile* (Tusquets Editores). He is also a talented realist painter, which he treats purely as a hobby.

Hannes Wettstein
(Ascona, Switzerland, 1958)

Architect and designer, Wettstein is the first of a new generation of Swiss designers. He designs showrooms for the fashion and furniture industries, collective spaces, hotels, exhibitions, and offices in Switzerland and abroad, but he is best known for his furniture and lamps. His designs stand apart for their restraint and formal balance despite the use of very expressive but little stressed elements. In 1982 he developed the first low-tension cable system, Metro, for the Swiss firm Belux. He achieved international recognition in 1985 when he designed the *Juliette* (1987) seat for Baleri Italia, his most widely known product. He then designed for Desalto, Fiam, Molteni, Cassina, and others. He set up his own studio in Zurich in 1991 and began teaching in the same year: he was a lecturer at ETH in Zurich (1991–96) and professor at the Hochschule für Gestaltung in Karlsruhe (1994–2001).

Marco Zanuso

(Milano, 1916-2001)

Designer, architetto e urbanista, animatore fin dal dopoguerra del dibattito culturale nel Movimento Moderno, è caporedattore di «Domus» con Ernesto N. Rogers (1946-47) e redattore di «Casabella» (1952-1954). Dal 1945 si occupa di urbanistica e della progettazione di oggetti per l'industria. Emblematico il suo ruolo nella nascita di Arflex, fondata da tre manager Pirelli nel 1950. Preceduta già nel 1948 dai primi mobili in tubo metallico (come la poltrona *Maggiolina*, poi prodotta da Zanotta), la sua sperimentazione sul mobile per la serie inizia con l'applicazione della gommapiuma per imbottiture: con questa tecnica nel 1951 realizza la poltrona *Lady* per Arflex. Nel 1956 è tra i fondatori dell'ADI. Collabora con Borletti (macchina da cucire *1102*), Gavina, Kartell e dal 1960 inizia l'importante collaborazione con Richard Sapper: con questi realizza progetti di successo come il telefono *Grillo* per Siemens, che nel 1967 vince il

Compasso d'Oro, e i televisori per Brionvega. Nel corso della sua attività Zanuso vince cinque volte il Compasso d'Oro, di cui uno alla carriera. Tra le architetture occorre ricordare i complessi per Olivetti in Sud America, lo stabilimento Necchi a Pavia e il Nuovo Piccolo Teatro di Milano, completato nel 1986. Profondamente amareggiato dal coinvolgimento in vicende politico-giudiziarie legate proprio alla costruzione del Piccolo Teatro, lascia il suo archivio alla facoltà di Architettura di Mendrisio, in Svizzera, disdegnando la sede più logica, il Politecnico di Milano, dove per decenni aveva svolto un'importante attività didattica, contribuendo alla formazione di molti altri docenti e professionisti.

Marco Zanuso

(Milan, 1916–2001)

Designer, architect and town planner. Zanuso was a leading figure in the post-war cultural debate on the Modern Movement in his position as editor-in-chief of *Domus* with Ernesto Rogers (1946–47) and a member of the editorial staff of *Casabella* (1952–54). From 1945 he worked in town planning and industrial design. His role in the creation of Arflex by three Pirelli managers in 1950 was representative of the man. In 1948 he designed his first furniture made in steel tubing (e.g., the *Maggiolina* armchair, later manufactured by Zanotta), and then began experimenting with the use of foam rubber for furniture padding. Using this technique he designed the *Lady* armchair for Arflex in 1951. In 1956 he was a founder member of ADI. He worked with Borletti (*1102* sewing machine), Gavina, Kartell and, in 1960, began a partnership with Richard Sapper. Together they produced successful designs, such as the *Grillo* telephone for Siemens (Compasso d'Oro, 1967). During

his lifetime Zanuso won five Compassi d'Oro, of which one was for his career. His architectural works include Olivetti factories in South America, the Necchi factory in Pavia, and the Nuovo Piccolo Teatro in Milan (completed in 1986). Embittered by the political and judicial events that affected the construction of the theatre, he left his archive to the faculty of architecture in Mendrisio, Switzerland, scorning the more logical alternative, the Milan Politecnico, where for decades he had taught, contributing to the formation of many other teachers and professionals.

ALESSI
via Privata Alessi, 6
28887 Crusinallo (VB)
www.alessi.com

ALIAS
via dei Videtti, 2
24064 Grumello del Monte (BG)
www.aliasdesign.it

ARTEMIDE
via Bergamo, 18
20010 Pregnana Milanese (MI)
www.artemide.com

ASSOCIAZIONE CULTURALE
JACQUELINE VODOZ E BRUNO DANESE
via Santa Maria Fulcorina, 17
20123 Milano
www.fondazionevodozdanese.org

B&B Italia
Strada Provinciale 32
22060 Novedrate (CO)
www.bebitalia.com

BALERI ITALIA
via Tonale, 19
24061 Albano S. Alessandro (BG)
www.baleri-italia.com

BOFFI spa
via Oberdan, 70
20030 Lentate sul Seveso (MI)
www.boffi.com

CAPPELLINI – CAP DESIGN
via Milano, 28
22066 Mariano Comense (CO)
www.cappellini.it

CASSINA spa
Via Busnelli, 1
20036 Meda (MI)
www.cassina.com

DANESE S.r.l
via Antonio Canova, 34
20145 Milano
www.danesemilano.com

DEPADOVA
corso Venezia, 14
20121 Milano
www.depadova.it

DRIADE
via Padana Inferiore, 12
29012 Fossadello di Caorso (PC)
www.driade.it

EBRICERCHE
via Piccinini, 3
24122 Bergamo
www.ebricerche.it

FIAM
via Ancona
61010 Tavullia (PU)
www.fiamitalia.it

FLOS
via A. Faini, 2
25073 Bovezzo (BS)
www.flos.it

FLOU
via Cadorna, 12
20036 Meda (MI)
www.flou.it

FONTANA ARTE
Alzaia Trieste, 49
20094 Corsico (MI)
www.fontanaarte.it

GUFRAM
via Fraschetti, 27
10070 Balangero (TO)
www.gufram.com

IGUZZINI
via Mariano Guzzini, 37
62019 Recanati (MC)
www.iguzzini.com

KARTELL
via delle Industrie, 1
20082 Noviglio (MI)
www.kartell.it

LUCEPLAN
via E.T. Moneta, 46
20161 Milano
www.luceplan.com

MAGIS
via Magnadola, 15
31045 Motta di Livenza (TV)
www.magisdesign.com

MEMPHIS
via Olivetti, 9
20010 Pregnana Milanese (MI)
www.memphis-milano.it

MOLTENI/UNIFOR
via Rossini, 50
20034 Giussano (MI)
www.molteni.it

MOROSO
via Nazionale, 60
33010 Cavalicco (UD)
www.moroso.it

OLUCE
via Brescia, 2
20097 San Donato Milanese (MI)
www.oluce.com

POLTRONA FRAU
S.S. 77 Km 74,5
62029 Tolentino (MC)
www.poltronafrau.it

SIMONGAVINA Paradiso Terrestre
via Emilia, 275
40068 San Lazzaro (BO)
www.simongavina.it

TECNO
via Milano, 12
20039 Varedo (MI)
www.tecnospa.com

ZANOTTA
via Vittorio Veneto, 57
20054 Nova Milanese (MI)
www.zanotta.it

ZEUS NOTO
corso San Gottardo, 21/9
20136 Milano
www.zeusnoto.com

EDITORIALE DOMUS
via Gianni Mazzocchi, 1/3
20089 Rozzano (MI)
www.edidomus.it

OPERATORI/DEALERS

ARAM Designs Ltd
110 Drury Lane – Covent Garden
WC2B 5SG Londra
Regno Unito
www.aram.co.uk

John DELOUDIS SA
Kifisias Av.227
14561 Kifisia – Atene
Grecia
www.deloudis.gr

LUMINAIRE
8959 NW 33rd Street
FL 33172 Miami
USA
www.luminaire.com

MEUBLES & FONCTION International
135 bd Raspail
75006 Parigi
Francia
www.meublesetfonction.com

PESCH WOHNEN
Kaiser-Wilhelm-Ring 22
50672 Colonia
Germania
www.pesch-wohnen.de

METRO LE QUINT

THE MAKING

DESIGN IN ITALIA

DELL'INDUSTRIA

OF AN INDUSTRY

Stefano Casciani

Scrittore, progettista, critico d'arte e di architettura, è nato a Roma il 9 aprile 1955: dopo gli studi di letteratura, architettura e design si trasferisce a Milano nel 1979, chiamato da Alessandro Mendini come redattore freelance della rivista «Domus». Parallelamente inizia l'attività di consulente per la comunicazione, art director e designer per numerose aziende, tra cui Zanotta, Alchimia, Abet, BTicino (dove collabora a diversi allestimenti con Achille Castiglioni), Driade, Boffi, Bisazza, Oluce, Samsung.
Particolarmente interessato alla ricerca sull'integrazione tra diverse forme espressive, tra il 1987 e il 1990 opera attraverso lo studio SAD con cui realizza prototipi e oggetti e partecipa a numerose mostre in gallerie d'arte e musei. Dal 1992 è redattore della rivista «Abitare», con cui collabora nei settori arte, architettura e design fino al 2000, quando gli viene dato l'incarico di consulente editoriale di «Domus».

Tra il 1999 e il 2000 cura per la Rai la serie *Lezioni di Design* (Premio Compasso d'Oro 2001 per la ricerca). Prosegue l'attività di designer con l'azienda americana Ivalo Lighting, di cui è art director e per cui disegna la serie di apparecchi illuminanti *Aliante*, che nel 2001 ottiene il Lighting for Tomorrow Award. Nel 2003 la Fondazione Jacqueline Vodoz e Bruno Danese di Milano ospita la sua retrospettiva personale «Monuments».

Dall'aprile 2007 è vice direttore di «Domus». Autore di circa 850 articoli e molti libri su architettura, arte e design, ha pubblicato recentemente monografie su Pierre Restany, Ettore Sottsass e Massimiliano Fuksas, tutte con Editoriale Domus.

Writer, designer and an essayist on art and architecture, he was born in Rome on 9 April 1955. After studying literature, architecture and design, he moved to Milan in 1979, where he had been invited by Alessandro Mendini to be a freelance editor for the magazine *Domus*.
Since 1980 he has been working on corporate communication, art direction and product design for such companies as Zanotta, Alchimia, Abet, BTicino (where he collaborated on many exhibit designs with Achille Castiglioni), Driade, Boffi, Bisazza, Oluce, Samsung and many others. He is particularly interested in research into the integration of different forms of expression: with the S.A.D. studio from 1987 to 1990 he produced prototypes and objects between art and design. Since then his works have been exhibited in many galleries and museums. In 1992 he was appointed editor of *Abitare*, for which he wrote on art, architecture and design: in 2000 moved to *Domus* to work as a consultant to the Publisher.

In 1999–2000 he was the author of the television programme "Lezioni di Design" (Lessons in Design) for RAI, which won the Compasso d'Oro prize for research in 2001. He works as a designer and art director for the American company Ivalo Lighting: his *Aliante* series of lighting fixtures has been awarded with the Lighting for Tomorrow prize, 2001. In 2003 the Fondazione Jacqueline Vodoz e Bruno Danese in Milan was the setting for his retrospective exhibition 'Monuments'.

Managing Editor of *Domus* since April 2007, he is the author of about 850 articles and many books on architecture, art and design: recently he has curated monographs on the works of Pierre Restany, Ettore Sottsass, and Massimiliano Fuksas, all published by Editoriale Domus.

Tom Sandberg

1953, Narvik, Norvegia
Vive e lavora a Oslo, Norvegia
Studi: 1973-76, studia con Thomas J. Cooper, Paul Hill e John Blakemore,
Trent Polytechnic, Nottingham, Derby College of Art and Technology, Derby, Inghilterra

Mostre principali

2007	P.S.1 MoMA, Contemporary Art Center, New York, USA
2007	Kivik Start, Kivik Art Center, Svezia, Pavilions con Snøhetta Architects
2007	Künstlerhaus Bethanien, Berlino, Germania
2007	Gallery Riis, Oslo, Norvegia
2007	Gallery Nils Stærk, Copenhagen, Danimarca
2006	Gallery Anhava, Helsinki, Finlandia
2005	Festspillene, The Festival of North Norway, Harstad, Norvegia
2003	Gallery Nordenhake, Stoccolma, Svezia
2002	Gallery Nils Stærk, Copenhagen, Danimarca
2001	Gallery Riis, Oslo, Norvegia
2000	Astrup Fearnley Museum of Modern Art, Oslo, Norvegia

Born in 1953 in Narvik, Norway
Lives and works in Oslo, Norway
Education: 1973–76, studies with Thomas J. Cooper, Paul Hill and John Blakemore,
Trent Polytechnic, Nottingham (UK); Derby College of Art and Technology, Derby (UK)

Selected exhibitions

2007	P.S.1 MoMA, Contemporary Art Center, New York, USA
2007	Kivik Start, Kivik Art Center, Sweden, Pavilions with Snøhetta Architects
2007	Künstlerhaus Bethanien, Berlin, Germany
2007	Gallery Riis, Oslo, Norway
2007	Gallery Nils Stærk, Copenhagen, Denmark
2006	Gallery Anhava, Helsinki, Finland
2005	Festspillene, The Festival of North Norway, Harstad, Norway
2003	Gallery Nordenhake, Stockholm, Sweden
2002	Gallery Nils Stærk, Copenhagen, Denmark
2001	Gallery Riis, Oslo, Norway
2000	Astrup Fearnley Museum of Modern Art, Oslo, Norway

Gunda Dworschak

Architetto, autrice di libri e consulente per la comunicazione aziendale, nasce a Monaco di Baviera e cresce in una famiglia che si sposta in vari paesi europei al seguito del padre scienziato.

Dopo gli studi di architettura in Germania, collabora al progetto del centro tecnico per Erco Luci con Otl Aicher della Hochschule für Gestaltung di Ulm e allestisce alcune mostre fra cui «Carl Spitzweg zum 100. Todestag» al museo Haus der Kunst a Monaco. Nel 1989 si trasferisce in Italia, dove prosegue la sua attività, progettando la ristrutturazione di edifici storici e occupandosi di architettura d'interni. Scrive numerosi libri sull'architettura contemporanea internazionale con Alfred Wenke fra cui *Neue Energiesparhäuser im Detail* (1997) e *Architektur ver-rückt* (2002). Nel 2003 ha curato per Zerodisegno la mostra della collezione «Nobody's perfect» di Gaetano Pesce al Musée des Arts Décoratifs del Louvre di Parigi.

An architect, author and consultant on corporate communication, Gunda Dworschak was born in Munich but grew up in different European countries following the movements of her scientist father's professional life.

After studying architecture in Germany she was a member of the team that planned the technical centre of the lighting company Erco with Otl Aicher of the Hochschule für Gestaltung in Ulm, and designed several exhibitions, including 'Carl Spitzweg zum 100. Todestag' at the Haus der Kunst in Munich. She moved to Italy in 1989, where she designed the restructuring of historic buildings and became involved in interior design. She has written many books on international contemporary architecture with Alfred Wenke, including *Neue Energiesparhäuser im Detail* (1997) and *Architektur ver-rückt* (2002). In 2003 for Zerodisegno she organised the exhibition of the Gaetano Pesce collection 'Nobody's perfect' at the Musée des Arts Décoratifs in the Louvre, Paris.

Massimiliano Fuksas

Nato a Roma nel 1944, di origine lituana, è internazionalmente considerato uno dei più grandi architetti italiani contemporanei.

A ventitré anni apre il suo primo studio da pittore, si laurea due anni dopo e inizia un'intensa attività di costruzione in Italia. Nella seconda metà degli anni Ottanta estende la sua attività in Francia e nel 1989 apre uno studio a Parigi. Unisce al lavoro di progettista quello di critico, attraverso molte pubblicazioni e una rubrica di architettura sul settimanale «L'Espresso», creata dall'architetto e storico Bruno Zevi (1918-2000). Dal 1998 al 2000 è direttore della VII Biennale Internazionale di Architettura di Venezia *Less Aesthetics, More Ethics*, con cui stimola provocatoriamente il dibattito internazionale sul nuovo formalismo in architettura. È autore di molti progetti e costruzioni di grande rilievo architettonico e urbanistico, come il Centro Ricerche Ferrari a Maranello, Modena (2003), il Nuovo Polo Fieristico di Rho – Pero, Milano (2005), il futuro Centro Congressi Italia EUR a Roma e l'African Institute of Science and Technology, Abuja, Nigeria – il completamento di entrambi è previsto nel 2010. È attivo anche nel campo del disegno industriale, con numerosi oggetti progettati insieme alla moglie Doriana Mandrelli.

Born in Rome in 1944 to Lithuanian parents, Fuksas is internationally considered to be one of Italy's leading contemporary architects.

At the age of twenty-three he opened his first painter's atelier, receiving a degree two years later, and promptly embarked on his long and intense architectural career in Italy. In the mid-1980s he took on commissions in France, and in 1989 opened a studio in Paris. His work as a designer/architect is complemented by critical writings published widely and through a regular contributions to the Italian weekly *L'Espresso*, in a column originally set up by fellow architect and historian Bruno Zevi (1918–2000). From 1998 to 2000 he was director of the 7th Venice Architecture Biennale entitled "Less Aesthetics, More Ethics", through which he prompted international debate on the rising formalism in architecture. He is the creator of a great many projects and constructions of importance at both architectural and planning levels, such as the Centro Ricerche Ferrari (2003; Maranello, Italy); the new Rho-Pero Fair Pole (2005; Milan); the forthcoming Centro Congressi Italia EUR in Rome; and the African Institute of Science and Technology (Abuja, Nigeria), both of which are scheduled for completion by the year 2010. Fuksas is also working in the field of industrial design, with numerous creations designed together with his wife Doriana Mandrelli.

Pagina / Page: 85
Vico Magistretti, Rosario Messina
Courtesy Archivio Flou

Pagina / Page: 86
Sulla scala elicoidale della Triennale di Milano:
Bruno Gregori, Piercarlo Bontempi, Carla
Ceccariglia, Adriana e Alessandro Guerriero,
Arturo Reboldi, Giorgio Gregori,
Alessandro Mendini
Bruno Gregori, Piercarlo Bontempi, Carla
Ceccariglia, Adriana and Alessandro Guerriero,
Arturo Reboldi, Giorgio Gregori, Alessandro Mendini
on the spiral staircase at the Milan Triennale
Courtesy Alessandro Guerriero

Pagina / Page: 100
Carlton, libreria/shelf, Ettore Sottsass jr,
Memphis, 1981
Da foto originale / from an original photo
Courtesy Memphis srl

Pagina / Page: 100
Gruppo Memphis riunito in convegno a Laglio,
ottobre 1982. Da sinistra e dall'alto:
Nathalie du Pasquier, Martine Bedin,
Matteo Thun, Christoph Radl, Barbara Radice,
Gerard Taylor, Aldo Cibic, Ettore Sottsass,
Ernesto Gismondi, Egidio di Rosa, George
J. Sowden, Michele De Lucchi, Marco Zanini
Memphis convention in Laglio (Como),
October 1982. From top left: Nathalie du
Pasquier, Martine Bedin, Matteo Thun,
Christoph Radl, Barbara Radice, Gerard Taylor,
Aldo Cibic, Ettore Sottsass, Ernesto Gismondi,
Egidio di Rosa, George J. Sowden,
Michele de Lucchi, Marco Zanini
Immagine tratta da/photo from Barbara Radice,
*Memphis. Ricerche, esperienze, risultati,
fallimenti e successi del Nuovo Design,*
Electa, Milano, 1984.

Pagina / Page: 117
Alberto Meda, Paolo Rizzatto, Riccardo Sarfatti
Courtesy Archivio storico Luceplan

Pagina / Page: 119
Enrico Baleri, Achille Castiglioni
Courtesy Archivio storico Baleri

Pagina / Page: 120
Richard III, poltrona/armchair, Philippe Starck,
Baleri Italia, 1985

Pagina / Page: Da foto originale di / from an original
photo by Corrado Maria Crisciani,
Courtesy Archivio Ebricerche

Pagina / Page: 121
Wink di Toshiyuki Kita, Collezione Cassina
Wink by Toshiyuki Kita, Collezione Cassina
Photo by Tommaso Sartori
Courtesy Archivio Cassina

Pagina / Page: 122
Piero Ambrogio Busnelli,
Antonio Citterio
Courtesy Archivio storico B&B

Pagina / Page: 128
Achille Castiglioni, Sergio Gandini
Photo by Maria Mulas
Courtesy Archivio storico Flos

Pagina / Page: 139
Spaghetti Chair, sedia/chair,
Giandomenico Belotti, Alias, 1979
Da foto originale / from an original photo
Courtesy Polifemo Fotografia Milano

Pagina / Page: 139
Renato Stauffacher, Alberto Meda
Courtesy Polifemo Fotografia Milano

Pagina / Page: 150
Maurizio Peregalli, Nicoletta Baucia, 1994
Photo by Mario Pignata Monti/INTRAMUROS

Pagina / Page: 155
Borek Sipek
Courtesy Archivio storico Driade

Pagina / Page: 157
Carlo Molteni, Dieter Pesch, Aldo Rossi
Courtesy Archivio storico Molteni

Pagina / Page: 160
Paolo Boffi, Roberto Gavazzi
Courtesy Archivio storico Boffi

Pagina / Page: 163
Giovanna Mazzocchi
photo by Fin Serck-Hanssen

Pagina / Page: 165
Alberto Alessi, Achille Castiglioni, Enzo Mari,
Aldo Rossi, Alessandro Mendini nell'Officina Alessi

Alberto Alessi, Achille Castiglioni,
Enzo Mari, Aldo Rossi, Alessandro Mendini
in the Officina Alessi
Courtesy Archivio storico Alessi

Pagina / Page: 181
Ruth Aram
Courtesy Archivio Aram
Pagina / Page: 185
Alice e Pierre Perrigault all'apertura
di Meubles et Fonction nel 1958
Alice and Pierre Perrigault at the opening
of Meubles et Fonction in 1958
Courtesy Meubles et Fonction

Pagina / Page: 185
Brigitte Bardot nell'allestimento
di Marcel Gascoin, Parigi, 1951
Brigitte Bardot in Marcel Gascoin's
interior design, Paris 1951
Courtesy Meubles et Fonction

Pagina / Page: 187
Dieter Pesch con il ritratto di Philippe Starck
Dieter Pesch with Philippe Starck's portrait
Copyright Hermann und Clärchen Baus
Courtesy Dieter Pesch

Pagina / Page: 187
Rivenditori tedeschi in viaggio
per la Triennale di Milano nel 1951
German retailers travelling to the
1951 Milan Triennale
Courtesy Dieter Pesch

*Il curatore e Diventa si scusano per eventuali
omissioni e restano a disposizione di tutti
gli aventi diritto.*
*The editor and Diventa apologise to any
who may have been omitted and ask them
to make themselves known to us.*

È stato un viaggio lungo, a volte difficile, in cui alcune persone mi sono state vicine.
Ringrazio perciò vecchi e nuovi amici: Alberto Alessi, Emilio Ambasz, Enrico Astori e Adelaide Acerbi, Enrico Baleri, Massimiliano Di Bartolomeo, Piero Bisazza, Maria Vittoria Capitanucci, Carla Ceccariglia, Giacinto Di Pietrantonio, Gabi Faeh, Charlotte e Peter Fiell, Sandro Guerriero, Massimo Iosa Ghini e Milena Mussi, Piero Lissoni, Italo Lupi, Giannino Malossi, Enzo Mari, Alessandro Mendini, Riccarda Mandrini, Giovanna Mazzocchi, Jean Nouvel, Barbara Radice, Marco Romanelli, Marcella Stefanoni, Deyan Sudjic, Giorgio Tartaro, Benedikt Taschen, Giovanna Tissi. Ciascuno di loro,

in tempi diversi, mi ha aiutato a scrivere o a disegnare per rendere visibile ciò che non è visibile, o non lo è ancora.
Un ricordo speciale va ad Achille Castiglioni, Bruno Munari, Renato Pedio, Ettore Sottsass e Aurelio Zanotta, per avermi insegnato in molti modi cosa veramente significa lavorare con l'arte nell'industria.
Il ringraziamento più grande per questo libro – e altro – a Bruno Danese, Tom Sandberg e Massimiliano Fuksas, che sanno leggere senza paura nel cuore degli uomini.
A Nunzia, infine, grazie per la fiamma che non vacilla.

Stefano Casciani

Per la fiducia che mi ha dato durante tutto questo anno di lavoro e per avere voluto così fortemente questo libro, ringrazio di cuore Petter Neby.
Un sentito grazie a tutto il team di 5 Continents Editions e a Enzo Finger. Ringrazio inoltre Francesca Cavazzuti, Beppe Finessi, Mirco Opezzo, Giorgio Tartaro e Elisa Facchetti per il sostegno e i preziosi consigli, Alberto Bianchi Albricci per il suo aiuto e, di tutte le aziende protagoniste del volume, i responsabili della comunicazione e i loro collaboratori, che con grandissima disponibilità e professionalità hanno contribuito alla raccolta del materiale necessario.

Gunda Dworschak

During this long and sometimes harrowing trip through time, some old and new friends stuck close by me: that's why I have to thank Alberto Alessi, Emilio Ambasz, Enrico Astori and Adelaide Acerbi, Enrico Baleri, Massimiliano Di Bartolomeo, Piero Bisazza, Maria Vittoria Capitanucci, Carla Ceccariglia, Giacinto Di Pietrantonio, Gabi Faeh, Charlotte and Peter Fiell, Sandro Guerriero, Massimo Iosa Ghini and Milena Mussi, Piero Lissoni, Italo Lupi, Giannino Malossi, Enzo Mari, Alessandro Mendini, Riccarda Mandrini, Giovanna Mazzocchi, Jean Nouvel, Barbara Radice, Marco Romanelli, Marcella Stefanoni, Deyan Sudjic, Giorgio Tartaro, Benedikt Taschen, Giovanna Tissi.

Each of them at some time or another helped me to write or design so as to make visible what is not visible, or not yet.
I would like to remember and pay my deepest respect to Achille Castiglioni, Bruno Munari, Renato Pedio, Ettore Sottsass and Aurelio Zanotta, for having taught me in many ways just what it means to work by art within industry.
The most heartfelt thank-you for this book (among other things) goes to Bruno Danese, Tom Sandberg and Massimiliano Fuksas, who fearlessly read into the very soul of the individual.
And lastly, thanks to Nunzia, for the undying flame.

Stefano Casciani

I would like to express my heartfelt thanks to Petter Neby for his constant support over the last year and for his strong desire to realize this book. A very warm thanks to the 5 Continents Editions staff and to Enzo Finger.
I wish to thank Francesca Cavazzuti, Beppe Finessi, Mirco Opezzo, Giorgio Tartaro and Elisa Facchetti for their support and precious advice, and Alberto Bianchi Albricci for his help. Thanks also to all the firms who are featured in this book, to their PR managers and their staff who devoted time and professionalism in gathering together all the relevant material.

Gunda Dworschak

Ringraziamenti

Special thanks

Con il sostegno di

With the kind support of

ARENA FURNITURE

Printed in Italy